시작하는 개발자들을 위한

기술 여행 가이드

시작하는 개발자들을 위한
기술 여행 가이드

지은이 이재용 **1판 1쇄 발행일** 2023년 11월 10일
펴낸이 임성춘 **펴낸곳** 로드북 **편집** 홍원규 **디자인** 이호용(표지), 심용희(본문)
주소 서울시 동작구 동작대로 11길 96-5 401호
출판 등록 제 25100-2017-000015호(2011년 3월 22일) **전화** 02)874-7883 **팩스** 02)6280-6901
정가 25,000원 **ISBN** 979-11-93229-03-3 93000

책 내용에 대한 의견이나 문의는 출판사 이메일이나 블로그로 연락해 주십시오.
잘못 만들어진 책은 서점에서 교환해 드립니다.

이메일 chief@roadbook.co.kr **블로그** www.roadbook.co.kr

시작하는 개발자들을 위한

기술 여행 가이드

저자 서문

**여러분의 기술 지도를 확장시켜 나가는 데에
도움이 되는 나침반과 지도가 되기를 바라며**

　제 인생 최초의 해외여행은 29살 때였습니다. 현재의 아내이자 당시 여자 친구가 파리 여행을 제안했고, 큰 망설임 없이 가벼운 마음으로 수락하고 곧바로 준비를 하기 시작했습니다. 여행을 위한 준비의 첫걸음은 서점에 가서 〈파리 여행 가이드 북〉을 한 권 사는 것이었습니다. 인터넷에도 많은 정보가 있었지만, 오히려 너무 상세한 정보가 정리되지 않은 형태로 흩어져 있다 보니 전체적인 계획을 세우기가 더 어려웠습니다. 이런 점에서 가이드 북은 꽤 좋은 선택이었습니다. 지면의 한계 덕분에 세세한 부분까지 다루고 있지는 않지만 파리라는 여행지에 대해 오히려 얇고 넓게 알 수 있었습니다. 덕분에 여행을 어떤 경험들로 채워나갈 수 있을지에 대한 감을 잡는 데에 큰 도움이 되었습니다. 실제로 〈가이드 북〉을 통해 큰 틀의 여행 계획을 세운뒤, 그 안에서 세부 정보를 다시 찾아나가는 식으로 여행을 준비했습니다.

　처음 책을 집필하게 되었을 때 떠오른 것도 바로 〈가이드 북〉과 같은 책이었습니다. 주니어 개발자 시절, 매일 파도처럼 밀려오는 새로운 지식을 헤쳐 나가는 것은 어두운 미로를 손전등 하나만 들고 헤매는 것 같았습니다. 물론 그 과정에서 경험과 통찰을 쌓아가는 것은 그것 나름대로 즐거운 일이었지만, 때로는 그것들 간의 맥락을 설명해 주는 나침반과 지도가 필요하다는 생각이 들었습니다. 넓디넓은 기술 분야의 지식들을 높은 곳에서 한눈에 조망할 수 있다면 이를 기반으로 각 지식 간의 연결 고리를 이어나가며 뿌옇게 가려진 안개를 걷어내는 것이 한층 더 쉬울 것입니다.

어떤 분야든 간에 전문가적인 역량을 쌓아나간다는 것이 사실 그런 것이 아닌가 싶습니다. 때로는 한껏 줌을 당겨서 좁은 영역에 복잡한 기술 지식을 자신만의 언어와 표기법으로 새겨 넣습니다. 이러한 과정을 반복하다 보면 멀찍이서 봤을 때 여러 기술 지식이 얽히고 설켜 복잡한 개미굴과 같은 3차원의 지도가 완성되어 갑니다.

여러분의 기술 지도를 확장시켜 나가는 데에 도움이 되었으면 좋겠다는 생각으로 이 책을 쓰게 되었습니다. 이제 막 처음으로 닻을 올리고 개발자로서 여행을 떠나는 이들이 더 멀리까지 바라볼 수 있도록 도와주는 책을 쓰고자 했습니다. 일종의 〈기술 여행 가이드 북〉인 셈입니다. 제가 봤던 〈파리 여행 가이드 북〉처럼 아주 세세한 내용까지는 다루지는 못했습니다. 이때 둘러대기 가장 좋은 핑계는 역시 '지면의 한계'일 것입니다. 하지만 설령 그 한계가 무한하다 하더라도 앞으로 여러분이 기술 분야에서 겪게 될 모든 경험과 즐거움을 책 한 권에 녹여내는 일은 불가능합니다. 그 부분은 여러분의 설레는 탐험의 몫으로 남겨놓겠습니다. 어쩌면 저도 미처 발견하지 못한 아름다운 여행지를 찾게 될지도 모르는 일입니다. 아니, 분명 그렇게 될 것입니다.

2023년 11월

이재용

차례

저자 서문　　　　　　　　　　　　　　　　　　04

1부 | 코드 이야기

1장_좋은 코드를 위한 고민

코드의 본질　　　　　　　　　　　　　　　　25

좋은 코드를 위한 은유　　　　　　　　　　　　29

좋은 코드를 위한 추상화　　　　　　　　　　　34

관심사의 분리　　　　　　　　　　　　　　　　37

1장을 마치며　　　　　　　　　　　　　　　　39

2장_안전한 코드를 위해서

버그와 장애　　　　　　　　　　　　　　　　　46

테스트 자동화　　　　　　　　　　　　　　　　50

테스트 가능한 코드　　　　　　　　　　　　　　55

테스트 환경　　　　　　　　　　　　　　　　　58

포스트 모텀　　　　　　　　　　　　　　　　　63

2장을 마치며　　　　　　　　　　　　　　　　70

3장_코드 속 버그 잡아내기

동전의 양면과 같은 코딩과 디버깅	78
기상천외한 버그들	79
탐정이 될 시간	86
기본적인 디버깅 기술	88
그래도 안 풀려요!	93
3장을 마치며	97

4장_코드에도 패턴이 있다

건축학 개론	103
소프트웨어에서의 패턴	105
패턴의 발견	109
패턴이 유용한 이유	114
패턴의 유혹	117
4장을 마치며	121

5장_깃, 나는 네가 지난여름에 짠 코드를 알고 있다

버전을 관리해야 하는 이유	128
버전 관리 시스템의 역사	133
깃을 만든 리누스 토발즈	137
커밋 메시지 잘 작성하기	143
하나의 변경은 하나의 커밋으로	147
커밋으로 협업하기	149
5장을 마치며	153

6장_여전히 성장 중인 자바

다재다능한 자바	**161**
자바의 탄생	**162**
자바와 JVM	**165**
자바를 싫어하는 사람들	**170**
객체 지향 패러다임	**174**
6장을 마치며	**177**

7장_간결한 코드를 위한 파이썬

파이썬의 탄생	**187**
파이썬의 생산성	**190**
파이썬 vs. 펄	**193**
Pythonic하게 코드를 짜세요	**195**
7장을 마치며	**203**

8장_구글이 만든 프로그래밍 언어, Go

Go의 탄생	**211**
Go가 해결하고자 했던 문제	**213**
동시성 프로그래밍의 어려움	**217**
Go의 동시성 프로그래밍	**223**
경량 스레드, 고루틴	**226**
Go의 오류 처리	**230**
8장을 마치며	**232**

2부 | 환경 이야기

9장_서버 환경의 변화

정적 링크와 동적 링크	244
패키지 관리자	246
설치 문서	248
프로비저닝 도구	249
컨테이너의 시대	253
새로운 시대의 운영체제, 쿠버네티스	257
9장을 마치며	260

10장_클라우드로의 여정

전산실에서 IDC로	265
IDC에서 클라우드로	267
IaaS, PaaS, SaaS	269
클라우드 전환기	270
클라우드 네이티브의 특징	272
10장을 마치며	277

11장_태생의 한계에 도전하는 웹 이야기

웹의 탄생	284
정적인 웹에서 동적인 웹으로	286
Ajax의 등장	289

또 하나의 자바스크립트	291
jQuery의 군림	296
새로운 자바스크립트 프레임워크의 등장	299
싱글 페이지 애플리케이션	303
서버 측 랜더링이 포함된 SPA	309
11장을 마치며	311

12장_데이터베이스: 초기부터 오늘날까지

데이터가 사는 곳: 메모리와 디스크	320
데이터베이스의 등장	325
관계형 데이터베이스의 저력	330
관계형 데이터베이스의 한계	332
새로운 데이터베이스를 위한 시도: NoSQL	334
12장을 마치며	338

13장_웹 서비스를 위한 아키텍처 성장기

최초의 애플리케이션	348
애플리케이션 서버의 확장	349
데이터베이스 서버의 확장	352
캐시	357
HTTP 캐시	359
애플리케이션 캐시	361
CDN을 이용한 캐시	363
13장을 마치며	365

14장_모니터링으로 꿰뚫어보기

베일에 감춰진 코드의 동작	374
시스템 관리자의 모니터링	377
모니터링 데이터: 메트릭	378
모니터링 데이터: 로그	380
데이터 시각화	382
24/7 모니터링을 위한 알림 창	386
이상치 탐지	389
14장을 마치며	394

15장_코드는 파이프라인을 타고

소프트웨어 배포	401
배포의 고통	403
지속적인 배포를 위해	406
간단한 '지속적인 배포' 맛보기	408
GitOps	411
무중단 배포	413
15장을 마치며	417

16장_마이크로서비스

서브 루틴의 진화	424
마이크로서비스의 출현	426
마이크로서비스의 한계	429

마이크로서비스 간의 통신	431
마이크로서비스로의 전환	433
장애 전파	434
SRE: Site Reliability Engineering	438
16장을 마치며	441

17장_데이터 포맷

네트워크 너머로 데이터 보내기	449
0과 1로 표현하기	455
비트들을 그대로 저장할 수 없는 이유	456
직렬화	458
17장을 마치며	465

3부 | 개발자 이야기

18장_프로그래밍에 대한 열정

재미있고 어렵다	474
프로그래밍을 향한 동기	477
결과물 파 vs 순수 코드 파	479
몰입의 즐거움	482
18장을 마치며	486

19장_더 나은 개발자로 성장하기

성장 가능성	491
무엇을 먼저 공부해야 하나	493
개발자의 자질	495
좋은 개발자의 모습	497
끊임없는 학습	502
안전지대 벗어나기	504
나보다 나은 개발자 만나기	507
기술 블로그 만들기	508
토이 프로젝트 및 스터디	510
19장을 마치며	511

20장_더 나은 팀 문화를 위하여

개발팀의 문화	517
업무 환경의 변화	520
비동기 의사소통	526
문서화의 중요성	530
모두의 코드를 위한 리뷰	533
20장을 마치며	540

21장_오픈소스, 세상을 집어삼키다

변화의 물결	545
오픈소스란	548
초기 역사	551
리눅스의 성공, 그리고 성당과 시장	556
오픈소스 참여 동기	564
커져가는 오픈소스 생태계	570
오픈소스에 직접 참여하기	574
21장을 마치며	578

22장_경력직으로 이직하기

이직, 지금인가?	583
불만에 쫓기지 말고 희망을 좇기	586
본격적인 이직 준비	588
이력서 준비하기	592
면접 준비하기	597
새로운 회사에서 소프트랜딩하기	603
22장을 마치며	606

| 찾아보기 | 608 |

1부
코드 이야기

시작하는 개발자들을 위한
기술 여행 가이드

1장

좋은 코드를 위한 고민

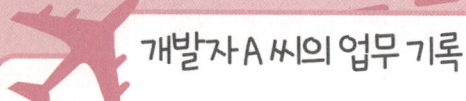
개발자 A 씨의 업무 기록

좋은 코드란 무엇인가?

"A 씨, 요즘 업무량은 좀 어때요?"

잠시 티타임을 하자며 간 사내 카페에서 팀장님이 다짜고짜 물어왔다. 뭐, 아직 신입사원 딱지도 못 뗀 팀원의 업무량이라고 해봐야 사실 뻔했고, 그걸 중간 관리자인 팀장이 모를 리 없었다.

"사실은 지금 에이전트 쪽에 지원 도구가 하나 필요하거든. 근데 이게 자바(Java)로 만들어야 하는 거라서 원래 조 대리한테 부탁해야 하는데, 알다시피 조 대리는 지금 리소스가 영 안 될 것 같아서요."

사수인 조 대리는 내가 입사하기 전까지 미들웨어 파트의 업무를 혼자서 담당하고 있었다. 지금은 내가 옆에서 열심히 지원하고 있긴 하지만 아무래도 아직까지는 큰 도움이 되고 있지는 못한 상황이다.

"네, 제가 한번 해보겠습니다."

"그래주면 나야 고맙죠. 뭐 일정이 급한 건은 아니니까 미들웨어 업무하면서 틈틈이 진행해주면 될 것 같아요. 음…. 이게 어떤 내용이냐면…."

팀장의 설명에 의하면 내가 만들어야 하는 도구는 데이터베이스 전용 에이전트(agent)였다. 원래 우리 팀의 에이전트 파트는 기본적으로 고객사의 다양한 루트에서 데이터를 긁어오는 일을 담당하고 있었다. 대부분의 데이터는 파일로 만들어지지만 소켓 통신, Syslog, HTTP API 등 여러 소스에 대해 대응해야 했고, 그중 하나가 데이터베이스였다.

　　데이터베이스에서 데이터를 긁어오는 로직 자체는 간단했다. 정해진 테이블을 주기적으로 조회해서 새롭게 추가된 데이터만 보내주면 되기 때문이다. 그런데 문제는 대응해야 하는 운영체제와 데이터베이스의 종류가 너무 다양하다는 것이다. 이런 환경문제로 인해 가뜩이나 업무가 많은 에이전트 파트의 팀원들은 야근이 잦았다. 팀장은 이 문제를 해결하기 위해 새로운 에이전트에 대한 아이디어로써 자바를 이용해보기로 한 것이다.

　　자바를 이용해서 에이전트를 만들면 두 가지 이점이 생긴다.

　　첫째, 다양한 운영체제에 대한 대응이 쉽다는 점이다. 기존 에이전트 개발에 사용되고 있는 C 언어는 기본적으로 기계어로 컴파일되는 언어이다 보니 대상 시스템별로 컴파일을 따로 해줘야 함은 물론이고, 각 운영체제와 아키텍처에 따라서 코드를 변경해줘야 하는 경우도 부지기수였다. 하지만 자바는 JVM(Java Virtual Machine, 자바 가상 머신)이 설치되는 환경이라면 한번 짜놓은 코드가 모두 동일하게 동작하리라고 기대할 수 있었다.

　　둘째, 자바에서는 JDBC(Java DataBase Connectivity)라는 표준화된 인터페이스를 사용할 수 있다는 점이다. 덕분에 통신하고자 하는 데이터베이스의 드라이버만 있다면 동일한 코드와 인터페이스를 유지하는 것이 가능했다.

　　내친 김에 바로 설계에 들어갔다. 어차피 당장 처리해야 할 급한 업무도 없었다. 팀장과 사수인 조 대리의 피드백을 거쳐 어떻게 개발해야 할지 가닥이 잡히기 시작했다.

입사 후 처음으로 맡은 신규 모듈이라는 생각에 야근도 불사하며 한 땀 한 땀 코드를 작성하기 시작했다. 행여 놓치고 있는 부분이 있을까 봐 테스트도 철저하게 진행했다. 걱정했던 것과는 달리 개발은 순조로웠고 그래서 자신감도 붙기 시작했다. 조 대리가 중간 중간 잘 되어 가냐며 물을 때마다 자신 있게 "잘 되고 있다"라고 대답했다.

　하지만 며칠이 지나지 않아 신규 모듈 개발 작업에서 잠시 손을 떼야 하는 일이 생겼다. 한창 신나게 개발하고 있던 신규 모듈이 아닌 미들웨어와 관련한 문제 때문이었다. 당장 고객사에서 미들웨어 이슈로 인해 장애가 발생했고, 그로 인해 신규 모듈의 개발은 잠시 제쳐둘 수밖에 없었다. 원인 파악과 버그 수정, 그리고 패치까지 일주일이라는 시간을 미들웨어와 관련한 문제에 쏟아 부었다.

　그렇게 다시 돌아온 월요일. 오늘부터 다시 신규 모듈 개발에 착수할 생각으로 IDE(Integrated Development Environment, 통합 개발환경)를 열었다. 하지만 이게 웬일인가. 코드를 알아볼 수가 없었다. 어디까지 완료했고, 어디부터 시작해야 할지조차 알 수 없었다. 어렵사리 버전 관리 시스템과 작업하면서 적어놓은 노트를 뒤져가면서 겨우 마지막에 작업하던 파일을 찾아서 열었다. 하지만 여전히 코드를 이해할 수 없었다. 다른 사람도 아닌 내가, 겨우 일주일 전에 작업하던 코드를 말이다.

　마치 단기 기억 상실증이라도 걸린 느낌이었다. 하지만 모든 기억이 사라진 것은 아니었다. 문제의 코드를 수정한 기억 자체는 있다. 지지난주의 언젠가 밤늦게까지 야근을 한 기억도 나고, 그날 저녁에 먹은 식사 메뉴도 기억이 났다. 심지어는 식사를 마치고 사무실로 돌아오면서 사들고 온 음료수도 기억이 난다. 하지만 정작 그후에 작업했을 이 코드를 '왜' 이렇게 짰는지는 도저히 기억나질 않았다.

등줄기에 식은땀이 흐르는 것이 느껴졌다. 당황스러움을 애써 가라앉히고 코드 이곳저곳을 뒤져가며 지난 기억을 되살리려 애썼다. 수확이 아예 없던 것은 아니어서 단편적인 정보를 다시 되살릴 수 있었다.

"아…, 그렇지. 여기는 맞아…. 이런 제약 조건도 있었지. 그래서 이런 예외처리 로직을 넣었었네."

모니터에 빠질 듯이 한참을 집중하고 있으니 점차 기억이 되살아나기 시작했다. 안도의 한숨을 내쉼과 동시에 나는 머릿속에 되살아 난 정보를 빠르게 IDE에 옮겨 적기 시작했다. 다시 이런 불상사를 마주할 수는 없었다. 주석으로 코드가 무엇을 의도했는지, 어떤 예외 사항이 있고, 어떤 케이스에서는 어떤 변수에 어떤 값이 오는 지까지 정말 열과 성을 다해 적어 넣었다. 모니터의 절반을 넘게 채우는 주석의 양을 보고는 내심 뿌듯한 기분이 들기도 했다. 내친 김에 다른 코드에도 주석을 채워 넣기 시작했다.

주석을 적어 놓고도 며칠을 더 개발에 매달렸더니 슬슬 끝이 보이기 시작했다. 처음으로 혼자 진행해보는 신규 모듈이었기에 테스트도 꼼꼼하게 진행하고 코드 리뷰도 올렸다. 내심 코드 리뷰어인 조 대리로부터 긍정적인 코멘트를 들을 수 있으리라는 기대가 들기도 했다.

하지만 현실은 달랐다. 조 대리의 첫 코멘트는 "이 부분을 잘 구현해주긴 했는데, 한 번 정리할 필요가 있을 것 같아요"였다.

'정리라니? 이미 완성된 로직에 자세한 주석까지 달려있는데 무슨 정리가 더 필요하단 말인가?' 조 대리가 말하는 정리의 의미를 알 수 없어 잠시 고민하다가 직접 물어보기로 했다.

"대리님, 이거 정리를 어떤 식으로 할 수 있을지 감이 잘 안 와서요."

"음, 좀 뭉뚱그려서 이야기하긴 했네요. 정리라고 했던 건 코드의 가독성을 개선해달라는 말이었어요."

가독성이라는 말이 다소 낯설게 들렸다. '코드가 소설 같은 글도 아닌데 가독성을 따질 수 있는 종류의 것이었나' 싶은 생각이 들었다. 애초에 코드는 기계로 하여금 어떻게 작동해야 하는지를 설명하기 위한 종류의 문자들이었고, 그러한 코드의 특징에 비추어 봤을 때 가독성이라는 말은 아무래도 좀 어색했다.

머릿속에 물음표를 띄우고 있던 게 표가 났는지 사수인 조 대리가 계속해서 말을 이어갔다.

"A 씨는 좋은 코드가 어떤 코드라고 생각해요?"

"음…. 의도한 대로 정확하게 동작하는 코드일까요?"

"그것도 중요하긴 하지만 좋은 코드의 요건이라고 보긴 어렵지 않을까요. 어떻게 보면 당연히 갖추고 있어야 하는 조건이잖아요."

"그럼 성능이 좋은 코드? 적은 리소스를 사용하고 빠르게 동작하는…?"

"그것도 중요한 특성 중 하나이긴 해요. 특히 임베디드 같이 제한된 리소스만 사용할 수 있는 환경에서는 훨씬 더 중요한 요소이긴 한데, 사실 일반적인 프로그래밍 환경에서는 가독성이 더 중요한 요소예요. 물론, 사람마다 좋은 코드의 기준이 다를 수 있겠지만 최소한 가독성은 코드의 품질을 결정하는 데 아주 큰 영향을 미치는 요소거든요."

조 대리는 계속해서 설명을 이어나갔다.

"A 씨도 코딩을 해봐서 알겠지만 사실 작업 시간 중에 순수하게 코드를 작성하는 시간은 얼마 되지 않아요. 그보다는 기존 코드를 이해하고 해석하는 데 드는 시간이 훨씬 더 길죠. 그래서 코드를 빨리 작성하는 것보다는 조금 시간이 더 걸리더라도 가독성이 좋은 코드를 작성한다면, 다른 개발자나 미래의 자신이 그 코드를 읽고 이해하는 데 드는 시간을 줄일 수 있어요. 결국 팀 전체의 생산성에도 긍정적인 영향을 미치게 되는 셈이고요."

나는 고개를 끄덕이면서 들었고 조 대리는 설명을 계속 했다.

"물론, 코드의 가독성을 개선한다는 것이 말처럼 쉽지는 않아요. 이 자리에서 내가 몇 마디 말로 설명할 수 없는 개념이기도 하고. 이 부분은 〈클린 코드(Clean Code)〉나 〈리팩터링(Refactoring)〉과 같은 책을 참고하면 감을 잡는 데 좀 도움이 될 거에요."

조 대리는 모니터에 내 코드를 띄우고는 문제점을 하나씩 짚기 시작했다.

"일단 제일 먼저 보이는 건, 불필요한 주석이 너무 많아요. 이 부분은 코드만 잘 구조화하고 네이밍만 잘 정리하면 코드만으로 간결하게 바로 읽힐 수 있을 것 같거든요. 그리고 하나의 함수에서 너무 많은 세부사항을 다루고 있는 문제도 보이네요. 우리가 사용하고 있는 프로그래밍 언어들은 함수나 클래스, 패키지 같은 개념을 지원하는데, 이런 개념이 필요한 이유가 바로 추상화예요. 하나의 영역에서 신경써야 할 부분이 너무 많아지면 코드를 읽는 사람의 인지 부하만 늘어나게 마련이거든요. 아, 그리고 이것은 '관심사 분리(SoC, Separation of Concerns)'라는 키워드로 찾아보면 많이 나오는데, 시간 날 때 한번 보면 좋을 것 같아요."

나는 속사포처럼 쏟아져 나오는 조 대리의 말에 귀를 기울이면서 노트에 열심히 기록해나가기 시작했다. 조 대리가 알려준 키워드를 좀 더 공부하다보면 이 코드를 어떻게 정리해야 할지 감을 잡을 수 있을 것 같았다.

코드의 본질

좋은 코드의 기준은 무엇일까요? 사실 컴퓨터 프로그래밍의 역사가 상대적으로 다른 분야보다 길지 않기 때문에 좋은 코드에 대한 적절한 정의가 무엇인지에 대한 합의가 충분히 이루어지지 못한 것도 사실입니다. 어떤 사람은 오래된 하드웨어에서도 충분히 높은 성능을 뽑아낼 수 있는 코드가 좋은 코드라고 말합니다. 또 어떤 사람은 100%의 테스트 커버리지Test Coverage를 가지고 있는 코드를 좋은 코드로 꼽기도 합니다. 이 코드 모두 좋은 코드를 위한 충분한 기준이 될 수 있지만 제가 제일 중요하게 생각하는 부분은 '코드의 가독성'입니다. 좋은 코드는 '읽기 좋은 코드'이어야 합니다.

프로그래밍 언어가 왜 '언어'인지 생각해본 적이 있나요? 단순히 생각하면 명령의 조합으로 이루어진 문자들을 언어라고 부르는 것이 어찌 보면 다소 어색하기도 합니다. 하지만 프로그래밍 언어의 특성을 생각해본다면 이것을 언어라고 부르기에 부족함이 없다는 것을 알게 됩니다. 프로그래밍 언어는 다른 언어와 마찬가지로 규칙과 문법이 있습니다. 이 규칙과 문법을 제대로 지키지 않은 코드는 그 의미를 효과적으로 전달할 수 없습니다. 규칙을 잘못 이해한 채로 코드를 작성한다면 컴퓨터는 사용자가 말하려는 내용을 전혀 알아들을 수 없을 것입니다. 그리고 무엇보다 중요한 점은, 우리는 프로그래밍 언어를 통해 정보를 공유할 수 있습니다. 애초에 언어라는 것은 다른 사람과 일상적인 상호작용을 하고 생각이나 감정, 의도를 전달하기 위해 사용되어지곤 합니다. 프로그래밍 언어도 마찬가지로 사용자가 원하는 논리적 동작을 컴퓨터에게 전달하기 위한 용도로 사용합니다.

그렇다면 프로그래밍 언어를 이용해서 작성한 코드도 글의 일종이라고 볼 수 있지 않을까요? '좋은 글이란 어떤 것인가?' 하는 생각이 들어 인터넷에 들어가 찾아본 적이 있는데 아래와 같은 내용을 공통적으로 좋은 글의 요건으로 꼽고 있었습니다.

- 주장과 논점이 분명한 글이어야 한다. 자기 생각이나 말하고자 하는 바가 분명히 나타나는 글이 좋은 글이다.
- 통일성이 있는 글이어야 한다. 내용의 통일성은 글을 이해하는 데 중요한 요소 중 하나다.
- 언어적으로 정확한 글이어야 한다. 올바른 문장, 규범에 맞는 언어를 구사한 정확한 글이 좋은 글이다.
- 경제성을 고려해야 한다. 최소한의 표현으로 최대한의 의미를 전달한 글이 좋은 글이다.

좋은 글이 되기 위한 요건이 개발자 입장에서 낯설지 않은 것은 우리가 코드를 작성하면서도 비슷한 고민을 해왔기 때문일 것입니다. 코드의 품질을 고민하는 개발자들은 개발 의도를 코드에 명확히 드러내고자 노력해왔습니다. 또한 전체 코드 베이스의 흐름에 맞는 통일성 있는 구성을 유지하며 코딩 컨벤션convention을 맞춰서 코드를 작성합니다. 프로그래밍 언어의 문법에 맞춰 알맞게 작성해야 함은 물론이고, 장황한 코드 대신 간결한 코드를 작성하려고 노력합니다. 같은 의미의 문장도 표현을 어떻게 하느냐에 따라서 다르게 읽힐 수 있는 것처럼 코드도 마찬가지이기 때문입니다. 작성이 끝난 코드를 리팩터링하는 것조차 퇴고의 일종이라고 볼 수 있을 것 같습니다. 이렇게 보니 좋은 코드를 쓰는 것은 좋은 글을 쓰는 것과 크게 다르지 않아 보입니다. 결국 코드도 누군가에게 읽혀야 하는 글이기 때문입니다.

그렇다면 코드라는 글의 독자는 누구일까요? 1차로는 컴퓨터입니다. 코드의 목적 자체가 컴퓨터의 논리적 동작을 설명하는 글이기 때문입니다. 결국 컴파일러를 통해 컴퓨터가 알맞게 알아들을 수 있는 기계어로 컴파일이 된다면 1차 목표는 달성한 셈입니다.

하지만 컴퓨터라는 독자만을 염두에 두고 코드를 작성하다가는 머지않아 큰 문제에 부딪히게 됩니다. 2차 독자인 사람을 염두에 두지 않았기 때문입니다. 사실 코딩이라는 작업은 코드를 작성하는 시간보다 코드를 읽는 시간이 압도적으로 깁니다. 컴퓨터는 코드를 상당히 빠르게 읽고 그 의미를 이해할 수 있지만 인간은 상대적으로 더 많은 시간을 필요로 합니다. 따라서 사람의 읽기 작업을 위한 코드의 최적화가 필요합니다. 좋은 글이 읽는 이를 충분히 배려하듯이 코드도 읽는 이에 대한 배려가 필요합니다. 심지어 소설이나 시 같은 문학 작품은 대부분 저자가 한 명이지만 코딩은 공동 글짓기 작업에 가까운 경우가 많기 때문에 이러한 배려가 더욱 중요합니다.

읽는 이를 위한 배려는 결과적으로 코드 작성의 생산성을 증대시킵니다. 같은 작업량의 기능이라도 프로젝트 초기에는 금방 구현하던 것이 프로젝트 중후반에는 훨씬 더 오랜 시간을 필요로 하는 경우가 많습니다. 특히 코드 베이스에 나쁜 코드가 많이 쌓일수록 이 시간은 더 길어집니다. 코드의 품질이 낮아질수록 새로운 기능을 추가하거나 버그를 수정하는 일이 점점 더 어려워집니다. 즉, 이러한 실용적인 이유 때문에라도 우리는 코드의 가독성을 고민하면서 코드를 작성해야 하는 것입니다.

'읽기 좋은 코드가 좋은 코드'라는 말은 쉽지만 실천은 쉽지 않습니다. 실제로 어떤 코드가 읽기 좋은 코드인지에 대한 기준이 명확하지 않기 때문입니다. 가독성은 상당히 주관적인 지표입니다. 어떤 코드가 읽기 좋은 코드인지는 상황에 따라, 사람에 따라 다를 것입니다. 하지만 경험적으로 봤을 때 지금까지 봐왔던 코드 중 '은유'와 '추상화'가 훌륭한 코드는 대부분 읽기 좋은 코드라는 생각이 들었습니다. 그렇다면 '은유'와 '추상화'가 어떻게 코드를 읽기 좋게 만들어주는 걸까요?

좋은 코드를 위한 은유

사실 프로그래밍에서 '은유'는 상당히 많이 쓰이고 있는 기법 중 하나입니다.

자바에서 예외를 처리할 때 사용되는 throw와 catch라는 키워드 역시 일종의 은유입니다. 사실 이 은유는 다른 언어와는 다른 자바의 예외 처리 방식을 효과적으로 나타내기 위한 목적이 있습니다. 단순히 오류 코드를 반환하는 다른 언어는 해당 함수를 호출한 위치에서만 오류를 처리할 수 있습니다. 하지만 자바에서는 던져진(throw) 예외를 함수의 호출부에서 잡지(catch) 않고 그보다 상위 호출부에서 잡아 처리하는 것이 가능합니다.

'메모리 누수'라는 표현은 어떨까요? 이 은유는 연료 탱크에서 연료가 소진되었을 때 자동차가 멈추는 것처럼 프로그램 역시 결국 모든 메모리를 소모하고 멈추게 될 것이라는 의미를 효과적으로 전달하고 있습니다. 이러한 불상사를 피하기 위해 개발자는 프로그램에서 더 이상 필요하지 않은 메모리를 시스템에 꼭 반환하도록 엄격한 코드를 작성해야 합니다. '부모 프로세스(Parent Process)'와 '자식 프로세스(Child Process)'라는 은유를 통해 자식 프로세스가 부모 프로세스로부터 발생한다는 것을 이해할 수 있으며, '기술 부채'라는 은유는 나중에 갚지 않으면 파산할 수도 있다는 의미를 명확하게 드러내고 있습니다.

이외에도 master와 slave, tree, bug, virus, container, lock, log, Garbage Collection, pipe, stream 등 프로그래밍에서는 은유를 상당히 적극적으로 사용하고 있습니다.

우리가 변수명을 짓는 것도 일종의 은유라고 볼 수 있습니다. int age = 3;이라는 코드를 예로 들어보겠습니다. 컴퓨터에겐 이 integer 타입의 변수가 age인지 아니면 다른 의미인지는 전혀 중요하지 않습니다. 심지어 컴파일러는 컴파일 과정에서 변수명을 제거해버리기까지 합니다. 따라서 컴퓨터는 이 변수가 나이에 관련된 것인지 알 수 있는 방법이 없습니다. 그저 코드에 따라 메모리에 3의 값을 적재하고 나머지 코드를 실행할 뿐입니다. 이 변수에 나이라는 의미를 부여하는 것은 오로지 개발자만 알 수 있으며 이것이 은유의 시작입니다.

코드에서 은유가 유용한 이유는 겉보기에 서로 다른 두 영역 간의 연결점을 제공하고 이를 통해 대상의 관계나 의미를 파악하는 데 도움을 주기 때문입니다. 잘 이해하고 있는 영역 A와 덜 이해하고 있는 영역 B가 있다고 가정해봅시다. 은유는 A의 개념을 이용해 B에 대응시킴으로써 문제를 개념화하는 데 도움을 줍니다. 따라서 A에 대해 가지고 있는 통찰력을 B에 대입할 수도 있으며, 비슷한 문제에 대한 A의 해결 방법을 B의 문제에 그대로 적용시킬 수 있는 경우도 있습니다.

은유가 실제 코드에 어떤 방식으로 도움이 될 수 있을지 예를 들어 살펴보겠습니다. '처리율 제한(Rate Limit)' 알고리즘을 구현한다고 가정해봅시다. '처리율 제한'이란 리소스에 대한 접근을 단위 시간 당 특정 임계치까지만 허용하는 정책을 의미합니다. 여기서 리소스는 API 연결이나 디스크 I/O, 네트워크 트래픽 등이 될 수 있습니다. 예를 들어, API 호출 가능 횟수를 분당 60회로 제한한다고 하면 60회를 넘어서는 순간부터는 요청을 처리하지 않고 오류를 반환한다든지, 다시 가용할 수 있는 시점까지 대기하도록 할 수 있습니다. 즉, 일정 시간 동안 처리할 수 있는 연산의 수를 제한하는 대표적인 혼잡 제어 기법 중 하나입니다.

처리율 제한 기법을 어떤 방식으로 구현할 수 있을까요? 개발 경험이 풍부하지 않다면 단번에 코드를 써내려 가기란 쉽지 않을 것입니다. 따라서 문제를 더 쉽게 정리할 수 있도록 실재하는 사물들을 이용해 처리율 제한 방법을 고민해봅시다. 수량이 한정적인 티켓을 발부하여 티켓을 소지한 경우에만 요청을 처리하게끔 하면 어떨까요? 티켓 전체 수량을 제어함으로써 처리량 제어를 구현할 수 있을 것 같습니다.

먼저, 티켓Ticket을 담아놓을 항아리를 상상해봅시다. 항아리 하나에는 총 60개의 티켓을 담을 수 있습니다. 항아리 속 티켓은 매 1분마다 다시 리필refill됩니다. 리소스 접근 요청이 오면 항아리에서 티켓을 하나씩 빼서 나눠줍니다. 이렇게 하면 1분 간 60번의 요청을 허가할 수 있으며, 그 이후의 요청에 대해서는 자연스럽게 실패하게 됩니다.

하지만 궁리해보니 이 방식의 문제점이 보입니다. 만약, 단위 시간의 경계 근처로 요청이 쇄도하게 된다면 짧은 시간 안에 허용된 요청량에서 두 배의 요청이 허용될 수 있을 것 같습니다. 예를 들어, 항아리에 티켓이 리필되기 직전인 59초에 60번의 요청이 오고, 1초 후에 티켓이 다시 리필된 직후 다시 60번의 요청이 온다면 이 구조의 시스템은 모든 요청을 허용하게 됩니다. 즉, 몇 초 사이에 120번의 요청을 받아들이게 됩니다.

티켓을 리필하는 방법을 조금 다르게 고민해보겠습니다. 만약, 티켓을 1분마다 모두 리필하는 것이 아니라 1초에 하나씩 리필하는 방식은 어떨까요? 항아리에 티켓이 가득 차있을 때에는 더 이상 티켓을 넣을 수 없으니 리필이 되지 않을 것입니다. 앞선 문제 상황에 다시 대입해보겠습니다. 59초에 60번의 요청이 온다면 항아리 내 티켓이 모두 소진될 것입니다. 그리고 1초 후에 다시 60번이 요청이 오더라도 이때 리필된 한 개의 티켓만 발부된 채 나머지 59개의 요청은 모두 실패로 처리하게 될 것입니다. 앞선 방식보다 더 나아 보입니다.

실제로 이 알고리즘은 'Token Bucket'이라는 이름의 알고리즘으로 처리율 제한을 위한 대표적인 알고리즘 중 하나입니다. 이름에서 유추할 수 있듯이 Token은 티켓이 되고, Bucket이 항아리입니다. 이처럼 눈에 잘 들어오지 않는 복잡한 코드나 수식 대신 범용적으로 사용되는 개념이나 실재하는 사물로의 은유를 사용한다면 알고리즘을 처음 접하는 사람이라 하더라도 그 동작 방식을 이해하기가 쉽습니다. 만약, 이 알고리즘에 Token과 Bucket이라는 은유가 없었다면 어찌어찌 코드를 훑어가며 동작 방식을 이해하더라도 며칠만 지나면 모두 잊어버리기 십상일 것입니다.

이처럼 좋은 은유는 코드를 쉽게 이해할 수 있도록 도움을 줍니다. 하지만 실제로 어떤 은유를 어떻게 적용할 것인가에 대한 문제는 개발자의 가장 어려운 일 중 하나입니다. 실제로 개발을 배우지 않은 사람들은 개발자들이 새로운 프로그래밍 언어를 익히거나 어려운 알고리즘을 구상하는 일들을 어려워 할 것이라고 생각하곤 합니다. 물론, 이런 것도 어렵습니다만, 실제로 개발자들에게 설문 조사를 해보면 이름 짓기가 가장 어렵다는 답변이 가장 많이 나오곤 합니다. 수천 줄, 수만 줄의 코드를 써내려 가는 와중에도 자신이 만든 모든 변수, 함수, 클래스에 전부 이름을 붙여야 하기 때문입니다. 귀찮다고 아무렇게나 이름을 붙였다가는 이를 작성한 그 개발자 자신도 알아볼 수 없게 됩니다.

좋은 코드를 위한 추상화

　세상에는 대단한 소프트웨어가 많습니다. 사용자가 어떤 문장을 입력하면 몇 초가 지나지 않아 그 문장에 대한 그림을 뚝딱 만들어내는 AI(Artificial Intelligence, 인공지능)도 있습니다. 심지어 AI가 그린 그림은 실제 화가의 작품이라고 해도 속을 정도로 품질이 상당합니다. 요즘 나오는 3D RPG(Role-Playing Game)는 또 어떤가요? 실제처럼 묘사되는 가상 세계 안에서 수십만 명이 접속해 함께 게임을 하곤 합니다. 제가 처음 프로그래밍을 배운 후 첫 과제가 반복문을 이용해 구구단을 출력하는 것이었는데요. 이 코드를 작성하면서 정말 저 어마어마한 소프트웨어들이 제가 배우고 있는 이런 코드들로 만들어진다는 게 믿을 수 없을 정도였습니다.

　코드는 사실 깊게 들여다보면 '반복문'과 '제어문'이 전부라는 말이 있습니다. 생각해보면 틀린 말도 아닌 것이 우리가 사용하는 모든 코드의 동작은 결국 분기와 반복으로 귀결되기 때문입니다. 그렇다면 이 분기와 반복만으로 어떻게 그런 복잡다단한 기능들을 만들어낼 수 있는 것일까요? 그것을 가능케 하는 원동력이 바로 '추상화'입니다. '추상화'란 복잡한 세부사항을 가리고 사용자에게 꼭 필요한 핵심 정보만을 노출하는 것을 의미합니다.

추상화는 실생활에서도 많이 사용되고 있는 개념입니다. 자동차로 예를 들면, 자동차 키를 돌리거나 시동 버튼을 누르는 것만으로 자동차의 시동을 걸 수 있습니다. 그 내부의 엔진이 어떻게 돌아가는지, 다른 자동차의 구성요소가 서로 어떤 식으로 맞물리며 기능하는지에 대한 세부사항과 복잡한 논리는 사용자에게 철저히 가려져 있습니다.

또 다른 예로 우리가 리눅스Linux 서버에서 디렉터리를 이용할 때 cd라는 명령어를 사용하고, 파일 목록을 출력할 때에는 ls 명령어를 사용하는데, 이 역시 일종의 추상화라고 볼 수 있습니다. 현재 사용하고 있는 파일 시스템의 종류가 서로 다를 수도 있고, 커널 버전이 다를 수도 있습니다. 심지어는 현재 위치하고 있는 디렉터리가 하드 디스크가 아닌 네트워크 스토리지일 수도 있습니다. 이에 따라 디렉터리를 이동하고 파일 목록을 조회하는 메커니즘은 달라질 수밖에 없습니다. 하지만 그렇다고 해서 사용자가 파일 시스템에 따라 다른 명령어를 사용하지 않습니다. 우리가 사용하고 있는 파일 시스템이 모두 '디렉터리'와 '파일'이라는 논리적 추상화 개념을 동일하게 구현하고 있기 때문입니다.

코드 안에서도 이러한 추상화는 그대로 적용됩니다. 피타고라스 정리에 따르면 직각 삼각형에서 두 직각변의 제곱의 합은 빗변의 제곱의 합과 같습니다. 따라서 두 직각변의 제곱의 합의 제곱근을 구하면

빗변의 길이를 구할 수 있습니다. 이를 코드로 표현하면 아래와 같습니다.

```
hypotenuse = math.sqrt(side1 * side1 + side2 * side2)
```

이처럼 제곱근을 활용하기는 쉬워도 실제 제곱근의 값을 구하는 것은 쉽지 않습니다. 하지만 실제로 제곱근이 어떻게 계산되는지 전혀 알지 못하더라도 이렇게 코드를 작성할 수 있습니다. 왜냐하면 제곱근이 무엇인지 이해하고 있기 때문입니다.

추상화를 잘 사용하기 위한 방법 중 하나가 바로 함수의 내용을 말로 표현해보는 것입니다. 만약, 복잡한 로직의 함수를 작성해야 하거나 이미 작성된 함수를 읽기 좋게 변경해야 하는 경우에 응용해볼 수 있습니다. 함수가 수행해야 하는 작업을 동료에게 이야기하듯이 일반적인 언어로 설명합니다. 그리고 이 설명에 사용된 핵심 단어에 주의하면서 설명과 일치하도록 코드를 작성해보면 자연스럽게 추상화 수준이 나뉜 읽기 좋은 코드가 나오는 것을 알 수 있습니다.

예를 들어, 온라인 상점에서 장바구니에 있는 상품을 구매하기 위해 결제 금액을 계산하는 함수는 아래와 같이 추상화 수준을 나눌 수 있습니다.

1. 장바구니에 담긴 상품의 결제 금액을 계산한다.
    1-1. 장바구니에 담긴 상품의 금액을 합산한다.
        1-1-1. 장바구니에 담긴 상품의 목록을 불러온다.
        1-1-2. 각 상품의 금액을 모두 더한다.
    1-2. 할인액을 계산한다.
        1-2-1. 상품별 할인액을 계산한다.
        1-2-2. 쿠폰의 할인액을 구한다.
    1-3. 상품 금액 합산값에서 할인액을 제한 나머지 금액을 반환한다.

장바구니에 담긴 상품의 결제 금액을 계산하는 함수가 수행해야 하는 작업을 간단히 설명하면 "장바구니에 담긴 상품 금액의 총합에서 할인액을 제한 나머지 금액을 반환한다"입니다. 가능한 적은 수의 세부 정보만을 포함하는 것이 가장 좋습니다. 만약, 이 함수에서 "상품을 어디서 어떻게 불러올지" "할인액을 어떻게 계산할지"를 함께 다루게 된다면 함수의 가독성을 해치게 됩니다. 불필요한 세부 정보는 추상화시키고 함수가 가져야 할 핵심 정보만을 표출하여 간결하게 작성할 수 있습니다.

관심사의 분리

심리학에서는 '매직넘버 7의 법칙' 혹은 '밀러의 법칙'이라고 불리는 아주 유명한 법칙이 하나 있습니다. 사람들은 평균적으로 7개 정도의 정보를 임시로 기억할 수 있다는 것입니다. 잇따른 다른 연구에서는 7

개가 아니라 4개 정도에 불과하다는 연구 결과도 있지만 중요한 것은 사람의 단기 기억은 매우 작은 수의 정보만을 저장할 수 있다는 점입니다. 코드 이야기를 한참 하다가 갑자기 심리학 이야기를 왜 꺼내나 싶을 겁니다. 바로 이 법칙은 우리가 코드를 작성할 때에도 유념해야 하는 법칙이기 때문입니다.

우리는 코드를 읽으면서 앞서 이야기한 '밀러의 법칙'에서 나오는 단기 기억을 활용하게 됩니다. 단적인 예로 하나의 함수를 읽을 때는 그 함수의 이름과 인자로 넘어온 데이터, 함수 내에서 선언되는 변수를 모두 단기 기억을 통해 저장해가면서 함수의 로직을 파악하게 됩니다. 만약, 이 함수의 추상화 수준이 제대로 정리되지 않아 여러 작업을 함께 수행한다면 한정된 우리의 단기 기억으로는 감당하기 어려울 것입니다. 이 역시 코드의 가독성을 해치게 됩니다. 하나의 함수는 하나의 작업을 하는 것이 이상적입니다.

프로그래밍에서는 이와 관련하여 '관심사의 분리(Separation of Concern)'라는 개념이 있습니다. 이는 하나의 코드 영역에서 너무 많은 관심사를 다루지 않도록 관심사에 따라 코드를 나누고 이를 조합하는 방식으로 구성하는 것을 의미합니다. 관심사를 분리하여 코드를 작성하면 각각의 코드 영역에서 적은 수의 관심사에만 집중할 수 있기 때문에 코드를 파악하는 것이 훨씬 수월합니다.

1장을 마치며

　어떤 코드가 좋은 코드인지를 판단할 수 있는 정확한 기준을 정할 수는 없습니다. 〈리팩터링〉이라는 책에서 마틴 파울러도 나쁜 코드로 인한 리팩터링이 필요한 시점을 설명하기 위해 '냄새'라는 관점을 사용했습니다. 어떤 상황에서 어떤 코드가 깔끔하고, 어떤 코드가 냄새가 나는지를 잡기(Catch) 위한 자신만의 직관에 따른 감각을 개발해야 한다고 강조하고 있습니다. 이러한 감각은 하루아침에 생기지 않습니다. 남들이 작성한 좋은 코드를 참고하여 코드 품질에 대해 끊임없이 고민하는 과정을 통해서만 습득할 수 있는 감각일 것입니다.

시작하는 개발자들을 위한
기술 여행 가이드

2장

안전한 코드를 위해서

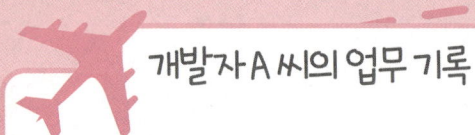 개발자 A 씨의 업무 기록

나 대신 테스트를 해준다고?

여느 때처럼 미들웨어 코드와 한창 씨름하던 차였다. 버그 제보를 보면서 몇 차례 버그를 재현해본 결과, 원인으로 추정되는 코드를 특정해낼 수 있었다. 그리고 수정 방안도 어렵지 않게 생각해 낼 수 있었다. 몇 개의 소스 파일을 오가면서 코드를 수정하고는 빌드하여 테스트를 해봤다. 버그가 더 이상 재현되지 않았다.

가벼운 손놀림으로 수정한 코드를 커밋(Commit)한 뒤에 코드 리뷰를 올렸다. 우리 회사는 깃허브 엔터프라이즈 버전(Github Enterprise Version)을 사내 코드 저장소로 사용하고 있었는데, 풀 리퀘스트(Pull Request)를 통해 리뷰가 완료된 코드에 대해서만 마스터 브랜치(Master Branch)[*]로 합칠 수 있도록 하는 정책을 사용하고 있었다. 리뷰어로 사수인 조 대리를 지정하고는 풀 리퀘스트를 생성했다.

어차피 코드 리뷰에는 시간이 걸릴 것이기 때문에 다른 일을 먼저 하고 있을까 싶어서 작업 창을 전환하는데 모니터 귀퉁이에 새로운 메일이 왔다는 알람이 울렸다. 메일 제목을 언뜻 보니 내가 방금 올린 풀 리퀘스트와 관련된 알람이었다. 코드 리뷰가 벌써 완료된 건가 싶어 메일을 확인했지만 그 내용은 내가 예상하는 범위를 크게 빗나가는 것이었다. 내가 올린 풀 리퀘스트에 코멘트가 달렸다는 내용이었는데 코멘트를 작성한 사람은 리뷰어인 조 대리가 아니었다. 링크를 클릭해서 내가 올린 풀 리퀘스트 페이지로 들어가 보았다.

---

[*] 버전에 따라 메인 브랜치(Main Branch)로 표기되기도 하지만 둘 다 같은 의미로 이해하면 된다.

새롭게 달린 코멘트의 내용을 살펴보니 상단에는 빨간 글씨로 "Test Failed"라는 문구가 적혀있었다. 그 밑으로는 코드의 취약점 개수, 실패한 테스트 이름, 테스트 커버리지 같은 항목이 자리 잡고 있었다. 어림짐작으로 내가 수정한 코드에 대한 문제와 그에 따른 보고로 보였다. 이 사람이 누군데 갑자기 대뜸 내 코드를 분석한 건가 싶어서 닉네임을 확인해보니 'bot'이라는 단어가 눈에 들어왔다. 처음 보는 계정이었다.

'이게 무슨 일인가' 싶어서 당황하고 있는데, 옆 자리의 조 대리가 모니터 너머로 씽긋 웃는 낯으로 나를 쳐다보며 말을 걸어왔다.

"테스트가 실패했나 봐요?"

"아, 네…, 그런가 봐요. 근데 어떻게 알았나요?"

"저한테도 알림 메일이 왔거든요."

"아, 그렇겠네요. 그런데 이게 대체 뭔가요?"

"우리 코드에 정적 코드 분석 도구를 달아놨거든요. 코드를 수정해서 풀 리퀘스트를 올리면 자동으로 빌드해서 테스트를 돌려보고 그 결과를 알려줘요."

A 씨는 이런 도구가 있을 줄은 꿈에도 생각하지 못했기 때문에 당황한 기색을 지울 수 없었다.

"이게 자동으로 테스트를 해줄 수가 있나요?"

"음, 테스트는 테스트이긴 한데 우리가 직접 수행하는 테스트와는 좀 달라요. 얘가 돌려보는 건 그냥 테스트 코드만 돌려보는 거예요."

그제야 bot이 달아준 코드의 정적 분석 결과를 차분히 읽어보기 시작했다.

"요즘 바빠서 테스트 코드를 제대로 관리하지 못했는데, 이제부터라도 커버리지 좀 올려보려고요."

"커버리지? 커버리지라면 테스트 코드의 양을 이야기하는 건가요?"

"음, 아뇨. 테스트 코드를 돌렸을 때 메인 코드가 실행되는 비율을 이야기하는 거예요. 예를 들어, 테스트 코드를 통해 실행되는 메인 코드가 절반이라면 커버리지는 50%인 셈이죠. 무조건 높다고 좋은 건 아니지만 그래도 어느 정도 커버리지 수준을 유지하는 게 코드 품질에 좋을 것 같아서요."

조 대리는 풀 리퀘스트 페이지를 띄워놓고 살펴보면서 이야기를 이어갔다.

"일단 살펴보니 커버리지 문제는 아닌 것 같고…. 메인 코드가 바뀌면서 이전에 작성해놓은 테스트 몇 개가 실패했네요. 이것만 봐서는 메인 코드가 문제인지, 테스트 코드가 문제인지를 알 수 없을 것 같은데요. A 씨가 이 부분까지 확인해서 진행해볼 수 있겠어요?"

솔직히 자신은 없었지만 어디 한번 부딪혀보자는 생각으로 대답했다.

"네. 일단 해볼게요."

조 대리는 다시 자리로 돌아갔다. 나는 모니터로 시선을 옮기고는 찬찬히 코드 분석 결과를 살펴보기 시작했다. 조 대리의 말대로 몇몇 테스트 코드가 실패한 것을 알 수 있었다. 하지만 좀 의아했던 것은 실패가 난 테스트 코드 영역은 이번에 내가 수정한 코드와는 관련이 없는 부분이었다. 즉, A 영역을 수정했는데, B 영역에서 테스트 실패가 나온 것이었다.

고개를 갸우뚱거리며 테스트 코드를 읽기 시작했다. 그리고 이내 내가 놓치고 있던 부분을 알 수 있었다. A와 B는 전혀 별개의 코드가 아니었다. 사실 B에서는 로직 내부적으로 A의 일부 함수를 호출하고 있었는데, 이번 수정으로 해당 함수의 동작이 달라졌고 결과적으로 B의 동작에도 영향을 미친 것이다. 나름 테스트를 한다고 했지만 당연히 내가 수정한 A 부분에 대한 테스트만 진행하게 되면서 이를 놓친 것이다. 부랴부랴 B 영역의 코드도 함께 수정하니 그제야 테스트가 정상적으로 통과하는 것을 볼 수 있었다.

버그와 장애

우리는 바야흐로 대 IT 시대에 살고 있습니다. 우리 삶을 도와주는 많은 요소가 소프트웨어에 의해서 지탱되고 있습니다. 포털 사이트에 접속해서 뉴스를 확인하고, 친구들과 스마트폰으로 메시지를 주고받습니다. 만약, 약속이 잡혀서 외출을 해야 한다면 지도 애플리케이션을 켜서 위치와 가는 길까지 모두 손쉽게 확인할 수 있습니다. 이 모든 과정이 데이터화되고 패킷packet이라는 형태로 인터넷 망에서 곳곳을 누비며 이루어집니다. 긴 여행을 떠난 패킷이 어느 서버에 도착하게 되면 그곳에서 이름 모를 개발자가 밤새워 작성한 코드를 호출하게 됩니다. 이 코드가 CPU를 뜨겁게 데워가며 연산을 하고 그 결과를 다시 패킷에 실어 보냅니다. 이 패킷이 우리에게 비로소 다시와 닿게 되면 컴퓨터 화면에 뉴스를 띄우고, 친구의 메시지를 보여주고, 약속 장소에 가는 가장 빠른 길을 알려줍니다.

공기처럼 자연스럽게 우리 주변에 존재하던 이런 IT 서비스도 언젠가 한 번쯤은 고장나고 멈추곤 합니다. 특히 전 국민이 사용하는 메신저나 대형 포털 사이트가 멈추기라도 하면 바로 뉴스에까지 실릴 만큼 큰 일입니다. 이러한 불상사를 막기 위해 오늘도 수많은 개발자와 엔지니어가 불철주야 서비스를 돌보고 있지만 그럼에도 잊을 만하면 사고는 터지기 마련입니다. 이런 사고를 미연에 방지할 수는 없을까요?

조금 다른 이야기를 해보겠습니다. 구글의 SRE에 대해 다룬 〈Site Reliability Engineering(사이트 신뢰성 엔지니어링)〉이라는 책을 보면 '오류 예산(Error Budget)'이라는 개념이 등장합니다. 간단히 설명하면 주어진 기간 내 시스템에게 허용된 불안정성을 수치화한 것입니다. 예를 들어, 어떤 시스템이 분기 단위로 99.9%의 가용성을 목표로 한다면 오류 예산은 분기 당 0.1%입니다. 이러한 개념을 이용해 개발팀에서는 허용된 오류 예산 내에서 코드에 변경을 가하고 배포를 합니다. 만약, 해당 분기의 오류 예산이 모두 고갈된다면 그 분기 동안은 새로운 기능에 대한 배포를 하지 않는 식으로 서비스의 가용성 목표를 맞추는 식입니다.

아마도 소프트웨어 개발에 익숙하지 않은 사람이 보기에는 조금 이상하게 들릴 수 있을 것 같습니다. 0.1%라는 아주 작은 비율이긴 하지만 마치 서비스의 장애를 일부 허용한다는 의미로 들리거든요. 가용성 100%를 목표로 하지 않고 0.1%와 같이 실패의 허용 범위를 남겨두는 그 아량이 도무지 이해되지 않을 수도 있습니다.

물론, 사람의 노력을 통해 서비스 장애를 모두 피해 갈 수 있다면, 개발자가 조금 더 신경 써서 코드를 작성함으로써 버그가 하나도 존재하지 않는 코드를 작성할 수 있다면 가용성 100%를 목표로 해볼 수 있을 것입니다. 하지만 불행히도 이는 가능하지 않습니다. 사람이 하는 일에는 언제든 실수의 여지가 있습니다. 때로는 사람이 실수를 하지 않아도 천재지변과 같은 외부 요인으로 인해 사고가 터질 수도 있습니다. 2015년 8월, 유럽에 있던 구글 데이터 센터에 낙뢰가 4번이나 연속으로 같은 곳을 내려치는 바람에 전원이 잠시 차단되었고 그로 인한 대규모 장애가 발생하기도 했습니다. 안타깝게도 아직 우리는 이러한 외부 요인을 완벽하게 통제할 만한 방법이 없습니다.

오랫동안 많은 사람에 의해 사용되어 온 소프트웨어 역시 문제를 피해갈 수 없습니다. 여러분도 잘 알만한 메모장 프로그램으로 예를 들어볼까요. 메모장은 1985년에 출시된 윈도우즈 1.0에서부터 탑재되어 30년이 넘는 기간 동안 유지보수되어 왔습니다. 대단히 화려한 기능을 하는 프로그램이 아니라 단순한 텍스트 편집 기능만 제공하는 간단한 프로그램이기 때문에 메모장에 존재하는 버그는 애초에 모두 해결되고 완전무결한 프로그램이 되어 있으리라고 생각하기 쉽습니다. 하지만 그 메모장마저도 계속해서 새로운 버그가 보고되고 있습니다. 겉으로는 티가 안 나지만 윈도우즈의 버전이 올라갈 때마다 메모장도 계속해서 패치되고 있습니다.

이쯤 되면 '프로그램을 배포하기 전에 테스트를 거치지 않나?' 하는 의문이 들 수 있습니다. 물론, 모든 소프트웨어는 최종 사용자에게 배포하기 전에 테스트를 필수로 거치게 됩니다. 특히 규모가 있는 기업에서는 대개 이런 테스트만을 전담하는 QA(Quality Assurance) 팀을 따로 구성하고 전문화된 인력과 기술을 이용해 테스트를 하곤 합니다.

그럼에도 테스트를 통해 모든 문제를 완벽하게 잡아내는 것은 사실상 어렵습니다.

소프트웨어는 내부적으로 다양한 구성요소와 바쁘게 상호작용하고 있습니다. 운영체제의 커널을 통해서 디스크나 네트워크에 접근하기도 합니다. 인터넷 너머에 있는 외부 서비스와 데이터를 교환하기도 하고 컴퓨터 어딘가에 설치된 외부 라이브러리에 의존하기도 합니다. 이렇듯 소프트웨어의 기능과 성능에 영향을 미칠 수 있는 외부 변수는 무수히 많습니다. 따라서 이런저런 변수를 모두 포함하는 모든 시나리오에 대한 테스트는 사실상 불가능합니다. 이와 관련해서 최단경로 알고리즘으로 유명한 컴퓨터 과학자 다익스트라(Dijkstra)는 이런 말을 남겼습니다.

> "프로그램 테스트는 버그의 존재를 보여주기 위해 사용될 수 있지만 버그가 없다는 것을 보여주진 못한다."

이 말을 통해 알 수 있듯이 더 많은 테스트를 통해 더 많은 버그를 찾을 순 있지만 이것이 시스템에 100% 버그가 없다는 것은 보장할 수 없습니다. 즉, 버그가 없는 소프트웨어란 마치 '유니콘'과 같은 환상 속의 존재일 수밖에 없습니다.

하지만 버그의 발생이 불가피하다는 사실이 개발자의 실수에 대한 변명이 될 수는 없습니다. 개발자들의 노력 여하에 따라 발생되는 버그나 장애의 수를 현저히 줄일 수 있기 때문입니다. 완전한 소프트웨어는 현실적으로 도달하기 아주 어려운 이상향이긴 하지만 그럼에도 그곳을 지향해야 한다는 사실은 변하지 않습니다. 그 이상향에 한걸음 더 가까이 가기 위해서 우리가 할 수 있는 일은 무엇이 있을까요?

테스트 자동화

시계 바늘을 돌려 1980년대의 어느 개발자가 코딩하는 모습을 한 번 상상해볼까요. 어느 이름 모를 개발자가 불룩한 CRT 모니터 앞에 웅크려 앉아 코드를 한 줄 한 줄 작성하고 있습니다. 코드가 완성되면 이를 컴파일한 뒤에 실행해봅니다. 여러 입력을 넣어보면서 다양한 시나리오에 대해 테스트를 해봅니다. 그러다가 오류가 발생하면 다시 모니터 위로 코드를 불러와 문제를 고치기 시작합니다.

어떤가요? 상당히 익숙한 장면이지 않나요? 불룩한 CRT 모니터를 사용하는 부분만 제외하고는 오늘날 우리가 개발하는 모습과 상당히 닮아 있습니다. 모니터가 얇아지고 CPU는 빨라졌지만 여전히 우리는 직접 코드를 입력하고 직접 테스트합니다. 코드가 실행되는 동안 무슨 일이 일어나고 있는지 알 수 없기 때문에 곳곳에서 로그를 삽입해 코드를 어지럽힙니다. 저 역시 아직까지 이렇게 개발하고 있습니다.

하지만 CRT 모니터가 얇아지는 동안 우리가 배운 것이 없지는 않습니다. 바로 컴퓨터에게 테스트 과정의 일부를 맡기는 겁니다. 컴퓨터는 단순히 반복되는 작업을 인간과 비교할 수 없을 정도로 정확하고 완벽하게 해낼 수 있거든요. 이러한 특성을 보면서 개발자들은 코드를 실행하는 일뿐만 아니라 이를 테스트하는 일도 맡겨볼 수 있겠다고 생각하기 시작했습니다. 컴퓨터는 우리의 기대대로 이를 훌륭히 수행해내기 시작했습니다. 이것이 바로 '테스트 자동화'입니다.

사실 '테스트 자동화'라고 하면 컴퓨터가 알아서 내 코드를 이리 저리 테스트를 해줄 것 같지만 아직까지 그런 일은 가능하지 않습니다. 오히려 어떤 코드를 어떻게 테스트해야 하는지에 대해 일일이 개발자가 알려줘야 합니다. 즉, "A라는 함수에 B라는 입력을 넣으면 C라는 출력이 나와야 한다"라는 테스트 시나리오를 미리 세워놓고 이를 검증하는 테스트 코드를 작성해야 합니다. 즉, 코드를 테스트하기 위해 또 다른 코드를 작성해야 하는 상황인 것입니다. 심지어 직접 손으로 수행하는 테스트보다 훨씬 오래 걸리기 때문에 번거롭고 별 효용이 없는 것처럼 느낄 수도 있습니다.

하지만 테스트 자동화는 이점이 상당합니다. 가장 큰 장점을 꼽아본다면 바로 사람 대신 컴퓨터가 테스트를 해준다는 사실입니다. 앞서 언급했듯이 컴퓨터는 단순 반복 작업을 아주 정확하고 탁월하게 잘할 수 있거든요. 그 능력을 빌어서 코드에 변화가 있을 때마다 사전에 작성해놓은 테스트 코드를 이용해 코드를 검사하고 문제를 사전에 알려줄 수 있습니다. 낮과 밤을 가리지 않고 100번이든 1,000번이든 컴퓨터는 한 마디 불평 없이 이러한 일을 훌륭히 수행해낼 수 있습니다. 게다가 이러한 테스트 코드가 쌓이면 쌓일수록 코드의 안정성을 더 넓게 검증할 수 있습니다.

또 하나의 장점으로 테스트 코드는 메인 코드를 작성하는 도중에도 작성할 수 있다는 점입니다. 보통은 개발을 하면서 모든 기능을 완성해놓은 뒤에 수동으로 테스트를 하기 마련입니다. 따라서 개발 과정 도중에는 내가 작성 중인 함수를 테스트하고 싶어도 마땅히 방법이 없었습니다. 하지만 테스트 코드를 이용한다면 문제의 함수만 집중하여 쉽게 테스트해볼 수 있습니다. 테스트 결과는 전광석화처럼 빠르게 나올 거고요. 즉, 더 빠른 피드백 주기를 가지고 테스트와 개발을 번갈아가며 할 수 있게 됩니다.

이러한 여러 장점이 있지만 아직 테스트 코드를 작성하는 일을 꺼려하는 경우도 적지 않습니다. 재미없고 지속적인 일이거든요. 대부분의 개발자들은 테스트 작성을 좋아하지 않습니다. 메인 코드를 작성하는 일이 더 재미있고 도전적이라고 느낍니다. 그에 비해 테스트 코드 작성은 재미도 없는데다가 시간도 꽤나 잡아먹는 일입니다.

일정이 너무 빡빡해서 테스트 코드를 작성할 시간이 없다고 느끼는 경우도 많습니다. 예를 들어, 메인 코드를 작성하는 데 6시간이 필요하고, 그에 대한 테스트 코드를 작성하는 데 4시간이 필요하다면 테스트 코드를 건너뛰는 것만으로 4시간을 절약할 수 있습니다. 제대로 된 테스트 코드를 꼼꼼하게 작성하는 것보다 직접 손으로 테스트를 하는 것이 일단은 시간을 훨씬 적게 소요하거든요.

하지만 테스트 코드를 작성함으로써 결과적으로 더 빨리 일을 끝마칠 수 있다는 주장을 하는 사람도 있습니다. 사실 저도 경험적으로 봤을 때 테스트 코드를 작성했을 때가 일을 더 빨리 끝냈던 편입니다. 필요한 코드량이 늘어나는 데도 작업 소요 시간이 줄어든다니, 어떻게 이런 일이 가능한 걸까요?

이런 예를 한번 들어보겠습니다. 앞서 이야기했듯이 보통 기능을 모두 개발한 이후에 테스트 과정을 거치게 되는데요. 이 과정에서 미처 발견하지 못했던 버그가 하나둘씩 튀어나오기 시작합니다. 기능이 완료된 이후에도 버그를 잡는 과정에서 코드는 계속해서 수정됩니다. 버그의 원인을 좇다보니 A라는 함수에 오류가 있는 것을 발견하게 되었습니다. A 함수의 오류를 수정하려고 보니 A 함수의 인터페이스 전체를 변경해야 하는 상황임을 알게 되었습니다. A 함수의 인터페이스를 변경하고 나니 이제는 A 함수를 호출하고 있는 다른 모든 코드에 빨간 줄이 그어집니다. 결국 모두 수정해주어야 합니다. 어쩌면 이렇게 변경된 코드 구조가 처음의 설계와는 많이 달라져 꽤 어색할 수도 있습니다. 이런 경우에는 찝찝함을 무릅쓰고 그대로 두든지, 아니면 시간을 들여 전체 코드의 구조를 변경해야 합니다.

사실 이렇게 기능 개발을 완료하기 전에 버그를 잡아내는 것은 차라리 다행입니다. 새로운 기능이 배포되고 최종 사용자에게 닿은 이후에 발견한 버그는 더 골치가 아픕니다. 운이 좋아서 빠르게 원인을 찾을 수 있게 되더라도 이미 사용자는 내가 만든 제품에 대한 부정적인 경험을 하게 된 이후이기 때문입니다. 버그의 원인을 찾아 급하게 수정을 하고 다시 테스트를 거친 뒤에 배포를 해야 합니다. 급하게 고친 코드에서는 다시 또 다른 실수가 발생할 수도 있겠네요.

꼼꼼한 테스트 코드는 다양한 시나리오에 대한 테스트를 가능하게 해줍니다. 테스트 코드가 없었다면 기능 출시 이후에나 발견했을 버그도 사전에 미리 발견해낼 수 있습니다.

게다가 테스트 코드가 작성된 코드는 일종의 검증 완료 마크가 붙은 것과 비슷합니다. 다른 코드에서 공통적으로 자주 호출되는 A라는 함수가 있다고 해봅시다. 이때 어떤 개발자가 이 A 함수를 호출하는 B라는 새로운 함수를 작성했습니다. 이 과정에서 A 함수에 변경이 필요하다는 사실을 발견한 개발자는 A 함수의 내용을 일부 수정하게 되었습니다. 하지만 불행히도 그의 수정에는 알아채기 힘든 결함이 있었습니다. 하지만 이 결함은 B 함수의 호출에 의해서는 발생하지 않는 결함이었습니다. 이 개발자가 새로 개발한 기능은 B 함수이기 때문에 B 함수에 대한 내용만 테스트해봅니다. 결과에 문제가 없다면 변경된 코드는 코드 저장소에 커밋되고 말 것입니다.

하지만 이 시점에 A 함수를 호출하는 다른 함수는 기존과 다르게 동작하며 문제를 발생하도록 변경되었습니다. 이런 경우, 이 개발자를 비롯한 누구도 알아챌 수 없었습니다. 이대로 코드가 배포된다면 사용자는 오류를 경험하게 될 것입니다. 만약, A 함수나 A 함수를 호출하고 있는 다른 코드에 대한 테스트 코드가 꼼꼼하게 작성되어 있다면 이 문제를 사전에 파악할 수 있을 것입니다. 이러한 측면에서 테스트 코드는 단순히 버그를 찾는 데서 그치는 것이 아니라 미래의 부적절한 변경으로부터의 보호막으로도 기능합니다.

테스트 가능한 코드

저는 테스트 코드의 존재를 처음 알게 되고 곧바로 이를 작성해보려고 했지만 쉽지 않았습니다. 좀 막막했습니다. 내가 작성한 코드에 테스트 코드를 어떤 식으로 붙일 수 있을지 감이 잘 오질 않았습니다. 지금 생각해보면 자연스러운 상황이었습니다. 애초에 테스트 코드를 염두에 두지 않은 코드에 테스트 코드를 작성하는 것은 쉽지 않거든요. 즉, 테스트의 대상이 되는 메인 코드의 형태 자체가 테스트에 용이한 형태로 구성되어야 합니다.

이 이야기를 듣고는 '주객이 전도되는 꼴이 아니냐'라는 생각이 들 수 있습니다. 제품으로 나가야 하는 건 테스트 코드가 아닌 메인 코드인데, 테스트 코드 때문에 메인 코드에 제약이 발생하다니요. 하지만 테스트가 용이한 코드의 조건을 자세히 들어보면 이러한 제약이 결코 나쁜 것이 아님을 알 수 있습니다.

테스트가 용이한 코드는 일반적으로 결합도가 낮습니다(Loosely Coupled). '결합도'란 어떤 구성요소가 다른 구성요소에 얼마나 의존하고 있는지를 나타냅니다. 코드가 강하게 결합되어 있다면 유지 보수 비용이 크게 드는 경향이 있습니다. 일반적으로 '의존성 주입(Dependency Injection)' 등의 기법을 통해 결합도를 낮출 수 있습니다.

그리고 '순수 함수'일수록 테스트가 용이한데요. '순수 함수'란 동일한 입력이 들어온다면 항상 동일한 출력을 내보내는 함수를 뜻합니다. 반대의 개념으로는 '부수 효과(Side Effect)'가 있는 함수를 들 수 있는데요. 여기서 부수 효과란 함수의 입출력과는 무관한 외부 데이터를 참조 및 수정하거나 출력값과 직접적으로 관련되지 않은 작업을 수행하는 것을 의미합니다. 전역 변수 참조, 네트워크 및 파일 입출력, 문자열 출력 등의 작업 등을 예로 들 수 있겠네요.

함수 내부에서 네트워크를 참조한다면 네트워크 연결 상태나 네트워크로부터 반환되는 값에 따라서 동일한 입력을 넣더라도 다른 출력이 발생할 수 있습니다. 만약, 함수가 전역 변수를 참조한다면 동일한 입력을 넣더라도 전역 변수의 값에 따라서 다른 출력이 발생할 수 있습니다. 가장 대표적인 예로, 현재 시간을 참조하는 함수는 실행하는 시간에 따라서 다른 출력을 반환할 수 있습니다. 이러한 부수 효과가 있는 함수는 결과를 예측하거나 제어하기가 어렵기 때문에 테스트 코드 작성에 용이하지 않습니다.

하지만 그렇다고 해서 모든 코드를 순수 함수로 작성할 수는 없습니다. 따라서 부수 효과를 가능한 전체 코드의 핵심 로직에서 격리하도록 구성하는 편이 테스트 코드 작성 용이성 측면에서 유리합니다. 또는 부수 효과와 관련된 코드를 '종속성 주입' 등의 기법을 통해 분리한 뒤에 테스트 코드에서 '모의 객체(Mock Object)'를 사용하도록 구성하는 것도 좋은 방법입니다.

관심사가 명확하게 분리된 코드 역시 테스트 코드 작성에 용이합니다. 관심사를 명확하게 분리한다는 것은 각 구성요소별로 명확한 책임을 가지게끔 설계하는 것을 의미합니다. 이를 통해 코드의 동작을 더 쉽게 이해할 수 있게 되며 훨씬 수월하게 코드의 개별 책임에 맞는 테스트를 작성할 수 있습니다.

이렇게 테스트가 용이한 코드의 조건들을 몇 개 꼽아보았는데요. 이런 조건은 꼭 테스트 코드 작성 때문이 아니더라도 메인 코드의 품질과 유지보수 및 가독성에도 큰 도움을 주는 요소들입니다. 이를 다시 말하면 테스트가 용이한 형태의 코드를 작성하는 것만으로도 메인 코드의 품질을 한층 더 끌어올릴 수 있다는 의미입니다.

결과적으로 테스트 코드는 제품의 잠재적 버그를 사전에 잡아낼 수 있을 뿐만 아니라 코드의 품질 측면에서도 상당한 역할을 할 수 있습니다. 물론, 테스트 코드를 작성하기 위한 초기 작업을 필요로 하긴 하지만 테스트 코드가 제 역할을 하기 시작하면 이러한 초기의 투자비용은 금방 회수되고도 남습니다.

테스트 환경

자동화된 테스트도 중요하지만 그렇다고 실제 테스트 절차를 빼놓을 수는 없습니다. 만약, 여러분이 개인적으로 진행하고 있는 '토이 프로젝트'라면 로컬 환경에서 개발하면서 테스트를 함께 진행하고, 문제가 없다면 바로 운영 환경에 배포하게 될 것입니다. 하지만 대부분의 상용 소프트웨어 개발 프로젝트에서는 개발과 배포 사이에 여러 단계의 테스트 환경을 추가로 구축함으로써 각 환경별로 코드의 안정성을 검증하곤 합니다.

이러한 테스트 환경은 소프트웨어 개발 프로세스에 있어 매우 중요한 역할을 합니다. 개발자가 운영 환경에 실제로 코드를 배포해보기 전에 철저하게 테스트하여 코드가 요구사항을 충족하고 의도한 대로 동작하는지 검증할 수 있는 플랫폼 역할을 합니다. 테스트 환경은 그 종류가 상당히 다양하며 각각 고유한 용도로 사용되곤 합니다. 테스트 환경은 개발 조직의 규모나 산업, 제품의 종류에 따라서 다양하지만 여기서는 가장 일반적으로 사용되는 네 개의 환경에 대해서만 다루겠습니다. 바로 '로컬 환경' '테스트 환경' '스테이징 환경' '운영 환경'입니다.

각 테스트 환경에 대한 이해를 돕기 위해 연극을 준비하는 과정으로 비유를 해보려고 합니다. 여러분이 연극 무대를 준비하는 배우라면 이제 여러분은 훌륭한 연극 무대를 꾸미기 위해 여러 단계의 연습 과정을 거치게 됩니다.

먼저, 처음에는 대본을 받고 대본을 읽는 과정을 거치게 됩니다. 이 과정에서 여러분은 연기하게 될 역할에 몰입할 준비를 시작합니다. 초반에 이루어지는 대부분의 연습은 혼자 사용하는 연습실이나 집과 같이 사적인 공간에서 이루어질 것입니다. 아직은 여러분 자신의 연기가 완성되지 않았고 대사도 모두 숙지하지 않았기 때문에 상대 배우와 직접 대사를 주고받기보다는 혼자서 연습을 하게 됩니다. 모든 배우가 각자의 공간에서 각자의 템포로 자신의 연기를 준비합니다.

이렇게 배우들이 역할에 몰입하는 동안 '연습실'이라는 공간이 준비되기 시작합니다. 이 연습실이 실제 공연 무대와 동일하게 만들어지면 좋겠지만 이는 현실적으로 쉽지 않습니다. 그러므로 실제 무대의 크기를 측정하고 연습실에서 테이핑을 통해 가상의 무대를 만들어 놓습니다. 무대에서 사용될 소품도 아직 모두 준비되지 않은 경우가 많습니다. 이 연습실이라는 공간에서 배우들이 모여 대사를 주고받기 시작합니다. 혼자 연습하던 단계에서는 미처 생각하지 못했던 부분이 발견되고 이를 하나씩 수정해가면서 극의 미흡한 부분을 보완합니다. 이 단계에서는 다른 배우와 함께 맞출 필요가 있는 연습이 주로 진행됩니다. 극의 전체적인 동선이 어느 정도 정리되면 중요한 신을 따로 집중적으로 연습해보기도 합니다.

공연일이 일주일 앞으로 다가왔습니다. 이제 연습실에서 나와 실제 공연을 하게 될 극장으로 연습 장소를 옮겨갑니다. 이 과정을 '드레스 리허설Dress Rehearsal'이라고 하는데요. 공연과 가장 유사한 환경에서 실제 공연 의상을 입고 조명과 음향을 함께 맞춰가면서 연습을 진행합니다. 이 단계에서도 미처 생각하지 못했던 보완 사항이 발견되곤 합니다. 예를 들어, 계획했던 동선이 생각보다 관객석과 너무 가깝다는 점을 이 단계에서 발견하고 동선을 수정하기도 합니다. 또한 연습실과는 공간이 다르기 때문에 음향의 울림도 다를 수밖에 없는데요. 이를 고려해서 배우들은 자신이 연습했던 톤과 소리의 크기를 조정하기도 합니다. 그 외에도 극장의 문제로 인해 무대 구성이 불가피하게 변경되는 경우도 있는데요. 이러한 점도 연습실에서의 연습 과정에서는 알아차릴 수 없기 때문에 모두 '드레스 리허설'에서 조정되어야 합니다.

드디어 오랜 연습의 결실을 꽃피울 공연일이 다가왔습니다. 극은 모두 준비되었고 그동안 발생했던 모든 문제도 해결되어 있습니다. 하지만 때로는 실제로 극을 올리고 난 뒤에야 발견되는 문제도 있습니다. 첫 공연일에 발견된 문제는 그날 저녁에 곧바로 해결 방안을 마련하고 두 번째 공연일에는 해결되어야 합니다.

이제 테스트 환경을 연극 준비 과정에 빗대어 설명해보겠습니다. 로컬 환경은 혼자서 연습하는 과정입니다. 다른 테스트 환경이나 운영 환경과는 독립적으로 개발자 개인의 로컬 환경에서 테스트를 진행합니다. 보통 개발을 진행하는 과정에서 함께 진행되곤 합니다. 이 로컬 환경을 통해 개발자는 빠르게 테스트를 반복함으로써 초기 단계에 많은 버그를 수정할 수 있습니다.

두 번째 단계인 테스트 환경은 작업실에서 이루어지는 연습 과정입니다. 이 테스트 환경에서는 내가 개발하는 모듈 외에 다른 개발자가 담당하는 모듈도 모두 구동되고 있는데요. 이 환경에서 다른 모듈과 상호작용을 하며 이전 단계에서 발견하지 못했던 버그를 해결하고 코드의 안정성을 검증해 나갑니다. 내 코드가 가지고 있는 고유의 문제는 이전 단계에서 대부분 해결되었을 것이기 때문에 이 단계에서는 다른 모듈과의 통신 과정에서 발생하는 버그가 주로 발견되곤 합니다.

세 번째 단계인 '스테이징 환경'은 실제 무대에서 이루어지는 '드레스 리허설' 과정입니다. 운영 환경에 배포되기 전의 마지막 단계이며 운영 환경과 가장 유사한 환경에서 코드를 테스트할 수 있는 환경입니다. 데이터베이스 내의 데이터도 더미 데이터가 아닌 운영 환경의 데이터를 그대로 미러링해서 옮겨놓기도 합니다.

마지막 단계인 '운영 환경'은 실제 공연 과정과 같습니다. '프로덕션' 혹은 '라이브 환경'이라고 부르기도 합니다. 스테이징 환경에서의 테스트를 통해 대부분의 버그가 발견되어 수정되었을테지만 일부 버그는 운영 환경에서만 발생하는 골치 아픈 경우도 있습니다. 이런 경우에는 운영 환경에 배포된 이후에 빠르게 문제의 원인을 파악하고 핫픽스HotFix 배포를 내보내야 합니다. 이 환경은 실제로 최종 사용자가 제품을 접하는 환경이기 때문에 가장 많은 테스트가 철저하게 수행되어야 하는 환경입니다.

제품의 안정성 보장 측면에서 이 테스트 환경은 모두 중요합니다. 따라서 개발 조직에서는 개발자들의 생산성과 제품의 품질을 보증하기 위해 인적 리소스와 비용을 들여 각 테스트 환경을 구축합니다. 이 중 구축이 가장 어려운 환경은 바로 '스테이징 환경'입니다. 스테이징 환경이 유용하려면 운영 환경에서는 발생하지만 로컬 환경이나 테스트 환경에서는 발생하지 않는 특별한 종류의 문제를 발견해낼 수 있어야 합니다. 그러기 위해서는 운영 환경과 동일하게 구성하는 것이 가장 중요한데요. 이는 매우 어렵고 비용이 많이 드는 일입니다. 운영 환경과 동일한 세트를 하나 더 준비해야 하는 셈이기 때문에 인프라 비용이 두 배로 듭니다.

때로는 비용 문제를 차치하더라도 기술적인 문제로 운영 환경과 완벽하게 동일한 환경을 구성하는 것이 불가능할 수도 있습니다. 또한 운영 환경의 변화에 맞춰 스테이징 환경도 지속적으로 변경시키는 '유지 관리'도 필요합니다. 이러한 현실적인 어려움 때문에 대부분의 회사에서는 운영 환경과 유사하지만 축소된 크기의 스테이징 환경을 구축하는 경우가 많습니다. 이로 인해 스테이징 환경에서는 발생하지 않지만 운영 환경에서만 발생하는 문제를 맞닥뜨리게 되기도 합니다.

포스트 모텀

사실 이렇게 테스트 자동화를 도입하고 테스트 환경을 철저하게 준비한다고 하더라도 여러분은 장애를 경험하게 될 것입니다. 모든 개발자는 크고 작은 버그와 장애를 경험합니다. 그리고 이를 통해서 성장하곤 합니다. 특히 시스템이 크고 복잡할수록 모든 영향 범위를 예상하는 것은 사실상 불가능하거든요. 꼼꼼하게 모니터링을 하고 장애를 예방하기 위한 여러 절차와 도구를 사용하지만 예기치 않은 치명적인 사고는 언제나 우리 곁에서 호시탐탐 기회를 노리고 있습니다.

그래서 실패로부터 교훈을 얻는 경험이 중요합니다. 이와 관련해서 소프트웨어 업계에는 포스트 모텀Post-Mortem이라는 프로세스가 있습니다. 우리말로 하면 '사후 분석'인데요. 사고가 발생했을 때 문제의 원인을 파악하고 교훈을 얻어 비슷한 문제가 더 이상 재발하지 않도록 하는 게 목적입니다. 즉, 사고의 세부사항을 꿰뚫어볼 수 있는 일종의 블랙박스이자 과거로부터 교훈을 얻는 과정을 포함하는 프로세스입니다.

포스트 모텀은 보통 사고가 수습된 직후에 만들어지곤 합니다. 사고에 대한 기억이나 기록이 사라지거나 상황이 바뀌기 전에 가능한 빨리 기록을 남기고 분석을 해야 하거든요. 여기에는 문제의 발생 과정, 영향도, 사고 분석, 재발 방지를 위한 후속 조치 등의 항목이 포함됩니다.

이러한 포스트 모텀 프로세스는 불편하게 느낄 수 있는 실패 사례에서 눈을 돌리지 않고 실패로부터 배울 수 있는 문화를 만들도록 돕습니다. 이를 통해서 무심코 흘려보낼 수 있는 시스템의 개선 기회를 다시 찾아오는 역할을 합니다.

실제로 유수의 글로벌 IT 기업도 장애가 발생하면 내부적으로 포스트 모텀을 진행하곤 합니다. 심지어는 포스트 모텀 보고서를 외부에 공개하기도 합니다. 내부적으로 쉬쉬하고 넘어갈 수 있는 사고를 낱낱이 분석하고 정리하는 게 필요한 절차라고 해도 이를 거리낌 없이 공개하는 문화가 제게는 상당히 인상적이었습니다.

개인적으로 가장 인상이 깊었던 포스트 모텀 사례는 깃랩Gitlab이었습니다. 깃랩은 깃허브Github에 이어서 전 세계적으로 두 번째로 규모가 큰 깃 호스팅 서비스로 무려 3천만 명의 사용자를 보유하고 있는 대규모 글로벌 서비스입니다. 이 깃랩에서 2017년 1월에 불행한 사고가 벌어지고 맙니다. 한 엔지니어의 실수로 운영 데이터베이스의 일부가 삭제되어 상당한 양의 데이터가 손실되고 맙니다. 다행히 24시간 주기로 백업이 생성되고 있었기 때문에 대부분의 데이터는 되살릴 수 있었지만, 마지막 백업이 사고 시점으로부터 6시간 전이었기 때문에 이후 6시간에 대한 데이터는 영구히 손실되고 말았습니다.

이 과정에서 인상적이었던 부분은 깃랩의 사고 수습 및 복구 과정이 상당히 투명하게 공개되었다는 것입니다. 그들은 복구 진행 프로세스 전반을 트위터 계정을 통해 실시간으로 알렸습니다. 데이터 손실의 원인을 상세하고 정직하게 공개했으며 심지어는 복구하고 있는 개발자의 PC 화면을 그대로 유튜브에 스트리밍하기도 했습니다. 당시 이를 실시간으로 지켜보면서 상당히 놀랐던 기억이 남아 있습니다.

사태가 어느 정도 정리되고 난 뒤 2월 10일에 깃랩은 내부적으로 진행한 포스트 모텀 보고서를 그들의 블로그를 통해서 공개했습니다. 이 보고에는 아래와 같은 내용이 상당히 자세하게 기술되어 있었습니다.

- 사고 경위에 대한 타임라인을 확인했는가
- 구조적으로 어떤 문제가 있었는가
- 사고를 방지하기 위한 프로세스에 어떤 문제가 있었는가
- 사고 복구를 위한 의사 결정 및 복구 과정은 어땠는가
- 사고의 영향도는 얼마인가
- 근본 원인 분석. 왜 사고가 발생했고, 수습에 왜 이렇게 오랜 시간이 걸렸는가
- 복구 절차의 개선 사항은 무엇인가

이 사고를 목격하고 처음 들었던 생각은 '저 엔지니어는 상당히 큰 징계를 받겠구나'였습니다. 업무를 진행하면서 스테이징 환경의 데이터베이스로 착각하여 운영 환경의 데이터베이스를 삭제해버린 아찔한 실수를 저지른 엔지니어 말입니다. 그 실수의 여파로 3천만 명이 사용하는 글로벌 서비스가 18시간 동안 중단되었으며 6시간 동안의 데이터는 영구히 손실되고 말았으니 말입니다.

하지만 그 엔지니어는 어떠한 처벌도 받지 않았습니다. 아니, 오히려 시니어 개발자로 승진했습니다. 물론, 사고로 인해 승진한 것은 아니고 이미 사고 이전에 시니어 개발자로 승진할 자격을 얻었지만 사고로 인해 그의 승진에 대한 결정이 번복되지 않았습니다.

더 재미있는 것은 깃랩에서 이 사고를 기념하기 위한 티셔츠도 만들었다는 사실입니다.

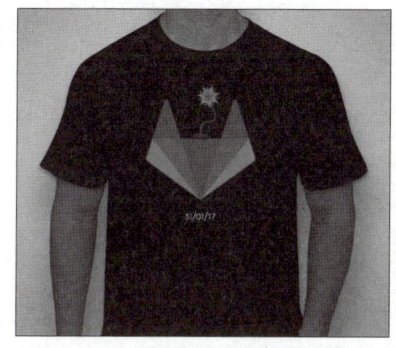 

▲ 그림 2-1 2017년 1월에 발생한 대규모 장애를 기념하기 위해 깃랩에서 제작한 티셔츠

이 티셔츠를 제작한 목적은 두 가지인데, 사고를 상기시키고 다시는 이런 일이 일어나지 않도록 동기를 부여하는 것이 첫 번째 목적이고, 사건을 처리한 팀에 감사를 표하기 위함이 두 번째 목적이었습니다.

실제로 티셔츠에 새겨진 "team-member-1"은 데이터베이스에 대한 삭제 명령을 실행하여 사고를 유발한 엔지니어를 지칭하는 표현입니다. 이는 결국 장애 방지를 위한 시스템과 프로세스가 없다면 "team-member-1"의 엔지니어뿐만 아니라 그 누구라도 이러한 실수를 저지를 수 있었음을 의미합니다. 실제로 사고와 관련된 〈해커 뉴스(Hacker News)〉의 게시글에는 "사고의 원인이 된 데이터를 삭제한 사람을 알고 있는 사람이 있습니다. 그의 말에 따르면 그가 아는 사람

중 가장 똑똑한 사람이며, 따라서 데이터 손실이 엔지니어의 미성숙한 역량으로 인해 발생한 것이 아닙니다"라는 댓글이 달리기도 했습니다.

깃랩뿐만 아니라 대부분의 포스트 모텀의 작성 사례를 살펴 보면 'Blameless(책임이 없는, 무죄한)'라는 표현이 유난히 자주 눈에 띕니다. 사고를 유발한 개인에게 책임을 전가하고 비난을 하기보다는 사람의 실수가 문제의 원인이 될 수 없다는 접근 방식입니다. 여러분은 어떻게 생각하나요? 개인의 실수로 인해 대규모 장애가 발생했고 회사가 그로 인해 유무형의 손실을 입었다면 그 실수를 유발한 직원은 비난과 처벌을 받아야 마땅할까요? 사고의 원인은 정말 개인의 부주의함이었을까요?

이와 관련하여 '나쁜 사과 이론'을 빗대어 직원을 처벌해야 한다고 생각하는 사람도 있습니다. 조직에 나쁜 영향을 주는 나쁜 사과와 같은 직원이 결국 멀쩡한 나머지 사과까지 곪게 만든다는 것입니다. 하지만 시드니 데커 Sidney Dekker 박사는 그의 저서 〈The Field Guide to Understanding Human Error〉에서 이것이 잘못되었다고 주장합니다. 인간의 실수가 문제의 원인이 되어서는 안 된다는 것입니다.

'나쁜 사과 이론'에 따라서 문제를 발생시킨 개인을 찾아서 징계하도록 대응한다면 어떻게 될까요? 이러한 분위기가 조직 내에 흐르기 시작한다면 엔지니어들은 사고가 발생했을 때 받게 될 비난과 징계로 인해 주저하고 침묵하기 시작합니다. 사고가 발생하더라도 정보는 쉽사리 공개되지 않고 문제의 원인을 파악하고 해결하기 위한 시간은 계속해서 늘어날 것입니다. 결국 사고의 영향은 악화됩니다. 또한 실패로부터 교훈을 얻을 수 있는 기회 역시 사라지는 부정적인 효과도 생기게 됩니다. 반대로 엔지니어가 실수를 했더라도 비난받지 않을 수 있는 안전한 환경이 만들어진다면 이들은 사고의 원인 파악에 필요한 세부 정보를 정직하고 투명하게 제공할 수 있게 됩니다. 조직과 시스템에 존재하는 문제의 원인을 정확하게 진단하고 이를 위한 개선 사항을 도출하는 일에 적극적으로 도울 수 있습니다.

결국 포스트 모텀의 Blameless를 실천하기 위해서는 인식의 전환이 필요합니다. 사람의 실수를 실패의 원인으로 보기보다는 사람의 실수가 발생할 수 있는 조직 내부의 시스템 취약성을 실패의 원인으로 봐야 합니다. 문제의 해결 방안은 개개인의 부주의함을 경고하는 것이 아니라 지속적으로 시스템과 절차의 취약점을 찾아내 개선하는 것이어야 합니다.

따라서 올바른 포스트 모텀은 '누가 실수를 했는지'가 아니라 '어떻게 실수를 했는지'에 대해 집중합니다. 어떤 체계적인 요인이 사고를 초래했는지 이해하고 유사한 유형의 사고가 재발하지 않도록 방지 조치를 식별하는 것이 포스트 모텀의 목적이 되어야 합니다. 또한 비난을 하지 않는 문화가 조직 내에 만들어지도록 유도함으로써 팀 구성원들이 책임감과 주인 의식을 가지고 업무를 할 수 있도록 도와야 합니다.

이러한 면에서 포스트 모텀은 조직이 가지고 있는 문화와도 일맥상통합니다. 구글의 경우에는 이러한 포스트 모텀의 공유를 장려하는 여러 제도가 있다고 알려져 있는데요. '이 달의 포스트 모텀' '포스트 모텀 독서 클럽' 등을 통해 다른 조직에서 일어난 사고 사례를 공유하고 이 과정에서 배우게 된 교훈을 공유하는 긍정적인 문화를 만들고 있습니다.

2장을 마치며

사람은 불완전한 피조물입니다. 실수는 어찌 보면 우리 본성의 일부일지도 모르겠습니다. 우리의 일상은 크고 작은 실수로 얼룩지기 마련이며 우리가 작성하는 코드, 우리가 만드는 소프트웨어 역시 마찬가지입니다. 중요한 것은 실수를 실패로 보기보다는 성장과 개선의 기회로 삼는 것입니다. 다행히 소프트웨어 개발 업계는 역사로부터 교훈을 얻어 사람의 실수를 방지할 수 있는 도구와 환경, 그리고 문화를 쌓아왔습니다. 선배 개발자들이 만들어놓은 이러한 교훈을 밑바탕으로 삼는다면 안전하고 높은 품질의 코드를 만들어내는 데 도움이 될 수 있을 것입니다.

3장

코드 속 버그 잡아내기

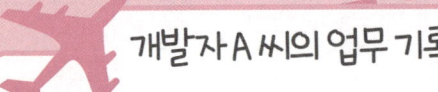
개발자 A 씨의 업무 기록

소 뒷걸음질하다 버그 잡기

　우리 사무실의 한편에는 '서버실'이라고 이름 붙은 공간이 있었다. 회사 직원 중에서도 업무상 권한이 있는 직원만 출입할 수 있는 일종의 보안 공간이다. 사수를 따라 출입증을 찍고 서버실로 들어섰다. 시끄럽게 "윙윙"거리는 서버들이 랙(rack) 안에 빽빽하게 들어서 있었는데 전반적으로 비좁고 어수선한 풍경이었다. 냉방 시스템 때문인지 공기가 차갑고 건조하게 느껴졌고 이따금 전자음도 들려왔다.

　사수는 나를 데리고 서버실 한쪽 구석으로 향했다.

　"서버실은 처음 들어와보죠? 앞으로 종종 들어올 일이 있을 거예요. 이쪽 랙이 우리 팀이 담당하는 테스트 서버예요. 다른 팀보다는 좀 많은 편인데, 아무래도 우리 솔루션이 나가는 환경이 좀 다양해서 그래요. 환경별로 빌드를 따로 해야 하는 경우도 있고, 테스트도 해야 하니까요."

　사수는 아래쪽에 있는 서버 한 대를 가리키며 말을 이어갔다.

　"이번에 이 솔라리스 서버에서 테스트를 한번 돌려야 하거든요. 다다음 주에 신규 고객사에 솔루션이 새로 나가는데, 그쪽 환경이 좀 특이하게 솔라리스 서버에 SQL Server 데이터베이스로 붙어야 한다고 하더라고요. 이런 조합은 지금까지는 처음이어서 내부에서 테스트를 돌린 후 내보내기로 했어요."

　사수는 말을 마치고 다시 등을 돌려 서버실 문쪽으로 걸어가기 시작했다. 나는 재빠르게 그 뒤를 따랐다.

"그래서 저 서버에 우리 솔루션 설치를 해야 하는데, 미들웨어는 A 씨한테 부탁할게요."

나는 고개를 끄덕이며 질문을 하나 덧붙였다.

"아까 보니까 서버 본체만 있고 모니터는 없던데, 제 자리에 있는 모니터를 따로 떼어 와서 작업해야 하나요?"

"아, 아뇨. 서버실에서 직접 작업할 필요는 없어요. 서버실은 그냥 한번도 못 들어봐 봤을 것 같아서 구경삼아 본 거고요. 서버들은 어차피 네트워크로 다 연결되어 있으니 사무실 자리에서 직접 서버로 붙어서 작업하면 돼요."

서버실의 차가운 에어컨 바람을 맞을 걱정을 하고 있던 차에 다행이라는 생각이 들었다.

우리 팀이 담당하고 있는 솔루션의 설치는 이미 몇 번 해봤기 때문에 크게 문제는 아니었다. 다만 솔라리스 서버와 SQL Server 데이터베이스가 처음이긴 한데, 어차피 뭐 개념은 비슷할 테니 참고자료를 찾아보면서 해보면 되겠다고 생각했다.

다른 모듈은 이미 각 파트에서 모두 설치를 끝내놓았고 미들웨어만 남은 상태였다. 서버에 접속해 들어가보니 이미 JVM도 설치가 되어 있었다. 나는 바로 미들웨어 설치를 위한 압축 파일을 서버로 다운로드한 뒤에 설치를 시작했다. 익숙한 작업이었기 때문에 키보드를 두드리는 손놀림은 가벼웠다.

설치를 끝낸 뒤에 미들웨어 프로세스를 띄우고 로그를 확인해보았다. 별 문제없이 구동된 것 같았다. 마지막으로 최종 확인을 위해 콘솔 프로그램을 띄우고 미들웨어로 접속해봤다. 로그인 창에서 아이디와 비밀번호를 입력하고 확인 버튼을 눌렀는데 로그인이 되지 않았다. 이 현상도 좀 이상했던 게 비밀번호가 틀렸다거나 혹은 미들웨어로 접속이 안 된다거나 하는 오류가 아니라 그냥 한참 동안 로딩 화면을 띄우다가 데이터를 로드하는 데 실패했다는 오류 메시지만을 뱉어버리는 것이다.

뭔가 이상해서 미들웨어 서버로 다시 접속한 뒤에 로그들을 찬찬히 살펴보기 시작했다. 이상한 오류 로그 같은 것은 보이지 않았다. 미간을 찡그리며 한참을 살펴보고 있는데, 예상보다 긴 시간을 붙잡고 있던 게 이상했는지 사수가 의자를 끌고와 내 화면을 보기 시작했다. 나는 문제 현상을 다시 사수에게 보여주었다. 사수는 내 키보드를 직접 자기 앞으로 가져가 화면 한쪽에는 코드를, 다른 한쪽에는 로그를 띄워서 뒤적이기 시작했다. 그리고 이따금씩 터미널에서 몇 가지 명령어를 실행하기도 했다.

"일단 문제의 범위를 좁혀보면, 미들웨어 서버로 접근하는 거 자체는 문제가 없는 것 같거든요. 여기 로그를 보면 로그인 요청까지도 서버에 잘 들어왔고요. 그리고 데이터베이스에 쿼리도 정상적으로 보냈는데, 그 이후에 타임아웃이 발생하네요?"

뒤통수를 벅벅 긁으며 사수가 말을 이었다.

"데이터베이스가 이상한가? 데이터베이스 서버는 내가 아까 확인했는데…. 일단 이건 제가 좀 보고 있을게요."

사수는 다시 의자를 끌고 자기 자리로 돌아갔다. 나는 딱히 이 일 말고는 막상 다른 할 일도 없었기 때문에 같이 붙어서 살펴보기로 했다. 일단 미들웨어 로그로 미루어 보건데 데이터베이스 서버로 쿼리를 보내고 난 뒤에 그 결과를 받지 못한 현상이기 때문에 데이터베이스 서버에 문제가 있을 것이라고 생각했다. 미들웨어가 설치된 서버에서 직접 터미널을 통해 데이터베이스 서버로 접속해서 쿼리를 보냈다. 하지만 타임아웃 오류를 예상했던 내 앞에 쿼리 결과가 떡하니 나타났다. 이상해서 다른 쿼리를 몇 개 더 보내봤지만 결과는 모두 정상이었다. 데이터베이스 서버가 내 쿼리는 잘 처리하면서 미들웨어가 보내는 쿼리만 무시하고 있는 상황인 것이다. 정말 영문을 알 수 없는 일이었다.

여차저차 저녁 시간이 되었지만 상황은 나아지질 않았다. 이런저런 테스트를 해보면서 버그의 원인을 알아내려 애를 썼지만 그 어떤 단서조차 잡지 못했고, 옆의 사수 표정을 보아하니 사수 또한 마찬가지인 것 같았다. '야근을 해야 하나' 하는 생각이 들어 마음이 괜히 심란해졌다. 서버에 접속해서 괜히 이곳저곳을 뒤져보다가 다른 버전의 JVM이 설치되어 있는 것을 발견했다. 미들웨어는 JVM 1.7 버전을 사용해서 띄워놨었는데 이 서버에는 1.6 버전의 JVM도 함께 설치가 되어 있던 것이다. 혹시나 싶어서 기존 미들웨어의 프로세스를 내리고 1.6 버전의 JVM으로 다시 프로세스를 올려봤다. 그리곤 콘솔에서 다시 로그인을 했다. 잠시 대기 화면이 나타나고 바로 메인 화면으로 넘어가 제대로 된 데이터들이 출력되기 시작했다. 별안간 버그가 사라진 것이다.

나는 놀라서 사수에게 외쳤다.

"대리님, 이거 되는데요?"

내 목소리가 다소 격앙되었던 탓인지, 아니면 그도 기다리던 소식이라서 그랬던 건지 모르지만 사수는 놀란 눈으로 나를 쳐다보며 "어떻게 했어요?" 하고 되물었다. 다른 조치는 한 게 없고 단지 JVM 1.6 버전으로 미들웨어를 새로 띄웠다는 사실을 이야기하니 사수의 눈이 한층 더 커졌다.

"버전을 업그레이드가 아니라 다운그레이드를 했는데 됐다고요? 뭐지? 1.7 버전에 새로운 버그가 생긴 건가!"

"JVM에도 버그가 있을 수 있나요?"

"그럼요. JVM도 어차피 사람이 짠 프로그램인데요. 어디든 다 버그가 있을 수 있죠."

소가 뒷걸음질치다가 쥐를 잡은 격으로 어찌어찌 문제는 해결되었지만 아직 원인은 정확히 알 수 없는 상태였다. 사수는 두 눈을 문지르며, "일단 오늘은 늦었으니 이만 퇴근하고 내일 원인을 더 확인해보죠"라고 말했다.

집에 돌아와서도 버그 생각이 머릿속을 계속 맴돌았다. 정말 JVM이 범인이었을까? 1.7 버전에서는 안 되던 게 1.6 버전에서는 잘 되었으니 그럴 가능성이 높을 것이다. 하지만 한두 명도 아니고 전 세계 개발자가 쓰는 JVM에서 데이터베이스로 쿼리를 질의하는 기본적인 기능에 문제가 있으리라고는 상상하기가 힘들었다. 인터넷 브라우저를 열고 JVM이라는 키워드를 가지고 구글링을 해보기 시작했다. 얼마 후에 운 좋게도 버그 제보를 하나 발견할 수 있었다. 이 버그 제보가 눈에 띈 것은 미들웨어의 버그가 발생한 환경과 동일한 솔라리스 운영체제와 SQL Server 데이터베이스 환경에 대한 보고였기 때문이다. 해당 보고 내용은 솔라리스용 JVM 1.7 버전에서 SQL Server의 특정 버전으로 접속했을 때 쿼리가 정상 반환되지 못한다는 내용의 버그 제보였다. 바로 오늘 하루 종일 나와 사수를 괴롭혔던 그 버그였다.

우습게도 이 버그는 JVM이 아니라 SQL Server가 범인이었다. JVM 1.7에서 변경된 동작을 제대로 처리하지 못한 것으로 SQL Server의 다음 버전에서는 이 버그가 수정되었는데, 서버실 테스트 환경에 설치된 버전이 바로 문제의 버전이었던 것이다.

동전의 양면과 같은 코딩과 디버깅

흔히 개발을 집을 짓는 일에 비유하곤 합니다. 땅을 다지고, 벽을 세우고, 지붕을 올리면서 여러분은 코드를 이용해 사용자들이 살 집을 만들어 나갈 것입니다. 집이 완성되면 사용자들이 하나둘씩 이삿짐을 싸들고 들어와 살기 시작할 텐데요. 어느 날부턴가 사용자들로부터 항의 전화를 받기 시작합니다. 집이 말썽이라는 것입니다. 비가 오면 천장에서는 물이 새고, 거실의 전등에는 불이 들어오지 않고, 유독 방문 하나만 삐걱거리는 소리를 내며 잘 닫히지 않기 시작합니다. 예상치 못했던 별의별 문제가 다 튀어나옵니다. 이제 여러분은 그 집의 높은 품질을 유지하기 위해 투입됩니다. 집에 존재하는 버그를 모두 잡아내어 사용자들의 안락한 주거 생활을 유지해주어야 합니다.

사실 개발과 디버깅은 떼려야 뗄 수 없는 관계입니다. 신화 속에나 나올 법한 전설의 개발자 아무개는 단번에 버그가 없는 코드를 줄줄이 적어낼 수 있을지 모르겠지만 신화는 역시 신화일 따름입니다. 모든 개발자는 코드를 이용해 기능을 만들어냄과 동시에 버그도 만들어 냅니다. 이 버그들은 코드 너머 어딘가에 숨어 있다가 어느샌가 튀어나와 메모리를 어지럽히고 잘못된 데이터를 네트워크 너머로 날리곤 합니다. 개발을 하다 보면 이러한 버그를 수도 없이 마주하게 됩니다.

저 역시 그동안 수많은 버그를 만들고 또 잡아왔습니다. 분명 개발하면서 테스트할 때는 문제가 없던 녀석이 배포만 하면 문제를 일으킵니다. 버그가 치명적이고 시급한 수정을 요구하는 녀석일수록 상황은 심각해집니다. 코드와 로그를 뒤적이면서 버그의 원인을 찾고 있노라면 제 자리 뒤로 사람들 몇몇이 둘러서기도 합니다. 흔히들 "병풍 친다"라고도 이야기하는 상황인데요. 이럴 때면 정말 등 뒤로 식은땀이 흐르기도 합니다.

간단히 수정될 수 있는 버그라면 다행이겠지만 어떤 버그는 몇 날 며칠을, 길게는 몇 달을 잡아먹는 지독한 놈도 있습니다. 어떻게 하면 이 버그들을 빨리 해치워버릴 수 있을까요?

기상천외한 버그들

버그가 숨어있는 곳은 명확합니다. 분명 코드 어딘가에 있을 것입니다. 소프트웨어를 이루는 모든 기능은 물론, 버그마저도 코드를 통해 만들어집니다. 잡아내야 하는 버그 역시도 코드 어딘가에 있을 텐데요. 그럼에도 어떤 버그는 정말 잡아내기가 쉽지 않습니다. 정말 기상천외한 버그가 많은데, 그중 몇 가지를 소개하겠습니다.

'500마일 메일 문제'라는 유명한 이야기가 있습니다. 한 개발자가 대학교 내에서 메일 서비스를 운영하는 일을 하고 있었습니다. 하루는 통계학과의 한 교수로부터 전화가 걸려왔는데, 믿을 수 없는 이야기를 듣게 됩니다.

"500마일(약 800km) 이상 되는 거리로는 메일이 보내지지 않네요."

기술을 다루는 개발자의 입장에서는 영 이해가 되지 않는 이야기입니다. 메일이 실제 우편물도 아니고 거리가 멀다고 전송에 실패하다니요. 패킷 하나가 지구 반대편까지 닿는 데 1초도 채 걸리지 않는 데 말입니다. 교수가 계속해서 이야기했습니다.

"정확히는 500마일보다는 조금 더 멀리까지 보낼 수 있었습니다. 이 문제를 알게 된 건 며칠 전이었는데요. 그동안 어떤 점이 문제인지, 무슨 일이 일어나고 있는 것인지 충분한 자료를 모으기 위해 더 일찍 전화하지 못했습니다."

역시 통계학 교수다운 태도였습니다.

"아무튼 이 문제를 지리통계학자에게 물어봤습니다. 그분은 우리가 메일을 발송한 범위를 지도 위에 반경으로 그렸는데 500마일을 약간 넘는 거리였습니다. 반경 내에서도 메일이 도달하지 않은 곳이 산발적으로 있긴 했지만 절대 500마일을 넘기지는 못했습니다."

개발자는 이 알쏭달쏭한 상황에서 머리가 지끈거려옵니다. 그는 며칠 간 시스템이 달라진 부분은 없었냐고 물었고, 교수는 "한번은 컨설

턴트가 와서 서버를 패치하고 재부팅했습니다. 그분에게 전화해서 물어봤는데 메일 시스템은 전혀 만지지 않았다고 하더군요"라는 답을 들려주었습니다.

믿기 어려운 이야기지만 개발자는 일단 테스트를 해보기로 합니다. 서버에 접속에서 여러 다른 메일 서버로 메일을 보냅니다. 400마일이 떨어진 프린스턴으로 보낸 메일은 정상적으로 전송되었습니다. 600마일이 떨어진 멤피스의 메일 서버로 메일을 보내봅니다. 그러자 화면에는 메일 발송에 실패했다는 메시지가 떴습니다. 420마일이 떨어진 뉴욕으로 보낸 메일은 전송에 성공했고, 580마일 떨어진 프로비던스로 보낸 메일은 전송에 실패했습니다. 통계학 교수의 말은 사실이었습니다.

믿을 수 없는 일이었지만 문제는 계속해서 일어나고 있었습니다. 메일 서버의 설정 파일인 sendmail.cf를 열어보지만 기존에 사용하고 있던 설정 그대로 바뀐 내용은 없었습니다. 설정 파일 어디에도 이상해 보이는 값은 없었습니다. 이 개발자는 자포자기하는 심정으로 이곳저곳을 건드리다가 메일 발송에 사용되는 SMTP 포트로 텔넷 접속을 해봅니다. 서버는 SunOS의 Sendmail의 문구를 출력했습니다.

그때 불현듯 개발자의 머릿속에 무언가가 스쳐 지나갔습니다. 당시 SunOS는 Sendmail 5 버전을 기본으로 탑재해서 배포되고 있었습니다. 하지만 Sendmail 8 버전이 충분히 성숙했기 때문에 그는 8 버전을 사용하고 있었습니다. 당연히 설정 파일인 sendmail.cf 역시 8 버전을 기준으로 작성되었고요.

컨설턴트가 서버를 패치했다고 하는 통계학 교수의 말을 다시 곱씹어봅니다. 그는 SunOS 버전을 업그레이드했지만 이 과정에서 Sendmail이 기존의 8 버전에서 기본 설치 버전인 5 버전으로 다운그레이드되었을 것입니다. 하지만 8 버전을 기준으로 작성된 sendmail.cf 설정 파일은 그대로 남게 되었을 것이고요. 즉, Sendmail 5 버전이 설치된 서버에 8 버전의 설정 파일이 남겨진 상황이었습니다.

이제 무언가 실마리가 보이는 듯합니다. 그는 Sendmail의 5 버전과 8 버전의 설정 파일을 비교해가며 문제의 원인을 찾기 시작했습니다. 얼마의 노력 끝에 서버에 접속하기 위한 대기시간(timeout) 설정값이 Sendmail 5 버전에서 정상적으로 인식되지 못했고, 그에 따라 기본값인 0으로 설정된 것을 알아낼 수 있었습니다. 그리고 몇 가지 실험을 통해 대기 시간이 0으로 설정된 경우에는 접속에 3밀리초가 조금 넘으면 접속에 실패한 것으로 처리되고 있다는 것도 알아낼 수 있었습니다.

머릿속의 퍼즐 조각이 점점 맞춰지고 있습니다. 빛의 속도는 1초에 약 186,282마일을 갈 수 있다고 합니다. 3밀리초에 광속으로 갈 수 있는 거리를 계산해볼까요. 186,282×0.003=558.846마일입니다. 개발자는 순간 통계학 교수가 전화 너머로 한 말을 기억해 냈습니다.

"정확히는 조금 더 500마일보다 조금 더 멀리까지 보낼 수 있었습니다."

모든 퍼즐 조각이 맞춰졌습니다. 500마일 너머로 메일을 보낼 수 없다고 했던 통계학 교수의 말은 착각이 아니었습니다.

다른 기상천외한 버그를 하나 더 이야기 해볼까요. 이 이야기는 '바닐라 아이스크림에 알레르기가 있는 자동차'에 대한 이야기로, 엄밀히 말하면 소프트웨어가 아닌 하드웨어 버그에 대한 이야기입니다.

어느 날 제너럴 모터스의 폰티악 사업부에 이상한 종류의 클레임(claim)이 접수되었다고 합니다. 그 내용인즉, 새 폰티악을 타고 아이스크림 가게로 가서 바닐라 아이스크림을 사면 자동차에 시동이 걸리지 않는다는 내용이었습니다. 재미있는 점은 다른 아이스크림을 사서 차에 타면 시동을 거는 데 아무 문제가 없다는 것이었습니다.

이 수수께끼 같은 문제가 믿겨지나요? 폰티악에서는 문제를 확인하기 위해 엔지니어를 파견했습니다. 파견나간 엔지니어는 클레임을 접수한 구매자를 만나 차를 몰고 문제의 아이스크림 가게로 갔습니다. 그 둘은 바닐라 아이스크림을 샀고, 차로 돌아오자 클레임 내용처럼 시동이 걸리지 않았습니다.

믿을 수 없던 클레임의 내용이 사실로 밝혀졌습니다. 엔지니어는 출장일을 예정보다 훨씬 긴 3박 4일로 잡고 문제를 파헤치기 시작합니다. 그 다음날 엔지니어는 초코 아이스크림을 샀습니다. 그리고 차에 타서 시동을 걸었더니 차에 시동이 걸렸습니다. 그 다음날에는 딸기 아이스크림을 샀습니다. 역시 차는 문제없이 시동이 걸렸습니다. 마지막 날, 엔지니어가 다시 바닐라 아이스크림을 주문하자 차는 시동이 걸리지 않았습니다.

이쯤 되면 정말 이 자동차는 바닐라 아이스크림 알레르기가 있다는 말도 안 되는 이야기가 정말인가 싶은 생각이 들 것입니다. 하지만 논리적인 엔지니어는 그 문제를 해결할 때까지 모든 것을 메모하기 시작했습니다. 운행시간, 유종, 운전 전후의 시간 등 모든 종류의 데이터를 꼼꼼히 기록했습니다.

끈기 있게 문제를 추적하던 엔지니어는 얼마 지나지 않아 단서를 잡아냅니다. 바닐라 아이스크림을 샀을 때에는 유독 시간이 더 짧게 걸린 것을 알아냈습니다. 바닐라 아이스크림은 가장 인기 있는 종류였기 때문에 가게 앞에 있는 별도의 쇼 케이스에 들어 있었고, 다른 맛은 가게 안의 다른 카운터 뒤쪽에 있었기 때문에 다른 맛의 아이스크림을 사는 데에는 시간이 더 걸렸던 것입니다.

문제는 바닐라 아이스크림 자체가 아니라 시동이 꺼져있던 시간의 차이였습니다. 그리고 엔지니어는 이 단서를 통해 자동차에 베이퍼 록Vapor Lock 현상[01]이 일어나고 있음을 알 수 있었습니다. 이 현상은

---

01 과열로 인해 연료 펌프 속의 연료가 증기로 변하면서 연료량이 갑자기 부족해지는 현상입니다.

매번 일어나고 있었지만 다른 맛의 아이스크림을 고르는 긴 시간 동안에는 엔진이 충분이 냉각되어 시동을 다시 걸 수 있었습니다. 하지만 바닐라 아이스크림을 고르는 짧은 시간 동안에는 엔진이 충분히 식을 여유가 없었기 때문에 베이퍼 록이 사라지지 않았고 시동이 걸리지 않았던 것입니다.

이렇게 두 개의 버그 이야기를 사례로 얘기했는데요. 두 이야기 모두 공통점이 있습니다. 둘다 말도 안 되는 방식으로 오동작을 일으키고 있었고, 겉으로 보이는 현상 자체는 엔지니어링의 논리로는 설명할 수 없는 것이었습니다. 하지만 그 이면에는 자그마한 버그가 숨어 있었고, 엉망진창으로 보였던 현상이 실은 논리적으로 모두 설명 가능한 것이었습니다.

개발을 하면서 여러분이 마주치게 될 버그도 모두 이와 비슷할 것입니다. 여러분은 여러분이 하고자 하는 의도를 코드로 풀어서 컴퓨터에게 설명해주었지만 컴퓨터는 때때로 전혀 의도하지 않은 방식으로 동작하며 여러분의 퇴근 시간을 연장시킬 것입니다.

탐정이 될 시간

지금까지 코딩을 하면서 여러분은 머릿속으로 생각하고 있는 의도를 코드로 풀어내는 데 중점을 두고 있었습니다. 아무 것도 없는 백지 위에서 여러 논리의 문제를 해결해가면서 코드를 단계별로 쌓아왔습니다. 그 과정에서 효율적이고 유지가 쉬운 코드를 작성하는 데에 집중해왔습니다. 하지만 버그가 여러분 앞에 나타났을 때에는 조금 다른 능력을 필요로 합니다.

이제부터는 바야흐로 탐정이 될 시간입니다. 디버깅은 수수께끼를 푸는 것과 비슷합니다. 복잡한 수수께끼를 풀기 위해 관찰력, 지식, 직관, 추론 능력으로 중무장하고 끈기와 인내로 문제를 해결해나가는 셜록 홈스가 되어야 합니다.

탐정이 사건을 맞닥뜨렸을 때 제일 처음 하는 일은 현장에 방문하여 단서를 얻는 일입니다. 현장에서 일어난 일을 재현하면서 남겨진 단서를 꼼꼼하게 수집해야 합니다. 디버깅의 경우 현장은 코드고, 단서는 소프트웨어의 오동작 현상, 오류 메시지, 로그 같은 것이 될 수 있겠네요. 이러한 단서들을 수집하고 조합하여 소프트웨어 내부적으로 어떤 일이 벌어졌는지에 대한 퍼즐 조각을 맞춰나가야 합니다.

사건을 재현할 수 있다면 사후에 남겨진 단서보다 훨씬 더 중요한 단서를 쉽게 수집할 수 있습니다. 탐정들이 수사하는 실제 사건 현장보다 컴퓨터 내부에서 일어난 사건을 수사하는 우리는 사건의 재현이 쉬울 뿐만 아니라 재현할 때 얻을 수 있는 정보량이 훨씬 많은데요. 예를 들어, 기차역에서 일어난 탈선 사고를 재현해보겠다고 멀쩡한 기차를 다시 구해와 자빠뜨릴 수는 없는 일입니다. 하지만 컴퓨터 안에서 일어난 탈선 사고는 얼마든지 재현이 가능합니다. 순식간에 새로운 기차를 만들어 1초에도 수백 번씩 탈선시킬 수 있습니다. 심지어 기차가 지날 때마다 레일의 마모 정도를 실시간으로 측정할 수도 있습니다. 기차의 엔진이 분당 수만 번씩 회전할 때 순간적으로 엔진을 정지시키고 그 내부를 들여다볼 수도 있습니다. 엔진 내부의 온도, 실린더의 위치, 연소실 내 화염면의 모양 등을 모두 측정할 수 있습니다.

끈기 있게 단서를 모으고 현장을 이해하려고 노력하다보면 어느 순간 머릿속으로 그럴 듯한 가설이 떠오를 겁니다. 주어진 단서와 증거가 가설을 그럴듯하게 뒷받침해주고 있다면 실험을 통해 가설을 검증해볼 수 있습니다.

크게 봤을 때 디버깅은 이러한 과정의 반복입니다. 현장을 재현하면서 꼼꼼한 관찰을 통해 단서가 될 만한 데이터를 모으고, 그것을 조합해서 하나의 가설을 만든 뒤 이를 검증합니다. 뛰어난 탐정이 그렇듯 지식과 직관, 그리고 경험이 충분할수록 문제는 더 쉽게 풀릴 것입니다. 물론, 약간의 운도 필요하고요.

기본적인 디버깅 기술

디버깅의 첫 단추는 버그를 재현하는 것입니다. 눈을 크게 뜨고 단서들을 모아서 상황을 재구성하고 문제의 근본 원인을 잡아내야 합니다. 버그를 재현하는 것은 단서의 수집 외에도 문제 해결 여부를 검증하는 데도 활용할 수 있습니다. 어떻게든 소프트웨어가 오작동하는 이유에 대한 이론을 제시하더라도 문제를 재현해낼 수 없다면 이를 증명하기란 매우 어렵습니다. 하지만 문제가 되는 부분을 수정하고 버그 상황을 다시 재현했을 때 문제가 사라졌다면 문제가 완전히 해결되었음을 증명할 수 있습니다.

또한 재현된 버그를 시작점으로 여러 유형의 실험을 실행해볼 수 있습니다. 앞서 말한 것처럼 소프트웨어 내부의 데이터를 수집하거나 소프트웨어의 논리에 영향을 줄 수 있는 외부 변수를 수정한 뒤에 다르게 작동하는지의 여부를 확인해볼 수 있습니다. 또한 소프트웨어 자체의 논리를 수정한 뒤에 해당 변경사항의 효과를 검사해볼 수도 있습니다.

버그를 재현하는 과정에는 디버깅 환경을 문제 발생 환경과 동일하게 맞추는 작업을 필요로 합니다. 예를 들어, 문제가 발생한 소프트웨어의 버전이 이전에 빌드된 오래된 버전이라면 최신 버전의 코드가 아니라 해당 시점의 코드를 가지고 디버깅을 해야 합니다. 깃_{Git} 등의 버전 관리 시스템을 통해 시계 바늘을 이전 버전의 시간으로 돌려야 합니다. 실행 중인 환경 역시 고려되어야 합니다. 데이터베이스 등의 외부 시스템과 상호작용이 필요하거나 특정 운영체제에서만 발생하는 버그일 수 있기 때문입니다. 버그가 발생할 때 제공된 입력을 파악하는 것도 중요합니다. 사용자가 어떤 상황에서 어떤 입력을 실행했을 때 문제가 발생했는지를 파악하고 이를 그대로 재현해야 합니다.

단서를 수집하고 여러 실험을 하는 과정에서 이런 재현 프로세스를 여러 번 수행하게 될 텐데요. 이 재현 프로세스 실행에 필요한 주기를 가능한 빠르게 하는 것도 효율적인 디버깅 과정에 큰 도움이 됩니다. 예를 들어, 재현을 할 때마다 코드를 빌드하고 특정 시스템에 올려서 대량의 데이터를 쏟아 부어야 하고 이를 수행하는 데 꼬박 하루가 걸린다고 하면 하루에 한 번의 실험 밖에 해볼 수 없게 됩니다. '코드 수정 → 컴파일 → 실행 → 재현'의 피드백 주기를 가능한 빠르게 만들어야 많은 실험을 신속하게 실행할 수 있습니다. 만약, 이러한 피드백 주기가 느리다면 한번에 여러 실험을 함께 해보고 싶은 유혹에 빠질 수 있습니다.

버그 재현의 피드백 주기를 줄이기 위해서는 문제가 발생하는 부위를 분할 정복해 가며 의심스러운 범위를 좁히는 작업이 필요합니다. 예를 들어, 한번 실행되는 데 한 시간 정도 걸리는 배치 작업이 있다면 작업을 여러 부분으로 쪼개서 각 부분 작업이 넘어갈 때마다 로그를 출력하도록 구성해볼 수 있습니다. 이를 통해 1번 작업부터 10번 작업 중 4번 작업이 실행되다가 프로세스가 중지된다면 의심스러운 범위를 4번 작업으로 좁힐 수 있습니다. 4번 작업을 또 다시 여러 부분 작업으로 쪼개서 확인하는 작업을 몇 번 반복한다면 금세 문제가 발생하는 포인트를 짚어낼 수 있을 것입니다. 이후에는 문제가 발생하는 포인트만 재현함으로써 버그 재현의 피드백 주기를 줄일 수 있습니다.

앞서 이야기한 버그를 재현하는 과정 자체가 문제가 발생하는 포인트를 짚어내는 데 도움이 될 수 있습니다. 예를 들어, 특정 환경에서만 버그가 재현된다면 그 환경에서만 실행되는 코드가 문제일 가능성이 높습니다. 이전 버전에서는 문제가 없지만 최신 버전에서만 버그가 재현된다면 최신 버전에서 수정된 코드 어딘가에 버그의 원인이 숨어있을 가능성이 높습니다. 이런 경우 버전 관리 시스템은 코드에 적용된 모든 변경사항을 꼼꼼히 유지하고 있기 때문에 범인을 식별하는 것은 식은 죽 먹기입니다.

소프트웨어가 남긴 로그가 있다면 이 또한 문제 해결의 중요한 열쇠가 될 수 있습니다. 특히 버그가 재현되는 조건을 알 수 없거나 아주 간헐적으로만 발생해 재현이 어려울 때에는 로그의 중요성이 빛을 발합니다. 소프트웨어 동작의 자취를 기록해놓은 로그를 통해 당시 상황을 유추하고 문제점을 찾아나갈 수 있습니다. 하지만 로그로부터 유의

미한 디버깅 단서를 얻기 위해서는 로그가 담긴 내용에 충분한 의미와 정보가 있어야 합니다. 즉, 사전에 미리 로그를 잘 구성해놓아야 합니다. 로그만 가지고 무슨 일이 일어났는지를 유추해야 하는 긴급 상황이 있음을 항상 명심하고 의미 있는 로그 메시지를 작성해야 합니다.

의미 있는 로그 메시지를 작성하기 위해서 유념해야 하는 것 중 하나는 로그 메시지에 콘텍스트 Context 정보를 충분히 담아야 한다는 것입니다. 예를 들어, "failed to create post"와 같은 메시지에서는 파악할 수 있는 정보가 별로 없습니다. 단순히 post를 생성하는 데 실패했다는 정보는 알 수 있지만 실패한 이유에 대해서는 유추하기 어렵습니다. 이보다는 "failed to create post (user: 1823), content is too long"과 같이 추가적인 콘텍스트 정보를 포함한다면 문제의 원인을 즉각적으로 파악할 수 있습니다.

컴퓨터가 쉽게 파싱 Parsing 할 수 있는 로그 포맷을 사용하는 것도 좋습니다. 경우에 따라서는 사람이 직접 로그 파일을 읽는 것만으로 충분하지 않으며 일부 자동화된 처리가 필요할 수 있습니다. 로그를 컴퓨터가 제대로 파싱할 수 있다면 로그 중앙 저장소에서 로그를 인덱싱해서 좀 더 의미 있는 정보를 추출할 수 있습니다. 예를 들어, "300 coin added for user 2844"와 같은 로그는 사람이 직접 읽고 의미를 파악하기는 충분하지만 컴퓨터가 쉽게 파싱할 수 있는 포맷은 아닙니다. 그보다는 '{"msg": "coin added", "user": 2844, "coin": 300}'과 같은 포맷을 사용한다면 사람도 편하게 읽을 수 있고 파싱도 쉽습니다. 이런 로그 데이터가 인덱싱되어 충분히 모인다면 추후 서비스 분석을 위한 통계 추출에도 사용될 수 있습니다.

마지막으로 로그 양을 적절히 조절하는 것도 중요합니다. 너무 많아도 안 되고, 너무 적어도 안 됩니다. 로그가 너무 많으면 그 안에서 필요한 단서를 얻기가 정말 어려워집니다. 몇 십 기가바이트나 되는 로그 파일을 일일이 살펴보면서 디버깅에 유효한 단서를 얻기란 쉽지 않습니다. 반대로 로그가 너무 적어도 필요한 정보가 누락될 수 있습니다. 로그는 소프트웨어 동작을 설명하기 위한 충분한 정보를 제공해야 합니다. 사실 단번에 적절한 로그 양을 위해 적용할 수 있는 공식 같은 건 없습니다. 오로지 여러분의 축적된 디버깅 경험만이 충분한 로그 양을 가늠할 수 있게 해줄 것입니다.

따라서 일단은 코드를 작성하면서 가능한 한 로그를 많이 기록해놓고 추후 발생하는 로그를 보면서 필요에 따라 로그를 줄이거나 추가하는 방식으로 조절해나가야 합니다. 버그가 발생하는 상황이 아니더라도 로그를 통해 소프트웨어의 동작을 가늠하면서 추가해야 하는 콘텍스트 정보가 있는지, 불필요한 로그가 너무 많이 발생하고 있지는 않은지 확인해보는 작업이 필요합니다.

버그 재현과 로그를 통해 디버깅을 수행할 때 그 과정을 꼼꼼히 기록하는 것도 큰 도움이 됩니다. 복잡하거나 난해한 버그의 경우 이를 추적하는 데 며칠에서 길게는 몇 달까지 걸릴 수 있습니다. 이 기간 동안 획득한 단서나 실험 결과를 머릿속에만 유지하기보다는 일종의 디버깅 문서를 만들어 기록하는 것이 좋습니다. 주요 오류 메시지, 문제에 대한 가설, 관련된 문제에 대한 링크와 내용, 수행한 실험의 내용과 결과, 이에 대한 나의 해석 등을 타임라인 순서로 꼼꼼하게 기록해야 합니다.

그래도 안 풀려요!

아무리 많은 단서를 수집하고 가설을 세워도 문제가 안 풀리는 경우가 있습니다. 분명 알 수 없는 동작을 일으키는데 로그에는 별다른 내용이 없고 분할 정복을 통해 의심스러운 범위를 좁혀도 코드에는 전혀 이상이 없어 보입니다. 그럼에도 버그는 계속해서 재현되고 있고요. 정말 미치고 팔짝 뛸 노릇입니다.

이때는 내가 가정하고 있는 것까지 모두 의심해야 합니다. 명확해 보이는 것들, 당연히 잘 동작하고 있으리라 생각하는 것들 모두가 의심의 대상이 되어야 합니다. 문제없이 잘 사용되고 있는 알고리즘도 특정 상황에서는 오동작할 수 있습니다. 라이브러리의 코드 역시 의심의 대상에서 벗어날 수 없습니다. 물론, 이미 많이 사용되고 있는 안정화된 버전의 라이브러리는 많은 사람과 코드를 통해 검증되었을 것입니다. 하지만 그럼에도 절대적으로 버그로부터 안전한 코드라는 건 있을 수 없습니다. 인기 있는 오픈소스 라이브러리도 깃허브 저장소(Github Repository)에 가보면 온갖 수많은 버그가 수정되기를 기다리고 있는 것을 볼 수 있습니다. 내 코드를 빌드하는 컴파일러는 어떻습니까? 컴파일러 역시 코드로 만들어진 또 다른 소프트웨어에 지나지 않습니다. 당연히 버그가 있을 수 있겠죠. 운영체제 역시 마찬가지입니다. 메인 프레임과 유닉스를 몰아내고 전 세계 서버 시장을 거의 장악하다시피 한 리눅스 역시 매일 셀 수 없이 많은 버그 제보가 올라옵니다. 세상에 믿을 코드는 하나도 없습니다.

문제의 원인이 단 하나일 것이라는 가정도 의심해볼 필요가 있습니다. 때로는 여러 버그가 동시에 발생해 하나의 버그처럼 보이는 경우도 있습니다. 여러 버그가 동시에 발생하고 있는 현상은 정말 디버깅하기가 어렵기 때문에 무의식적으로 "아닐 거야" 하고 현실을 부정하게 되는 경우가 많습니다. 하지만 아무리 부정하고 싶은 현실이라도 이를 인정하고 직시하지 않는다면 문제는 해결되지 않습니다.

어제까지 잘 발생하던 버그가 아무 조치도 취하지 않았는데 오늘 갑자기 사라져버리는 경우 역시 골치가 아프기 마련입니다. 어떤 코드도 수정하지 않았기 때문에 시스템 어딘가에 버그가 숨어있는 것은 자명합니다. 하지만 알 수 없는 이유로 자취를 감춰버리고 재현조차 되질 않습니다. "문제는 반복해서 재현될 수 있고, 매번 동일한 결과를 얻을 수 있다"라는 가정이 사라지면 문제를 해결하는 것이 극도로 어려워집니다. 이럴 때일수록 어제까지 여러분이 작성했던 기록이 더 중요해집니다. 어제 했던 실험을 오늘 다시 실행했을 때 다른 결과를 얻는다면 분명 그 사이 무언가가 변경된 것입니다. 이때는 작업을 멈추고 무엇이 변경되었고 왜 그것이 버그에 영향을 미쳤는지를 파악해야 합니다. 단순히 시간이 문제일 수도 있고, 사용 가능한 디스크 공간이나 상호작용을 하고 있는 외부 시스템이 문제일 수도 있습니다.

버그를 잡기 위해 할 수 있는 시도를 모두 했음에도 아직까지 해결하지 못했나요? 막다른 길에 가로막힌 기분이 드나요? 그렇다면 이럴 때 활용할 수 있는, 선대 개발자들로부터 전해 내려오는 아주 유서 깊은 두 가지의 디버깅 기술이 있습니다.

첫 번째는, 당장 자리에서 일어나 밖으로 나가는 것입니다. 여러분은 오랫동안 아주 좁디좁은 곳에 집중을 하고 있었습니다. 어쩌면 그 과정에서 여러분이 알지 못하는 사이에 무언가를 놓쳤을 수 있습니다. 자리에서 일어나 복도를 걸어보세요. 탕비실로 가서 커피를 내리거나 사무실 바깥으로 나가 산책을 하는 것도 좋습니다. 여러분의 머릿속에 가득한 버그에 대한 정보를 잠시 다른 곳으로 치워놓고 새로운 것에 집중해보세요. 잠시 머리를 식히고 돌아온 여러분은 어쩌면 이전에는 미처 생각하지 못했던 실수를 발견할 수도, 이전과는 다른 접근법을 발견할 수도 있습니다.

또 다른 오래된 디버깅 기술은 바로 '고무 오리 디버깅'이라고 불리는 기술입니다. 이 디버깅은 간단합니다. 눈앞의 고무 오리에게 여러분을 괴롭히고 있는 버그에 대해 설명해주세요. 단, 여기서 중요한 점은, 이 고무 오리는 여러분의 버그에 대해 전혀 알지 못하기 때문에 충분히 자세한 설명을 곁들여야 한다는 점입니다. 소프트웨어의 동작과 논리를 단계별로, 때로는 코드를 한 줄씩 오리에게 설명합니다. 어쩌면 이 과정에서 설명을 하다가 스스로 해결책을 찾을 수도 있습니다. 어처구니없는 기술이라는 생각이 들 수 있지만 실제로 오랫동안 여러 개발자 사이에서 문제를 해결하는 데 도움이 되는 전략임이 입증되었습니다.

▲ 그림 3-1 고무 오리 디버깅의 예

실제로 고무 오리 디버깅은 '능동적 외현화(Active Externalization)'라는 심리학 이론에 기초하고 있습니다. 능동적 외현화는 자신의 생각을 외부화하는 과정에서 자신의 사고 과정을 더 잘 이해하고 논리의 오류를 식별하는 데 도움이 된다는 이론인데요. 즉, 고무 오리에게 문제를 이야기하고 자세히 설명함으로써 자신의 생각을 명확히 하고 잠재적인 해결책에 대한 새로운 통찰력을 얻을 수 있는 것입니다.

따라서 그 대상이 꼭 고무 오리일 필요는 없습니다. 당장 여러분의 책상 위에 놓여있는 피규어나 다른 인형도 상관없습니다. 혹은 상상 속의 가상 인물도 괜찮습니다. 여러분의 생각을 명확하게 말로 표현하는 데 도움이 되는 청취자라면 무엇이든 상관없습니다.

3장을 마치며

여기까지 디버깅을 위한 기술들에 대해 읽은 여러분은 "뭐야, 생각보다 특별한 게 없잖아" 하고 실망하고 있을지 모르겠네요. 사실 디버깅에 있어서 전문가만의 숨겨진 비기(祕記) 같은 건 없습니다. 초보자나 전문가나 비슷비슷한 과정을 통해 버그를 분석하기 마련입니다. 하지만 전문가들은 더 방대한 지식과 그간의 경험을 통해 쌓인 직관을 이용해 더 정확한 가설을 세우고 더 효율적으로 검증을 한다는 정도의 차이만 있을 뿐입니다. 골치 아픈 버그를 마주하는 일이 처음에는 어렵고 절망스럽겠지만 경험을 쌓아감에 따라 열 번째, 스무 번째 마주하는 버그들은 더 쉽고 간단하게 느낄 것입니다.

4장
코드에도 패턴이 있다

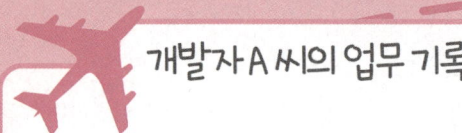 개발자 A 씨의 업무 기록

디자인 패턴과의 만남

"혹시 김 대리가 맡고 있는 알람 모듈에 대해서 좀 알아요?"

예정에 없던 미팅에서 팀장님은 알람 모듈에 대한 이야기를 꺼냈다.

"이게 원래 난이도가 그렇게 높지 않아서 주로 팀의 주니어 사원들이 맡고 있던 업무거든요. 김 대리도 사원 때 인수받아서 지금까지 계속 들고 있던 건데, 앞으로 A 씨가 맡아주면 어떨까 해서요."

"네, 제가 맡아서 해볼께요."

자세한 인수인계는 김 대리와 직접 하기로 하고 회의실을 나왔다. 텅 빈 커피잔을 채우기 위해 탕비실에 들렀는데 마침 거기에 있던 김 대리와 마주쳤다. 나는 가벼운 인사를 건넨 뒤 알람 모듈에 대한 이야기를 꺼내기 시작했다.

"대리님이 맡고 있던 알람 모듈이요. 앞으로 제가 맡아서 진행해달라고 방금 이야기를 들었어요."

"아, 그게 A 씨한테 가는구나. 미안해요. 내가 들고 있는 업무가 많아서 아마 팀장님이 분배한 것 같아요."

"아니에요. 저는 괜찮습니다. 어차피 업무적으로 여유가 좀 있는 상황이라서요. 근데 제가 잘 할 수 있을지 걱정이 되네요."

"어휴, 충분하죠. 모듈 자체가 복잡하진 않아요. 그냥 고객사 알람용 인터페이스에 맞춰서 쏴주기만 하면 되는 거라서요. 근데 코드가 좀 정리가 안 되어 있긴 해요. 그동안 '리팩터링해야지' 하고 생각은 하고 있었는데 영 짬이 나질 않아서

못했거든요. A 씨 업무에 여유가 있을 때 한 번 리팩터링을 해봐도 도움이 많이 될 거예요."

"네, 알겠습니다. 앞으로 모르는 부분이 생길 때마다 대리님에게 종종 도움 좀 요청해도 될까요?"

"어휴, 그럼요. 언제든지 편하게 말씀하세요."

그 후에 김 대리가 알려준 코드 저장소에서 코드를 확인하고 간단한 설명을 들었다. 그가 이야기했던 대로 복잡한 모듈은 아니었지만 코드가 다소 지저분했다. 이 모듈은 자사 솔루션에서 발생하는 알람을 고객사별 알람 수단에 맞게 사용자화(customizing)해서 보내는 역할을 하는데, 그러다보니 고객사별 맞춤 코드가 잔뜩 들어가 있었다. 문제는 그 모든 맞춤 코드가 하나의 파일 내에 길고 긴 if 분기로 서로 엮여 있다는 점이다. 결과적으로 문제의 파일 안에 있는 클래스에는 100개 이상의 메서드가 있고, 메서드는 대부분 로직이 비슷비슷했다. 신규 고객사로 연동될 때마다 기존 메서드를 그대로 복사한 뒤에 기존과 다른 부분만 일부 수정하는 방식으로 추가되어 왔던 것 같았다.

코드를 보면서 설명을 하던 김 대리가 "구조가 좀 지저분하죠? 개선 방향에 대한 아이디어 좀 있어요?" 하고 물었다.

"글쎄요, 아직은 어떤 식으로 개선할 수 있을지 잘 모르겠어요."

김 대리는 "이제 담당은 A 씨니까 직접 고민하고 결정하겠지만, 제 생각에는 Strategy 패턴이 괜찮은 방법이 될 수 있을 것 같아요"라고 말했다.

Strategy 패턴에 대해서는 들어본 적이 없었기 때문에 순간 당황했다. 이를 본 김 대리는 "아, 아직 디자인 패턴에는 익숙하지 않은가 보네요" 하며 설명을 시작했다.

"쉽게 말해서, 어떤 작업을 여러 방식으로 수행하는 경우에 적용할 수 있는 패턴인데요. 수행되어야 하는 로직을 Strategy라는 별도의 클래스로 추출하고, 클라이언트에서 원하는 Strategy를 직접 선택해서 전달하는 구조라고 생각하면 쉬워요."

"그럼, 알람 전송을 위한 고객사별 로직들이 개별 Strategy로 만들어지는 구조인가요?"

"네, 맞아요. 거기다가 알람 전송은 크게 보면 SMS, MMS, Email의 세 가지 유형으로 나뉘니까 이들에 대한 기본 클래스를 만들어놓고 고객사 Strategy가 이를 상속하도록 구조화한다면 중복되는 코드도 많이 줄일 수 있을 것 같아요."

이어지는 김 대리의 설명을 들으며 코드가 어떻게 개선될 수 있을지 머릿속으로 그려보기 시작했다. 아직까지는 알 듯 말 듯 아리송하다. 무엇보다 Strategy 패턴이라는 것에 대해서 더 공부를 해보는 것이 좋겠다는 생각이 들었다.

건축학 개론

저는 영화 〈건축학개론〉을 꽤 재미있게 봤습니다. 이 영화는 여자 주인공이 대학 시절, 함께 수업을 들었던 남자 주인공이 다니는 건축 설계 사무소로 찾아와 건축 설계를 의뢰하면서 시작하는데요. 남자 주인공은 고객으로 찾아온 여자 주인공이 마음에 드는 집을 만들어 주기 위해 도면을 그리고, 모형을 만들어 설명합니다. 여자 주인공은 이 도면과 모형을 보고 실제 지어질 집의 풍경을 머릿속으로 상상할 수 있습니다.

우리도 멋진 집의 풍경을 한번 상상해 볼까요? 마당에 난 길을 따라 들어오면 현관문이 있습니다. 문을 열고 들어오면 기다란 복도를 만나게 되고 그 끝에 널찍한 거실이 있습니다. 거실에 다다라서 마당 방향으로 몸을 들리면 넓은 창을 통해 바깥 풍경을 감상할 수 있습니다.

방금 이 묘사를 듣고 어떤 풍경을 떠올렸나요? 마당은 어떤 모양이었나요? 마당 모양은 워낙 천차만별이기 때문에 어디가 마당이고, 어디는 마당이 아니라고 구분 지을 수 있는 명확한 기준은 없습니다. 마당이라고 이름 붙이기 위한 최소한의 넓이 같은 기준도 없고, 마당이라면 마땅히 가져야 할 지면의 모양 같은 조건도 없습니다. 따라서 여러분이 상상한 마당과 거실의 모양새도 전부 제각각이었을 것입니다.

하지만 재미있는 점은 제각각인 마당과 거실 모두를 누구에게나 보여주더라도 무엇이 마당이고 거실인지 구별해낼 수 있다는 점입니다.

현관문은 또 어떨까요? 문 역시 그 모양새가 상당히 다양합니다. 흔히 볼 수 있는 쇠로 된 직사각형 모양에 'ㄱ' 자 모양의 손잡이가 달린 모습을 상상할텐데요. 어떤 문은 유리로 만들어져 있기도 하고, 나무로 만들어져 있기도 합니다. 손잡이 역시 동글동글한 원 모양에 가까운 손잡이부터, 손잡이 대신 홈이 파져 옆으로 여닫을 수 있는 미닫이 문도 있습니다.

우리는 어떻게 한눈에 마당을 구별할 수 있는 걸까요? 또 수많은 종류의 문을 모두 '문'이라는 대상으로 인식할 수 있는 걸까요? 그것은 바로 '패턴의 힘'입니다.

사실, 우리 모두는 패턴에 대한 아주 본능적인 매칭 능력을 가지고 태어납니다. 예를 들어, 아주 어린 아이도 그림책 속에 나오는 의인화된 토끼와 동물원에 있는 실제 토끼가 모두 동일한 대상임을 자연스럽게 인식할 수 있습니다. 그림책의 토끼가 무지개 색으로 칠해져 있다 하더라도, 심지어는 사람처럼 화려한 드레스를 차려 입고 모자에 안경까지 쓰고 있다 하더라도 어린 아이는 손가락으로 가리키며 '토끼'라고 말할 것입니다.

어떻게 이렇게 서로 다른 모양의 대상이 모두 같은 토끼라는 것을 자연스럽게 알 수 있는 걸까요? 특유의 길쭉한 귀 모양을 보고 토끼라는 대상이 가지고 있는 고유의 패턴을 학습하게 되었을 것이라고 추측합니다. 뿐만 아니라 목 주변에 멋들어진 갈기가 난 동물은 사자, 길쭉하게 뻗은 목을 가진 동물은 기린이라는 것도 자연스럽게 깨닫게 됩니다.

이렇듯 패턴은 구체적인 것에서 반복되는 특징을 추출하여 추상적인 개념으로 빚어내는 것입니다. 오랫동안 여러 마당과 문을 봐오면서 무의식적으로 대상에서 반복적으로 관찰되는 특징을 추상화한 끝에 이를 구별해낼 수 있습니다. 문의 경우, 평소에는 벽과 같이 닫혀 있지만 필요한 경우 이를 열어서 사람이나 물건이 드나들 수 있도록 하는 구조물이라는 추상적 개념을 무의식적으로 습득하게 됩니다. 이를 통해 자동차 문과 같이 아주 다르게 생긴 종류의 문도 '문'으로 인식할 수 있는 것입니다.

소프트웨어에서의 패턴

소프트웨어 개발에서도 패턴이 있습니다. 흔히들 '디자인 패턴 Design Pattern'이라는 이름으로 널리 알려져 있습니다. 이는 특정한 문맥에서 자주 발생하는 문제에 대한 일반적인, 그리고 재사용이 가능한 해결책의 모음집입니다. 예를 들어, 매우 복잡한 상태인 객체를 알아보기 쉽게 생성할 수 있는 방법, 하나의 클래스에 대해 인스턴스가 하나만 존재하도록 강제하는 방법, 서로 호환되지 않는 인터페이스를 가진 객체들이 쉽게 협업할 수 있게 하는 방법 등이 있을 수 있겠네요.

이를 패턴이라고 이름 붙인 것은 앞서 이야기한 것처럼 '구체적인 것에서 반복되는 특징을 추출하여 추상적인 개념'으로 빚어냈기 때문입니다. 그러므로 특정 소프트웨어에서만 사용할 수 있는 것이 아니라 추상화된 개념만 정확히 이해하고 있다면 다른 코드에도 얼마든지 적용할 수 있습니다.

소프트웨어 개발을 하다보면 사실 비슷비슷한 문제를 반복적으로 만나게 되는 경험을 많이 하게 됩니다. 나 하나뿐만 아니라 모든 개발자가 그러한 경험을 하다 보니 자주 마주치게 되는 문제에 대한 일반적인 솔루션을 정리해놓기 시작합니다. 그리고 이렇게 정리된 패턴이 쌓이면서 디자인 패턴이라는 이름으로 불리기 시작했습니다.

1990년대 중반에 처음 등장한 이 '디자인 패턴'이라는 개념은 개발자들을 순식간에 매료시키고 모두에게 단숨에 퍼지기 시작했습니다. 사실 자주 사용되는 유명한 디자인 패턴은 이 초반 시기에 대부분 만들어졌는데요. 이후 30년 정도의 시간이 지난 오늘날까지도 살아남았으니 이미 그 유용성을 증명하고도 남았다고 할 수 있습니다. 디자인 패턴은 그 오랫동안 고수 개발자들로부터 검증되고 입증된, 이젠 개발자에게 반드시 익혀야 하는 초식과 같은 존재가 되었으니 이를 학습하지 않을 이유가 없습니다. 이미 많이 알려진 문제는 디자인 패턴이라는 검증된 해결책으로 풀어내고, 아직 해결되지 않은 새로운 문제에 시간과 노력을 집중하는 편이 좋습니다.

디자인 패턴에는 많은 수의 패턴이 있지만 일반적으로 'GoF(Gang of Four)' 디자인 패턴이라고 불리는 23개의 패턴이 대표적입니다. 이 패턴들은 GoF 책으로도 불리는 〈Design Patterns: Elements of Reusable Object-Oriented Software〉에 소개된 패턴들인데요. 크게 세 가지 패턴으로, 생성 패턴(Creational Pattern), 구조 패턴(Structural Pattern), 행위 패턴(Behavioral Pattern)으로 분류됩니다.

▼ 표 4-1 세 가지의 GoF 디자인 패턴

패턴	종류
생성 패턴	Abstract Factory Method, Factory Methods, Builder, Prototype, Singleton
구조 패턴	Adapter, Bridge, Composite, Decorator, Facade, Flyweight, Proxy
행위 패턴	Chain of Responsibility, Command, Interpreter, Iterator, Mediator, Memento, Observer, State, Strategy, Template Methods, Visitor

이 23가지 패턴을 담은 GoF 책이 처음 나왔을 때에 너무나도 선풍적이었기 때문에 오늘날까지도 대부분 패턴이라고 하면 자연스럽게 디자인 패턴을 떠올리곤 합니다. 하지만 소프트웨어에서 사용되는 패턴에는 디자인 패턴 말고도 종류가 더 많습니다.

⟨Pattern Oriented Software Architecture⟩라는 책에서는 소프트웨어에서 사용되는 패턴에 대해 '아키텍처 패턴' '디자인 패턴' '관용구 패턴'이라는 세 가지 유형으로 분류했습니다.

여기서 말하는 '아키텍처 패턴'이란 말 그대로 아키텍처 레벨에서 자주 발생하는 문제에 대한 일반적이고 재사용 가능한 해결책을 의미합니다. 이를 통해 아키텍처를 설계하고 구축하는 데에 있어 필요한 개념을 제공하고 시스템의 요구사항을 만족하는 아키텍처를 구성하는 것을 중점에 둡니다. 대표적으로 데이터 저장소에 대상 데이터의 현재 상태를 저장하는 대신 상태를 변경하는 모든 이벤트를 저장하여 처리하는 방식의 이벤트 소싱 패턴Event Sourcing Pattern을 예로 들 수 있겠네요. 주로 메시지 중심의 분산 시스템에서 자주 사용되는 패턴입니다.

'관용구 패턴'은 앞서 이야기한 '아키텍처 패턴'이나 '디자인 패턴'보다 저수준의 패턴으로, 프로그래밍 언어에서 사용되는 문법적 패턴을 이야기하는데요. 즉, 특정 프로그래밍 언어에서 자주 사용되는 문법 구조나 기법을 일컫는 것이며, 그 언어의 특징이 많이 반영됩니다. 예를 들어, 자바 등의 언어에서는 오류를 처리하기 위해 try-catch 구조의 기법이 많이 사용되는데, 이것이 관용구 패턴에 속하는 특징이라고 볼 수 있습니다. 이러한 관용구 패턴을 이해하는 것은 해당 언어를 잘 다루는 데 있어 매우 중요한 요소입니다.

패턴의 발견

1996년 'OOPSLA(Object-Oriented Programming, Systems, Languages, and Application)'라는 이름의 콘퍼런스에서는 아주 이상한 일이 벌어집니다. 이름에 맞게 객체 지향 프로그래밍 관련 기술을 발표하고 논의하는 이 콘퍼런스의 기조연설을 크리스토퍼 알렉산더 Christopher Alexander라는 이름의 건축가가 맡게 된 것입니다. 이것이 건축가 그 자신에게도 얼마나 이상한 일이었는지는 그의 인사말에서도 드러납니다.

"감사합니다. 음, 이건 제게 정말 이상한 일인데요. 여기 계신 수많은 분 앞에서 제가 연설을 하고는 있지만 저는 여러분이 하는 일에 대해서는 아무 것도 아는 바가 없습니다."

어떻게 프로그래밍과는 전혀 관련이 없는 건축가가 프로그래밍을 다루는 콘퍼런스의 기조연설을 맡게 된 것일까요? 이어지는 말은 더욱 더 상황을 미스터리하게 만듭니다.

"시작은 2년~3년 전이었을 겁니다. 저는 컴퓨터 프로그래밍과 관련된 사람들로부터 전화를 받기 시작했습니다. 누군가가 전화를 걸어 '여기 실리콘 밸리에서는 당신과 저녁 식사를 하기 위해 기꺼이 거금을 낼 사람들이 여럿 있다'라고 하더군요. 무슨 일이 일어나고 있는지 도무지 알 수가 없었습니다."

상황은 점점 점입가경으로 치달았습니다. 왜 개발자들이 건축가와 저녁을 함께 하고 싶어 했을까요? 사실 당시 이 콘퍼런스의 참가자들은 이미 이유를 알고 있었습니다. 기조연설에 앞서 좌장이 크리스토퍼 알렉산더를 소개하면서 했던 말에서 그 실마리를 찾아보겠습니다.

"아주 가끔 훌륭한 아이디어는 한 분야의 경계를 넘어 다른 분야에 뿌리를 내리곤 합니다. 소프트웨어 커뮤니티에서 크리스토퍼 알렉산더의 패턴을 채택한 것이 그러한 사건 중 하나입니다. (…) 그 아이디어가 목재와 타일이 아닌 물리적으로 존재하지 않는 순수 사고와 관련된 소프트웨어 커뮤니티에서 자리를 잡았다는 것이 생각해보면 참 이상하기도 합니다. 소프트웨어 커뮤니티는 일반적으로 소프트웨어 설계, 특히 객체 지향 설계에서 오랫동안 우리를 괴롭혀 왔던 문제를 해결하기 위해 크리스토퍼 알렉산더의 패턴을 받아들이기로 했습니다."

그렇습니다. 지금 우리가 이야기하고 있는 소프트웨어에서의 패턴이라는 개념은 사실 소프트웨어와 전혀 연관이 없는 건축 분야의 아이디어에서 유래했습니다. 크리스토퍼 알렉산더의 이 아이디어에 영감을 받은 워드 커닝햄Ward Cunningham과 켄트 벡Kent Beck이 소프트웨어 개발에 활용했고, 그것이 오늘날 우리가 다루는 패턴의 모태가 된 것입니다.

패턴이라는 개념의 유래는 크리스토퍼 알렉산더가 1977년에 출간한 〈A Pattern Language〉로 거슬러 올라갑니다. 이 책에서 그는 건물과 도시의 디자인을 설명하고 문서화하는 데에 패턴 언어라는 것을 사용할 수 있다고 제안했습니다. 그가 주장한 패턴 언어라는 것을 쉽게 한 문장으로 설명하면 '특정 콘텍스트(A)에서 어떤 문제(B)를 해결하기 위한 솔루션(C)'을 정리한 것이라고 할 수 있습니다.

정의만으로는 패턴 언어가 무엇인지 가늠하기 쉽지 않은데요. 예를 들어 살펴보겠습니다.

일반적으로 도시는 두 종류의 길을 필요로 합니다. 보행자가 지나는 '인도', 그리고 자동차가 지나는 '차도'가 그것입니다. 일반적으로 인도와 차도의 네트워크는 보행자의 안전과 편의성을 우선하면서도 동시에 필요한 차량 통행량을 모두 수용할 수 있도록 설계되어야 합니다. 이것이 콘텍스트(A)입니다.

문제는 자동차가 보행자에게 위험하다는 점입니다. 따라서 인도와 차도를 분리하는 것이 일반적인 관행입니다. 그렇다고 무턱대고 인도와 차도를 완전히 분리하기에도 문제가 있습니다. 일반적으로 자동차와 보행자가 만나는 곳에서 활동이 발생하기 때문입니다. 보행자와 자동차가 적절히 만나는 지역은 활기를 띄지만 그 반대는 그런 종류의 활기를 느끼기 어렵습니다. 즉, 차도와 인도는 안전을 위해 적절하게 분리되어야 함과 동시에 도시의 활기를 위해 적절하게 합쳐져야 합니다. 이것이 문제(B)입니다.

이와 관련되어 크리스토퍼 알렉산더가 제시한 솔루션(C)은 인도와 차도가 연속적으로, 그리고 빈번한 간격으로 직교하는 구조입니다. 인도와 차도가 서로 분리되어 있으면서도 자주 만나고, 만나는 지점을 중심점으로 인식할 수 있도록 배치하는 것이 중요합니다. 예를 들어, 두 개의 평행한 차도 사이에 인도가 직각으로 이어지도록 배치할 수 있습니다. 인도와 차도가 교차하는 공간에는 상점을 위한 공간이나 주차장이 들어설 수 있을 것입니다. 물론, 이러한 패턴은 교통의 밀도가 매우 높거나 낮은 경우에는 적절치 않을 것입니다. 교통의 밀도가 매우 낮다면 차도로 사람이 다니게 될 테고, 반대로 밀도가 너무 높다면 보행자의 안전이 담보되지 않을 것이기 때문입니다.

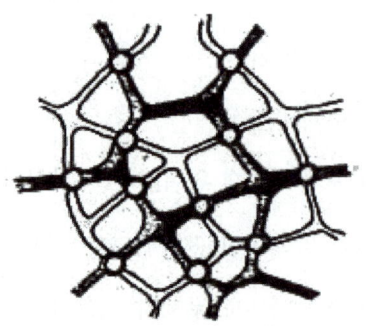

▲ 그림 4-1 인도와 차도의 직교 네트워크

크리스토퍼 알렉산더는 이를 'Network Of Paths and Cars'라는 이름의 패턴으로 정의했습니다. 그의 책에서는 이러한 도시 설계뿐만 아니라 주택 내부 구조, 조명 배치 등에 이르기까지 모두 253개의 패턴을 정리했습니다. 이에 따라 도시 설계가, 건축가, 인테리어 전문가 등은 그들이 해결하고자 하는 문제에 이 패턴을 참고할 수 있습니다. 물론, 책에서 나온 패턴을 모든 문제에 그대로 적용하기에는 무리가 있겠지만 패턴을 응용하고 결합하는 방식으로 좀 더 쉽게 솔루션에 다다를 수 있습니다. 그리고 그렇게 수정된 솔루션이 만약, 다른 상황에서도 참고하고 재사용할 수 있는 성격을 가지고 있다면 또 다른 하나의 패턴으로 정리될 수도 있을 것입니다. 문제 풀이를 위한 접근 방식도 배울 수 있겠네요.

어떤가요? 소프트웨어에서 이야기하는 패턴과 닮은 구석을 발견했나요? 개발자들은 여기서 배운 패턴이라는 개념을 프로그래밍에 응용해볼 수 있겠다는 생각을 했습니다. 매번 새로운 문제를 만날 때마다 맨 땅에서부터 솔루션을 만들어 나가는 대신 재사용이 가능한 일련의 공통 패턴을 정의하고 이를 상황에 맞게 결합하고 수정해가면서 솔루션을 만들어낼 수 있도록 말입니다.

패턴이 유용한 이유

패턴은 경험의 산물입니다. 책상 위에서 탄생한 비실용적인 이론이 아니라 치열한 업무 현장에서 검증된 실전적인 아이디어입니다. 이 아이디어들은 패턴이라는 이름으로 추출되고 이름이 붙여져 문서화되었습니다. 이를 통해 함축된 형태로 손쉽게 전달하고 공유할 수 있게 되었습니다. 덕분에 개발자들은 익숙하지 않은 문제에서 익숙한 패턴을 적용해 이미 보유하고 있는 지식을 손쉽게 활용하는 것이 가능합니다.

이 과정에서 패턴은 복잡한 세부 구현사항을 단순한 패턴으로 인식함으로써 문제를 풀기 위한 사고에 필요로 하는 노력을 상당 부분 줄일 수 있게 도와줍니다.

예를 들어, 문이나 거실, 마당, 안방, 복도, 창문과 같은 개념적인 패턴 하나 없이 집을 맨 땅에서부터 설계해야 한다고 생각해봅시다. 이 경우에는 모든 문제의 솔루션을 바닥에서부터 풀어나가야 합니다. 즉, 다음과 같은 식의 문제와 답의 끝없는 반복을 마주하게 될 것입니다.

"겨울에는 차가운 바람이 불어 추울텐데 어떻게 해결하지?"
→ "벽으로 공간을 둘러야겠다."
→ "하지만 이렇게 하면 사람이 공간을 드나들 수 없는 문제가 발생하는데?"

- → "공간의 일부를 터놓아야겠다."
- → "터놓은 부분으로 찬바람이 계속해서 들어오는 문제가 발생한다."
- → "평소에는 닫혀있다가 필요할 때에만 열리도록 해야겠다."
- → "이걸 어떻게 구현하지?"
- → "경첩과 손잡이를 달아서 여닫을 수 있도록 해야겠다."

문이라는 패턴이 만들어지지 않는 옛날에는 이러했을 것입니다. 하지만 이 고민은 이미 과거의 선구자들이 오랫동안 고민해왔고 그 답이 '문'이라는 것을 우리는 알고 있습니다. 앞서 이야기했던 모든 질문 릴레이에 필요한 노력 대신, 우리는 단지 '문'이라는 이미 완성된 기본 재료를 가지고 배치에만 신경을 쓸 수 있게 됩니다.

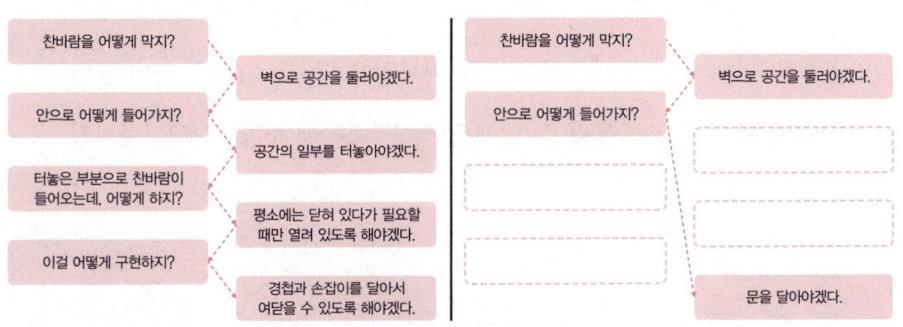

▲ 그림 4-2 문이라는 패턴을 통한 사고의 단순화

4장 | 코드에도 패턴이 있다　115

'문'이라는 개념적 패턴의 동작 원리에 대해 충분히 학습했다면 이를 다른 분야에도 수월하게 응용해볼 수 있을 것입니다. 집이 아닌 자동차를 만들었을 때에도 문과 비슷한 속성의 대상이 필요하게 되었고, 우리는 문의 동작 원리를 충분히 이해하고 있기 때문에 이를 응용해서 자동차 문을 만들 수 있었습니다. 또한 문에 달린 '경첩'과 '손잡이'라는 개념을 응용하여 열고 닫을 수 있는 옷장 같은 것을 만들기도 했습니다.

패턴에는 이름도 중요합니다. 만약, '문'이라는 이름이 없었다면 건축 사무소에 온 손님에게 도면을 설명하기 위해 "여기에 문을 달겠습니다" 대신 "여기에 경첩이 달린 직사각형 형태의 나무를 대고 손잡이를 달아서 여닫을 수 있는 물체를 달겠습니다"라고 설명해야 할 것입니다. 과연 손님은 이 장황한 설명을 듣고 정확한 문의 형체를 상상해낼 수 있을까요? 소프트웨어에서도 역시 많은 개발자가 패턴에 대한 공통의 이해가 있기 때문에 패턴의 이름만으로 서로의 머릿속에 동일한 형태의 설계를 떠올릴 수 있게 됩니다. 덕분에 소통 비용은 획기적으로 줄어들겠죠.

패턴의 유혹

처음 디자인 패턴을 접하게 되면 이게 고수 개발자들이 남겨놓은 일종의 비급처럼 느낄 수도 있습니다. 단순하기 짝이 없는 내 코드에 비해서 디자인 패턴이 적용된 코드는 뭔가 한층 수준이 더 높아 보이기도 합니다. 더 나은 코드를 작성하기 위해 디자인 패턴을 공부해보기로 합니다. GoF 책에 나오는 모든 패턴을 달달 외워서 수준 낮은 내 코드를 갈아엎고자 하는 유혹이 들기 시작합니다. 어찌 됐든 간에 이 디자인 패턴은 전 세계 유수의 개발자들로부터 인증된 수준 높은 코드일 테니까요.

아래의 코드를 한번 살펴봅시다. 전체적으로 훑으면서 이 코드가 어떤 역할을 하는지 가늠해보세요.

```
public interface MessageStrategy {
    public void sendMessage();
}

public abstract class AbstractStrategyFactory {
    public abstract MessageStrategy createStrategy(MessageBody mb);
}

public class MessageBody {
    Object payload;

    public Object getPayload() {
        return payload;
    }
    public void configure(Object obj) {
```

```
        payload = obj;
    }
    public void send(MessageStrategy ms) {
        ms.sendMessage();
    }
}

public class DefaultFactory extends AbstractStrategyFactory {
    private DefaultFactory() {}

    static DefaultFactory instance;

    public static AbstractStrategyFactory getInstance() {
        if (instance==null)
            instance = new DefaultFactory();
        return instance;
    }

    public MessageStrategy createStrategy(final MessageBody mb)
{
        return new MessageStrategy() {
            MessageBody body = mb;
            public void sendMessage() {
                Object obj = body.getPayload();
                System.out.println((String)obj);
            }
        };
    }
}

public class HelloWorld {
    public static void main(String[] args) {
        MessageBody mb = new MessageBody();
        mb.configure("Hello World!");
        AbstractStrategyFactory asf = DefaultFactory.
getInstance();
        MessageStrategy strategy = asf.createStrategy(mb);
        mb.send(strategy);
    }
}
```

어떤 코드인지 이해했나요? 눈치가 빠른 분은 마지막 클래스의 이름을 보고 감이 왔을 겁니다. 이 코드는 화면에 "Hello, World"라는 문자열을 출력하는 코드입니다. 슬쩍 살펴보기만 해도 Factory 패턴, Strategy 패턴, Singleton 패턴 등 여러 디자인 패턴이 적용된 코드인 것을 알 수 있는데요. 20년 이상 개발자들 사이에서 널리 검증된 디자인 패턴 여러 개를 병합해서 구성했으니 이 코드는 수준 높고 우아한 코드라고 할 수 있겠습니다. 맞나요?

사실 틀렸습니다. 사실 이 코드는 제이슨 티시오니Jason Tiscioni라는 프로그래머가 디자인 패턴의 과용을 꼬집기 위해 'SlashDot'이라는 웹사이트에 올린 코드입니다. 이 코드와 똑같은 기능을 하는 단순한 버전의 코드를 여러분과 저는 알고 있습니다.

```
public class HelloWorld {
    public static void main(String[] args) {
        System.out.println("Hello, World!");
    }
}
```

이전의 코드와 같은 기능을 하지만 훨씬 더 알기 쉽고 간단한 코드입니다. 비록 유명한 디자인 패턴을 하나도 사용하지 않았지만 맡은 바 수행해야 하는 기능을 다른 어떤 코드보다도 완벽하게 수행하고 있습니다.

망치를 들면 모든 것이 못으로 보입니다. 디자인 패턴에 한번 매료되기 시작하면 눈에 보이는 모든 코드를 추상화하여 패턴을 적용하고 싶은 유혹을 느낄 수 있습니다. 패턴을 적용하기 위한 콘텍스트의 적절성은 무시한 채 패턴의 구조에만 초점을 맞추는 것입니다. 이런 식으로 맹목적으로 패턴을 적용하게 되면 간단하게 작성할 수 있는 코드조차도 불필요하게 복잡하고, 이해하기 난해하며, 유지보수하기 어려운 코드만 남겨질 뿐입니다. 일종의 '패턴 만능주의'라고 부를 수 있겠네요.

GoF 책에 나오는 여러 디자인 패턴을 고안한 개발자들은 다양한 실무 경험을 통해 어떤 패턴을 적용해야 하는지, 그리고 어떤 패턴을 적용해서는 안 되는지에 대한 감각을 익히고 있을 것입니다. 그들이 정리해놓은 디자인 패턴을 익힘으로써 우리도 그들과 비슷한 수준으로 유용한 코드를 만들어낼 수는 있겠지만 그들이 지닌 경험이 없기 때문에 언제 어떻게 패턴을 적용해야 하는지에 대한 감각이 없습니다. 따라서 패턴을 적용하기에 앞서 정말 이 패턴이 내가 지닌 문제를 해결하기에 유용한지에 대한 비판적인 검토가 필요합니다. 우리가 해야 하는 일은 멋스럽지만 알아보기 힘든 패턴이 적용된 코드를 작성하는 게 아니라 읽기 쉽고 유지 관리가 쉬운 코드를 작성해야 하는 일이잖아요.

4장을 마치며

　패턴은 만병통치약이 아닙니다. 패턴을 통해 전문가들의 통찰력과 지혜를 잠시 빌려올 수는 있지만 이것이 여러분을 전문가로 만들어주지는 않습니다. 패턴을 효과적으로 사용하려면 오직 본인의 통찰력을 이용해 내가 직면하고 있는 문제와 부합하는지 판단해야 합니다. 패턴은 반복되는 여러 문제에 대한 일반적인 솔루션을 제공하긴 하지만 패턴에서 설명하고 있는 문제와 내가 직면한 문제가 동일한 경우는 거의 없습니다. 따라서 패턴을 적절하게 사용하기 위해서는 패턴을 무작정 외우기보다는 그 기본 원칙과 동작 원리에 대해 깊이 이해해야 합니다. 이를 통해 선대 개발자들이 남긴 패턴이라는 초식을 적절한 시기에 적절한 방식으로 휘두를 수 있는 훌륭한 개발자가 되기를 기대해봅니다.

시작하는 개발자들을 위한
기술 여행 가이드

5장

깃, 나는 네가 지난여름에 짠 코드를 알고 있다

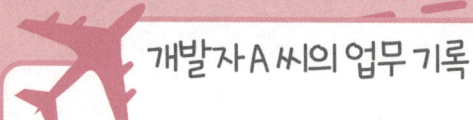
개발자 A 씨의 업무 기록

적정한 커밋 크기와 메시지에 대해서

처음으로 꽤 규모가 있는 기능의 추가 작업 건을 맡게 되었다. 그동안은 자잘한 수정이나 기능만을 맡아왔다. 입사한지 얼마 되지 않은 신입에게는 당연한 일이라는 생각이 들지만 내심 제대로 된 기능 건을 맡아서 성공적으로 만들어 보고 싶다는 생각을 하고 있었다. 그동안 자잘한 건을 경험하면서 경험치도 어느 정도 쌓인 것 같아 잘 해낼 자신도 있었다.

사실 그렇다고 이 건을 오롯이 혼자 진행한 것은 아니다. 사실 우리 팀에서 이루어지는 대부분의 일을 혼자 진행하지 않는다. 함께 수정해야 하는 다른 모듈을 담당하고 있는 팀원들과 통신 인터페이스를 통해 지속적으로 협의를 해야 한다. 이번 건은 데이터 스키마까지 변경되는 건이라 사내 DBA(DataBase Administrator)를 통한 사전 스키마 변경 리뷰까지 받았다. 내가 담당한 모듈의 설계도 혼자서 뚝딱 진행하지 않고 사수와 함께 회의실에 있는 화이트보드에 이런 저런 다이어그램을 그려가면서 구성해야 했다.

사실, 이런 과정을 생략하고 모든 과정을 혼자 진행했다면 일을 진행하는 내내 마음 한편에 불안감이 스멀스멀 피어올랐을 것이다. 경험이 미천한 탓에 매일 '이렇게 하면 될 것 같은데!'와 '이렇게 해도 되나?' 가운데서 혼란스러워하면서 말이다. 하지만 사수를 비롯한 여러 팀원과 함께 협의를 하면서 일을 진행하다 보니 좀 더 자신있게 업무를 진행할 수 있었다.

장장 2주간의 코드 수정을 모두 마치고 변경된 코드를 깃(Git)에 올렸다. 이렇게 변경된 코드는 마스터 브랜치로 바로 병합되지 않고 코드 리뷰 과정을 거친

다. 이 역시 코드의 변경 내역을 함께 리뷰해서 문제가 될 만한 부분을 사전에 찾아내는 일종의 안전장치인 셈이다. 뿐만 아니라, 리뷰에 참여하는 구성원에게 코드가 어떻게 변경되었는지를 공유하는 역할도 있으니 일석이조인 셈이다.

코드 리뷰를 요청해놓고 커피를 사러 회사 앞 카페로 나왔다. 그동안 독수공방하면서 혼자 작업한 것이 아니라 주기적으로 사수와 협의한 내용을 코드로 반영했으니 딱히 문제될 만한 부분은 없으리라는 생각이 있어 조금 여유가 있었기 때문이다. 주문한 커피를 들고 다시 엘리베이터를 타려고 할 무렵 휴대폰의 진동이 울렸다. 내가 올린 리뷰와 관련된 알림이었다. 리뷰 승인 메시지를 기대하며 알림을 클릭했지만 휴대폰 화면에 나타난 메시지는 예상과 달랐다.

"커밋의 크기가 너무 크네요. 여러 변경 건이 하나로 합쳐져 있어 알아보기가 어렵습니다."

전혀 예상하지 못한 코멘트를 받았다. 코드에 대한 지적이 아니라 커밋 자체에 대한 지적이라니…. 커밋에 대해서도 지켜야 하는 암묵적 규율 같은 것이 있었단 말인가. 커밋의 크기가 크긴 했다. 그동안의 변경사항이 모두 하나의 커밋에 포함되어 있었으니 말이다. 하지만 굳이 이 커밋을 여러 개로 나눠야 한다는 것은 사실 좀 의문이었다. 내심 커밋은 작업한 내역을 등록하는 일종의 절차라고 생각해왔기 때문이다. 주기가 한번 돌아간 작업이었으니 당연히 커밋도 하나라고 생각했다.

'이를 나눠야 하나?' 머릿속으로 어떻게 수정해야 할지 고민하기 시작했다. 커밋의 크기가 크다니 이를 나눠야겠는데, 어떤 기준으로 얼마나 나눠야 할지, 파일별로 따로 커밋해야 할지, 애초에 생각하는 적정 커밋의 크기는 얼마인지 등 리뷰 요청을 올리기 전만 해도 모든 게 명확해 보였는데 갑자기 희뿌연 안개 속으로 들어온 듯 혼란스러웠다.

사무실에 올라와서도 한참을 고민하다 답을 찾지 못해 사수를 찾아갔다. 사수에게 내 의문을 털어놓으니 사수는 설명을 해주기 시작했다.

"이렇게 말하면 더 혼란스러워 할 것 같은데 사실 적정 커밋 크기 같은 건 없어요. 뭐 한 번에 10줄의 변경은 너무 작고 100줄의 변경은 너무 크다든지 하는 정량적인 기준 같은 걸 적용할 수는 없고요. 커밋을 나누는 기준은 그냥 알아보기 쉬우면 돼요."

이전보다 머릿속이 더 복잡해졌다. '어떤 커밋이 알아보기 쉬운 커밋이지?' 표정에서 내 감정을 읽은 듯 사수는 더 자세한 설명을 해주기 시작했다.

"자, 이렇게 해봅시다. A 씨가 이번에 작업한 내용을 말로 정리하면 어떻게 표현할 수 있을까요?"

"'웹 셸 탐지 기능 추가'로 정리할 수 있을 것 같습니다."

"네, 그게 맞긴 하죠. 미들웨어 파트 외부에서 보면 '웹 셸 탐지 기능 추가'가 맞긴 한데, 파트 내부에서 다루기에는 여전히 좀 범위가 넓은 느낌이거든요. 한 단계 더 구체화하면 어떨까요? 웹 셸 탐지 기능을 추가하기 위해서 추가한 기능에는 어떤 게 있을까요?"

"음…. 웹 셸 탐지 설정을 콘솔에서 받아서 저장하는 기능도 있고, 탐지 에이전트가 실행되면 저장된 탐지 설정을 내려주는 기능도 있습니다. 아, 탐지 결과를 받아서 저장하고 콘솔에 뿌려주는 기능도 있겠네요."

"네, 맞습니다. 그 수준의 세부사항을 각각의 커밋으로 잡아주는 게 좋을 것 같아요. 그리고 코드를 보니까 이번 작업을 하면서 컨트롤러 쪽 코드도 리팩터링을 했던데, 이것도 별도의 커밋으로 잡아주시고요."

"아, 어떤 식으로 나눠야 할지 알 것 같네요."

"네네. 그리고 커밋을 나누고 나서 커밋 메시지도 좀 자세하게 부탁할게요."

"커밋 메시지도 규약 같은 게 있나요?"

"뭐, 규약이라면 규약인데. 이것도 아까 커밋을 나누는 문제랑 비슷해요. 해당 커밋이 담고 있는 변경사항을 파악하기에 충분한 정보를 포함하면 돼요. 보통 많이 하는 실수가 '무엇을 어떻게 변경했다'라는 내용 위주로 메시지를 작성하곤 하는데, 그건 사실 코드만 보면 알 수 있는 내용이거든요. 그보다는 '이걸 왜 이렇게 변경했다'라는 내용이 더 중요해요. 그건 코드만 보고는 알 수 없거든요. 그리고 이 변경사항에 대한 좀 더 정리된 내용이 필요할 것 같다 싶으면 그것도 추가하면 좋고요."

"네, 일단 깃 저장소에 있는 다른 커밋 메시지를 보면서 감을 잡아 볼게요."

내 자리로 돌아와 지난 커밋을 살펴보니 정말 내가 생각했던 것보다 많은 정보를 포함하고 있었다. 간단한 변경은 짤막한 메시지를 내포하는 것도 있었지만 변경 내용이 복잡한 경우에는 변경한 이유, 예상되는 영향도 등과 함께 관련된 논의나 자세한 이슈 내용을 포함한 URL을 포함하는 경우도 있었다. 평소에도 사수가 참 꼼꼼한 사람이라고 생각해 왔지만 오늘은 새삼 '일을 잘하는 사람이구나'라는 생각을 했다.

버전을 관리해야 하는 이유

〈0912 최종 보고서 최종 2 수정.docx〉와 같은 파일명을 본 적이 있나요? 이건 사실 방금 재미삼아 만든 파일명이지만 현실에서도 종종 마주할 수 있는 파일명입니다. 깔끔하게 완성했다고 생각했는데 외부 변경사항이 생겨서 내용을 수정하고, 수정된 버전을 제출하니 팀장님이 수정 지시를 내려서 다시 수정하고, 팀 회의에서 리뷰한 내용을 바탕으로 다시 수정하고…. 혹시 몰라서 이전 버전의 파일을 백업해놓고 수정하긴 하지만 우습게도 이전 버전의 파일을 열어본 일은 많지 않았던 것 같습니다.

우스운 내용이지만 오늘만은 우습게 볼 수 없습니다. 이 장에서 이야기하려는 내용과 관련이 있거든요. 사실 보고서라는 문서는 그래도 좀 낫습니다. 시작과 끝이 있으니까요. 수정에 수정을 거치는 우여곡절을 거친다고 하더라도 언젠가는 완성할 수 있습니다. 그렇게 보고서를 완성하고 나면 과거 버전의 보고서를 참고할 일은 사실 거의 없죠. 하지만 우리가 다루는 코드는 완성이라는 개념이 없습니다. 코드라는 것은 마치 유기체와도 같아서 계속해서 변화해 나가야 합니다. 새로운 기능을 추가하고, 그 과정에서 발생하는 버그를 끝없이 계속 수정해 나갑니다. 더 이상 기능 추가가 일어나지 않는 소프트웨어라고 하더라도 운영체제의 새로운 버전이나 보안 취약점이 발생하면 이에 대응되는 수정 작업을 필요로 합니다. 소프트웨어를 완전히 버리지 않는 한, 코드는 계속해서 유지보수를 해줘야 합니다.

하지만 한편으로는 이런 의문이 들기도 합니다. '코드도 보고서와 마찬가지로 최신 버전이 제일 중요하지 않나?' '이미 수정된 이전 버전의 코드를 참고할 일이 있을까?' 하지만 실제로 개발을 하다보면 과거의 변경 내역을 참고해야 하는 일이 생각보다 자주 발생합니다. 저부터도 낯선 코드를 분석하다 보면 '여긴 왜 이렇게 짰지?' '이건 무슨 역할을 하는 함수지?' '이 코드의 의미가 뭐지?' 하는 등의 의문을 끝없이 마주하고 그 의문 중 상당수에 대한 답을 과거의 변경 내역을 통해서 찾곤 합니다. 재미있는 점은 낯설게 느껴지는 코드의 변경 내역을 따라가 보니 그 코드의 작성자가 제 자신이었던 경우가 종종 있다는 사실입니다. 그때마다 사람의 기억력은 참으로 불완전하고 유한하다는 것을 새삼 느낄 수 있었습니다.

그렇다면 과거의 변경 내역에 대한 관리를 어떻게 해야 할까요? 앞서 예시로 든 날짜별로 백업을 만든 보고서를 보니 버전별 백업본을 만드는 방식이 제일 먼저 떠오릅니다. v1.0.0, v1.0.1, v1.0.2, …. 이런 식으로 버전명과 함께 코드를 저장해 놓는거죠. 간단하지만 좋은 방법이라고 하기는 어렵습니다. 일단 버전의 개수만큼 코드의 복사본이 유지되기 때문에 상당히 많은 양의 파일을 관리해야 합니다. 또한 각 버전별로 어떤 변경이 일어났는지를 알 수 있는 방법이 사실상 없습니다. 그 많은 파일을 하나하나 모두 대조해볼 수 없으니까요. 그래서 버전 관리만을 위한 별도의 도구가 필요할 것 같습니다.

사실, 소프트웨어 프로젝트에서 소스코드는 팀의 가장 중요한 가치이자 자산입니다. 개발자들은 많은 시간을 들여서 신중하게 문제를 파악하고 설계를 고민하고 치열한 논의 끝에 소스코드를 작성합니다. 따라서 소스코드는 팀의 지식과 역사가 깃든 가장 중요한 산출물이라고 할 수 있습니다. 그만큼 더 신중하고 효과적으로 소스코드를 관리할 수 있어야 합니다.

대부분의 개발자가 이와 비슷한 고민을 예전부터 해왔고, 그 결과로 버전 관리 시스템(Version Control System, 이하 VCS)이란 것을 사용합니다. VCS를 통해 특별한 종류의 데이터베이스에 코드의 모든 변경 내역을 저장하고 추적합니다. 만약, 최신 버전의 코드에 무언가 문제가 생겼다면 개발자는 VCS의 힘을 빌어 과거로 시간을 되돌리고는 이전 버전의 코드를 비교해 문제의 원인을 파악해낼 수 있습니다. 심지어 이 VCS 내부에 있는 특별한 데이터베이스는 코드 변경 내역에 대한 메타 정보도 함께 저장할 수 있는데요. 누가, 무엇을, 언제, 왜 변경했는지를 함께 기록해 놓음으로써 소스코드가 어떻게 변경되어 왔는지에 대한 역사를 명확하게 남길 수 있습니다. 이 기록은 짧게는 며칠부터 길게는 몇 십 년에 걸친 코드의 모든 기록을 효율적으로 추적할 수 있습니다.

VCS의 이점이 과거 변경 이력의 기록에만 있는 것은 아닙니다. 현재의 VCS는 팀 내 여러 명의 개발자가 하나의 코드 베이스를 가지고 동시에 작업할 수 있는 환경을 제공해줍니다. 만약, VCS가 이런 기능을 제공해주지 않았더라면 여럿이 작업할 때 상당한 애로사항이 생길 것입니다. A라는 파일을 수정하기 전에 팀을 돌면서 "혹시, 지금 A 파일을 수정하는 분이 있나요?"를 외쳐야 하는 우스꽝스러운 상황이 벌어졌을 것입니다.

그리고 누군가가 A 파일을 수정하고 있다면 그 수정이 모두 끝날 때까지 기다려야겠죠. 팀의 가장 비싼 자원 중 하나인 인력이 단지 코드에 접근할 수 없다는 이유 하나만으로 유휴 상태에 놓이게 된다면 팀의 생산성은 심각한 수준으로 떨어지게 될 것입니다. 다행히 VCS 사용이 보편화된 오늘날에는 그런 일이 벌어지지 않습니다. 각 개발자는 자신에게 할당된 작업을 하기에 앞서 코드 베이스에서 브랜치를 생성합니다. 그럼 이 브랜치에 있는 코드는 해당 개발자만 수정하게 됩니다. 이후에 모든 수정 작업이 완료되면 수정된 코드를 다시 메인 코드 베이스로 병합하는 절차를 거칩니다. 이와 같은 과정을 통해 하나의 코드 베이스에서 여러 명의 개발자가 동시에 작업할 수 있는 것입니다.

이쯤 되면 '혼자 작업하는 개인 프로젝트에서는 VCS를 사용할 필요가 없겠구나' 하는 오해가 생길지도 모르겠습니다. 하지만 개인 프로젝트에서도 VCS를 꼭 사용해야 합니다. 여러분이 간단한 웹 사이트를 하나 운영하고 있다고 가정해볼까요. 새로운 기능을 추가해 보고자 몇 주 정도의 기간 동안 코드 수정 작업에 몰두했습니다. 하지만 어느샌가 전혀 잘못된 방향으로 코드를 변경하고 있다는 것을 눈치챕니다. 제대로 수정을 하려면 지금까지의 수정을 모두 갈아엎고 다시 시작해야 할 것 같습니다. 하지만 너무 오랫동안 작업을 한 탓에 어느 파일을 얼마나 수정했는지를 정확히 기억해내기 어렵습니다. 만약, VCS를 사용 중이라면 작업 중인 브랜치를 폐기하고 다시 마스터 브랜치에서 새롭게 시작하면 됩니다. 여러분이 타이핑만 빠르다면 3초도 채 걸리지 않을 것입니다.

이번에는 코드를 제대로 수정하고 있다고 가정해봅시다. 이제 일주일 정도만 더 작업하면 기능을 완성할 수 있을 것 같습니다. 그러다가 현재 운영 중인 웹 사이트에 접속해봤는데 어떤 기능이 제대로 작동하지 않습니다. 사전에 미처 확인하지 못한 치명적인 버그가 발생한 것입니다. 당장 이 버그를 수정해야 하지만 여러분이 현재 작업 중인 코드에서는 수정을 진행할 수 없습니다. 이 버전의 코드는 완성되려면 아직 일주일이나 더 남았거든요. 현재 운영 중인 버전의 코드에서 문제의 버그만 수정해서 빠르게 배포해야 합니다. 하지만 여러분의 컴퓨터에는 지금 운영 중인 버전의 코드가 없습니다. 만약, 여러분이 일찌감치 VCS를 도입했다면 새로운 기능에 대한 추가 작업을 잠시 멈추고 마스터 브랜치로 넘어가 바로 버그를 수정할 수 있습니다. 만약, 버그가 성공적으로 수정되었다면 새롭게 작업 중이던 브랜치에도 그대로 적용할 수 있습니다. 이 역시 아주 간단하게 진행할 수 있는 작업입니다.

과거에는 VCS를 사용하지 않는 경우도 꽤 있었습니다만, 오늘날에는 VCS를 사용하지 않을 이유가 없습니다. 거의 대부분의 개발팀에서 각자의 VCS에 코드를 저장하고 관리하고 있습니다. VCS는 이제 본연의 기능인 코드의 변경 내역 추적뿐만 아니라 테스트 및 배포 자동화에도 이용되는, 개발팀에 없어서는 안 될 중요한 도구가 되었습니다.

버전 관리 시스템의 역사

요즘처럼 VCS가 활발하게 사용되기 전에는 코드를 어떻게 관리했을까요? 오래 전 이야기라 자료가 많지 않습니다만 각자만의 방식으로 코드를 관리해왔던 것으로 보입니다. 테이프나 플로피디스크를 통해 주기적으로 코드를 백업하는 건 일반적이었고, 분기 및 병합 기능을 지원해주는 VCS가 없으니 모듈별로 담당 개발자가 정해져 있던 경우도 많았습니다. 물론, 모든 코드에 담당자를 지정할 수 없고 공통으로 사용되는 코드도 있긴 했지만 그러한 코드는 최소한으로 유지하는 경향이 있었다고 합니다. 만약, 공통 코드를 수정할 때에는 동시에 여러 명이 수정할 수 없게끔 사무실 구석에 있는 깃발을 자신의 책상으로 가져온 후에 작업을 하기도 했다고 합니다. 지금 생각해보면 참 우스꽝스러운 광경이지만 동시 편집으로 시스템이 망가지는 참사를 막기 위한 고육지책이었을 것입니다.

이처럼 모듈별로 담당 개발자가 나뉘어 있다고 하더라도 배포 시점이 다가오면 각 개발자의 코드를 모아 하나로 병합하고 배포해야 합니다. 이때는 병합을 위한 별도의 담당 개발자를 배정합니다. 그 동안의 모든 변경사항은 그 배포 담당 개발자에게 전달되고, 담당 개발자는 이 변경사항을 메인 코드 베이스에 한 땀 한 땀 병합했다고 합니다. 한 순간의 실수가 바로 장애로 이어질테니 참으로 진땀나는 작업이 아니었을까 싶습니다. 이 과정에서 혹시라도 장애가 발생한다면 이전 버전 코드로 롤백(Roll Back)을 해야 합니다. 이를 위해서 이전 버전을 디렉터리째로 복사해놓는 경우가 많았다고 하는데요. 그러다보니 서버 내에는 new1, new2, old와 같은 이름의 디렉터리가 수두룩했다고 합니다. 대부분 급하게 작업하다보니 디렉터리의 이름을 대충 짓게 되고 이렇게 지어진 디렉터리는 며칠만 지나도 어떤 게 며칠 전의 버전인지 전혀 알 수 없는 상태가 되어 버립니다.

이 당시에는 VCS가 아예 없었던 걸까요? 사실 VCS가 존재하긴 했지만 현재처럼 널리 사용되는 물건은 아니었습니다. 그렇다면 과거에는 어떤 VCS가 있었을까요? 현재는 깃(Git)이 거의 사실상 표준으로 많이 사용되고 있지만 그 이전에도 여러 VCS가 탄생하고 사라졌습니다. 그리고 이들의 특징에 따라 세 가지 세대로 구분할 수 있습니다.

1세대는 '로컬형 VCS'로 분류됩니다. 현재와 같이 여러 개발자가 동시에 작업할 수 있는 환경이 아닌 단일 시스템 내에서만 동작하는 것이 특징입니다. 1972년에 처음 출시된 SCCS(Source Code Control System)가 대표적인 1세대 VCS인데요. 개별 파일의 변경사항을 추적할 수 있는 기능을 포함하고 있었지만 여러 명의 사용자가 동시에 한 파일을 작업할 수 없었습니다. 그리고 개별 파일보다 큰 파일 그룹이나 프로젝트 형태에 대한 개념 역시 없었습니다. 이후 1982년 RCS(Revision Control System)가 출시되었지만 SCCS와 마찬가지로 단일 파일에 대한 변경사항만 추적할 수 있었습니다.

2세대는 '중앙 집중형 VCS'입니다. 이 세대를 대표하는 VCS는 1986년에 출시된 CVS(Concurrent Versions System)인데요. CVS에서는 마침내 '프로젝트'라는 개념을 도입하고 여러 명의 개발자가 동시에 작업 할 수 있는 기능을 제공했습니다. 뿐만 아니라 2세대의 특징인 클라이언트-서버 모델과 함께 분기 개념을 도입했기 때문에 이전 세대의 시스템에 비해 훨씬 현대적인 시스템이었습니다. 실제로 CVS

는 아직까지도 사용 중인 곳을 종종 찾아볼 수 있을 정도입니다. 이러한 클라이언트-서버 모델은 중앙에 '공식 버전'의 코드 복사본을 가지고 있는 중앙 저장소가 있고, 각 사용자는 중앙 저장소에 연결되어 변경사항을 업데이트하고 다시 받아오는 방식으로 운영되었습니다. 따라서 커밋을 할 때에는 네트워크 접근을 필요로 한다는 특징이 있습니다.

CVS에 이어 2000년에는 SVN(Subversion)이라는 새로운 VCS가 출시되었습니다. SVN 역시 2세대에 속하는 시스템으로서, CVS의 단점을 보완하기 위해 만들어졌습니다. 사실 CVS는 커밋 작업이 네트워크 문제 등으로 실패하는 경우 저장소가 손상되거나 일관성이 없는 상태로 남을 수 있다는 치명적인 단점이 있었습니다. 이에 SVN에서는 '원자적 커밋(Atomic Commit)'이라는 기능을 도입했는데요. 이를 통해 변경사항이 모두 반영되거나, 만일 하나라도 제대로 반영되지 않았을 때에는 모든 변경 작업의 반영을 취소하는 기능을 제공했습니다.

3세대는 '분산형 VCS'입니다. 이름에서도 알 수 있듯이 분산구조로 구성된다는 점이 3세대 VCS의 가장 큰 특징인데요. 대표적으로 우리가 현재 많이 사용하고 있는 깃도 이 3세대 시스템에 속합니다. 분산형 VCS에서는 이제 더 이상 중앙의 공식 저장소는 의미가 없습니다. 사용자는 저장소의 소스코드를 그대로 로컬에 복사해온 뒤에 네트워크 연결 없이 로컬에서 바로 커밋을 할 수 있습니다. 각자가 자신만의 저장소를 가지고 있는 셈입니다. 그러다가 어느 정도 변경이 완료되면 기존 저장소에 병합 요청을 보낼 수 있습니다. 모든 커밋이 중앙 저장소에 의존하는 2세대 VCS와는 극명하게 대조를 이루는 부분입니다. 이러한 분산구조는 전 세계 개발자가 중앙에 집중된 권한 없이 자유롭게 상호작용하며 공동으로 작업하고 코드를 공유할 수 있기 때문에 진정한 오픈소스 VCS의 시대를 열었다는 평을 듣고 있습니다.

깃을 만든 리누스 토발즈

역사에 이름을 남긴 위대한 개발자는 많습니다. 하지만 그중 가장 많은 사람에게 영향을 끼친 개발자를 한 명 꼽으라면 저는 고민 없이 리누스 토발즈Linus Torvalds를 뽑겠습니다. 여기서 눈치가 빠른 분은 Linus라는 이름이 리눅스 운영체제와 비슷하다는 점을 알아챘을 텐데요. 실제로 리눅스는 리누스 토발즈가 만든 운영체제입니다. 리눅스는 현재 글로벌 서버 시장에서 압도적인 점유율을 보이고 있을 뿐만 아니라 안드로이드 운영체제 역시 리눅스를 기반으로 하고 있을 만큼 영향력이 지대한 운영체제입니다. 리누스 토발즈는 이러한 리눅스 운영체제의 창시자이자 현재까지도 리눅스 커널 개발을 열성적으로 하고 있는 대단한 개발자입니다.

하지만 정말 놀라운 점은 그가 만든 세상을 바꾼 소프트웨어가 리눅스말고 하나가 더 있다는 사실입니다. 두 번째 소프트웨어는 앞에서도 잠깐 이야기가 나온 '깃'입니다. 깃은 현재 사실상 표준으로 전 세계 개발자가 애용하고 있는 VCS입니다.

그가 깃을 만들게 된 이야기가 상당히 재미있는데요. 원래 리누스 토발즈는 리눅스 커널 개발에 VCS를 전혀 사용하지 않았습니다. 그는 상당히 고전적인 방식으로 코드를 관리했는데요. 커널 코드를 수정하는 오픈소스 기여자들은 유즈넷 그룹과 메일링 리스트를 통해 자신들의 변경사항을 게시하고, 리누스는 그 패치를 일일이 자신의 소스 트리에 직접 병합하곤 했습니다. 그 당시 VCS가 아예 존재하지 않았던 것은 아닙니다. 2세대 VCS인 CVS는 리눅스가 배포되기도 전인 1980년대부터 존재했으며 당시 가장 인기 있는 VCS였습니다. 하지만 리누스 토발즈는 CVS에 상당한 불만이 있었습니다. 뿐만 아니라 이후에 CVS의 단점을 보완하겠다며 나온 SVN도 좋아하지 않았습니다. CVS의 한계를 그대로 이어받았다고 생각했기 때문입니다.

하지만 많은 리눅스 커널 기여자들은 지속적으로 VCS를 도입하라는 요구를 합니다. 그러자 2002년, 리누스는 뜬금없이 비트무버BitMover라는 회사에서 만든 비트키퍼BitKeeper라는 생소한 VCS를 도입하기 시작했습니다. 이는 리눅스 커뮤니티 전반에 큰 반향을 일으켰는데 바로 비트키퍼가 오픈소스가 아닌 상용 소프트웨어라는 것이 문제였습니다. 리눅스는 역사상 가장 중요한 오픈소스 프로젝트 중 하나였고 실제로 리눅스 커널 기여자들도 대부분 오픈소스 문화를 소중히 여기는 사람이었기 때문입니다.

리누스는 수년간 리눅스 커널 개발에 비트키퍼를 사용했지만 논란은 사그라질 조짐이 보이지 않았습니다. 하지만 그럼에도 그는 비트키퍼를 계속 고집스럽게 사용했습니다. 그는 "오픈소스 도구가 상용 도구보다 낫다면 당연히 오픈소스 도구를 사용하겠지만 그렇지 않다면 상용 도구를 계속 쓰겠다"라는 주장이었습니다.

당시 많은 사람이 사용하던 CVS를 싫어하던 그가 어째서 많은 사람의 만류에도 불구하고 비트키퍼를 고집스럽게 사용했을까요? 그 이유는 그가 생각하기에 비트키퍼가 당시 유일하게 쓸 만한 3세대 분산형 VCS이었기 때문입니다. 비트키퍼에 비교하면 CVS는 브랜치의 생성 및 병합 작업이 지나치게 복잡하고 다루기 어려웠습니다. 게다가 CVS에서의 커밋은 원자적이지도 않았기 때문에 코드 업데이트 작업이 네트워크 등의 문제로 인해 일부만 반영될 수 있다든지 하는 문제도 있었습니다. 분산형 VCS인 비트키퍼를 통해 리누스 토발즈는 새로운 작업 체계를 만들 수 있었습니다. 각 커널 개발자들의 하위 그룹이 독립적으로 작업을 한 다음 준비가 되면 변경사항을 리누스에게 전달할 수 있었습니다. 깃에 익숙한 오늘날에는 이러한 개발 과정이 당연하게 들리지만 당시에는 전혀 새로운 방식의 체계였습니다.

이외에도 기존 2세대의 중앙 집중형 VCS에는 오픈소스 생태계와 관련하여 정치적인 문제를 종종 야기하기도 했습니다. 2세대 VCS에는 단일 중앙 저장소가 존재하는 구조이기 때문에 전체 사용자 중 일부만 중앙 저장소에서 브랜치를 생성하고 커밋을 할 수 있는 권한을 가질 수 있었습니다. 따라서 이 커밋 권한을 누구에게, 어떤 기준으로 부여할 것인지는 종종 정치적인 문제로 비화되기도 했습니다. 하지만 비트키퍼를 비롯한 3세대 분산형 VCS에서는 이런 문제를 쉽게 극복할 수 있었습니다. 저장소는 분산되고 누구나 메인 저장소의 코드를 자신의 저장소로 쉽게 복제할 수 있습니다. 그리고 자신의 저장소에서 당연히 누구나 커밋 권한을 가질 수 있게 되었습니다.

그제서야 각 개발자는 각자의 사본을 가지고 직접 브랜치를 생성하고 커밋을 만들어 나갈 수 있었습니다. 이를 통해 정말 훌륭한 기능을 추가하거나 심각한 버그를 고칠 수 있게 되었습니다. 하지만 반대로 누군가는 별 효용 없는 코드를 끼워 넣거나 버그 투성이 코드를 생산해내기도 합니다. 그래도 상관은 없습니다. 중앙 저장소에 이 변경사항이 모두 저장되는 구조가 아니었거든요. 코드 변경 작업을 하다가 해당 작업이 가치 있다고 판단되면 메인 저장소의 소유자에게 "내가 이런 패치를 만들었는데 이거 병합해보는 게 어때?" 하고 제안을 할 수 있습니다. 이를 통해 누구나 쉽게 오픈소스에 기여할 수 있게 되었으며 이러한 오픈소스 생태계의 작동 방식은 오늘날까지도 이어지고 있습니다.

하지만 여전히 상용 소프트웨어를 사용하는 것이 불만인 커널 기여자들과 리누스 토발즈와의 갈등은 대단했습니다. 그들은 계속해서 새로운 VCS를 리누스 토발즈에게 제안했습니다. 하지만 대부분의 제안이 그의 성에는 차지 않았던 모양입니다. 실제로 그가 구글의 테크 토크Tech Talk에서 밝힌 바에 따르면 수많은 VCS 제안을 받았지만 그중 몇몇은 실제로 사용해보지도 않고 선택지에게 제외할 수 있었다고 이야기까지 했습니다. 그가 중요하게 생각했던 VCS의 가치는 '분산' '성능' '신뢰'였는데 대부분의 VCS가 세 가지를 모두 만족시키지 못했기 때문입니다.

그렇게 리눅스 커널 개발에 비트키퍼를 사용하던 리누스 토발즈에게 불행한 일이 닥칩니다. 라이선스 문제로 리눅스 커널 개발에 더 이상 비트키퍼를 사용할 수 없게 된 것입니다. 사실 비트키퍼는 상용 소프트웨어지만 이를 개발한 비트무버에서는 리눅스 커널 개발에 한정하여 이를 무료로 제공하고 있었습니다. 이 과정에서 몇 가지 제한 사항이 있었는데 이와 관련된 문제가 불거지면서 더 이상 비트무버에서 비트키퍼를 무상으로 제공하는 것을 거부하기에 이르렀던 것입니다.

리누스 토발즈는 어떻게 했을까요? 다시 이전 방식대로 모든 패치를 직접 검사하던 때로 돌아갔을까요? 아니면 다른 커널 기여자들이 제안한 오픈소스 VCS 중 하나를 선택했을까요? 그의 선택은 둘 다 아니었습니다. 그는 리눅스 커널 개발을 일시적으로 완전히 중단했습니다. 이는 리눅스 커널 개발이 시작된 1991년 이후로 처음 있는 일이었습니다. 그는 기존의 도구로는 도저히 필요한 작업을 할 수 없다고 판단했기 때문에 필요한 도구를 직접 만들기로 결심합니다. 그렇게 잠시 동안의 은둔 생활을 거친 뒤 '깃'이라는 결과물을 세상에 내놓았습니다. 그때가 2005년 6월이었습니다. 깃 프로젝트는 시작한지 몇 주 되지도 않아 리눅스 커널의 코드에 대한 버전 관리를 훌륭하게 수행하기 시작했습니다. 깃을 통해 만족스럽게 작업할 수 있게 된 그는 다시 리눅스 커널 개발로 복귀하게 됩니다.

그렇게 만들어진 깃은 리눅스와 마찬가지로 채 몇 년도 되지 않아 세상을 정복해 버렸습니다. 깃은 개발자들이 그동안 가지고 있던 브랜치와 병합에 대한 생각을 완전히 바꿔버렸습니다. 앞서 이야기했듯이 CVS와 SVN의 세계에서 브랜치의 생성과 병합은 고통스럽고 복잡한 작업이었습니다. 따라서 정말 필요할 때만 한 번씩 하는 작업으로 간주되었습니다. 하지만 새로운 깃의 세계에서는 이 작업이 매우 간단하고 일상적인 작업이 되어 버립니다. 이를 단편적으로 보여주는 재미있는 사실이 하나 있는데요. CVS나 SVN의 사용법을 소개하는 책에서 브랜치와 병합에 대한 부분은 대부분 책의 뒷부분에서 고급 사용자를 위한 부분으로 실려 있지만 대부분의 깃 책에서는 이 내용을 초반에 두고 초급 사용자를 위한 내용으로 소개하고 있습니다. 그만큼 깃에서 브랜치의 생성과 병합이 쉽다는 방증일 것입니다.

많은 개발자가 자신의 작업을 더욱 효율적으로 수행할 수 있는 도구를 만드는 일을 즐겨합니다. 사실 이런 도구를 만드는 일은 꽤 즐겁기 때문에 때로는 본래 목적의 프로젝트보다 도구 개발에 더 열과 성을 쏟기도 합니다. 하지만 성공적으로 쓸 만한 도구를 만들어내는 경우는 그다지 많지 않습니다. 기존 도구들이 가지고 있는 사용성이나 성능에 미치지 못하기도 하고, 생각하지 못했던 다른 문제로 인해 제대로 완성을 못하는 경우도 많습니다. 하지만 리누스 토발즈의 깃과 같이 뛰어난 통찰력과 동기가 제대로 뒷받침된다면 여러분도 전 세계 개발자들이 사랑하는 또 하나의 도구를 만들어낼 수 있을지도 모릅니다.

커밋 메시지 잘 작성하기

깃은 분산형 VCS를 전 세계 개발자들에게 전파했습니다. 깃은 확실히 좋은 도구지만 도구만 좋은 걸 쓴다고 능사는 아니겠죠. 좋은 도구의 효율을 온전히 체감하려면 도구를 올바르게 쓰는 방법도 배워야 합니다. 깃을 제대로 쓰려면 어떻게 해야 할까요?

가장 중요한 것은 커밋 메시지를 잘 작성하는 것입니다. 사실 커밋 메시지는 VCS의 '알파요, 오메가'입니다. 코드 수정에 너무 열과 성을 쏟은 결과 커밋 메시지는 대충 작성하는 경우가 종종 있습니다. 커밋 메시지를 어떻게 적어야 할지도 잘 모르고 자세히 쓰기는 귀찮으니 대충 '버그 픽스'와 같이 간단한 메시지와 함께 커밋하고 싶은 유혹에 빠지기도 합니다. 하지만 이처럼 성의 없는 커밋 메시지는 추후에 변경 내역을 추적할 누군가를 곤경에 빠뜨리게 할 수 있습니다. 물론, 그 누군가는 미래의 내가 될 수도 있고요.

코드를 수정하기 위해 기존 코드를 분석하는 일은 상당히 자주 일어납니다. 그 과정에서 코드의 어떤 맥락에서 이런 형태를 갖추게 되었는지 VCS를 찾아보는 일도 아주 자주 일어나게 되고요. 좋은 커밋 메시지는 이런 작업에 드는 노력의 양을 줄이는 데 상당한 역할을 하고 있습니다. 좋은 커밋 메시지를 작성하는 것만으로도 동료 혹은 미래의 나에게 좋은 협력자가 될 수 있습니다.

하지만 '좋은 커밋 메시지'만으로는 좀 추상적입니다. 어떤 메시지가 좋은 커밋 메시지일까요? 좋은 커밋 메시지는 아래의 세 가지 질문에 대한 답을 포함하고 있는 메시지입니다.

1. 왜 이러한 변경이 일어나게 되었는가?
2. 문제를 어떻게 해결하는가?
3. 이 변경은 어떤 영향을 미치는가?

이 중 첫째 질문인 "왜 이러한 변경이 일어나게 되었는가?"는 흔히 놓치고 있는 부분이기도 합니다. 대부분 커밋 메시지를 작성하면서 '왜 이 방식을 선택했는지'보다는 '어떤 방식을 선택했는지'에 중점을 두고 메시지를 적는 실수를 많이 합니다. 즉, Why를 배제한 채 What 만을 적는 것입니다. 물론, 코드 자체를 설명하는 것도 중요합니다. 특히 대규모 변경의 경우 반드시 코드의 전반적인 구조에 대한 설명이 필요합니다. 하지만 더 중요한 것은 변경 이면의 의도와 동기를 설명하는 것입니다.

문제의 해결 방식에 대한 설명도 중요합니다. 범위가 작고 변경된 코드가 누가 보더라도 명백한 경우라면 생략할 수 있습니다만, 그렇지 않다면 문제 해결의 접근 방식에 대한 큰 그림을 그릴 수 있는 설명을 첨부하는 것이 좋습니다. 특히 코드의 알고리즘이 복잡하거나 코드 기저에서 다른 구성요소와 여러 상호작용을 하는 경우 코드만으로는 의도를 파악하기가 쉽지 않습니다. 또한 코드 변경을 검토하는 사람이 당연히 이 변경을 이해하기 위해 필요한 맥락을 지니고 있으리라고 가정해서는 안 됩니다. 누군가에게는 아주 간단하고 자명한 것이 누군가에게는 그렇지 않다는 간단한 진실을 잊어서는 안 됩니다. 무슨 일이 일어나고 있는지 전혀 모르는 옆 팀의 동료에게 변경사항을 설명하듯이 코드 변경의 의도를 설명하기 위한 충분한 정보를 제공하는 것이 좋습니다.

이외에도 추후에 커밋 검색이 용이하도록 중요한 키워드나 오류 메시지 등을 함께 첨부하는 것도 좋습니다. 예를 들어, 버그에 대한 수정사항이라면 발생한 오류 로그를 함께 기입해두면 추후에 유사한 문제가 발생할 경우에 쉽게 검색해 참고할 수 있습니다.

이렇게 써놓고 보니 커밋 메시지 안에 담아야 하는 내용이 꽤 많은데, 이걸 한 줄에 다 담을 수 있을지 의문이 들 수도 있습니다. 하지만 한 줄에 다 담기 어렵다면 여러 줄에 나눠서 담아도 상관없습니다. 대부분의 깃 도구에서 커밋 메시지는 한 줄만 표시되기 때문에 커밋 메시지가 원래 한 줄이라고 잘못 알고 있는 분이 종종 있는데요. 커밋 메시지도 여러 줄로 적을 수 있습니다. 깃 도구에서는 UI(User Interface)의 특성상 여러 줄을 한 번에 보여주지 못하니 첫째 줄만 대표로 보여주는 것입니다. UI 어딘가를 살피면 분명히 나머지 줄도 찾을 수 있을 것입니다. 그렇기 때문에 사실 커밋 메시지의 첫째 줄이 가장 중요합니다. 따라서 첫째 줄에서는 변경 자체를 효과적으로 요약해야 하며, 중요한 키워드가 있다면 꼭 첫째 줄에 포함해야 합니다.

하나의 변경은 하나의 커밋으로

아주 공포스러운 이야기를 하나 들려줄까요? 여러분이 담당하는 소프트웨어에서 치명적인 버그가 발견되었다고 해봅시다. 하지만 이 버그는 아주 간헐적으로, 특별한 상황에서만 발생하는 버그라 재현이 어렵고 원인 파악도 아주 어렵습니다. 이 버그는 몇 주간 여러분을 괴롭히고 있습니다. 계속해서 원인 파악을 시도해보지만 자그마한 실마리조차 보이지 않습니다. 그러다가 단서 하나를 발견하게 됩니다. 버그가 발생한 일자를 살펴보니 특정 일자에 수행된 어떤 커밋 이후로 발생하고 있었습니다. 그 커밋에 포함된 변경사항이 문제의 버그를 발생시켰을 것이라는 합리적인 의심이 가능한 상황입니다.

아직 커밋 내용을 확인하기 전이지만 여러분은 이제 다소 안심을 하게 됩니다. 몇 주에 걸친 야근 행진도 이제 끝낼 수 있지 않을까 하는 희망도 해봅니다. 버그가 발생한 부분은 커밋에 포함된 변경사항으로 한정될 것이기 때문에 이는 원인 파악에 상당한 도움을 줄 것이기 때문입니다. 경우에 따라서는 해당 커밋 전체를 되돌리는 것만으로 버그를 해결할 수 있을지 모릅니다. 두근거리는 가슴을 진정시키며 문제의 커밋을 열어봅니다. 하지만 이 커밋의 메시지에는 '몇 가지 버그 수정'이라는 짤막한 문장만이 보입니다. 심지어 해당 커밋에 포함된 코드 변경 내역은 파일만 200여 개, 수정된 줄 수는 2만 줄이 넘습니다. 자, 이 커밋은 여러분의 버그 해결에 도움을 줄 수 있을까요?

커밋에 대해 이야기를 하다보면 "커밋의 크기는 얼마나 커야 하는가?" 혹은 "얼마나 작아야 하는가?"에 관한 의문에 종종 부딪히곤 합니다. 크기가 큰 커밋보다는 작은 커밋이 더 좋은 것 같긴 한데 얼마나 작아도 되는 걸까요? 커밋은 어떤 기준으로 나눠야 하는 걸까요? 만약, 코드들이 서로 상호 관계가 있는 변경인 경우에는 크기가 좀 커지더라도 하나의 커밋으로 묶어도 되는 걸까요?

"하나의 커밋에 얼마나 큰 단위의 변경을 허용해야 하는가"는 명쾌한 답이 있는 문제는 아닙니다. 하지만 이와 관련된 중요한 원칙은 하나 들 수 있을 것 같습니다. 모든 커밋은 단일 목적을 가지고 있어야 하며 이 목적을 온전히 구현해야 합니다. 즉, 논리적으로 하나의 변경 사항만을 포함해야 합니다. 만약, 나중에 코드에 결함이 있는 것으로 밝혀지면 문제가 되는 커밋을 그대로 되돌려야 할 수도 있습니다. 이 때 본래 커밋의 목적과 관련이 없는 다른 코드 변경사항까지 함께 커밋되어 있다면 이를 따로 분리해내야 합니다. 쉽게 갈 수 있는 길이 갑작스레 가시밭길이 되어버리는 셈이죠.

각각의 논리적 변경 단위별로 커밋이 구성되어 있어야 이를 한 곳에서 쉽게 확인할 수 있습니다. 하나의 커밋에 여러 논리적 변경 단위가 혼합되거나 반대로 하나의 논리적 변경 단위가 여러 커밋에 분산되어 있다면 VCS의 이점을 충분히 활용하고 있다고 말하기 어렵습니다. 누구도 200여 개 파일에 2만 줄의 수정 기록을 한 번에 검토하고 싶지 않을 것입니다. 만약, 커밋 메시지를 작성하는 데 'and'라는 단어가 포함된다면 이를 여러 개의 커밋으로 나누는 것을 진지하게 고려해야 합니다.

간혹 VCS를 일종의 백업 시스템으로만 이용하는 경우도 보입니다. 하루 종일 코드를 변경하고 일과를 종료하기 전에 하루 동안 변경된 내역을 모두 모아 하나의 커밋으로 작성하는 식입니다. 이러한 종류의 커밋은 버전 관리의 관점에서 봤을 때 전혀 쓸모가 없는 커밋입니다. 몇 주만 지나더라도 커밋을 생성한 당사자를 포함해 누구도 이해할 수 없는 변경 기록만 남아있을 것입니다.

커밋으로 협업하기

깃에서는 브랜치의 생성과 병합이 간편합니다. 각 개발자는 작업에 앞서 해당 작업을 위한 브랜치를 만들곤 합니다. 이 브랜치는 개발자 본인이 올리는 커밋 외에는 다른 변경사항이 올라오지 않을 것입니다. 편집 충돌에 대한 걱정 없이 마음 놓고 코드를 수정할 수 있습니다. 그리고 모든 작업이 완료되면 이를 마스터 브랜치로 병합해야 합니다. 만약, 이때까지 마스터 브랜치에 아무런 변경도 올라오지 않았다면 마음 편히 병합을 할 수 있을 것입니다. 하지만 다른 커밋이 이미 올라와 있고 내가 수정한 내역과 겹치는 경우 어쩔 수 없이 수동으로 병합 작업을 해줘야 합니다. 경우에 따라서 다른 개발자의 변경사항을 지우고 내 코드로 덮어써야 할 수도 있고, 반대로 내 코드를 지우고 다른 개발자의 코드로 덮어써야 할 수도 있습니다. 혹은 두 코드 변경사항을 모두 참고하여 새롭게 코드를 수정해야 할 수도 있습니다. 아무리 깃의 분기와 병합이 간편하다고 하더라도 이 부분은 개발자가 수동으로 해줘야 하는 부분입니다.

내 변경사항의 크기가 작다면 이 병합 작업은 별로 어렵지 않습니다. 하지만 내 변경사항의 크기가 크고 작업한 기간이 오래되었다면 골치가 아파지기 시작합니다. 예를 들어, 한 달 정도 작업한 내역을 병합한다고 가정하겠습니다. 내 코드는 한 달 전의 마스터 브랜치의 코드를 기반으로 수정한 결과물입니다. 하지만 지난 한 달 동안 마스터 브랜치의 코드는 매일 수정되었고, 그 결과 한 달 전의 코드와 많이 달라져 있습니다. 이 상황에서 내 코드를 병합하려면 상당한 양의 코드 충돌이 발생할 것입니다.

이때 마스터 브랜치의 코드를 선택해야 할지, 혹은 내 브랜치의 코드를 선택해야 할지, 그도 아니라면 둘을 적절하게 포함한 새로운 코드를 선택해야 할지 고민해야 합니다. 문제는 이 과정에서 지난 한 달

간의 기억을 모두 끄집어내야 한다는 것입니다. 이 코드 영역은 왜 이렇게 수정했는지, 어떤 효과와 부작용이 발생할 수 있는지 같은 세부 사항을 정확하게 끄집어내야 올바른 코드를 선택할 수 있을 것입니다. 내 코드뿐만 아니라 마스터 브랜치에 올라온 변경사항 역시 확인해야 합니다. 마스터 브랜치의 코드는 어째서 이렇게 변경되었는지, 이 변경사항을 내 코드에 그대로 적용하면 어떤 문제가 있을지 같은 부분을 확인해야 합니다. 작업 기간이 늘어나고 수정한 코드의 크기가 커질 수록 이 병합 작업은 정말 악몽 같은 시간이 될 것입니다.

이 악몽의 크기를 줄이는 방법이 없는 것은 아닙니다. 모든 코드 수정이 끝난 마지막에 병합하는 것이 아니라 매일 마스터 브랜치에 올라온 변경사항을 내 브랜치로 병합하는 것입니다. 어릴 때 방학 숙제로 일기를 쓰는 것과 비슷합니다. 방학이 끝날 무렵 40일 치의 일기를 한꺼번에 쓰는 일은 매우 어렵지만 이를 매일 저녁마다 성실하게 쓴다면 그다지 어렵지 않습니다. 한 달 전의 기억을 끄집어내는 일은 매우 어렵지만 오늘 일을 기억해내는 것은 쉬운 까닭이지요.

만약, 이렇게 부지런히 마스터 브랜치의 변경사항을 병합해 왔다면 내 브랜치의 코드는 더 이상 한 달 전의 코드를 기반으로 작성된 코드가 아니라 최신 버전을 기반으로 작성된 코드가 됩니다. 따라서 병합 시점에 코드 충돌 역시 발생하지 않을 것입니다. 매일 매일 부지런히 일기를 쓰듯이 병합을 해온 덕에 말입니다.

이와 비슷한 이유로 내 변경사항을 자주 공유하는 것도 중요합니다. 만약, 마스터 브랜치에 업데이트되는 변경사항을 내 브랜치에만 병합해놓고 내 변경사항은 공유하지 않은 채로 한 달여를 작업했다가 마지막에 모든 변경사항을 한 번에 공유하면 어떤 일이 벌어질까요? 다른 개발자들은 한 번에 한 달치의 변경사항을 자신의 코드에 병합해야 할 것입니다. 이 경우는 앞선 문제보다 더 심각합니다. 앞의 문제는 문제의 한 달 치의 수정을 작성한 사람이 본인이지만, 이번에는 다른 사람이 한 달 동안 수정한 코드를 병합해야 하는 문제입니다.

이런 문제를 방지하기 위해 커밋의 크기가 너무 커지지 않도록 신경 써야 합니다. 또한 마스터 브랜치로 병합하는 코드의 단위도 한번에 너무 큰 변경을 병합하지 않도록 해야 합니다. 코드의 공유와 병합의 크기는 작으면 작을수록 좋습니다. 다른 개발자들이 보더라도 쉽게 내용을 파악할 수 있도록 구성하는 것이 중요합니다.

변경사항을 공유하기 전에 정리하는 작업도 필요합니다. 이를 신경 쓰지 않고 일단 마스터 브랜치에 반영되게 되면 그 이후에는 변경하기가 어렵거든요. 그래서 커밋 정리는 가능하면 아직 마스터 브랜치로 병합되기 전에 수행되어야 합니다. 예를 들어, 아래와 같은 세 개의 커밋이 있다고 가정해봅시다.

1. A 수정
2. B 수정
3. A의 오타 수정

3번 커밋은 1번 커밋에 잘못 수정된 내용을 고치는 내용입니다. 즉, 이 시점에서 1번 커밋은 불완전한 변경이라는 뜻입니다. 만약, 나중에 시간이 많이 흐르고 나서 A와 관련된 변경 내역을 확인하기 위해 깃을 뒤지게 된다면 A와 관련된 1번 커밋만 찾고 3번 커밋은 놓치게 될 가능성이 높습니다. 따라서 이런 경우 깃의 rebase 기능을 이용해 3번 커밋을 1번 커밋으로 합쳐 깔끔한 변경 내역 트리를 구성하는 것이 좋습니다.

5장을 마치며

"혼자 가면 빨리 갈 수 있지만 함께 가면 멀리 간다"라는 말이 있습니다. 본문에서 언급한 리누스 토발즈도 사실은 리눅스와 깃을 오롯이 혼자 만들지는 않았습니다. 수많은 오픈소스 기여자들과 함께 수십 년간 훌륭한 소프트웨어를 만들어 오고 있습니다. 그래서 좋은 개발자의 덕목으로는 코딩 실력 외에도 소통 능력과 협업 스킬을 꼽기도 합니다. 깃이라는 도구 덕분에 우리는 코드의 변경 관리를 용이하게 할 수 있게 되었고 동료와 효과적으로 협업할 수 있는 기반을 다질 수 있게 되었습니다. 단순히 깃의 사용법을 익히는 데서 그치지 않고 좋은 커밋과 커밋 메시지를 작성함으로써 미래의 나와 내 동료에게 좋은 협력자가 되기를 바랍니다.

6장

여전히 성장 중인 자바

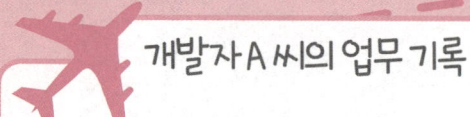
개발자 A 씨의 업무 기록

디컴파일되는 바이트코드

한창 업무를 하고 있는데 모니터 한 쪽 구석에 알림 창이 떴다. 엔지니어 팀에서 보낸 메일이었다. 내용을 확인해보니 신규 고객사 구축을 위해 알람 모듈의 연동을 요청하는 내용이었다.

알람 모듈은 얼마 전부터 내가 인수받아 관리 중인 모듈로, 우리 솔루션에서 발생한 알람을 전송하는 역할을 한다. 기본적으로는 SMTP 서버를 통한 메일 발송 기능을 제공했지만 보통은 빠른 대응을 위해 SMS 연동을 요청하는 경우가 많았다. 문제는 고객사마다 SMS 전송 솔루션이 달라서 같은 SMS 전송 기능인데도 매번 새로 구현해야 하는 경우가 많다는 것이다. 이외에도 알람이 발생할 때마다 고객사의 특수한 API를 호출한다든지, 특정 데이터베이스에 알람 내용을 등록한다든지 하는 요구사항도 있었다. 덕분에 알람 모듈의 코드 베이스에는 고객사별로 특화된 코드가 잔뜩 들어가 있었다. 다행히 이런 연동 작업은 난이도가 그리 높지 않다.

메일을 꼼꼼히 읽어보니 엔지니어 팀에서 요청한 연동 기한이 꽤 여유가 있었다. 연동 작업 자체는 하루 정도면 완료할 수 있는 정도의 작업이었고, '이참에 알람 모듈의 다른 부분도 같이 수정해볼까' 하는 생각이 들었다.

사실 매번 알람 모듈을 작업할 때마다 불편한 점이 있었다. 바로 알람 모듈만 다른 모듈과는 다르게 앤트(Ant)라는 빌드 도구를 이용하도록 구성되어 있다는 점이다. 다른 모듈은 모두 비교적 최신인 그래들(Gradle)을 이용해 빌드하도록

구성되어 있었다. 추측하건대 앤트를 많이 쓰던 시절에 알람 모듈을 만들었고, 이후에 주로 주니어 개발자들에 의해 모듈이 인계되면서 비교적 간단한 연동 정도의 변경만 가해지면서 아무도 빌드 도구를 바꾸지 않았던 것으로 보였다.

옆 자리에 있는 사수에게 의자를 끌고 다가가 슬쩍 이야기를 꺼내보았다.

"조 대리님. 이번에 알람 모듈을 신규로 연동해달라고 요청들어 온 게 있는데요. 이거 보니까 일정이 생각보다 넉넉해서 하는 김에 앤트를 걷어내고 그래들로 새로 구성해볼까 싶은데, 어떨까요?"

"아, 알람 모듈은 아직 앤트를 쓰고 있구나. 하긴 생각해보니까 제가 사원일 때 그 모듈을 담당했는데, 그때도 앤트로 빌드했던 것 같네요."

"네, 다른 모듈은 전부 그래들로 되어 있는데 굳이 알람 모듈만 앤트를 유지할 필요는 없을 것 같아요."

사수는 좋은 생각이라며 슬쩍 엄지를 치켜 올려 주었다. 사실 뭐 앤드 자체에 문제가 있는 것은 아니었다. 그저 요즘에는 잘 쓰지 않는 도구이기도 했고, 사수에게 이야기했듯이 팀의 빌드 도구를 하나로 통일하는 것이 좋지 않을까 하는 생각이었다.

"쇠뿔도 단 김에 빼"라고 했듯이 말 나온 김에 바로 앤트 스크립트를 훑어보면서 어떻게 변환하면 좋을지 가늠해보기 시작했다. 알람 모듈은 단순한 구조만큼이나 빌드 스크립트도 단순했다. 그저 자바 코드를 외부 라이브러리와 함께 컴파일하여 Jar(Java Archive, 자바 아카이브) 파일로 패키징하는 것이 내용의 전부였다.

하지만 이 외부 라이브러리가 문제였다. 앤트는 그래들이나 메이븐(Maven) 같은 빌드 도구와는 다르게 별도의 의존성 관리 기능이 없다. 즉, 필요한 외부 라이브러리가 있다면 직접 Jar 파일을 다운로드해서 로컬에서 직접 참조하게끔 구성해야 하는 구조였다. 하지만 이번에 변경할 그래들에서는 의존성 관리 기능을 제공하고 있었다. 따라서 필요한 라이브러리의 이름과 버전을 명시하는 것만으로도 프로그램이 알아서 중앙 저장소에서 다운로드해서 빌드를 하도록 구성할 수 있었다.

물론, 그래들에서도 앤트처럼 중앙 저장소를 사용하지 않고 로컬에 있는 라이브러리 파일을 직접 참조하도록 구성할 수도 있다. 하지만 좋은 선택지라고는 하기 힘들었다. 라이브러리의 버전 관리와 충돌 문제를 개발자가 직접 해결해야 하는 구조이기 때문이다. 대신 의존성 관리 기능을 이용한다면 의존성을 선언적으로 관리할 수 있어 간편했고 실제로 다른 모듈도 모두 의존성 관리 기능을 사용하고 있기도 했다.

알람 모듈에서도 의존성 관리 기능을 사용하려고 보니 해당 라이브러리의 버전을 알 수 없었다. 로컬에 라이브러리 파일이 존재하긴 했지만 파일명에는 라이브러리 이름만 덩그러니 쓰여 있을 뿐이었다.

난감한 상황이었다. 사수에게 먼저 나서서 그래들을 적용해보겠노라고 큰 소리를 쳐놓고는 시작부터 막히는 상황이었다. 사수도 예전에 이 모듈을 담당했다고 하니 혹시 버전을 알고 있을까 싶어서 직접 물어보기로 했다.

"조 대리님. 혹시 알람 모듈에서 사용하는 라이브러리의 버전을 아나요?"

"버전? 모르는데. 왜요?"

"이걸 그래들에서 직접 의존성을 관리하게끔 변경하려고 하는데, 버전을 알수가 없네요."

"아…. 그렇겠네요. 그건 다른 분들도 모를 텐데. 어쩌나…."

나는 머쓱하기도 하고 '그냥 로컬에 있는 라이브러리를 직접 참조하도록 구성해야 하나' 하고 생각하고 있는데 갑자기 사수가 좋은 생각이 났다는 듯이 이야기했다.

"라이브러리 파일을 직접 열어서 확인해보죠."

"네? 이걸 열어서요? 빌드가 이미 되어있는 걸 열어볼 수가 있나요?"

"그럼요. 디컴파일러(Decompiler)로 한번 돌려봐요."

'디컴파일러'라는 말을 처음 들어봤기 때문에 어리바리하고 있으니 사수가 직접 보여주기 시작했다.

"자바는 C나 C++처럼 실행파일로 직접 컴파일하는 게 아니라 바이트 코드로 컴파일되는 구조예요. 그러다보니 어느 정도 '디컴파일'이 가능해요."

사수는 모니터에 시선을 고정한 채로 키보드를 빠르게 두들겨가면서 말을 이어나갔다. 화면에 디컴파일러 창이 뜨는가 싶더니 라이브러리 파일을 읽자마자 몇몇 파일이 보이기 시작했다.

"음. 여기 있네. 여기 manifest.mf 파일에 버전 정보가 있으니까 이걸로 확인하면 될 것 같은데요?"

사수의 모니터에는 실제로 해당 라이브러리 이름과 버전을 포함한 여러 정보가 출력되어 있었다.

"A 씨는 디컴파일러를 써볼 일이 없었구나. 이걸 사용하면 코드도 대략적으로 확인할 수 있어요."

사수가 다시 키보드를 조금 두드리고 나니 정말 해당 라이브러리의 소스코드가 화면에 출력되기 시작했다.

"어라? 이게 어떻게 되는 거예요? 이미 컴파일이 된 건데, 어떻게 소스코드가…."

"아까 말했던 것처럼 자바는 바이트 코드로 컴파일이 되잖아요. 바이트 코드가 바이너리처럼 아예 내용을 알아볼 수 없는 구조가 아니라 원본 코드의 구조에 대한 내용을 어느 정도 담고 있거든요. 그래서 바이트 코드를 보고 '원본 코드가 대략 이럴 것이다' 하고 변환하는 거죠. 그런데 엄밀히 말하면 원본 소스코드가 그대로 복원되는 건 아니에요."

컴파일된 결과물은 다시 소스코드로 원복이 안 된다는 고정 관념이 깨어지는 순간이었다. 신기해서 한참이나 디컴파일러를 만져보기 시작했다. 사수의 말에 의하면 자바와 비슷하게 바이트 코드로 컴파일되는 C#도 어느 정도 디컴파일이 가능하다고 했다.

덕분에 알람 모듈에서 사용 중인 라이브러리 버전을 모두 확인할 수 있었고, 계속해서 그래들 스크립트로의 변환 작업을 이어나갈 수 있었다.

다재다능한 자바

대부분의 프로그래밍 언어는 각각의 전문 분야가 있습니다. 예를 들어, 파이썬Python은 전통적으로 서버 측 스크립트용으로 많이 사용되었고, 이후에 AI, 기계 학습, 데이터 분석 등의 분야와 함께 웹 개발에서도 유용하게 사용되고 있습니다. 자바스크립트JavaScript는 주로 웹 프런트엔드Front-end에서 사용되며, Node.js의 등장으로 웹 백엔드Back-end에도 활용되는 경우가 많아졌습니다. C/C++는 시스템 프로그래밍, 임베디드 시스템 등의 분야에서 특히 강점을 보이며, 게임 프로그래밍에도 널리 사용됩니다.

그럼 이 장의 주인공인 자바Java는 어떨까요? 자바는 재미있게도 사용 분야가 매우 다양합니다. 스프링Spring이라는 강력한 프레임워크를 앞세워 웹 백엔드에도 널리 사용되며, 안드로이드 플랫폼에서 모바일 애플리케이션을 개발할 때도 사용됩니다. 데스크톱 애플리케이션 개발에도 자바가 종종 사용되는데요. 자바로 개발할 때 사용하는 대표 IDE(Integrated Development Environment, 통합 개발환경)인 인텔리제이IntelliJ와 이클립스Eclipse 역시 자바로 개발되었습니다. 하둡Hadoop, 카프카Kafka, 스파크Spark 등의 대용량 데이터 인프라 기술 역시 모두 자바를 기반으로 하고 있습니다. 검색엔진인 일래스틱서치ElasticSearch 역시 마찬가지로 자바로 개발되었고요. 심지어는 전 세계에서 2억 장 이상 판매된 '마인크래프트Minecraft'라는 게임의 초기 버전도 자바로 만들었습니다. 그야말로 자바는 올라운더all-rounder 프로그래밍 언어라고 해도 과언이 아닐 듯합니다.

실제로 자바는 전 세계에서 널리 사용되는 언어 중 하나입니다. 우리나라에서도 개발자 채용 공고에서 가장 쉽게 찾을 수 있는 언어가 바로 자바입니다. 그 덕에 판교 건물 옥상에서 돌을 던지면 돌을 맞은 사람 두 명 중 한 명은 자바로 코드를 작성할 수 있는 사람이라는 우스갯소리도 있습니다. 그만큼 자바로 개발된 코드도 많고 개발자도 많습니다. 그래서인지 다른 언어로 신규 서비스를 만든 스타트업이 중간에 자바로 변경하는 경우도 자주 보이는데요. 이는 자바가 가지고 있는 강점에 의한 이유도 있겠지만, 그만큼 개발자 수급이 쉽다는 점도 상당히 작용했을 것으로 보입니다.

자바의 탄생

자바의 탄생은, 인터넷이 그 엄청난 가능성의 씨앗을 발아하기 시작했던 1990년대였습니다. 1991년 미국 캘리포니아의 썬 마이크로시스템즈는 '그린 프로젝트'를 시작합니다. 이 프로젝트의 목적은 가전제품 등에서 사용될 소프트웨어 플랫폼을 개발하는 것이었습니다. 따라서 플랫폼에 독립적인 프로그래밍 언어가 필요했는데요. 자바의 창시자라 불리는 제임스 고슬링James Gosling은 이를 위해 C++를 확장하여 사용하려고 했지만 결과적으로 여러 이유로 인해 거부되었습니다. 이후 오크Oak라는 전혀 새로운 프로그래밍 언어를 개발하기에 이르렀고 이는 훗날 자바Java라는 이름으로 변경되면서 그 머나먼 항해의 돛을 올렸습니다.

그린 프로젝트의 초기 노력은 성공으로 이어지지 못했습니다. 가전제품에 내장할 소프트웨어 시장은 예상보다 훨씬 작았고, 그들이 개발한 새로운 프로그래밍 언어는 시장에서 뚜렷한 위치를 찾지 못했습니다. 하지만 프로젝트 개발 과정 중에 세상은 빠르게 변했고, 인터넷이 상용화되기 시작하면서 새로운 기회가 열렸습니다. 인터넷 시대가 열리기 시작하면서 사람들은 다양한 운영체제와 하드웨어를 사용해 웹에 연결하고자 했습니다. 그린 프로젝트 팀은 이 기회를 포착하여 그들의 프로그래밍 언어를 인터넷 환경에 적합하게 변경하기로 결정했습니다. 당초 다양한 가전제품에서 범용적으로 사용할 수 있도록 플랫폼에 상관없이 독립적이어야 한다는 것이 오크 프로그래밍 언어의 요구사항 중 하나였기 때문에 가능한 결정이었습니다. 이렇게 오크는 자바라는 새로운 이름의 프로그래밍 언어로 재탄생하게 되었습니다.

이 새로운 프로그래밍 언어의 최초 이름이었던 오크는 아주 단순한 이유로 선택되었는데요. 제임스 고슬링이 일하던 당시 사무실에서 오크 나무가 보였기 때문에 그 오크 나무를 보고 따온 것이라고 합니다. 하지만 그 이름은 이미 다른 기업에서 상표 등록을 해놓았기 때문에 다른 대안을 찾아야 했습니다. 개발팀은 새로운 이름을 찾기 위해 머리를 맞대었습니다. 그린Green, 웹러너WebRunner, 다이나믹Dynamic, 레볼루셔너리Revolutionary, 실크Silk 등 여러 후보가 논의되었지만 결국 최종적으로는 자바Java로 선택했습니다. 이는 에스프레소 커피 원두의 이름에서 따온 것인데, 팀원들 대부분이 자바라는 이름을 좋아했다고 하네요.

1995년 처음 공개된 이후 자바는 빠르게 인기를 얻기 시작했습니다. 초기에는 웹 애플리케이션을 개발하는 언어로 주로 인식되었지만 시간이 지나면서 다양한 분야로 그 범위를 넓혀가기 시작했습니다. 2000년대 초 자바는 그 영향력을 엔터프라이즈 업계로까지 확장하기 위해 J2EE(Java2 Platform, Enterprise Edition)을 발표했습니다. 이는 기업 환경에서 복잡한 비즈니스 요구사항을 처리할 수 있도록 튼튼한 기반을 하는 표준화된 시스템입니다. 이후에도 SOAP과 WSDL 같은 웹 서비스 표준을 위한 기능도 제공하기 시작하면서 애플리케이션 간의 데이터 교환을 용이하게 만들기도 했습니다. 점차 자바는 '월 스트리트'나 〈포춘〉에서 선정하는 500대 기업에서도 널리 사용되는 엔터프라이즈 개발을 위한 표준 프로그래밍 언어가 되어 가기 시작했습니다.

자바와 JVM

프로그래밍 언어는 크게 '컴파일 언어(Compiled Language)'와 '인터프리터 언어(Interpreter Language)'로 구분됩니다.

이 두 방식 사이의 주된 차이는 실행파일의 존재 유무입니다. 컴파일 언어로 작성된 프로그램은 컴파일 과정을 통해 실행파일을 생성합니다. 여러분이 윈도우즈 운영체제를 사용하면서 한번쯤은 봤을 .exe 확장자를 가진 파일이 실행파일입니다. 이 실행파일은 대상 시스템에서 효율적으로 작동하도록 기계어로 구성되어 있습니다. 그런데 이 기계어라는 것이 시스템별로 다르기 때문에 호환이 되질 않습니다. 여러분이 사용하는 .exe 파일을 맥이나 리눅스에서 실행할 수 없는 이유가 바로 이것 때문입니다. 대표적으로 C, C++ 같은 언어가 이 분류에 속합니다.

반대로, 인터프리터 언어는 별도의 실행파일을 생성하지 않습니다. 사실상 소스코드 파일 자체가 실행파일이라고 할 수 있습니다. 소스코드 파일을 한 줄 한 줄 읽어 실행하는 방식이거든요. 여기서 코드를 읽어서 실행해주는 역할을 인터프리터가 담당합니다. 즉, 대상 시스템에 인터프리터가 미리 설치되어 있어야 한다는 이야기입니다. 자바스크립트나 파이썬 같은 언어가 이 분류에 속하는데, 파이썬 코드를 실행하려면 미리 파이썬 런타임Python Runtime이 설치되어 있어야 합니다.

두 방식은 서로 장단점이 있는데요. 일반적으로 실행 효율이나 속도는 컴파일 언어가 빠릅니다. 인터프리터 언어는 실행 시점에 코드를 읽어 기계어로 변환하는 과정을 수행해야 하지만 컴파일 언어는 미리 기계어로 변환을 해놨기 때문입니다. 그외에도 컴파일 언어는 사전 컴파일 과정에서 여러 최적화를 적용할 수 있기 때문에 인터프리터 언어보다 더 효율적으로 기계어 변환을 할 수 있습니다. 하지만 프로젝트 규모가 크거나 프로그래밍 언어에 따라서 컴파일 시간이 오래 걸릴 수 있다는 단점도 있습니다.

이 분류에 따르면, 자바는 컴파일 언어이자 인터프리터 언어입니다. 다시 말해, 두 가지 방식을 모두 사용한다는 의미입니다.

자바도 컴파일을 합니다. 하지만 다른 언어의 컴파일과는 조금 다릅니다. 자바는 기계어로 직접 변환되지 않고, '바이트 코드Byte Code'라는 특별한 형태의 데이터로 변환됩니다. 이후에 실행 시점에 JVM(Java Virtual Machine, 자바 가상 머신)이라고 불리는 일종의 인터프리터가 이 바이트 코드를 읽어 기계어로 변환하며 실행하게 됩니다.

얼핏보면 상당히 비효율적인 방식으로 보입니다. 인터프리터 언어처럼 컴파일을 생략할 수 있는 것도 아닌데, 실행 시점에 다시 기계어 변환을 해야 하기 때문에 성능 손실이 발생할 수밖에 없기 때문입니다. 그런데 자바는 왜 이렇게 비효율적인 방식을 선택했을까요? 이는 성능과 이식성을 절충하기 위한 선택이었습니다.

인터프리터 언어는 어떤 종류의 시스템이든 간에 인터프리터만 설치되어 있다면 실행할 수 있기 때문에 이식성이 좋습니다. 하지만 성능 면에서는 불리합니다. 반대로 컴파일 언어는 미리 대상 시스템을 위한 기계어 변환을 해 놓았기 때문에 성능 면에서 더 유리합니다. 하지만 이렇게 컴파일된 실행파일은 다른 시스템에서 사용할 수 없기 때문에 이식성이 좋지 않습니다.

앞서 언급했듯이, 자바는 기계어가 아닌 바이트 코드로 컴파일됩니다. 이 바이트 코드는 어떤 시스템에서든 JVM이라는 일종의 인터프리터만 설치되어 있다면 실행될 수 있으므로 인터프리터 언어에 버금가는 이식성을 가질 수 있습니다. 자바는 이러한 특징을 살려 'WORA(Write Once Run Any Where)'라는 캐치프레이즈로 널리 알려지게 되었습니다. 덕분에 개발자들은 여러 운영체제별로 코드를 작성하거나 수정하는 데 들이는 시간과 노력을 크게 줄일 수 있었고, 여러 플랫폼을 더 쉽게 지원할 수 있게 되었습니다.

또한 컴파일 시점에 생성되는 바이트 코드는 뜯어보면 일종의 JVM 전용의 기계어와 같습니다. 다른 프로그래밍 언어가 컴파일 타임이 성능 개선을 위한 최적화를 하듯이 바이트 코드를 컴파일할 때에도 여러 최적화 과정을 수행할 수 있습니다. 즉, 인터프리터 언어가 가진 '성능 하락'이라는 단점을 어느 정도 상쇄할 수 있는 것입니다.

또한 이 과정에서 사용되는 JIT(Just-In-Time) 컴파일이라는 기법을 통해 추가적인 성능 하락을 방지하기도 합니다. JVM은 실행 시점에 바이트 코드를 읽어 기계어로 변환해가며 실행을 하게 되는데요. 이때 매번 동일한 코드를 변환하기보다는 자주 사용되는 코드에 대해 변환된 기계어를 캐싱함으로써 일반적인 인터프리터 언어에 비해 좀 더 나은 성능을 낼 수 있습니다. 이 JIT 컴파일의 특성 덕분에 프로그램 기동 초기 시점에는 조금 느릴 수 있지만 기계어 코드가 어느 정도 캐싱된 이후에는 성능이 좀 더 좋아지게 됩니다. 이렇게 자주 사용되는 코드에 대해 기계어가 캐싱되는 것을 가리켜 'Warm Up'이라는 용어로 부르기도 합니다.

이러한 JVM의 특징 덕분에 자바 생태계에서는 다른 언어에서 찾아보기 힘든 현상이 발생하기도 했는데요. 바로 JVM 기반 언어들이 등장하기 시작한 것입니다. 이 JVM 기반 언어는 자바와 문법이나 기능은 모두 다르지만 컴파일 결과물이 바이트 코드라는 공통점이 있습니다. 이 JVM에서 코드를 실행할 때 소스코드가 아닌 컴파일된 바이트 코드만 보기 때문에 가능한 일인데요. 함수형 패러다임을 지닌 스칼라Scala와 클로저Clojure, 안드로이드 개발을 위한 공식 언어인 코틀린Kotlin, 풍부한 표현력을 가진 그루비Groovy 모두 JVM을 공유하는 JVM 기반 언어입니다.

덕분에 하나의 프로젝트 내에서도 일부는 자바로 작성하고, 다른 부분은 코틀린이나 스칼라 같은 JVM 기반 언어로 작성할 수도 있습니다. 어떤 언어로 작성하든 결과물은 바이트 코드가 되어 동일하거든요. 물론, 여러 언어를 하나의 프로젝트 내에서 혼용하는 것은 각 언어에 대한 숙련도가 필요하다는 점 외에도 추가적인 복잡성과 유지보수 문제를 야기할 수 있기 때문에 신중하게 고려해야 할 부분입니다.

자바를 기반으로 뻗어나간 JVM 기반 언어들의 다양한 특성은 거꾸로 자바에 도입되어 자바의 발전에 영향을 미치기도 했습니다. 예를 들어, 그루비, 스칼라 등의 함수형 패러다임을 가진 언어에서 사용되던 '람다 표현식(Lambda Expression)'은 자바의 8 버전에도 도입되었습니다. 자바 8에 추가된 다른 기능 중 하나인 Stream API 역시 스칼라 등의 언어에서 영향을 받았고요. 변수를 선언할 때 타입을 지정하는 대신 'var' 키워드를 사용할 수 있도록 하는 타입 유추도 역시 코틀린과 스칼라에서 사용되던 기능이었습니다.

자바를 싫어하는 사람들

자바는 단연코 성공한 프로그래밍 언어라고 할 수 있습니다. 안정성, 확장성, 보안성 등의 특징 때문에 모바일부터 대규모 시스템까지 다양한 분야에서 널리 사용되고 있습니다. 프로그래밍 언어의 인기와 사용량을 측정하는 TIOBE 지수[01]에서도 자바는 오랫동안 상위권에 머무르고 있으므로 이를 방증합니다. 하지만 주요 프로그래밍 언어치고 모두가 좋아하는 언어는 없습니다. 널리 사용되는 만큼 자바에 열광하는 개발자도 많지만, 반대로 이를 선호하지 않는 개발자도 역시 존재합니다.

그들이 이야기하는 자바의 단점 중 하나는 바로 코드가 장황해지는 경향이 있다는 것입니다. 자바는 타입 안정성을 중시하는 강타입(Strongly-Typed) 언어로, 모든 변수의 타입을 명시적으로 선언해야 합니다. 또한 객체 지향 언어로서, 코드를 재사용하고 구조화하는 데에 있어 클래스를 광범위하게 사용하는데, 이 역시 코드를 복잡하게 만드는 데 일조합니다. 자바의 예외 처리 방식도 코드의 장황함을 야기하는 요인 중 하나인데요. 반복되는 try-catch 블록과 throws 선언은 코드 길이를 늘리는 요인입니다.

---

01 https://www.tiobe.com/tiobe-index/

이러한 특징은 자바의 기본 철학과도 연관이 있는데요. 자바는 기본적으로 간결한 방향보다는 정확하게 표현하는 방향을 선호했습니다. 개발자의 편의를 위해 코드를 간결하게 만들어주는 문법적 지원은 잘 고려되지 않았습니다.

모든 선택에는 득과 실이 있습니다. 간결한 코드는 코드의 가독성을 올리고 개발자의 생산성을 증대시킵니다. 하지만 그만큼 안정성과 명확성이란 측면에서는 손해를 감수할 수밖에 없습니다. 이는 생산성에서 조금 손해를 보더라도 비숙련자라 하더라도 안정적인 코드를 작성하는 데 도움을 주게 됩니다.

자바의 생태계에서도 이러한 문제를 인식하고 자바의 장황함을 줄이고자 노력하고 있습니다. 예를 들어, 자바 8에서 '람다 표현식'을 도입함에 따라 새로운 스레드를 생성하기 위한 코드가 아래와 같이 간결해졌습니다.

```
// 자바7
new Thread(new Runnable() {
    @Override
    public void run() {
        someMethod();
    }
}).start();

// 자바8
new Thread(() → someMethod()).start();
```

뿐만 아니라 자바 10에서 지원되는 변수 타입 유추 기능을 통해 로컬 변수의 타입을 명시적으로 작성하지 않아도 되게끔 변화했습니다. 자바 생태계에서도 Lombok이라는 라이브러리를 통해 getter와 setter, equals( ), hashCode( ), toString( ) 등 단순하게 반복되는 코드를 자동으로 생성하게끔 지원하기도 했으며, 이러한 흐름을 받아들여 자바 14에서도 Records 클래스 기능을 통해 반복되는 코드를 줄이는 방향으로 변화하고 있습니다.

자바의 과도한 메모리 사용에 대해 불만이 있는 개발자도 많습니다. 실제로 자바로 작성된 프로그램은 다른 언어로 작성된 프로그램에 비해 더 많은 메모리를 사용하는 경향이 있는데요. 이는 JVM의 존재 자체와 JVM의 메모리 관리 방법에 기인합니다.

먼저 JVM은 Java Virtual Machine의 머리글자입니다. 그러므로 이 이름에 맞게 가상 머신이라는 역할에 충실합니다. 일반적인 프로그램은 보통 운영체제 바로 위에서 실행되곤 하는데요. 자바로 작성된 프로그램은 중간에 JVM이라는 추가 레이어를 포함하게 됩니다. 여기서 우리가 작성한 코드는 기계어가 아닌 바이트 코드로만 존재하며 이를 JVM이 대신 실행하는 구조입니다. 따라서 우리가 작성한 코드가 실제로 사용하는 메모리 외에도 JVM을 유지하기 위한 추가적인 메모리가 필요합니다.

여기에는 먼저 가비지 컬렉션을 위한 메모리가 필요한데요. 자바에서는 가비지 컬렉션을 통해 메모리를 관리합니다. 이 기술을 통해 개발자가 명시적으로 메모리를 해제하지 않아도 되기 때문에 개발의 복잡성을 줄이지만 이 동작 자체에도 추가적인 메모리가 필요합니다. 그외에도 바이트 코드를 읽어 동적으로 기계어를 생성하는 JIT 컴파일러도 메모리를 소모하며, 이렇게 생성된 코드를 캐시하기 위한 메모리도 추가로 필요합니다. 스레드를 많이 사용하는 프로그램이라면 이 스레드의 스택을 위해 별도의 메모리를 할당해야 하며, 그외에도 클래스 로딩, 심볼 테이블 등 JVM 시스템 자체가 돌아가기 위해 필요한 추가적인 메모리 소모가 상당한 편입니다.

앞서 우리가 작성한 코드가 바이트 코드로 컴파일되어 JVM이 대신 실행해준다고 했는데요. 자연히 이에 따라 우리가 작성한 코드에서 사용하는 메모리 역시 운영체제가 직접 관리하는 대신 JVM이 관리하게 됩니다. 이러한 구조 덕분에 추가적인 메모리를 사용하게 되기도 하는데요. 원래 일반적인 프로그램이었다면 코드가 구동되면서 운영체제로부터 필요한 메모리를 할당받아 사용했을 것입니다. 하지만 자바 프로그램은 운영체제 대신 JVM이 메모리를 할당하고 해제를 담당합니다. 이러한 구조 때문에 JVM이 미리 사용 가능한 메모리 전체를 운영체제로부터 할당받아 가지고 있는 상태에서 자바 프로그램에게 필요한 만큼 할당하는 구조가 됩니다. 따라서 JVM과 함께 구동되는 자바 프로그램은 구동과 동시에 상당한 양의 메모리를 운영체제로부터 할당받게 되지만 실제로 코드에서 할당 요청을 하지 않는다면 JVM이 할당받은 메모리 대부분이 유휴 상태일 수 있습니다.

객체 지향 패러다임

자바에 대해 공부하다보면 "자바는 객체 지향 프로그래밍 언어다"라는 말을 자주 접하게 됩니다. 하지만 정확하게 말하면, "자바는 객체 지향 패러다임을 지원하는 기능도 있지만 절차적 패러다임도 지원하는 범용 프로그래밍 언어다"라는 표현이 더 적확합니다. 실제로 자바가 순수한 객체 지향 언어가 아니라고 보는 의견도 많습니다. 하지만 오늘날 객체 지향을 설명할 때 가장 많이 활용되는 언어이기도 합니다.

그렇다면 객체 지향 패러다임이란 무엇일까요? 이를 설명하기 위해서 일단 '객체 지향'은 빼놓고 '패러다임'의 의미에 대해 먼저 짚어보겠습니다. 아래는 저명한 컴퓨터 과학자인 로버트 플로이드 Robert W. Floyd가 정의한 프로그래밍 패러다임에 대한 설명입니다.

> "프로그래밍 패러다임은 계산을 수행하는 것이 어떤 의미를 지니는지, 컴퓨터에서 수행되는 작업이 어떠한 구조와 조직을 가져야 하는지에 대한 개념화 방법이다."

우리가 접하는 프로그래밍의 본질은 기본적으로 프로그래밍과 알고리즘을 사용해서 특정 문제를 해결하는 과정입니다. 그리고 여기서 프로그래밍 패러다임이란 특정 문제와 그 해결책을 개념화하는 방식입니다. 다시 말해, 특정 문제를 해결함에 있어 적용되는 특정한 종류의 접근법이라고 볼 수 있습니다.

이 중 객체 지향 패러다임은 데이터(상태)와 그와 관련된 알고리즘(행동)을 하나로 묶은 객체 개념에 기반한 프로그래밍 패러다임인데요. 그 덕에 우리가 다뤄야 하는 현실 세계의 문제를 컴퓨터의 계산 모델에 직관적으로 녹여내기가 쉽습니다. 일상생활에서 접할 수 있는 대부분의 대상을 '객체'라는 개념으로 쉽게 설명할 수 있기 때문입니다.

예를 들어, 은행 계좌를 객체 지향 패러다임으로 모델링해 본다고 생각해볼까요. 은행 계좌라는 객체는 계좌 번호, 계좌주 이름, 잔액 등의 '상태'와 입금, 출금 등의 '행동'을 가질 수 있을 것입니다. 그리고 입금과 출금의 행동은 해당 객체 내의 잔액 정보를 업데이트하는 방식으로 동작할 것입니다. '계좌주'라는 또 하나의 객체가 있다고 가정해 봅시다. 이 계좌주는 n개의 은행 계좌에 대한 객체를 자신의 '상태'로서 가지고 있을 것입니다. 이때 계좌주는 각 은행 계좌 객체에게 입금과 출금에 대한 동작을 호출합니다. 실제로 계좌의 잔액을 업데이트하는 등의 세부 행동은 잔액을 상태로 가지고 있는 은행 계좌 객체의 책임이기 때문에 계좌주 객체는 신경 쓸 필요가 없습니다.

이렇듯 객체 지향 패러다임은 상태와 행동을 가진 객체를 만들고, 그 객체 간의 유기적인 상호작용을 통해 로직을 구성하는 접근법입니다. 객체 내에는 서로 관련이 있는 상태와 행동들이 묶여서 캡슐화되기 때문에 코드의 구조가 명확해지고 관리가 쉬워진다는 장점이 있습니다.

객체 지향 패러다임은 코드 베이스와 개발팀의 규모가 클수록 빛을 발합니다. 크고 복잡한 시스템의 로직은 좀 더 작은 객체 간의 상호작용으로 분해될 수 있습니다. 객체는 외부로부터 완벽하게 캡슐화되어 있기 때문에 외부에서는 객체의 내부 동작에 관여할 수도 없고 그럴 필요도 없습니다. 그저 추상화의 벽 너머에서 객체가 자기 일을 올바르게 수행할 것이라고 믿고 사전에 정의한 인터페이스에 따라 메시지를 주고받습니다. 이러한 패러다임 내에서 프로그램은 일종의 서로 협업하는 객체들의 네트워크로 볼 수 있습니다. 소프트웨어 결함이나 버그가 있는 경우에도 해당 객체 중 하나로 격리될 가능성이 큽니다. 코드를 추가하거나 수정할 때에도 전체 코드 기반 중 일부인 객체에만 주의를 집중할 수 있습니다. 이를 통해 코드는 점차 관리와 확장이 용이해집니다.

6장을 마치며

　자바는 한때 늦은 업데이트로 발전이 정체된 구닥다리 언어라는 인식을 주기도 했습니다. 이에 대한 반향으로 스칼라, 코틀린 등의 새로운 JVM 언어가 생겨나기도 했습니다. 하지만 오늘날의 자바는 다릅니다. 다른 JVM 언어들의 새로운 기능을 적극적으로 흡수하기 시작하면서 변화의 속도에 박차를 가하기 시작했습니다. 더불어 2018년부터는 6개월마다 새로운 버전의 릴리스를 출시하면서 개발자들의 요구에 더 기민하게 응답하고 있습니다.

　자바는 오늘날의 프로그래밍 세계에서 여전히 핵심 역할을 수행하고 있습니다. 그 변화와 발전의 속도 또한 다른 프로그래밍 언어들과 비교하여도 손색이 없을 만큼 역동적으로 성장하고 있습니다. 미래를 예측하는 것은 어려운 일이지만 아무래도 자바에 대한 개발자들의 사랑은 앞으로 한동안 계속될 것으로 보입니다.

시작하는 개발자들을 위한
기술 여행 가이드

7장
간결한 코드를 위한 파이썬

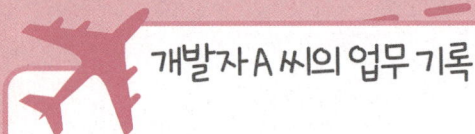
개발자 A 씨의 업무 기록

파이썬과의 첫 만남

    같은 팀에 속한 유 차장이 퇴사한다는 소식을 전해 들었다. 그에 따라 유 차장이 맡고 있던 업무에 대한 인수인계가 이루어지기 시작했다. 다른 업무는 모두 백업이 있었기 때문에 인수인계에 큰 지장이 없었지만 데이터 수집 모듈 건은 유 차장이 단독으로 관리하고 있었기 때문에 새로운 인원에게 인수인계가 필요했다. 그리고 현재 팀에서 그나마 담당 업무가 적은 내가 그 모듈을 받기로 했다.

    같은 팀에서 일하고 있었기 때문에 대략적으로 어떤 역할의 모듈인지는 알고 있었다. 고객사 현장에 나가있는 엔지니어들이 우리 솔루션을 연동하는 데에 사용하는 일종의 프레임워크라고 했다. 유 차장은 퇴사 준비로 정신이 없어 보였다. "설명은 잠시 후에 회의실을 잡고 제대로 해줄 테니 소스코드부터 먼저 살펴보면 좋겠다"라고 했다.

    팀의 코드 저장소에서 코드를 받아 살펴보고 있으니 기본적으로는 자바로 만들어진 모듈이었는데 군데군데 파이썬 코드가 보였다. 특히 example이라는 폴더 내에 있는 다양한 파이썬 코드가 눈에 띄었는데 좀 생뚱맞게 느껴졌다. '메인 코드가 자바인데 왜 example은 파이썬 코드지?'

    일단 정체를 알 수 없는 파이썬 코드는 넘기고 자바 코드부터 살펴보기 시작했다. 익숙한 코드도 꽤 눈에 띄었는데 데이터 수집을 담당하는 매니저 모듈과 세션을 맺고 데이터를 주고받는 로직이라든지, 미들웨어와 통신하는 로직도 보였다. 여러 데이터베이스로 붙어서 쿼리를 하는 로직도 보였다. 일단 지엽적인

코드는 어느 정도 눈에 들어오기 시작했지만 이 코드들이 언제, 어떻게, 쓰이는지에 대한 전체적인 부분은 이해가 어려웠다.

그때 회의를 끝내고 돌아오던 사수가 내 모니터를 흘끔 보더니 말을 걸었다.

"그거 유 차장님한테서 인수받는다는 모듈이죠?"

"네, 맞아요."

"그거 담당하려면 A 씨도 이제 파이썬 배워야겠네."

"안 그래도 파이썬 코드가 군데군데 보이긴 하더라고요. 근데 아직 뭐가 뭔지는 잘 모르겠어요."

"뭐, 자세한 설명은 유 차장님한테 듣겠지만 JVM 위에서 파이썬을 돌리는 좀 특이한 구조라고 들었어요. 개발팀에서 파이썬에 경험이 있는 분들이 없어서 처음엔 반대도 좀 있었는데 유 차장님이 워낙 파이썬 매니아거든요. 끝까지 주장해서 결국 설득에 성공했어요. 아무튼 나도 자세한 건 모르는데 설명 들으면 나도 한번 알려줘요. 좋은 건 또 우리 미들웨어에 차용할 수 있으니까요."

덜컥 걱정되기 시작했다. 파이썬 언어는 이름만 들어봤지 제대로 배워본 적이 없었기 때문이다. '파이썬 경험이 일천한 내가 이 모듈을 담당할 수 있을까?'

유 차장과 인수인계 회의를 하기로 한 약속 시간이 다 되어 노트북을 들고 회의실로 들어섰다. 유 차장은 미리 들어와 빔 프로젝터를 연결하고 화면을 설정하고 있었다.

"A 씨, 코드 좀 살펴봤어요?"

"네, 일단 되는 대로 보긴 했는데 처음 보는 파이썬 코드가 있어서 제가 잘 할 수 있을지 걱정되네요."

"아~. 파이썬을 안 해봤구나. 걱정하지 마세요. 파이썬…. 별로 안 어려워요. 오히려 A 씨가 지금 하고 있는 자바를 처음 배울 때보다 더 빨리 배울걸요?"

유 차장은 빔 프로젝트 화면으로 시선을 옮기며 대화를 이어나갔다.

"일단 히스토리부터 설명해야겠네요. A 씨는 우리팀 에이전트 파트 업무에 대해서는 어느 정도 알죠?"

에이전트 파트는 내가 속한 파트는 아니지만 바로 옆 파트인 데다가 같이 협업할 기회도 많아서 업무 내용에 대해서는 대략적으로 알고 있었다.

"거기 분들이 지금도 야근을 많이 하지만 이 모듈이 나오기 전에는 정말 살인적으로 많았거든요. 그런데 그 야근 내용을 들여다보니 일을 비효율적으로 할 수밖에 없는 환경이었어요. A 씨도 알겠지만 고객사 인프라에 우리 솔루션을 설치하는 일은 엔지니어 조직에서 하잖아요. 근데 그러려면 고객사 환경에서 데이터를 수집해서 우리 솔루션으로 흐르도록 해야 하는데, 이게 대상 시스템이나 환경이 고객사별로 워낙 다른 경우가 많아요. 그렇다고 그 많은 고객사를 개발팀에서 일일이 다 방문해서 작업할 수도 없는 노릇이고. 그래서 결국 개발팀에서 고객사 환경에 맞게 에이전트를 수정해서 보내주면 엔지니어 조직이 현장에서 받아서 설치하는 식으로 일을 했어요."

듣다보니 내가 입사를 하기 전의 일이라서 그런지 낯설게 들렸다.

"그러다보니 문제가 생기는데, 아무리 엔지니어 조직에서 고객사 환경에 대해 철저히 파악을 해서 알려줘도 실제 코드를 짜서 돌려보면 다른 경우가 많았어요. 고객사 담당자가 알려준 시스템 버전이나 종류가 다른 경우도 많았고, 수집해야 하는 데이터 포맷이 다른 경우는 뭐 일상 다반사였고. 그러다보니 결국 방법은 개발팀에서 일단 짜서 보내주면 현장에서 엔지니어가 돌려보고, 제대로 안 돌아가면 현상이랑 로그를 따서 다시 개발팀으로 보내주고, 개발팀에서는 그거 보고 다시 코드 수정해서 보내주고. 뭐 이런 식으로 반복을 하다보니 야근도 너무 많아지고 무엇보다 너무 비효율적으로 일할 수밖에 없는 구조였던 거예요."

 "심지어 수정하는 코드도 코어까지 건드려야 하는 대단한 수정은 거의 없었거든요. 예를 들어서, 데이터 구분자가 탭 문자인 줄 알았는데 콤마였다거나, 파일명이 조금 다르다거나. 뭐, 이런 문제 때문에 대부분의 수정이 다 자잘한 건들이었어요. 근데 이런 문제는 현장에서 엔지니어들이 직접 수정할 수 있으면 베스트일텐데, 지금 에이전트는 그게 안 되잖아요. C 언어로 만들어졌으니. 현장에 코드를 들고 나가서 컴파일을 할 수 있느냐는 둘째 치고, 엔지니어 조직에서는 C 언어를 잘 다루는 분들의 수가 적기도 하고요."

 듣다보니 답답한 상황이긴 했다. 차라리 일이 정말 많아서 야근을 하는 상황이라면 모르겠는데, 코드를 한 번 수정해놓고 그 결과를 확인하기까지 적게는 10분 이상 걸리는 구조였던 것이다.

"그때까지는 엔지니어 조직이랑 에이전트 파트가 서로 몸으로 때워서 어떻게든 하긴 했는데, 진짜 문제는 에티오피아 건이었어요. 우리 고객사 중에 에티오피아도 있는 거 알죠?"

"네, 알고 있죠."

"그쪽은 인터넷 환경이 워낙에 안 좋다보니 뭐라도 하나 보내려면 한참 걸리거든요. 에이전트 모듈을 새로 컴파일해서 보낸다고 하면 그 모듈을 다운로드하는 데만 모르긴 몰라도 두세 시간은 걸릴걸요. 설상가상으로 시차도 6시간 씩 차이가 나고요. 그러니 이전과 같은 방식으로는 절대 대응이 안 되는 거죠. 그래서 개발팀 내부에서 이걸 어떻게 해야 하나 회의를 많이 했는데 결국 '현장에서 직접 대응할 수 있는 새로운 에이전트 모듈을 만들어보자'라는 식으로 이야기가 모아졌어요. 그 결과로 이 데이터 수집 모듈이 만들어진 것이고요."

말을 많이 한 탓에 목이 말랐는지 유 차장은 옆에 놓인 커피를 한 모금 마시고는 말을 이어갔다.

"자, 이제 히스토리는 다 설명했으니 모듈 설명을 제대로 해봅시다. 구조가 좀 특이하긴 한데, 일단 전체적으로 보면 JVM에서 자바 코드가 돌면서 파이썬 코드를 실행하는 방식이에요. 데이터를 어디에서 어떻게 수집해서, 어떻게 가공하고, 어디로 보낼지는 파이썬으로 작성되고요. 파이썬 코드에 의해서 호출되는 함수는 모두 자바 코드에 있어요."

나는 망설이다가 아까부터 하고 싶었던 질문을 꺼냈다.

"왜 파이썬을 선택한 건가요?"

"제일 큰 이유는 인터프리터 언어거든요. 현장에서 엔지니어가 바로 수정을 할 수 있는 거죠. 이전처럼 개발팀이 수정해준 걸 기다릴 필요가 없는 거죠. 게다가 파이썬이면 워낙에 언어 자체도 쉽고 엔지니어 중에서 이미 익숙한 분도 많았거든요."

고개를 끄덕이며 질문을 계속 이어나갔다.

"그럼 자바를 같이 써야 하는 이유도 있던 건가요?"

"물론, 파이썬으로만 구성하는 방법도 있겠지만 그렇게 하면 또 다른 문제가 생겨요. 일단 다른 모듈과 통신하는 코드를 파이썬으로 전부 다시 구현해야 하고요. 심지어 고객사에 어떤 파이썬 버전이 설치되어 있을지 모르니 파이썬을 버전별로 구현해야 되거든요. 게다가 고객사 데이터베이스에 있는 데이터를 수집하는 케이스가 많은데 데이터베이스 종류가 워낙 다양하잖아요. 일단 생각나는 것만 해도 MySQL, 오라클(Oracle), DB2, SQL Server, 티베로(Tibero), 큐브리드(Cubrid)…. 어휴. 이렇게 많은 데이터베이스를 전부 일괄적으로 대응하는 문제가 자바에선 쉬운데 파이썬에서는 쉽지 않아요. 자바는 JDBC(Java Database Connectivity)라는 표준 인터페이스가 있어서 드라이버 라이브러리만 바꿔주면 똑같은 코드로 여러 데이터베이스를 함께 대응할 수 있지만 파이썬은 그렇지 않거든요."

"그러니까 파이썬과 자바, 각 언어의 장점을 취사선택한 거군요?"

"그런 셈이죠. 이거 만들고 엔지니어 조직이랑 에이전트 파트에서 야근 엄청 줄었어요. 덕분에 커피도 많이 얻어 마셨습니다."

유 차장은 유쾌한 성격답게 농담을 섞어가며 데이터 수집 모듈에 대한 설명을 이어갔다. 사실 구조만 조금 특이할 뿐이지 다루는 로직 자체가 그리 복잡하진 않아서 금방 쉽게 이해할 수 있었다. 다만 역시 경험해보지 못한 파이썬 부분이 가장 고민되었는데 실제로 코드를 들여다보니 경험이 없는 내게도 로직이 어느 정도 쉽게 읽혔다. 듣던 대로 유 차장은 파이썬 매니아였는지, 연신 파이썬 코드의 간결함을 강조해가며 코드를 설명했다. 인수인계 회의가 끝났을 쯤에는 왠지 할 수 있겠다는 자신감이 생기기 시작했다.

파이썬의 탄생

1989년 크리스마스였습니다. 귀도 반 로섬Guido van Rossum이라는 개발자는 크리스마스 연휴를 맞아 일주일간의 휴가를 어떻게 보낼지 고민하고 있었습니다. 뭔가 기분 좋게 몰입할 수 있는 재미있는 프로젝트가 없을까를 생각하다가 문득 과거에 본인이 참여했던 프로그래밍 언어 개발 프로젝트를 떠올립니다. 그 언어의 이름은 'ABC'였는데 1980년대 초반에 그가 열정적으로 참여했던 프로젝트였습니다. ABC 언어는 전문 개발자가 아닌 사람들도 쉽게 익혀서 사용할 수 있는 프로그래밍 언어를 만든다는 게 목적이었습니다.

지금은 많이 나아졌지만 1980년대만 하더라도 프로그래밍으로의 진입 장벽은 상당히 높았습니다. ABC 언어 프로젝트에 참여했던 이들은 언어를 새로 개발하기에 앞서 재미있는 한 가지 실험을 합니다. 물리학자, 사회과학자, 언어학자 등 여러 분야의 전문가를 모아놓고 프로그래밍 언어를 가르쳐 본 것입니다. 그들은 자신의 전문 분야에 대해 상당한 지식이 있었고 똑똑했지만 프로그래밍의 규칙을 제대로 배우는 것에 굉장히 힘들어 했다고 합니다. 그 결과 이러한 비전문 개발자들도 손쉽게 활용할 수 있는 프로그래밍 언어가 필요하다고 생각한 것이지요.

물론, 당시에도 손쉽게 배울 수 있는 간단한 프로그래밍 언어는 있었습니다. 대표적으로 베이식Basic이라는 언어가 있었는데요. 베이식 언어도 ABC 언어와 마찬가지로 전문 개발자가 아닌 일반 사람들이 쉽게 배울 수 있도록 만들어진 프로그래밍 언어였습니다. 하지만 ABC 언어의 설계자들이 보기에 베이식은 상당히 실망스러운 언어였습니다. 물론, 배우기에 쉽고 간단하기는 했지만 이를 이용해 좋은 프로그래밍을 가르치는 것은 사실상 불가능하다고 생각했습니다.

열정적으로 시작된 ABC 언어 프로젝트는 아쉽게도 성공이라고 할 만한 성과를 거두지는 못했습니다. 당시의 경험과 좌절감을 모두 기억하고 있는 귀도 반 로섬의 입장에서는 상당히 아쉬운 일이었는데요. 그는 크리스마스 연휴를 맞아 더 나은 ABC 언어를 위한 새로운 스크립트 언어를 만들어보기로 결정합니다.

그리고 그는 코드를 작성해나가기 시작했습니다. 그가 좋아했던 ABC 언어의 일부를 가져와 자신만의 버전으로 다시 작성했습니다. 기본 문법구조를 구성하고 중괄호 대신 들여쓰기를 사용하도록 했습니다. 해시 테이블이나 배열, 문자열 등과 같은 기본적인 자료구조를 구현하기 시작했습니다. 그리고 그 새로운 언어의 이름을 '파이썬Python'이라고 명명했습니다.

사실 그때까지만 하더라도 그는 파이썬이 오늘날과 같이 본격적인 주류 언어가 되리라고는 상상조차하지 않았습니다. 그는 파이썬이 C

나 C++로 작성하기에는 애매한 일을 하기 위한 제2의 프로그래밍 언어가 되기를 기대했습니다. 당시 그러한 용도로 셸 스크립트가 많이 사용되긴 했지만 그가 생각하기에 셸 스크립트는 제대로 된 코드를 작성하기에 아쉬운 부분이 많은 언어였습니다. 지원되는 자료구조는 부족했고, 네임스페이스 등을 통한 코드의 분리 기능도 빈약했습니다. 심지어 성능도 마음에 들지 않았습니다. 그는 셸 스크립트를 이용해서 조금이라도 복잡한 로직을 담기에는 부족하다고 생각했습니다. 그리하여 이 '파이썬'이라는 언어가 셸 스크립트와 C 언어 사이의 간격을 메우기 위한 새로운 언어가 되기를 원했습니다.

당시를 회상하는 귀도 반 로섬의 인터뷰를 찾아보면 파이썬은 커봐야 1,000줄 이내인 간단한 용도로 사용될 것이라고 생각했다고 합니다. 하지만 그의 이러한 예측은 크게 빗나가 버렸습니다. 오늘날 파이썬은 전 세계에서 인기 있는 프로그래밍 언어 중 상위에 속한 하나가 되어 버렸거든요. 웹 개발, 데이터 과학 등의 분야에서 파이썬은 그 존재감을 상당히 강하게 드러내고 있는 언어 중 하나입니다. 특히 20억 명 이상의 사용자를 가진 인스타그램의 서버는 수백만 줄의 파이썬으로 구동되고 있는 것으로 유명합니다.

파이썬이 인기 프로그래밍 언어의 반열에 오를 수 있었던 배경에는 사실 방대한 라이브러리 생태계도 크게 한 몫을 했습니다. 파이썬은 초창기에도 '배터리가 포함된((Battery-Included) 언어'로 유명했습니다. 전자제품이나 장난감을 구매할 때 포장지에 '배터리 포함'이라고 적혀있는 것을 본 적이 있을 겁니다. 이처럼 파이썬은 언어 자체적으로 상당히 방대한 표준 라이브러리를 제공하고 있었습니다. HTTP, FTP, IMAP, POP, SMTP 등 다양한 인터넷 프로토콜이 구현되어 있었고, 이런 모듈을 이용해 몇 줄의 코드만으로 필요한 무언가를 쉽게 만들어낼 수 있었습니다.

하지만 오늘날 파이썬의 인기를 설명하기에는 단순히 이러한 라이브러리가 방대하다는 이유만으로는 부족합니다. 파이썬이 인기가 높았던 핵심 이유는 바로 '높은 생산성'입니다. 그리고 생산성의 핵심은 바로 간결한 코드에 있습니다.

파이썬의 생산성

1장에서도 이야기했듯이 코딩이라는 작업은 사실 코드를 작성하는 시간보다 코드를 읽는 시간이 압도적으로 깁니다. 대부분의 코드가 최초 작성된 이후로 여러 개발자에 의해 여러 번 읽히면서 유지보수가 되곤 합니다. 따라서 코드의 가독성은 성능이나 리소스 사용량 등의 다른 지표 이상으로 중요하게 다뤄지고 있는 지표입니다. 파이썬은 기본적으로 다른 프로그래밍 언어와 비교하여 코드가 더 간결하고 쉽습니다. 게다가 같은 기능을 개발하는 데 일반적으로 더 적은 시간을 필요로 하곤 합니다. 코드를 설명하는 주석 없이도 쉽게 읽히는 프로그래밍 언어로 유명합니다.

사실 방금 저는 굉장히 위험한 이야기를 하고 말았습니다. 각자 선호하는 프로그래밍 언어가 있는 개발자 사이에서 "어떤 언어가 다른 언어에 비해 어떤 점에서 비교 우위에 있다"라는 이야기는 종종 민감하게 받아들여지곤 합니다. 특히 가독성이나 생산성 같은 정량적인 지표로 명확하게 측정될 수 없는 경우에는 더더욱 그렇고요. 취리히 연방 공과대학교에서 발표된 〈A Comparative Study of Programming Languages in Rosetta Code〉라는 논문의 초록에서도 이런 현상에 대해 아래와 같이 언급되었습니다.

> "때때로 프로그래밍 언어에 대한 논쟁은 과학적이라기보다는 종교적입니다. 어떤 언어가 더 간결하고 효율적인지, 또는 개발자를 생산적으로 만드는지에 대한 질문은 상당히 뜨겁게 논의되며 근거 없는 믿음에 기반하곤 합니다."

성전에 버금가는 이러한 종류의 논쟁에 학을 떼었는지 이 논문은 여러 프로그래밍 언어에 대해 정량적인 데이터를 기반으로 비교하여 각각의 특성을 정리하고자 시도합니다. 이를 위해서 '로세타 코드 Rosetta Code'에 쌓여있는 코드 데이터를 이용하기로 하는데요. 로세타 코드는 다양한 문제에 대해 여러 프로그래밍 언어로 코드를 제출할 수 있는 웹 사이트입니다.[01] 이 사이트에 있는 745개의 문제에 대한 7,087개의 코드를 기반으로 분석했다고 합니다.

비교적 객관적인 데이터를 기반으로 분석을 진행했으니 객관적인 결과를 기대할 수 있을 것 같은데요. 이들의 첫 질문은 바로 "더 간결한 코드를 만드는 프로그래밍 언어는 무엇입니까?"였습니다. 그리고 바로 이 장에서 다루고 있는 파이썬이 가장 간결한 코드를 작성하는 경향성을 보인다는 분석 결과를 내놓았습니다. 코드의 간결성 외에도 재미있는 분석이 많은데요. 런타임 성능이 제일 좋은 언어로는 C 언어와 Go가 각각 1위와 2위를 차지했으며, 파이썬은 루비, 하스켈 Haskell과 함께 하위권에 머물고 말았습니다. 메모리를 효율적으로 사용하는 프로그래밍 언어에 대한 질문에서도 C 언어와 Go가 압도적인 차이를 보이며 상위권을 차지했고 파이썬은 중위권에 그쳤습니다.

아직 조금 조심스럽지만 위에서 언급한 논문에 빗대어 봤을 때 파이썬은 간결한 코드를 작성하기에 좋고, 이는 개발자의 생산성에 크게 영향을 미친다고는 할 수 있을 것 같습니다. 실제로 파이썬은 신속한 프로토타이핑 같은 작업에 효율적인 언어로 널리 알려져 있습니다. 뿐만 아니라 빠르게 변화하는 요구사항에 대해 기민한 대응을 할

---

01 https://rosettacode.org/wiki/Rosetta_Code

수 있기도 합니다. 이러한 장점을 통해 파이썬은 다른 언어 사이에서 그 존재감을 뚜렷하게 드러내고 있습니다. 장고Django, 플라스크Flask 같은 프레임워크 덕에 웹 개발을 위한 훌륭한 선택지로 언급되기도 하고요. 텐서플로우TensorFlow, 케라스Keras 같은 라이브러리를 통해 응용 기계 학습 분야에서는 사실상 표준의 지위에 오르기도 했습니다.

파이썬의 가장 좋은 점 중 하나는 프로그래밍 경험이 없는 타 도메인 전문가가 프로그래밍을 빠르게 시작할 수 있다는 것인데요. 목적은 비슷했지만 널리 성공하지 못했던 ABC 언어의 유지를 훌륭하게 이어받고 있는 셈입니다.

파이썬 vs. 펄

파이썬과 펄Perl은 언어의 철학적 측면에서 서로 대척점에 있는 언어입니다. 펄 언어의 진영에서는 "There's more than one way to do it"이라는 유명한 슬로건이 있습니다. 물고기를 낚기 위한 낚시 미끼가 정해져 있지 않고, 맛있는 김치찌개를 끓이기 위한 레시피가 하나가 아니듯이, 무언가를 하기 위한 다양한 방법이 있을 수 있고 이를 찾는 과정에서 더 나은 결과를 만들어낼 수 있다는 철학입니다. 이러한 철학을 기반으로 한 펄 언어는 문법이 상당히 유연한 언어로 유명합니다. 펄은 개발자로 하여금 가능한 한 높은 코딩 자유도를 제공합니다. 같은 일을 하는 코드도 수십 가지 방법으로 작성할 수 있고 절대적으로 옳은 코드는 없다는 철학을 기반으로 하고 있기 때문입니다.

파이썬 사용자들은 펄의 이러한 슬로건에 도저히 동의할 수 없었습니다. 마침내 그들은 〈OSCON(O'Reilly Open Source Convention) 2000〉에서 펄의 슬로건과 정확히 반대되는 슬로건을 들고 나왔는데요. 바로 "There's only one way to do it"입니다.

펄과 정확히 반대되는 철학을 가진 파이썬은 자연히 펄과 비교해서 코드를 작성할 때에 자유도와 유연성이 떨어집니다. 무언가를 하기 위한 방법 중 가장 옳은 방법은 하나뿐이어야 한다고 믿기 때문입니다. 이러한 철학에 동의하는 파이썬 사용자들은 코드의 표현 방식만을 위해 긴 시간을 고민하는 것은 옳지 못하다고 생각합니다. 어떻게 작성할 것인가를 고민할 시간에 차라리 달성하고자 하는 목표 대상에만 집중하자는 것입니다.

파이썬에서도 어떤 일을 하기 위해 여러 방법을 사용할 수 없는 것은 아닙니다. 하지만 펄과 다른 점은 기본적으로 모두가 동의할 수 있는 단일한 최선의 방법을 목표로 한다는 것입니다. 그리고 그 최선의 방법에 대해 "Pythonic"하다고 이야기하곤 하는데요. 이에 대해서는 다음 절에서 좀 더 자세히 다루겠습니다.

이러한 파이썬의 철학에 동의하는 여러 개발자는 가능하면 동일한 방식의 코드를 작성하려고 노력하곤 합니다. 덕분에 다른 사람이 작성한 코드도 쉽게 읽을 수 있다는 장점이 있습니다. 반면 펄은 코드를 상당히 유연하게 작성할 수 있다 보니 남이 작성한 코드를 이해하는 것이 매우 어렵고, 심지어는 과거의 내가 작성한 코드조차 해독하는 데에도 어려움을 겪곤 합니다. 오늘날 파이썬의 사용자는 날이 갈수록 느는 반면 펄 사용자는 계속해서 줄고 있습니다. 결국 파이썬은 펄과의 전쟁에서 고지를 확보했다고 봐도 될 것 같습니다.

Pythonic하게 코드를 짜세요

종종 TV나 유튜브 같은 매체를 통해서 종종 한국말을 능숙하게 사용하는 외국인을 보곤 합니다. 한국에서 몇 년 이상 거주하게 되면서 원어민 수준으로 한국말을 구사하는데, 특히 신기하게 느껴지는 순간은 피부색도 다른 그들이 한국 사람만이 알법한 표현을 사용할 때입니다. 예를 들어, 흰 피부와 푸른 색 눈동자를 가진 백인이 "야, 내 친구 커플은 깨가 쏟아지더라"라고 이야기한다면 신기하지 않나요?

"깨가 쏟아진다"라는 표현은 어떤 사람들의 사이가 좋다는 의미로 우리도 관습적으로 많이 사용하는 표현이기 때문에 뜻을 알고 있기는 합니다. 하지만 어째서 깨가 쏟아지는 것이 사이가 좋다는 의미가 될 수 있는지 그 표현의 유래는 대부분 알지 못합니다. 이런 표현은 셀 수도 없이 많습니다. "게 눈 감추다" "귀신이 곡할 노릇이다" "개판 5분 전이다"와 같은 표현 모두, 의미는 알지만 표현의 유래를 아는 경우는 별로 없습니다.

이런 표현을 일반적으로 '관용구(慣用句)'라고 합니다. 다른 말로는 '숙어(熟語)'라고도 합니다. 의미나 구조상 관습적으로 굳어진 단어나 구절을 의미합니다. 사실 프로그래밍에서도 관용구 같은 개념이 있습니다. 예를 들어, 여러분이 C 언어를 처음 배운다면 아래와 같은 구문을 통해 반복문을 작성하는 방법을 배우게 될 것입니다.

```
for (i = 0; i < 10; i++) {
    …
}
```

C 언어에서 지원하는 for라는 키워드로 둘러 쌓인 블록은 세미콜론(;)으로 나눠지는 세 개의 구문이 포함됩니다. 첫 번째 구문에서는 조건 변수를 초기화하고, 두 번째 구문에서는 조건 변수의 종료 조건을 넣고, 세 번째 구문에서는 조건 변수에 대한 증가식과 감소식을 넣는 패턴입니다. 이러한 패턴은 C 언어뿐만 아니라 C 언어의 영향을 받은 다른 언어에서도 널리 사용되고 있는 패턴입니다. 즉, 범언어적 범위에서 관습적으로 사용되는 패턴이자 관용구입니다.

처음 C 언어를 배울 때에는 당연히 각 구문마다 더듬더듬 읽으면서 반복문의 로직을 파악하겠지만, 조금만 C 언어에 익숙해지면 패턴 전체를 한눈에 인식할 수 있게 됩니다. 중간에 있는 기호들은 생략하고 첫 번째 구문의 0과 두 번째 구문의 10만 보고도 "이 로직은 i가 0부터 10 바로 전까지(9까지) 반복하는 구문이구나" 하고 인식할 수 있게 되는 것입니다.

재미있는 점은 위의 코드 대신 `for (i = 0; i <=9; i++)`로 써도 동작은 동일하게 돌아가지만 이렇게는 잘 쓰지 않는다는 점입니다. 사람들은 이미 전자의 패턴에 익숙해져 있는 상태에서 0~9가 아닌 0~8까지 도는 반복문이라고 잘못 인식할 가능성이 있기 때문입니다. 즉, 꼭 필요한 경우가 아니라면 두 번째 구문에서 `i <= 9`대신 `i < 10`으로 사용하는 것이 일반적입니다. 동일한 의미지만 우리가 "게 눈 감추다" 대신 "게 눈 숨기다"라고 표현하지 않는 것처럼요.

위의 반복문이 여러 언어에서 널리 사용되는 패턴이긴 하지만 모든 언어에서 사용하는 방식은 아닙니다. PHP에서도 위 구문과 비슷하게 `for ($i = 0; $i < 10; i++)`으로 작성할 수 있습니다만, 이 방식보다는 `foreach ($arr as $value)`와 같은 패턴이 더 권장되곤 합니다. 루비에서는 `(0..9).each`와 같이 사용되곤 하고요. 즉, 언어별로 특정 작업을 하기 위한 관용구 패턴은 다른 경우가 많습니다.

7장 | 간결한 코드를 위한 파이썬 197

위에서 예로 제시된 반복문들은 해당 프로그래밍 언어를 배우지 않았더라도 개발 경험이 조금이라도 있으면 직관적으로 읽고 그 의미를 추측할 수는 있습니다. 하지만 언어별로 특이한 관용구 패턴도 있습니다. 심지어는 그 프로그래밍 언어를 다룰 수 있어도 낯선 패턴도 있습니다. 예를 들어, 자바스크립트에서 사용되는 관용구 패턴에 익숙하지 않다면 코드를 읽어가다가 아래와 같은 코드에서 멈칫하게 될 것입니다.

```
return !!userId;
```

이 코드는 도대체 무슨 의미일까요? 대부분의 언어에서 느낌표는 '논리 부정 연산자'를 의미합니다. 즉, true를 false로, false를 true로 변경하는 연산자입니다. 하지만 저렇게 논리 부정 연산자를 두 번 연달아 사용하는 경우는 찾아보기 어렵습니다. true값을 두 번 뒤집으면 다시 true가 되니까요. 결국 전혀 의미가 없는 코드가 되어 버립니다.

하지만 적어도 자바스크립트 내에서는 이러한 논리 부정 연산자를 두 번 사용하는 것이 유효한 경우가 있습니다. 이를 이해하기 위해서는 자바스크립트의 언어적 특징을 하나 알아야 하는데요. 다른 언어에서는 일반적으로 boolean값에만 논리 부정 연산자를 적용할 수 있는 반면에 자바스크립트에서는 boolean값이 아니더라도 논리 부정 연산자를 붙일 수 있습니다. 그리고 이러한 경우에는 자동으로 boolean 값으로 타입 변환이 이루어집니다. boolean 타입이 아닌 값을 어떻게 boolean 타입으로 변환할 수 있는 걸까요?

　자바스크립트에서는 boolean 타입이 아닌데도 false의 값을 내재하고 있는 값이 일부 있는데요. null, undefined, 0, NaN, " "(빈 문자열) 등의 값이 그렇습니다. 따라서 null의 값에 부정 연산자를 붙이게 되면 null에 내재된 boolean값인 false로 타입 변환이 이루어진 뒤에 이를 뒤집어 true값으로 변경이 이루어집니다. 즉, !null은 true가 됩니다. 반대로 null이 아닌 값에 논리 부정 연산자를 붙이면 true로 타입 변환이 이루어진 뒤에 이를 뒤집어 false가 되고요. 자연히 !!null은 논리 부정 연산자가 두 번 적용되므로 false (null)에서 true로, 그리고 true에서 다시 false로 변경이 일어나고, 마지막 false값은 null에 내재되어 있는 boolean값과 동일한 값입니다. 즉, 논리 부정 연산자를 두 번 적용함으로써 값에 내재되어 있는 boolean값을 꺼내는 역할을 합니다.

　설명이 다소 복잡했지만 다시 원래의 예제 코드로 돌아와서 !!userId는 userId가 null인지 여부를 boolean값으로 변환할 수 있습니다. 만약, userId가 null이 아니라면 내재된 boolean값인 true가 반환될 테고, 반대로 null이라면 false가 반환될 테니 말입니다. 사실 이 구문은 userId != null과 의미가 동일하지만 이를 축약해서 !!userId

와 같이 사용할 수도 있습니다. 다른 프로그래밍 언어에서는 이런 식으로 사용하는 케이스가 거의 없기 때문에 숙련된 개발자라 하더라도 이런 코드를 처음 마주치면 그 의미를 파악하기가 쉽지 않습니다.

파이썬도 이처럼 특이한 관용구 패턴이 많은 언어입니다. 심지어 파이썬에서는 이러한 특이한 관용구 패턴을 'Pythonic'이라고 지칭합니다. Pythonic의 뜻은 일반적으로 파이썬 언어에 있는 특징적인 기능을 잘 활용해서 가독성 좋은 코드를 만들고 파이썬 커뮤니티가 암묵적으로 가지고 있는 규범을 잘 따르는 코드를 일컫습니다. 이를 간단히 말하면 바로 '파이썬다운' 코드를 짜는 것을 의미합니다.

예를 들어, 숫자값이 들어있는 배열에서 10 이상의 값을 제외하고 싶다고 해봅시다. 파이썬을 처음 배운 사람은 보통 아래와 같이 코드를 작성할 것입니다.

```
arr = [9, 10, 11, 12]
for value in arr:
    if value > 10:
        arr.remove(value)
```

누가 봐도 명확하고 정확하게 작성된 코드로 보입니다. 하지만 이런 식으로 코드를 작성한다면 어디선가 파이썬 개발자가 나타나 "이 코드는 Pythonic하지 않네요"라고 훈수를 둘 수 있습니다. 만약, 그 파이썬 개발자가 조금만 친절하다면 아래와 같은 Pythonic한 대안을 알려줄 수도 있겠네요.

```
arr = [value for value in [9, 10, 11, 12] if value <= 10]
```

만약, 다른 프로그래밍 언어를 접했던 경험이 있다면 이 파이썬 구문이 다소 어색하게 보일 것입니다. 지금까지 봐온 코드에서 for나 if 같은 키워드는 대부분 구문이 시작되는 부분에 위치했습니다. 하지만 이 코드에서는 배열의 한 가운데 위치합니다. 사실 이 코드에 사용된 문법은 List Comprehension이라는 기능으로 배열 내에서 if 조건문과 for 반복문을 활용해 배열의 선언 시점에 데이터를 동적으로 할당할 수 있는 파이썬의 독특한 기능 중 하나입니다.

다른 예도 한번 들어볼까요? 배열 속에서 특정 값이 존재하는지를 확인하는 함수를 작성한다고 해봅시다. 개발 경험이 있는 분은 속으로 "쉽네~" 하고 생각하며 별 고민도 안 하고 아래와 같이 코드를 작성해 내려갈 것입니다.

```
arr = ['a', 'b', 'c']

def has_a():
    for item in arr:
        if item == 'a':
            return True
    
    return False
```

아주 간단한 코드입니다. 배열을 대상으로 반복문을 수행하면서 배열 내 아이템이 찾고자 하는 값이 맞는지 확인합니다. 만약, 값을 찾았다면 True를, 반복문이 끝나도록 못 찾으면 False를 반환합니다. 하지만 이 역시 파이썬 개발자의 눈에는 Pythonic하지 않습니다. 파이썬에서는 그렇게 배열을 하나씩 뒤져보지 않고도 어떤 값이 존재하는지 알 수 있거든요. 아래처럼요.

```python
arr = ['a', 'b', 'c']

def has_a():
    return 'a' in arr
```

어떤가요? 앞의 List Comprehension은 패턴이 눈에 익숙해지기까지 다소 시간이 걸릴지도 모르겠습니다만, 이건 꽤 직관적이고 쉽습니다.

사실 지금까지 예로 들었던 Pythonic하지 않은 코드도 모두 Pythonic한 코드와 같은 동작을 하기 때문에 기능상으로는 차이가 없습니다. 하지만 파이썬 사용자는 대부분 Pythonic한 코드에 익숙해져 있고 대부분의 Pythonic한 코드가 코드 가독성 면에서 뛰어나다는 평을 받고 있습니다. 따라서 영어 공부를 할 때 숙어를 외우듯이 좋은 관용구는 의식적으로 습득하고 사용하려는 연습이 필요합니다.

이외에도 Pythonic을 위한 수많은 교범이 있습니다. 본문에서 다루지 못한 내용이 더 궁금한 분은 'The Hitchhiker's Guide to Python'이라는 웹 사이트[02]를 참고하기 바랍니다.

7장을 마치며

파이썬은 장점과 단점이 뚜렷한 언어입니다. 본문에서 언급했듯이 낮은 학습 곡선과 뛰어난 생산성을 기반으로 영향력을 빠르게 확대해가고 있는 언어 중 하나입니다. 실제로 2022년 스택오버플로우 Stackoverflow의 설문조사에 따르면 타입스크립트 TypeScript와 Go를 제치고 배우고 싶은 언어 2위에 당당히 이름을 올렸습니다.

하지만 인터프리터 언어 자체의 한계 덕분에 성능에 한계가 있고, 동적 타입 시스템의 특성 덕분에 생산성 측면의 이득을 보는 대신 런타임에서 더 많은 오류를 만나게 될 수 있습니다. 게다가 동시성이 필요한 코드를 실행할 때에도 한번에 하나의 스레드만 파이썬 인터프리터의 제어를 유지할 수 있도록 하는 GIL(Global Interpreter Lock)이라는 특성 덕분에 멀티 코어의 효율적인 활용이 쉽지 않다는 측면도 있습니다.

---

02 https://docs.python-guide.org/

하지만 이러한 단점이 있어도 파이썬이 점유율을 계속해서 높여가고 있는 것을 보면 파이썬의 장점인 간결한 코드와 이를 기반으로 한 생산성 향상의 효과가 크다고 볼 수 있을 것 같습니다. 학습 곡선이 낮은 프로그래밍 언어로도 유명하니 지금 당장 파이썬이 필요하지 않더라도 재미삼아 한번 배워보는 것도 좋을 듯합니다.

8장
구글이 만든 프로그래밍 언어, Go

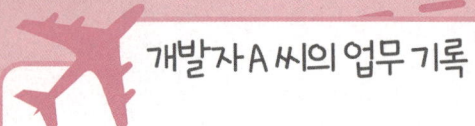
개발자 A 씨의 업무 기록

메모리 누수로 인한 장애

"미들웨어가 자꾸 죽네요."

기술지원 3팀인 임 과장의 전화였다. 개발을 하면서 코드 짜는 일만 할 수 있으면 얼마나 좋겠냐마는 장애 대응도 어쩔 수 없이 해야 하는 업무 중 하나다. 장애는 원인을 신속하게 파악하는 것이 제일 중요한데, 이를 위해서는 현재 상황을 정확하게 관찰하고 실마리가 될 수 있는 부분을 잡아내야 한다.

"현상이 어떤가요?"

"새로 띄우면 잘 뜨는가 싶다가 한 1분 있으면 프로세스 자체가 그냥 죽어요. 마지막 로그를 뒤져보면 'OutOfMemoryError'라고 나오기는 하는데…."

처음 겪어보는 종류의 오류였다. 정황상 메모리를 과다하게 사용한 것이 원인일 텐데. 문제가 될 만한 부분을 추측할 수 없었다. 이럴 땐 전체 로그를 받아서 앞뒤 정황에 대한 정보를 확인해야 한다.

"일단 로그를 메일로 좀 전달해줄 수 있을까요?"

메일이 오기를 기다리면서 코드를 뒤적였다. 메모리를 과다하게 사용할만한 부분을 찾아봤지만 짚이는 부분이 없었다. 사수인 조 대리에게 도움을 구해야 할 것 같다.

"대리님, 미들웨어에서 'OutOfMemoryError'가 발생했던 사례가 있었나요?"

내 질문에 조 대리는 허공으로 시선을 옮겨 기억을 더듬기 시작했다.

"음…. 미들웨어에서 다루는 데이터가 대부분 제한된 크기이긴 한데…. 글쎄요. 갑자기 큰 메모리를 할당해서 사용하는 동작은 딱히 생각나는 게 없는데. 참, 통계 파일 삭제가 안 돼서 메모리가 터진 적은 있네요."

조 대리의 말에 통계 파일을 처리하는 코드를 떠올렸다. 미들웨어는 다른 모듈이 생성해주는 통계 파일을 실시간으로 읽은 뒤에 각 값의 평균을 계산해서 메모리에 저장하는 로직이 있다. 하지만 통계 파일의 개수가 늘어난다고 하더라도 데이터 전체를 저장하는 게 아니라 평균값만을 저장하기 때문에 메모리를 추가로 사용하지도 않았을 것이고, 그마저도 지나간 통계 파일은 애초에 평균에서 제하는 로직도 들어가 있었다. 그러므로 통계 파일이 삭제되지 않는 현상이 어떻게 'OutOfMemoryError'를 일으킬 수 있는지 연관을 지을 수가 없었다.

"통계 파일이 지워지지 않는 현상이 'OutOfMemoryError'를 유발할 수 있나요?"

"통계 파일별로 스레드를 새로 띄워서 읽잖아요. 그 스레드는 통계 파일이 지워져야만 없어지고요. 그렇게 스레드가 만들어지면 아무 작업을 하지 않더라도 스레드 자체로 메모리를 꽤 먹어요."

몰랐던 사실이었다. 그때 임 과장으로부터 로그를 첨부한 메일이 도착했다. 로그 파일을 열어 자세히 살펴보기 시작했다. 몇 만 줄에 이르는 상당한 분량이지만 자주 보다보니 이마저도 눈에 익어버렸다.

한참을 로그의 이곳저곳을 뒤지고 있자니 스레드 수에 대한 로그가 눈에 띄었다. 미들웨어는 현재 사용 중인 스레드의 개수를 주기적으로 로그에 찍고 있는

데, 일반적으로 100개 내외의 수를 사용하곤 한다. 하지만 로그에는 1,800개가 넘는 스레드가 사용 중이라는 내용이 있었다. 고개를 돌려 조 대리를 쳐다보니 조 대리 역시 고개를 내밀어 로그를 보고 있었다.

"스레드 문제는 맞는 것 같은데요?"

나는 바로 기술지원 3팀의 임 과장에게 전화를 걸어 통계 파일이 저장되는 경로를 확인해달라고 요청했다. 원래라면 10개 내외의 파일이 유지되고 있어야 하는 그곳에는 실제로 셀 수도 없이 많은 파일이 있다는 답을 받았다. 사수의 말대로 지난 통계 파일이 제대로 제거되지 않은 것 같았다. 일단 미들웨어를 살리는 것이 우선이었기 때문에 수화기 너머로 조치사항을 이야기하기 시작했다.

"거기에 있는 오래된 통계 파일이 삭제가 되지 않은 게 원인으로 보입니다. 문제되는 파일을 전부 제거한 후 다시 미들웨어 띄우고 제대로 작동하지 확인해주세요. 지난 통계 파일이 제거되지 않은 현상은 제가 매니저 파트에 확인하고 다시 연락드리겠습니다."

매니저 파트를 맡고 있는 김 과장에게로 가서 이 현상을 알리고 돌아오는데, 임 과장으로부터 미들웨어가 정상으로 구동된다는 메시지를 받았다. 사수인 조 대리는 미들웨어 코드를 뒤적이다가 내게 말했다.

"이 참에 이 부분도 방어 로직을 넣어야겠네. 오래된 통계 파일이 있더라도 오류 로그만 띄워야지 미들웨어가 죽으면 안 되잖아요. 이 부분을 A 씨가 보완해볼래요?"

"네, 수정해 볼게요. 근데 스레드 1,000여 개를 띄웠다고 프로그램이 죽어버릴 줄은 몰랐네요. 스레드를 그보다는 많이 쓸 수 있을 줄 알았는데."

"자바에서 사용하는 스레드가 운영체제 스레드를 직접 사용하는 구조인데, 원래 운영체제 스레드가 좀 무거워요. 안 그래도 자바 19 버전에서는 좀 더 가벼운 가상 스레드도 나온다니까, 그 기능이 조금 더 안정화되면 우리 코드에도 한 번 적용해보면 좋겠네요."

그러던 중에 매니저 파트의 김 과장이 와서 장애의 원인에 대해 이야기했다.

"이거 매니저 쪽 모듈 하나가 죽어서 파일을 삭제하지 못 했다네요. 지금 원인은 찾았고 오늘 내로 패치해서 나갈거예요."

조 대리가 말을 받아 질문을 했다.

"그 모듈은 왜 죽은 거래요?"

"메모리 누수죠, 뭐. 이래서 이거 빨리 Go로 포팅을 하든지 해야 하는데 영 짬이 안 나네요."

대화 중에 Go라는 생소한 언어를 들은 내가 되물었다.

"Go에서는 메모리 누수가 안 나나요?"

"Go도 자바처럼 가비지 컬렉션이라고 부르는 메모리 관리 자동화 기능이 있거든요. 지금 매니저 모듈의 C 언어처럼 메모리 관리를 직접 할 필요가 없으니 아무래도 메모리 누수에 관한 걱정은 좀 줄어들죠."

그후로도 김 과장과 조 대리는 "자바는 메모리 관리를 안 해서 좋겠다"라는 둥 "자바도 나름의 고충이 있다"라는 둥의 농담을 주고받았다. 그들의 이야기를 한참 더 듣다가 내 자리로 돌아가 생소했던 Go에 대해 좀 더 찾아봤다. 처음 들어보는 이름이었는데, 나온 지 벌써 10년 정도가 된 언어였다. 김 과장이 이야기했던 메모리 관리 자동화부터 시작해서 조 대리가 이야기했던 자바 19에 들어온다는 가상 스레드 기능까지 Go에는 이미 탑재되어 있었다. 어쩐지 호기심이 생겨 퇴근 후에 따로 공부해봐야겠다는 생각이 들었다.

Go의 탄생

Go는 구글Google에서 만든 프로그래밍 언어입니다. 구글은 왜 갑자기 프로그래밍 언어를 만들었을까요? 지금이야 Go를 비롯해 러스트Rust나 스위프트Swift 같은 비교적 젊은 프로그래밍 언어가 많이 등장했습니다만 Go가 처음 만들어지기 시작했던 2000년대 중반에는 새로운 프로그래밍 언어를 만드는 일에 그다지 관심이 없었습니다. 구글 소프트웨어는 대부분 당시의 주류 프로그래밍 언어였던 C++와 자바로 만들어졌습니다. 지금도 그렇지만 당시 구글이 해결해야 했던 문제의 난이도는 상당히 높았습니다. 웹 프로그래밍 모델은 점점 복잡해지고, 글로벌 단위의 대규모 연산 클러스터를 다뤄야 했으며, 코드는 단일 서버에서 벗어나 네트워크로 상호 연결된 시스템에서 돌아가야 했습니다. 코드 베이스의 규모는 수천, 수만 줄을 넘어가고 그것을 수백, 수천 명의 개발자가 매일 수정해야만 했습니다.

Go는 그러한 배경에서 싹을 틔우기 시작했습니다. 빠르게 발전해 나가던 하드웨어와는 달리 그 위에 얹어지는 소프트웨어를 만들기 위한 프로그래밍의 발전 속도는 그에 미치지 못했습니다. 하지만 인터넷의 부상으로 소프트웨어가 커버해야 하는 영역은 계속해서 늘어나고 있었습니다. 프로그래밍은 너무 어려워졌고, 기존 프로그래밍 언어는 개발자들에게 좌절감을 안겨줄 뿐이었습니다. 이들에게는 새로운 언어가 필요했습니다. 개발 과정에서 다루게 되는 복잡성을 완화시켜주고 소프트웨어 엔지니어링에서 발생할 수 있는 주요 문제의 해결에 제대로 된 도움을 줄 수 있는 언어 말입니다.

이런 생각을 하던 세 명이 모여서 새로운 프로그래밍 언어의 개념과 목표를 스케치하기 시작했습니다. 그들은 바로 켄 톰슨Ken Thompson, 롭 파이크Rob Pike, 로버트 그리스머Robert Griesemer인데요. 이들의 유명세 덕분에 Go는 천재들이 만든 언어로 알려지기도 했습니다. 이들의 업적을 간단하게 요약하자면 켄 톰슨은 초기 유닉스Unix 운영체제를 설계하고 C 언어의 전신인 B 언어를 개발했습니다. 롭 파이크 역시 켄 톰슨과 함께 유닉스 팀의 일원으로 일하며 〈The Unix Programming Environment〉라는 명저를 써서 널리 알려진 개발자입니다. 그리고 이 둘은 현재 웹에서 가장 널리 사용되는 UTF-8 개발에 참여하기도 했습니다. 로버트 그리스머도 V8 자바스크립트 엔진 개발에 참여했고 "자바 핫스폿Java HotSpot"과 같이 중간에 공백을 넣어주는 게 좋을 것 같습니다. 가상 머신 컴파일러에 대한 논문으로 유명한 개발자였습니다. 그 외에도 구글의 뛰어난 개발자들이 함께 작업하여 마침내 2012년 3월, Go의 첫 번째 버전이 세상에 공개되었습니다.

Go가 해결하고자 했던 문제

Go의 설계자들은 쉽고 효율적이지만 안전한 프로그래밍 언어를 만들고자 했습니다. 이러한 그들의 의도는 Go를 배우다보면 자연스럽게 느낄 수 있습니다.

Go가 만들어질 당시 주류 프로그래밍 언어였던 C, C++, 자바는 정적 타입의 컴파일 언어입니다. 이는 컴파일 시점에 변수 타입이 결정되는 언어를 의미합니다. 따라서 코드를 작성할 때에도 명시적으로 타입을 지정해주어야 하며 이를 통해 초기에 사소한 버그를 쉽게 포착할 수 있기 때문에 안정성 관점에서 유리하며 동적 타입의 언어에 비해 일반적으로 성능이 좋습니다.

이와 대척점에 서있는 언어들은 자바스크립트나 파이썬 같은 동적 타입의 인터프리터 언어가 있습니다. 변수 타입이 실행 시점에 지정되는 언어로서, 코드를 작성할 때에 타입을 지정해주지 않아도 됩니다. 정적 타입의 언어에 비해서 비교적 유연한 코드 작성이 가능하기 때문에 사용하기에 더 용이합니다.

Go는 이 분류에 따르면 정적 타입의 언어에 속합니다. 하지만 정적 타입 언어의 효율성 및 안전성과 동적 타입 언어의 용이성을 결합하고자 했습니다. 성능을 높일 수 있도록 기계어로 컴파일되지만 그 컴파일 속도는 C, C++와 비교해서 압도적으로 빠릅니다.

뿐만 아니라 Go를 배우다 보면 문법을 비롯해 Go를 이루고 있는 생태계 전체가 '간단함'이라는 모토를 상당히 중요하게 여기고 있음을 알 수 있습니다. 문법 자체도 상당히 간단합니다. 실제로 Go 문법에 사용되는 예약어 수는 1.19 버전을 기준으로 25개에 불과한데, 이는 다른 현대의 프로그래밍 언어에 비하면 상당히 적은 편입니다. 객체 지향 프로그래밍 스타일의 코드를 허용하기는 하되 본격적인 객체 지향 패러다임에서 다뤄지는 일부 개념을 의도적으로 생략하거나 단순화한 것도 이러한 이유입니다. 다중 상속 등 객체 지향에서 사용되는 개념이, 복잡성이 높은 코드를 만들어내는 경향이 있다고 봤기 때문입니다.

물론, Go에서 객체 지향 패러다임의 일부 개념이 생략되었다고 하더라도 복잡한 시스템을 효과적으로 개발하고 관리하기 위한 기본적인 도구는 제공하고 있습니다. 예를 들어, 다형성을 제공하기 위한 인터페이스를 제공함으로써 구조체가 특정 메서드 집합을 구현하도록 강제하며, 유사한 동작을 가진 객체를 일반화하는 데 사용할 수 있습니다. 또한 Go는 상속 대신 합성과 임베딩을 사용해 코드의 재사용을 가능하게 하고 상속이 가진 일부 문제점을 해결하고자 했습니다.

다른 플랫폼으로의 '크로스 컴파일Cross Compile' 역시 상당히 간단합니다. '크로스 컴파일'이란 다른 플랫폼에서 구동될 수 있도록 컴파일하는 것을 의미합니다. 실제로 각 플랫폼마다 실행파일의 포맷이 다른데요. 이 때문에 실제로 윈도우즈에서 사용하는 exe 실행파일을 리눅스로 복사해도 정상적으로 실행되지 않으며, 리눅스용 실행파일 역시 맥OS에서 실행할 수 없습니다. 따라서 내가 개발한 코드가 만약, 여러 플랫폼에서 실행되어야 하는 경우라면 크로스 컴파일을 통해 각 플랫폼별로 실행파일을 별도로 생성해야 합니다. 문제는 이 크로스 컴파일이 그리 간단하지 않다는 것입니다.

C 언어의 경우 컴파일하려는 대상 플랫폼 전용 컴파일러를 따로 구하거나 소스코드를 직접 대상 플랫폼으로 이동시켜 컴파일을 해야 하는 수고가 따릅니다. 하지만 Go는 컴파일을 할 때 대상 플랫폼 이름을 환경변수로 넣어주면 자연스럽게 크로스 컴파일을 수행합니다. 예를 들어, 현재 플랫폼이 어디든 간에 상관없이 리눅스용 실행파일을 생성하려면 `GOOS=linux`, 윈도우즈용 실행파일을 생성하려면 `GOOS=windows`와 같이 넣으면 됩니다.

자동화된 메모리 관리에 필요한 가비지 컬렉션 역시 쉽고 안전한 언어를 만들기 위해서는 포기할 수 없는 기능이었습니다. 메모리 관리 기능이 없는 C, C++와 같은 언어의 가장 큰 어려움 중 하나는 할당된 객체의 수명을 관리하는 일입니다. 개발자가 직접 메모리를 할당하고 해제하는 일은 상당히 까다롭고 실수하기 쉬운 부분입니다. 그만큼 성능의 효율을 기대할 수도 있겠지만 악성 버그를 만들 수 있는 주요 원인이 되기도 합니다. Go는 현대 프로그래밍 언어로서, 메모리 관리는 개발자에게 직접 노출되지 않고 언어 레벨에서 처리해야 하는 세부사항이라고 여겼습니다.

언어 레벨에서 동시성 프로그래밍 모델을 지원하는 것도 Go의 큰 특징 중 하나입니다. 다른 언어도 동시성 프로그래밍을 할 수 있지만 대부분 별도의 SDK(Software Development Kit) 및 라이브러리를 필요로 합니다. 하지만 Go는 단순히 언어 레벨에서 동시성 프로그래밍을 지원하는 데서 그치지 않고 복잡한 동시성 문제를 잘 풀어내기 위한 모델도 함께 제공을 하고 있습니다. 바로 CSP(Communicating Sequential Process) 개념을 녹여낸 것인데요. 이 부분에 대해서는 뒤에서 좀 더 자세하게 살펴보겠습니다.

이와 같이 Go의 특징을 통해 설계 철학을 엿보다 보면 Go의 목적이 가장 뛰어난 프로그래밍 언어를 만들기 위한 연구의 성격이 아닌 동료의 작업 환경을 개선하고 생산성을 향상시키기 위한 시도였다는 것을 알 수 있습니다. 대학을 갓 졸업하고 구글에 입사한 주니어 개발자들도 새로운 언어를 쉽게 익혀 안전한 코드를 작성할 수 있도록 말입니다.

동시성 프로그래밍의 어려움

2005년, 허브 서터Herb Sutter가 쓴 "무료 점심은 끝났다"라는 글이 공개되며 주목을 받기 시작합니다. 이 글은 소프트웨어가 이제 동시성을 향한 근본적인 전환을 해야 한다는 내용인데요. 이 내용을 자세히 설명하기 위해서는 '무어의 법칙(Moore's Law)'부터 이야기해야 할 듯합니다. '무어의 법칙'이란 반도체의 집적도가 2년마다 두 배씩 증가한다는 법칙입니다. 지난 수십 년간 CPU의 속도와 메모리의 용량은 '무어의 법칙'대로 기하급수적으로 성장을 해왔습니다. 하지만 2000년대 중반, 주요 반도체 제조업체들은 물리적인 한계에 부딪히게 됩니다. 더 이상 반도체의 집적도를 높이는 방식으로 성능 향상을 꾀하기 어려워진 것입니다. 이에 제조업체는 단일 CPU의 클럭 속도를 향상시키는 방식 대신 여러 개의 CPU를 하나로 통합하는 방식으로 성능을 향상시키기 시작했습니다. 이른바 상용 멀티 코어의 등장인 것입니다.

이러한 하드웨어 업계의 변화는 소프트웨어 업계에 어떤 영향을 미쳤을까요? 허브 서터는 하드웨어의 기하급수적 발전에 따라 소프트웨어는 하드웨어의 성능에 무임승차를 해왔다고 표현했습니다. 하드웨어 업계에서 CPU를 10배 빠르게 만들면 그 위에서 구동되는 소프트웨어 역시 자동으로 10배 빨라지게 됩니다. 즉, 대부분의 소프트웨어는 새로운 버전을 출시하거나 특별한 조치를 취하지 않고도 수십 년간 정기적인 성능 향상을 공짜로 누려왔던 것입니다.

하지만 멀티 코어의 등장으로 더 이상 이런 무임승차는 어려워집니다. 멀티 코어 구조에 알맞게 코드의 구조를 병렬화하지 않는다면 멀티 코어의 이점을 누리지 못하고 제약된 성능만 사용할 수 있기 때문입니다. 예를 들어, 두 개의 코어를 가진 듀얼 코어 시스템에서 병렬 구성이 되지 않은 프로그램을 실행한다면 이 프로그램은 하나의 코어만을 사용할 수밖에 없습니다.

멀티 코어의 이점을 누릴 수 있도록 코드의 실행 흐름을 병렬화하는 것을 '동시성 프로그래밍' 또는 '멀티 스레드 프로그래밍'이라고 합니다. '스레드Thread'란 프로세스 내에서 코드가 실행되는 단일 흐름으로써 모든 프로세스는 하나 이상의 스레드를 가집니다. 이 스레드는 운영체제 레벨에서 지원하는 개념으로, 이를 잘만 이용한다면 프로그램의 성능을 크게 끌어올릴 수 있습니다. 한 번에 하나의 일만 할 수 있는 프로그램이 아니라 한 번에 여러 개의 일을 할 수 있는 프로그램을 만들 수 있는 것입니다.

하지만 동시성 프로그래밍이 말처럼 쉽지 않은 것이 문제입니다. 실제로 동시성 프로그래밍의 어려움은 상당히 악명이 높은데요. 대부분의 동시성 관련 문제는 여러 스레드에서 하나의 리소스를 공유해야 하는 상황에서 발생합니다.

예를 들어, 여러분이 운영 중인 웹 서버의 방문자 수를 카운트하기 위해 아래와 같이 코드를 작성했다고 가정해보겠습니다.

```
counter = 0

def handleRequest():
    …
    counter = counter + 1
    …
```

이 코드가 싱글 스레드로 동작한다고 했을 때 100명의 방문자가 요청을 보낸다면 counter 변수에는 어떤 숫자가 저장될까요? 당연히 100입니다.. 하지만 이 코드가 멀티 스레드로 동작한다면 counter가 어떤 값이 될지는 알 수 없습니다. 그 이유는 counter라는 단일 리소스를 여러 스레드에서 접근해서 값을 변경하기 때문인데요. counter = counter + 1이라는 코드는 실제로 아래와 같이 여러 작업으로 쪼개어 실행됩니다.

1. counter 변수의 값을 가져옵니다.
2. 1번에서 가져온 값에 1을 더합니다.
3. 2번의 값을 counter 변수에 저장합니다.

만약, 현재 counter값이 10인 상황에서 두 개의 요청이 동시에 들어와서 이를 스레드 A, B가 각각 맡아서 처리한다고 해보겠습니다.

스레드 A가 1과 2의 과정을 통해 정상적으로 counter값을 가져와 1을 더한 뒤에 11이라는 값을 계산해냈습니다. 하지만 3번을 통해 11이라는 값을 counter 변수에 반영하기 전에 스레드 B가 1의 과정을 실행하게 됩니다. 아직 스레드 A가 11의 값을 counter에 반영하기 전이므로 스레드 B는 현재의 counter값인 10을 가져와 1을 더하게 됩니다. 결국 스레드 A가 모든 과정을 끝내고 11의 값을 counter에 반영한 뒤에도 스레드 B는 이를 알 수 없기 때문에 똑같이 10+1인 11을 다시 counter값에 반영해버립니다. counter가 10인 상태에서 두 개의 요청이 들어왔지만 counter는 12가 아닌 11이 되어 버립니다.

이처럼 공유 리소스를 여러 스레드에서 접근하게 되면 데이터 정합성에 문제가 생깁니다. 파일이나 소켓 같은 한 번에 하나의 스레드만 접근할 수 있는 리소스에 여러 스레드가 접근할 때도 비슷한 문제가 발생할 수 있습니다.

이러한 동시성 문제에 대한 가장 간단한 해결책은 바로 '잠금(Lock)'을 활용하는 것입니다. 공유가 필요한 리소스에 대해 하나의 스레드가 작업을 시작하면 잠금을 걸고 작업이 끝난 후에 잠금을 다시 풀도록 구성합니다. 다른 스레드는 리소스에 접근하기 전에 잠금 상태를 확인해서 잠금이 걸려있는 경우 대기하게 됩니다. 하나의 리소스를 동시에 여러 스레드가 사용할 일이 없으니 위에서 이야기한 데이터 정합성 문제가 해결됩니다.

하지만 잠금은 적용이 간단한 만큼 여러 문제점이 생기기도 하는데요. 가장 대표적으로 성능의 하락이 발생할 수밖에 없습니다. 만약, 여러분의 웹 서버로 방문자가 폭주해서 1,000개 이상의 스레드가 이를 처리하더라도, 공유 리소스인 방문자수를 확인하는 counter 변수는 한 번에 하나의 스레드만 접근할 수 있습니다. 나머지 999개의 스레드는 자신의 차례가 올 때까지 대기할 수밖에 없으므로 이 웹 서버의 초당 요청 처리율은 크게 떨어질 것입니다.

그 외에도 잠금 상태를 확인하지 않고 바로 공유 리소스에 접근하거나 작업이 끝난 후에 잠금을 풀지 않도록 하는 등의 실수를 만들기 쉽습니다. 또한 이렇게 보호해야 하는 공유 리소스 개수가 늘어나면 잠금 개수도 늘어날 텐데 그만큼의 성능 하락은 그렇다 하더라도 잘못된 잠금을 사용하거나 최악의 경우 스레드 간의 교착 상태를 유발할 수도 있습니다.

교착 상태를 설명하기 위한 재미있는 비유가 있는데요. 바로 '식사하는 철학자 문제(The Dining-Philosophers Problem)'라고 이름 붙여진 문제입니다. 다섯 명의 철학자가 원탁에 둘러 앉아 식사를 하는 모습을 상상해봅시다. 메뉴는 파스타입니다. 철학자들은 포크 두 개를 이용해서 파스타를 먹을 수 있습니다. 문제는 포크 개수가 충분치 못해 포크가 다섯 개 밖에 없다는 것입니다. 포크는 각 철학자 사이에 하나씩 놓이게 됩니다.

▲ 그림 8-1 식사하는 철학자 문제

철학자는 다음과 과정을 통해 식사를 하게 됩니다.

1. 일정 시간동안 생각한다.
2. 왼쪽 포크를 사용할 수 있을 때까지 대기한다. 만약, 사용할 수 있다면 포크를 집어 든다.
3. 오른쪽 포크를 사용할 수 있을 때까지 대기한다. 만약, 사용할 수 있다면 포크를 집어 든다.
4. 양쪽의 포크를 잡으면 일정 시간만큼 식사를 한다.
5. 오른쪽 포크를 내려놓는다.
6. 왼쪽 포크를 내려놓는다.
7. 다시 1번으로 돌아간다.

만약, 모든 철학자가 동시에 자신의 왼쪽에 있는 포크를 집어 든다면 어떻게 될까요? 모든 포크가 사용 중인 상태가 되기 때문에 아무도 오른쪽 포크를 집어 들지 못해 영원히 대기를 해야 하고 결국 모두 굶게 될 것입니다. 이 이야기에서 철학자들은 스레드, 포크는 공유 리소스를 의미하며, 포크를 드는 행위는 리소스를 사용하기 위해 잠금을 거는 상태를 의미합니다. 이해를 돕기 위해 상황을 단순화해서 설명했지만 실제로는 훨씬 더 복잡한 코드와 조건에 의해 골치 아픈 동시성 문제가 발생할 수 있습니다. 대부분의 동시성과 관련된 버그는 재현하기도 힘들기 때문에 그 문제가 더욱 심각합니다.

Go의 동시성 프로그래밍

앞에서 Go가 동시성 문제를 해결하기 위해 CSP(Communicating Sequential Process) 개념을 적용했다고 했는데요. 이 개념을 설명하기 위해 다른 비유를 들어보겠습니다. 테이블 위에 두 사람이 있습니다. 두 사람은 여러 수학 문제가 적힌 문제지를 들고 있습니다. 문제의 답을 기록하기 위한 답안지는 테이블 중앙에 하나밖에 없습니다. 두 사람이 동시에 문제를 풀기 시작한다면 어떤 일이 벌어질까요? 일단 공유 리소스인 답안지를 서로 동시에 접근하려는 문제가 있을 것입니다. 앞서 언급한 잠금을 통해 답안지는 한 번에 한 명만 접근할 수 있도록 하겠습니다. 하지만 또 다른 문제가 있습니다. 바로 동시에 같은 문제를 풀게 되는 상황입니다. 문제를 풀기 전에는 분명 답안지가 비어있었는데 열심히 문제를 풀고 난 뒤에 답안지에 답을 기록하려고 보니 이미 다른 사람이 문제를 풀어 답을 기록해놓은 것입니다. 비효율이 발생했습니다.

설계를 조금 바꿔보겠습니다. 이제 수학 문제를 시험지가 아니라 각각의 카드로 만듭니다. 이를 테이블 위에 쌓아놓고 각자 하나씩 가져가서 풀기로 했습니다. 이로써 동시에 같은 문제를 풀게 되는 비효율을 방지할 수 있습니다. 하지만 여전히 문제를 다 풀고 답을 기록하려고 할 때 다른 사람이 답안지를 쓰고 있다면 대기를 해야 하는 문제가 있습니다. 이 역시 비효율입니다.

테이블에 앉아 문제를 푸는 사람이 둘이 아니라 더 늘어난다면 비효율은 더욱 심각해질 것입니다. 만약, 100명이 문제를 푼다고 하면 어떨까요? 최악의 경우 문제를 풀고 나서 99명이 답안지를 쓰는 것을 기다려야 할 수 있습니다. 싱글 스레드 방식에 비해서 100배의 리소스를 사용했지만 성능은 크게 차이가 나지 않을 수도 있습니다.

100명 중 한 명이 답안지 기록을 전담하도록 하는 것은 어떨까요? 다른 99명의 사람들은 각자 수학 문제를 풀고는 그 답을 적어 답안지를 기록하는 사람 앞에 쌓아둡니다. 문제를 푸는 사람이 99명이나 되기 때문에 답안지를 기록하는 사람은 쉴 새 없이 답안지에 답을 기록해야 할 것입니다. 99명의 문제를 푸는 사람들도 답안지를 쓰기 위해 대기할 필요가 없으니 바로 다음 문제를 풀 수 있습니다. 쉴 새 없이 일하는 모습이 조금 딱하기도 하지만 이를 프로그램이라고 생각한다면 높은 효율을 보인다고 할 수 있을 것입니다.

이것이 바로 Go에서 제공하는 동시성 모델입니다. Go에서는 채널Channel이라는 개념을 언어 레벨에서 지원함으로써 이러한 동시성 모델을 지원하는데요. 채널은 스레드끼리 데이터를 주고받을 수 있는 파이프 같은 개념입니다. 물이 파이프 한 쪽 끝에서 다른 쪽 끝으로 흐르는 것처럼 채널을 이용해서 한 쪽 스레드에서 다른 쪽 스레드로 데이터를 보낼 수 있습니다. 앞서 동시성 프로그래밍에서의 문제 대부분은 여러 스레드에서 하나의 리소스를 공유해야 하는 상황에서 발생한다고 이야기했는데요. Go의 동시성 모델에서는 여러 스레드가 하나의 리소스에 접근하기보다는 하나의 리소스가 채널을 타고 여러 스레드로 흐르도록 구성하는 방식을 추천하고 있습니다. 각 스레드에서는 해당 리소스가 채널을 통해 자신에게 왔을 때만 접근할 수 있으므로 동시에 여러 스레드가 한 번에 접근하는 상황을 피할 수 있는 것입니다. 이러한 개념을 효율적인 Go를 작성하기 위한 가이드 문서인 〈Effective Go〉에서는 아래와 같은 문장을 통해 설명하고 있습니다.

"Do not communicate by sharing memory; instead, share memory by communicating."

즉, 여러 스레드가 데이터를 교환하기 위해 (communicate) 공유 리소스를 만들지 말고 (sharing memory) 채널을 통해 직접 리소스를 전달함으로써 (share memory) 데이터를 교환하게 (communicating) 구성하라는 의미입니다.

물론, Go에서 잠금을 아예 사용할 수 없는 것은 아닙니다. Go가 제공하는 동시성 모델도 좋지만 구조적으로 이렇게 구성할 수 없는 경우도 있습니다. 혹은 잠금을 이용한 구조가 더 효율적인 경우도 있습니다. 이를 위해 Go SDK의 sync 패키지 내에 'Mutex'라는 구조체를 제공하고 있습니다. 하지만 채널은 언어 레벨에서 문법으로써 제공하는 기능인 반면 잠금은 SDK에서 불러와야만 사용할 수 있게 만들어 놨으니 어떤 방식을 더 추천하고 있는지는 묻지 않아도 알 수 있습니다.

경량 스레드, 고루틴

Go에 대해 흔히들 동시성 프로그래밍에 유리한 언어라고 이야기합니다. 하지만 그 이유가 채널을 이용한 동시성 모델 때문만은 아닙니다. 오히려 경량화된 스레드인 '고루틴Goroutine'이라는 존재 때문에 동시성 프로그래밍에 많이 사용되곤 합니다. 고루틴은 Go 런타임에서 제공하는 일종의 가상 스레드 같은 개념인데요. 실제 운영체제에서 제공하는 스레드보다 더 적은 메모리를 사용하기 때문에 스레드의 생성과 삭제에 소요되는 부담이 적습니다.

하지만 이것이 어떻게 가능한 것일까요? Go에서 운영체제가 제공하는 스레드를 사용하지 않고 직접 스레드 기능을 구현한 것일까요? 사실 Go 내부적으로는 운영체제의 스레드를 사용하고 있습니다. 그리고 그 위에 경량 스레드인 고루틴을 다중화(Multiplex)하는 방식으로 구현되어 있습니다. 즉, 상대적으로 적은 수의 운영체제 스레드에 더 많은 수의 고루틴을 직접 스케줄링함으로써 경량 스레드라는 개념을 구현해낸 것입니다.

그럼 왜 Go는 이런 선택을 필요로 했을까요? 그 이유는 운영체제 스레드를 직접 사용하는 것이 매우 무거운 작업이기 때문입니다. 모든 스레드는 '스택Stack'이라는 메모리 공간을 필요로 합니다. 스택은 스레드가 코드를 실행하는 동안 함수 안에 있는 매개변수와 지역변수 같은 데이터를 저장하는 데 사용하는데요. 일반적으로 1MB 정도가 스레드마다 할당됩니다. 즉, 스레드를 1,000개 생성한다면 스레드의 스택을 위해서만 약 1GB에 가까운 메모리를 필요로 하게 되며, 이로 인해 많은 수의 스레드를 사용하는 데에 제약이 있을 수밖에 없습니다.

사실 스택을 위해 할당되는 1MB라는 크기는 좀 큰 편이라고 할 수 있는데요. 이렇게 큰 값의 크기를 잡은 이유는 운영체제 입장에서는 해당 스레드가 어떤 프로그래밍 언어에 의해서 어떤 코드를 실행하게 될지 전혀 알 수 없기 때문입니다. 그러므로 보수적으로 접근할 수밖에 없습니다. 하지만 Go의 런타임은 어떤 코드를 실행할지 알 수 있습니다. 따라서 스택 크기를 좀 더 유동적으로 할당할 수 있습니다. 실제로 각 고루틴은 2KB라는 작은 크기의 스택만을 할당받으며 새로운 함수를 실행하기 전에 함수에 필요한 스택의 양을 확인하고 부족한 양을 동적으로 추가 할당합니다. 고루틴의 2KB라는 스택 크기는 운영체제 스레드의 1MB와 비교하면 압도적으로 작은 숫자이기 때문에 많은 수의 고루틴을 생성하더라도 메모리에 가해지는 부하가 압도적으로 작습니다. 실제로 몇 십 만 개의 고루틴을 사용하는 프로그램을 심심치 않게 볼 수 있습니다.

스레드의 생성 시점에 발생하는 부하도 매 스레드마다 1MB의 메모리를 할당해야 하는 운영체제 스레드보다 2KB만 필요로 하는 고루틴의 생성이 더 가벼울 수밖에 없습니다. CPU에서 다른 스레드의 작업을 수행하기 위해 전환하는 과정인 콘텍스트 스위칭 Context Switching 마저 고루틴은 커널을 호출하지 않고 Go의 런타임에서만 이루어지기 때문에 훨씬 더 빠르게 동작합니다.

고루틴과 같은 가상 스레드 개념이 없는 다른 프로그래밍 언어에서는 스레드 생성에 따른 부하를 줄이기 위해 스레드 풀Thread Pool 같은 기법이 사용되기도 합니다. 이는 새로운 스레드를 필요할 때마다 스레드를 생성하는 대신, 한 번에 스레드를 여러 개 생성해놓고 이를 돌려가면서 재사용하는 기법입니다. 스레드의 생성과 제거에 필요한 부하를 줄일 수 있어 성능에 상당한 도움이 됩니다.

하지만 특정 시점에 필요한 수만큼의 스레드를 스레드 풀에 가지고 있어야 한다는 한계도 있습니다. 예를 들어, 웹 서버에서 20개 크기의 스레드 풀을 만들어 요청을 처리하게끔 구성했다고 가정해봅시다. 이때 20개의 스레드가 모두 데이터베이스에 접근하거나 네트워크 통신 등의 I/O 작업을 하고 있다면 스레드들은 자연히 일시 중지 상태에 놓일 수밖에 없습니다. 따라서 CPU는 놀고 있지만 I/O 작업이 끝날 때까지 새로운 요청을 처리할 수가 없습니다.

사실 이러한 고루틴의 개념을 Go에서 처음 만들어 낸 것은 아닙니다. 이전부터 가상 스레드와 같은 이름으로 얼랭Erlang, 하스켈Haskell 등의 언어에서 사용되곤 했습니다. 재미있는 점은 자바의 초기 버전인 1.1에서도 '그린 스레드Green Thread'라는 이름의 가상 스레드 기법을 적용되었다가 1.3 버전에서 제거되었는데, 20여 년이 흐른 후에 19 버전에서 다시 도입했다는 점입니다.

Go의 오류 처리

대부분의 현대 프로그래밍 언어에서는 오류 처리를 위해 예외 (Exception) 모델이 널리 사용되고 있습니다. 예외 모델을 사용하는 대표적인 언어로는 '자바'를 꼽을 수 있습니다. 예외 모델은 각 함수가 정상적으로 종료될 수 있는 조건이 있다는 점을 기반으로 합니다. 만약, 이 조건에 부합되지 않는 예외 상황이 발생했을 경우 코드 실행을 즉시 중지하고 예외를 던집니다. 이렇게 던져진 예외는 해당 함수를 호출한 상위 호출부에서 잡아 처리할 수 있으며 그보다 더 상위 호출부로 던져지도록 그대로 둘 수도 있습니다.

하지만 Go에서는 예외 모델을 사용하지 않습니다. 대신 함수의 실행 결과로써 오류를 반환하는 방식을 사용하고 있습니다. 관습적으로 함수가 반환하는 데이터 중 마지막 자리에 오류를 반환하고 있습니다. 따라서 대부분의 Go 코드에서 아래와 같은 오류 체크 로직을 쉽게 찾아볼 수 있습니다.

```
result, err := doSomething()
if err != nil {
    // error handling
}
```

이러한 Go의 오류 처리 방식은 호불호가 상당합니다. 예외 모델에 익숙한 개발자에게는 함수 호출을 할 때마다 오류를 확인하는 과정이 번거롭게 느껴지기 때문입니다. 하지만 Go를 설계한 이들은 이것이 모두 의도적인 선택이었다고 말합니다.

예외 모델을 사용하고 있는 언어에서 예외는 일종의 특수한 타입입니다. 일반적인 제어 흐름은 하나의 함수를 실행하면 그 함수 내부로 진입했다가 함수가 종료하면 원래의 호출부로 돌아오게 됩니다. 하지만 예외는 다수의 함수 호출부를 지나쳐 한번에 최상위 호출부까지 올라갈 수 있는 특수 제어 구조입니다.

Go에서는 이러한 예외의 특수 제어 구조가 오류를 처리하는 프로그램의 제어 흐름을 왜곡한다고 봤습니다. 더불어 예외 모델에서는 실제로 함수 호출 구조를 모두 지나쳐 올라가야 하는 치명적인 오류가 아닌데도, 쉽게 예외로 만들어져 다뤄지는 경향이 있습니다. 이에 반해 Go에서는 대부분의 오류 역시 함수가 반환하는 다른 값처럼 '값의 일종'으로 다뤄야 한다고 봤습니다. 예를 들어, 파일을 수정하는 코드를 실행한다면 당연히 수정해야 하는 파일이 없는 상황에 대한 오류가 발생할 수 있습니다. 이러한 경우 파일을 다시 생성해주는 오류 처리 코드를 보강해주면 되는 일이지, 이 오류가 모든 프로그램의 실행을 중단하고 예외를 던질 만큼 치명적인 경우가 아니라고 보는 것입니다.

물론, Go의 오류 처리 방식이 예외 모델에 비해서 다소 장황한 코드를 만들어내는 경향이 있습니다만, 이러한 단점은 코드의 명확성과 단순성으로 상쇄할 수 있습니다. 실제 경험적으로 봤을 때도 예외 모델을 사용하는 언어에서는 예외를 단순히 위로 던져 올리기만 하는 코드를 작성하기 쉽지만, Go에서는 매번 오류 체크를 하면서 자연히 오류 처리 코드를 더 고민하게 되어 안정적인 코드를 작성하는 경향이 있습니다.

8장을 마치며

Go는 특유의 동시성 모델 덕분에 분산 네트워크 서비스 분야에 많이 사용되며, 실행파일이 외부 종속성을 가지지 않는다는 장점 덕분에 CLI 프로그램을 만드는 데에도 널리 사용되고 있습니다. 하지만 가장 널리 사용되는 곳은 클라우드 분야일 것입니다. Go는 동시성 기능과 함께 높은 플랫폼 이식성으로 인해 클라우드 네이티브 애플리케이션을 구축하는 데에 적합하다는 평을 받고 있습니다. 실제로 도커Docker, 쿠버네티스Kubernetes 같은 소프트웨어는 모두 Go로 작성되었습니다.

Go는 출시된 지 10여 년 밖에 되지 않은 상대적으로 젊은 언어지만 이렇게 널리 사용되는 것을 보면 Go가 주류에 제대로 안착한 것으로 보입니다. 그리고 앞으로도 클라우드 바람을 타고 더욱 큰 활약이 기대되는 언어 중 하나입니다.

시작하는 개발자들을 위한
기술 여행 가이드

2부
환경 이야기

시작하는 개발자들을 위한
기술 여행 가이드

9장

서버 환경의 변화

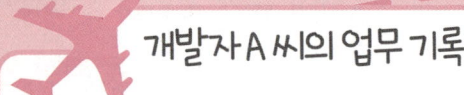

개발자 A 씨의 업무 기록

CentOS 설치와 의존성 패키지 관리

신입 개발자로 입사한 첫 날에 있었던 일이다. 인사팀에서 계약서를 작성하고는 팀원들과 인사를 하면서 오전 시간을 모두 보냈다. 점심식사를 하고 들어와서 사수와 간단하게 티타임을 했다. 사수는 내가 앞으로 해야 될 업무를 대략적으로 설명해주고는 과제를 하나 주었다.

"CentOS 테스트 서버를 하나 만들어 줄테니 오라클 데이터베이스를 설치해보세요."

얼떨결에 고개를 크게 끄덕이긴 했지만 무엇부터 해야 할지 전혀 감이 오질 않았다. 아니, 이 일을 내가 할 수 있을지조차 확신하기 어려웠다. 경험하지 못한 전혀 새로운 종류의 일이었기 때문이다.

애초에 나는 CentOS라는 운영체제를 다뤄본 경험이 없었다. 그렇다고 다른 리눅스는 경험이 있느냐 하면, 서버에 접속해서 간단한 명령어 몇 개를 입력한 경험이 전부일 정도로 리눅스 환경에 문외한이었다. CentOS라는 이름은 어디서 들은 것 같긴 했지만 정확히 어떤 계열의 배포본인지조차 알지 못했다.

오라클 데이터베이스 역시 설치해본 경험이 없었다. 학교 수업 때 오라클 데이터베이스를 사용해보기는 했다. 하지만 그건 조교가 미리 설치해놓은 데이터베이스 서버로 접속하여 사용해봤을 뿐이고 그걸 설치하는 것은 수업에서 다루는 영역의 바깥 일이었다.

　사수는 덧붙여 이 과제는 개발팀에 입사한 모든 신입 개발자가 거치는 첫 공통 과제이며, 모든 설치가 끝나고 나면 다음 과제가 주어질 것이라고 했다. '이 과제조차도 못하면 나는 잘리는 건가' 하는 불안감이 내심 들었다.

　역시 내가 기댈 수 있는 것은 '구글링(Googling)'이었다. 인터넷을 통해 오라클 데이터베이스 설치와 관련된 몇 개의 블로그 글과 가이드 문서를 구했다. 설치를 위한 패키지 파일도 다운로드했다. 패키지 파일을 테스트 서버로 업로드하고는 가이드 문서에 적힌 대로 명령어를 치기 시작했다. 무슨 의미인지도 알 수 없는 명령어를 몇 개 정도 입력하니 기본적인 환경 설정이 완료된 듯 했다. 설치 파일을 실행시키자 화면에는 [그림 9-1]과 같은 창이 출력되었다.

▲ 그림 9-1 오라클 인스톨러 GUI 화면

이 화면이 등장한 것만으로 얼마나 안심이 되었는지 모른다. 의미도 알 수 없는 명령어를 오타라도 날까봐 한 자 한 자 조심스럽게 타이핑해나가는 것보다는, 이런 화면에서 [Next] 버튼을 누르는 것이 훨씬 직관적이고 쉬웠으니 말이다. 하지만 이러한 안심도 오래가지 못했다. 설치 중간 단계에서 막혔기 때문이다. 가이드 문서에는 별문제 없이 지나가는 부분인데 유독 내 화면에서는 뭔가 빨간색 오류 구문이 보이면서 [Next] 버튼이 비활성화되어 있었다. 화면 중앙에는 십여 개의 알 수 없는 패키지 이름이 있었고 그 옆에는 "Failed"라는 글자가 출력되어 있었다. 지금에서야 '아! 의존성 패키지가 설치되지 않았구나' 하고 원인을 바로 알 수 있는 화면이었지만 당시에는 그 사실을 정확히 파악하는 것조차 꽤 많은 시간을 잡아먹었다. 내가 그전까지 사용하던 윈도우즈 환경에서는 무언가를 설치하면서 의존성 패키지를 신경 써본 경험이 없었기 때문이다.

　내가 참고한 가이드 외에 다른 블로그 글을 더 찾아봤다. 블로그에 실린 몇 개의 글을 더 읽다 보니 내가 봤던 가이드에는 없던 "yum install …"으로 시작하는 명령어가 안내되어 있었다. 바로 "yum"이라는 CentOS의 패키지 관리자를 통해 필요한 패키지를 설치하는 과정이었다. 이 정보를 참고하여 필요한 패키지를 모두 설치하고 다시 설치 파일을 실행시켰다. 다행히 의존성 패키지를 체크하는 화면에서 정상적으로 [Next] 버튼이 활성화되어 있었고 그 다음 단계로 진행할 수 있었다.

　그 뒤로도 몇 번의 실수와 착오로 인해 두세 번 정도 삭제와 재설치를 반복했고, 무사히 모든 설치를 성공적으로 마쳤을 즈음에는 퇴근 시간이 살짝 지나 있었다. 숙제 검사를 맡는 학생의 심정으로 사수에게 완료를 보고했고, 사수는 수고했다며 얼른 퇴근하라고 말했다. 신입이 이 과제에 하루가 채 안 걸린 것은 그래도 나쁘지 않은 성적이라고 칭찬 비슷한 말도 덧붙여 주었다.

이튿날 사수와 회의실에서 마주 앉았다. 오늘부터는 우리 팀이 만들고 있는 솔루션의 구조와 설치 방법에 대해 배우게 될 것이라고 했다. 그는 바로 뒤편에 있는 화이트보드에 온갖 도형과 글자를 적어가며 설명을 해주었고, 나는 그것을 정신없이 노트에 받아 적느라 바빴다. 생소한 단어가 많았지만 일단 노트에 적어 두고 차후에 찾아보기로 했다. 전날 오라클 데이터베이스 설치보다 한층 복잡하고 해야 할 일이 많았다. 어떤 설정 파일을 어떻게 고쳐야 하는지, 어떤 패키지를 설치하고 또 구동시켜야 하는지 등 화이트보드에 빼곡한 내용을 계속에서 눈으로 한 번 담고 노트에 두 번 담았다.

대략적인 구조 설명이 끝난 뒤에 설치 방법에 대한 설명이 이어졌다. 사수는 노트북 화면에 팀의 위키 페이지를 띄웠다. 설치 관련 페이지로 들어가 보니 설치 방법이 케이스별로 각각의 문서로 정리되어 있었다. 그중 'Standalone'이라고 적혀있는 문서를 열었다. 하나의 서버 안에 필요한 모듈을 모두 설치하는 가장 심플한 형태의 구성이었다.

"이 문서를 참고해서 어제 설정했던 서버에 설치해보세요."

두 번째 과제였다. 사수는 설치하다가 중간에 막히면 자기를 찾아와서 물어봐도 좋다는 말을 남기고 회의실을 떠났다. 전날 오라클 데이터베이스를 성공적으로 설치해 낸 경험 때문이었을까, 어쩐지 할 수 있을 것 같은 자신감이 생겼다.

내 자리로 돌아와 위키 페이지를 열고 노트에 필기한 부분을 참고하면서 관련 내용을 되짚어보았다. 내용을 100% 이해하진 못했지만 부딪혀보면 어떻게든 되리라는 낙관적인 생각이 들었다.

팀 FTP 서버로 접속하여 솔루션의 설치 파일을 테스트 서버로 다운로드했다. 전날 했던 것처럼 패키지 관리자인 yum을 통해 필요한 의존성 패키지를 설치했다. 그리고 교육받은 대로 정해진 위치에 디렉터리를 만들고 압축 파일을 해제했다. 솔루션은 여러 모듈이 소켓과 파일을 통해 유기적으로 데이터를 주고받는 구조로 되어 있었기 때문에 소켓 포트라든지, 데이터 파일이 생성되는 위치를 잘 지정해주는 것이 중요했다. 설정 파일을 열어 포트 번호를 비롯해 몇 가지 설정을 수정해주었다.

얼추 노트에 적힌 대로 된 것 같아 웹 브라우저를 열고 테스트 서버로 접속했다. 접속 자체는 정상적으로 이루어졌는데, 모듈이 제대로 연결되지 않았다는 오류 메시지가 출력되었다. 설정 파일을 잘못 수정한 부분이 있는가 싶어 살펴봤지만 눈 씻고 찾아봐도 설치 문서와 다른 부분을 찾기 힘들었다. 한참을 보고 또 보다가 사수에게 도움을 청했다. 사수는 오류 메시지를 확인하더니 ps 명령어를 실행해 프로세스 목록을 확인했다.

"매니저 모듈이 안 떴네요."

그러면서 매니저 모듈의 설정 파일을 열어서 몇 가지 부분을 수정하고 숙련된 손길로 매니저 모듈을 구동시켰다. 이윽고 웹 브라우저에 출력되던 오류 메시지가 사라지고 정상적인 화면이 출력되었다. 나는 내가 실수로 누락시켰나 싶어서 다시 한번 설치 문서를 뒤졌지만 매니저 모듈을 구동시키는 부분은 찾을 수 없었다.

"매니저 모듈이 비교적 최근에 추가된 모듈이라서 위키에 반영이 안 되었던 것 같아요. 이건 A 씨가 수정해줄 수 있을까요?"

팀 내의 다른 개발자는 이미 다 알고 있는 내용이기 때문에 설치 문서를 보지 않고도 설치를 수월하게 할 수 있었고, 그러는 과정에서 설치 문서의 수정이 누락되었던 모양이다. 그렇게 쉽지 않았던 두 번째 과제까지 완수할 수 있었다.

정적 링크와 동적 링크

앞서 본 오라클 데이터베이스처럼 서버 환경에서 돌아가는 프로그램은 의존성 패키지를 필요로 하는 경우가 많습니다. 사실 이는 C 언어를 경험하면서 배우게 되는 정적 링크(Static Link) 및 동적 링크(Dynamic Link)와 관련이 있습니다.

프로그래밍을 하다 보면 외부 라이브러리의 의존성 없이 처음부터 끝까지 내 코드로만 프로그래밍을 하는 경우는 거의 없습니다. 공통으로 많이 사용되는 기능의 경우에는 다른 개발자가 이미 잘 만들어 놓은 라이브러리가 존재하며, 정말 간단한 프로그램이 아닌 이상에는 이러한 라이브러리를 함께 사용하게 됩니다. 그리고 그 외부 라이브러리를 사용한 내 코드가 의도대로 동작하기 위해서는 내 컴파일 결과물에 라이브러리 코드도 함께 포함되어야 합니다. 이러한 방식을 '정적 링크'라고 합니다.

하지만 정적 링크 방식은 리소스 관점에서 다소 비효율적입니다. [그림 9-2]와 같이 공통적으로 사용되는 Common이라는 라이브러리와 이를 사용하는 A와 B라는 프로그램이 있다고 가정하겠습니다. 만약, Common 라이브러리를 정적 라이브러리(.a) 형태로 컴파일한 뒤에 A, B에서 정적 링크 방식으로 빌드하면 Common 라이브러리를 이루는 코드는 A와 B에 각각 중복되어 포함됩니다. 자연히 각각 실행파일의 크기가 커지는 것은 물론이고, 이를 실행했을 때에 메모리에 Common의 코드도 중복되어 올라가게 됩니다. 개발자들이 싫어하는 중복에 따른 비효율이 발생하는 셈입니다.

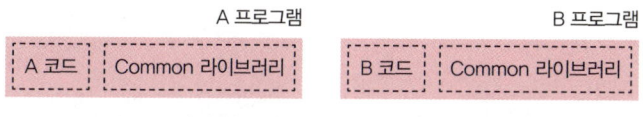

▲ 그림 9-2 정적 링크 방식의 Common, A, B에 대한 모형도

'동적 링크' 방식은 이러한 문제를 해결하기 위해 Common을 별도의 공유 라이브러리(.so)로 컴파일합니다. 그리고 A, B에서 이를 참조하여 빌드하면 실제 Common의 코드들은 컴파일 결과물에 포함시키지 않습니다. 대신 실행되는 시점에 별도로 존재하는 Common의 라이브러리 파일을 찾는 방식이죠. 정적 링크에 비해 다소 성능 효율은 떨어지지만 실행파일의 크기도 작아지고, 실행할 때에도 메모리에 Common의 코드가 별도로 올라가 중복을 방지하고 리소스를 효율적으로 사용할 수 있다는 장점이 있습니다.

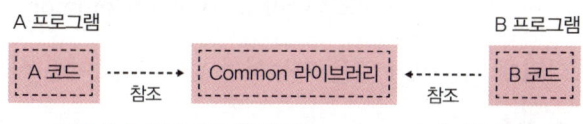

▲ 그림 9-3 동적 링크 방식의 Common, A, B에 대한 모형도

앞선 오라클 데이터베이스의 경우에도 따로 존재하는 라이브러리를 실행 시점에 참조합니다. 그래서 설치 과정에서 필요한 라이브러리 패키지를 검색하고, 필요한 패키지가 없을 경우 더 이상 설치를 진행시키지 않는 셈입니다.

패키지 관리자

원래 많은 프로그램에서는 이러한 라이브러리를 포함하여 패키지 형태로 배포합니다. 패키지는 일반적으로 레드햇Redhat 계열의 리눅스(CentOS 등)에서는 ".rpm", 데비안Debian 계열의 리눅스(우분투 등)에서는 ".deb"을 확장자로 사용합니다. 본래는 이러한 패키지를 인터넷 등의 수단을 통해서 구해야 하는데요. 여기서 의존성 지옥이 시작됩니다.

앞서 Common이라는 가상의 공통 라이브러리를 예로 들어 설명을 했습니다. 그렇다면 Common은 외부 라이브러리 없이 순수 자신의 코드만으로 구성되어 있을까요? 아마도 AnotherCommon과 같은 다른 라이브러리에 의존성이 있을 가능성이 높습니다. 이런 식으로 A는 Common을 참조하고, Common은 다시 AnotherCommon을 참조한다고 했을 때, 사용자가 A를 설치하려면 Common을 설치해야 하고, Common을 설치하려면 다시 AnotherCommon을 설치해야 합니다.

이런 문제를 보통 '의존성 지옥'이라는 이름으로 부릅니다. 벌써부터 머리가 아파오나요? 하지만 너무 걱정하지 않아도 됩니다. 여러분은 이러한 의존성 지옥을 직접 경험하지 않아도 될 확률이 높습니다. 다른 훌륭한 개발자들이 벌써 이런 문제를 해결해 두었거든요. 바로 '패키지 관리자'라는 프로그램을 통해서 말입니다.

대표적인 패키지 관리자로는 레드햇 계열의 yum, 데비안 계열의 apt가 있습니다. 만약, A라는 프로그램을 만든 개발자가 패키지 관리자에 자신의 프로그램을 등록해놨다면 여러분은 `yum install A`라는 명령을 통해 A가 참조하고 있는 Common은 물론, Common이 참조하고 있는 AnotherCommon까지 한 번에 설치할 수 있습니다. 앞서 개발자 A 씨가 오라클 데이터베이스를 설치할 때에도 yum이라는 패키지 관리자의 도움을 받아 필요한 의존성 패키지를 수월하게 설치할 수 있었습니다. 만약, 패키지 관리자가 없었다면 필요한 의존성 패키지들을 찾아 헤매면서 의존성 지옥과 마주하게 되었을 것입니다.

설치 문서

개발자 A 씨가 마주했던 설치 문서처럼 설치와 관련된 부분을 대개 문서로 남겨놓곤 합니다. 추후 동일한 작업을 하게 되었을 때 참고하기 위한 목적입니다. 그리고 설치 방법이 변경되면 자연히 이 문서에도 변경된 부분을 반영해야 합니다. 하지만 이런 부분은 누락되기 쉽습니다. 개발자 A 씨가 마주했던 상황처럼 말이죠. 일정이 바쁘다 보니 우선순위가 낮은 설치 문서 수정을 깜빡 잊을 수도 있고, 애초에 이런 문서가 있다는 사실 자체를 잊어서 수정을 못하는 경우도 있습니다. 보통 이런 식으로 사람의 실수로 인해 발생하는 오류를 '휴먼 오류'라고 부릅니다.

경우에 따라서는 설치 문서 대신 설치 스크립트로 만들어 두는 경우도 있습니다. 주로 설치와 관련된 작업이 자주 반복되면 이런 식으로 자동화를 해두곤 하는데요. 매번 문서에 있는 명령어를 하나하나 입력하기보다는 설치 스크립트를 한 번만 실행하는 것이 간편하긴 합니다. 하지만 설치하려는 대상 서버가 만약, 여러 대라면 각각의 서버로 접속해 설치 스크립트를 업로드하고 실행하는 일도 적지 않은 수고를 들여야 합니다. 또한 설치 스크립트 역시 설치 문서와 마찬가지로 여전히 변경사항이 누락될 수 있고요.

프로비저닝 도구

다수의 서버를 관리하면서 휴먼 오류를 피하고자 개발자들은 여러 시도를 해왔습니다. 그 결과 중 하나가 '프로비저닝Provisioning'입니다. 프로비저닝 도구에는 여러 가지가 있지만 가장 범용적으로 사용되는 것은 '앤서블Ansible'입니다. 앤서블이 인기가 많은 이유 중 하나는 SSH 프로토콜로 동작하기 때문입니다. 쉽게 말해 대상 서버에 별도의 에이전트Agent를 설치해두지 않더라도 SSH 접속만 가능하다면 앤서블 스크립트를 실행할 수 있다는 뜻입니다.

앤서블에서 대상 서버가 어떤 식으로 구성되어야 하는지를 정의하는 스크립트를 '플레이북playbook'이라고 부릅니다. 간단한 앤서블의 플레이북을 살펴보면서 앤서블의 특징을 짚어보겠습니다.

```
- name: install nginx
  yum:
      name: nginx
      state: present
```

nginx를 설치하라는 내용의 플레이북입니다. 여기서 앤서블의 특징 하나를 짚어볼 수 있는데요. 바로 '선언적(Declarative)' 방식이라는 것입니다. 이와 반대되는 개념은 '절차적(Procedural)' 방식인데요. 앤서블뿐만 아니라 IT 전반에서 널리 사용되는 개념이므로 알아두면 좋습니다.

'절차적 방식'은 어떤 상태를 이루기 위해 필요한 절차를 명시하는 방식입니다. 예를 들어, 회사에 출근하기 위해 이루어지는 일련의 절차들, 현관문을 열고 나와 지하철을 타고 엘리베이터를 타는 등의 세부 동작을 정의하는 방식입니다. 흔히 많이 사용하는 배시 스크립트 Bash Script 같은 것을 굳이 이러한 분류로 나누자면 절차적 방식에 속한다고 할 수 있습니다.

그에 반해, '선언적 방식'은 이루고자 하는 상태 자체를 명시하는 방식입니다. 그럼 그 스크립트를 읽는 엔진은 현재 상태를 확인하여 이루고자 하는 상태와 다를 경우 해당 스크립트를 실행하는 방식입니다. 어떤 상태를 이루고자 무엇을 어떻게 수행해야 하는지에 대한 로직은 대개 스크립트를 읽는 엔진 내에 탑재되는 경우가 많습니다. 앞선 예와 같이 회사에 출근하기 위해 "개발자 A 씨는 회사에 있어야 한다"라는 상태를 알려주면 개발자 A를 회사로 보내기 위한 세부 동작은 엔진에서 알아서 해주는 셈입니다.

쉽게 말해서 절차적 방식은 "(이것을 설치하기 위해) 무엇을 해라"의 뉘앙스라면 선언적 방식은 "이것이 있으라"라고 선언하는 방식입니다. 앞서 예로 든 플레이북에서도 nginx를 설치하기 위해 어떤 명령어를 수행해야 하는지를 직접 작성하지 않습니다. 다만 nginx가 있으라(present)고 선언했습니다.

물론, 앤서블에서 절차적 스크립트가 사용되기도 합니다. 이 때문에 앤서블을 선언적이나 절차적이 아닌 하이브리드형이라고 분류할 수도 있습니다. 그렇지만 기본적으로 일부 절차적 스크립트 방식도 지원이 가능하더라도 큰 줄기는 선언적인 방식을 따르고 있다고 이해하면 좋겠습니다.

앤서블의 선언적 방식을 통해 자연스럽게 '멱등성(Idempotent)'이라는 특징이 보장됩니다. 멱등성이라는 단어가 생소한 분도 많을 것 같은데요. 이를 간단히 설명하면, 멱등성이란 '실행을 여러 번 해도 결과가 달라지지 않는 성질'을 말합니다.

예를 들어, /etc/hosts 파일에 8.8.8.8 google이라는 설정을 추가하고 싶다고 가정해봅시다. 이를 배시를 이용해 스크립트로 만들면 아래와 같이 쓸 수 있습니다.

```
$ echo "8.8.8.8 google" >> /etc/hosts
```

이 코드의 뜻은 /etc/hosts 파일에 "8.8.8.8 google"이라는 텍스트를 추가하라는 명령입니다. 이 구문은 '멱등성'을 보장하지 않습니다. 한 번만 실행하면 한 줄이 추가되겠지만 여러 번 실행하면 여러 줄이 추가되기 때문입니다. 그에 반해 앤서블 스크립트로 이 내용을 다시 작성해보면 아래와 같습니다.

```
- name: add google hosts
  lineinfile:
    path: /etc/hosts
    line: '8.8.8.8 google'
```

위의 플레이북 내용 역시 동일하게 /etc/hosts 파일에 "8.8.8.8 google"이라는 텍스트를 추가하라는 명령입니다. 아니, 정확히 말하면 /etc/hosts 파일에 "8.8.8.8 google"이라는 텍스트가 있어야 한다고 선언하는 내용입니다. 이 플레이북을 실행하면 앤서블은 /etc/hosts 파일을 뒤져서 "8.8.8.8 google"이라는 줄이 있는지 찾습니다. 그리고 해당 줄이 없는 경우에만 추가합니다. 따라서 여러 번 실행해도 같은 결과를 기대할 수 있습니다.

만약, 설치 문서를 앤서블 플레이북으로 대체한다면 어떨까요? 만약, 서버 환경에 변경사항이 생겼을 경우 현재의 설치 문서 방식에서는 서버에서 직접 변경사항을 반영한 뒤에 설치 문서를 수정하는 방식으로 진행할 것입니다. 앞서 말했듯이 설치 문서를 수정하는 일은 우선순위가 낮게 인식되기 때문에 깜빡 잊어버리기 십상입니다. 하지만 앤서블 플레이북을 도입하면 서버의 변경사항을 반영하기 위해 플레이북을 수정하고 실행합니다. 서버 환경의 상태와 함께 플레이북도 자연스럽게 최신화를 이룰 수 있습니다. 또한 이 플레이북을 깃과 같은 버전 관리 시스템을 통해 관리한다면 언제 누구에 의해 어떤 변화가 이루어졌는지에 대한 정보도 함께 확인할 수 있습니다.

컨테이너의 시대

개발자들이 자주 하는 변명에 대해 순위를 매겨본다면 아마 다음의 말이 1위를 차지하지 않을까 싶습니다.

"제 컴퓨터에선 잘 되는데요?"

개발자 입장에서는 자신의 컴퓨터에서 분명히 잘 돌아가는 것을 확인했을 겁니다. 하지만 이상하게도 다른 컴퓨터에서는 엉뚱하게 동작하곤 합니다. QA 팀으로부터 비정상 동작에 대한 피드백을 들을 수도 있고, 최악의 경우에는 최종 사용자로부터 불만사항을 들을 수도 있습니다. 정말 답답하지만 그렇다고 개발자의 컴퓨터를 그대로 가져다 줄 수는 없는 노릇입니다.

이러한 현상은 비단 국내 개발자만의 문제는 아닙니다. 구글에서 "It works on my machine"이라고 검색해보면 동일한 문제로 고통 받는 전 세계 개발자의 익살스런 이미지들을 볼 수 있습니다. 사실 이러한 문제는 대부분 개발환경과 운영 환경의 불일치에 기인합니다. 예를 들어, 개발자의 컴퓨터에서는 파이썬 3.10 버전을 이용해 개발했지만 실제 운영 환경이 3.6 버전이라면 문제가 발생할 수 있습니다. 개발자의 컴퓨터와 운영 환경에서의 설정 파일이 다를 수도 있습니다. 개발자 컴퓨터에서는 맥을 사용하는데, 실제 운영 환경에서 CentOS를 사용하는 경우에도 이런 문제가 발생할 수 있습니다.

도커Docker의 컨테이너 기술을 이용하면 이러한 개발환경과 운영환경의 불일치 문제를 어느 정도 해소할 수 있습니다. 도커는 2013년에 처음 세상에 알려진 리눅스 컨테이너 구현체로, 등장과 동시에 전 세계의 개발자를 열광시킨 기술입니다. 사실 컨테이너 기술 자체는 2000년대부터 계속 연구되고 사용되던 기술이었습니다. 하지만 사용하기가 매우 어려웠기 때문에 일반 개발자에게까지 널리 알려지지는 못했습니다. 하지만 도커는 이 리눅스 컨테이너가 가지고 있는 기술적인 복잡함의 허들을 낮춰 개발자들에게 편리하게 사용할 수 있도록 해주었습니다.

흔히들 컨테이너에 대해 처음 접하면 단순히 가상화 기술로 받아들여 VMWare나 VirtualBox와 같은 가상 머신의 개념과 혼동을 일으키곤 합니다. 겉에서 보기에는 비슷해 보일지 몰라도 내부적으로는 큰 차이가 있습니다.

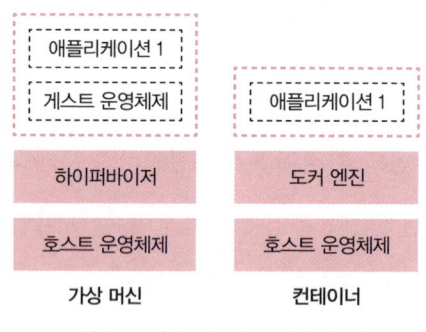

▲ 그림 9-4 가상 머신과 컨테이너의 차이

[그림 9-4]와 같이 가상 머신은 게스트 운영체제(Guest OS)와 커널이 통째로 가상화됩니다. 실제로 게스트 운영체제에서 수행되는 동작을 가상 머신 엔진(Hypervisor, 하이퍼바이저)에서 가로채어 호스트 운영체제에서 가상으로 수행합니다. 가상 머신을 높은 수준으로 격리할 수 있다는 장점은 있지만 성능 면에서는 매우 비효율적입니다.

반면 컨테이너에서는 프로세스, 파일 시스템, 네트워크, CPU 및 메모리 등에 대한 가벼운 격리만을 제공합니다. 가상 머신처럼 게스트 운영체제의 동작을 가상으로 수행하는 대신, 호스트 운영체제의 커널을 같이 공유하여 사용합니다. 가상 머신의 방식에 비해 격리의 수준이 낮고 지원하는 게스트 운영체제의 범위가 좁긴 하지만 성능 면에서는 매우 효율적입니다.

쉽게 말하면, 가상 머신은 게스트 운영체제의 동작을 가상으로 모방하지만, 컨테이너는 호스트 운영체제의 자원을 격리하여 제공하는 방식입니다. 따라서 성능 측면에서 가상 머신에 비해 컨테이너에 이점이 있습니다. 이러한 이유로 실제 운영 환경에서도 컨테이너 기술을 적극적으로 사용하고 있는 추세입니다.

그럼 컨테이너 기술이 개발환경과 운영 환경의 불일치 문제를 어떻게 해소할까요? 컨테이너 기술을 도입한 개발자들은 자신의 컴퓨터에서 개발할 때에도 수정한 코드를 컨테이너 위에 올려서 테스트합니다. 그 컨테이너 내에는 애플리케이션 코드가 동작하는 데에 필요한 모든 의존성과 환경 구성이 포함되어 있습니다. 테스트가 끝나면 애플리케이션 코드를 배포하는 것이 아니라, 코드를 포함한 컨테이너를 이미지로 빌드하여 배포합니다. 개발환경에서 테스트에 사용된 컨테이너 환경이 그대로 운영 환경으로 옮겨져 구동되는 구조입니다. 따라서 내 컴퓨터에서도 실행이 잘 되면 운영 환경에서도 실행환경이 잘 될 것으로 기대할 수 있는 셈이죠.

더불이 이 컨테이너 기술을 도입하면서 앞에서 이야기한 프로비저닝 도구 영역도 일정 부분 대체되는 경우가 많습니다. 예를 들어, 필요한 의존성 패키지를 설치하는 일, 디렉터리 구조를 만들어 놓는 일, 설정 파일을 배치하는 일 모두가 대부분 컨테이너 내에서 이루어지게 됩니다. 따라서 기존의 서버 환경에 대한 프로비저닝의 역할이 많이 줄어들게 됩니다. 단적으로 간단한 구성의 서비스에서는 운영 서버는 도커만 설치되어 있는 일종의 컨테이너 머신으로 동작하고, 서비스를 제공하는 데에 필요한 구성요소가 전부 컨테이너 내에 포함되는 구성도 심심치 않게 찾아볼 수 있습니다.

새로운 시대의 운영체제, 쿠버네티스

컨테이너 기술은 가히 혁신이라고 부를 수 있습니다. 하지만 IT 업계에서는 "은빛 탄환은 없다"라는 오래된 격언이 있습니다. 소프트웨어 개발에서 발생하는 모든 문제를 일거에 해소해줄 수 있는 마법과 같은 방법은 없다는 뜻인데요. 실제로도 막상 업무 환경에서 컨테이너를 도입한 개발자들은 또 다른 고민과 마주치게 됩니다. 대규모 시스템에서는 컨테이너 기술을 도입한다고 하더라도 해소되지 않는 복잡성이 너무 컸기 때문입니다.

대규모 시스템이라는 말만으로는 감이 잘 오질 않는데요. 예를 한 번 들어보겠습니다. 먼저 컨테이너 기술을 이용해서 아주 간단한 웹 서비스를 하나 운영한다고 가정해보겠습니다. 아마도 서버 한 대 정도에 컨테이너 한두 개 정도가 올라가게 될 것 같네요. 이런 정도의 규모라면 복잡성이 크게 문제되지 않습니다. 컨테이너를 업데이트하거나 롤백하는 종류의 일도 몇 초가 채 걸리지 않기 때문입니다.

스케일을 조금 키워볼까요. 여러분의 운영 환경에 수백 대의 서버가 있고, 그 모든 서버에서 수십 개의 모듈이 수백 개의 컨테이너에 의해서 구동 중이라고 생각해봅시다. 배포를 할 때마다 모든 컨테이너를 일일이 점진적으로 업데이트해줘야 합니다. 어떤 컨테이너를 어떤 서버에서 구동시킬 지에 대한 스케줄링 문제도 여러분이 직접 고민하고 작업해줘야 합니다. 일부 서버로 부하가 몰리는지 실시간으로 모니터링하면서 때에 따라서는 컨테이너를 이리저리로 적절히 옮겨줘야 합니다.

이런 작업은 낮과 밤을 가리지 않습니다. 여러분은 종종 새벽에 모니터링 시스템의 알람 소리를 듣고 잠에서 깰 것입니다. 특정 컨테이너가 부하를 심하게 일으키면서 같은 서버에 있는 다른 컨테이너가 정상적으로 동작하지 못하면서 발생하는 알람입니다. 여러분은 졸린 눈을 비비며 노트북을 열고 모니터링 대시보드를 통해 상황을 파악합니다. 리소스가 부족해 정상적으로 동작하지 못하는 컨테이너를 찾아내고 그것들을 비교적 한가한 서버로 옮겨줍니다. 이 과정에서 편리한 UI 같은 건 없고 모두 터미널 환경에서 명령어를 한 땀 한 땀 직접 입력해가며 수행해야 하는 작업들입니다. 부하가 발생한 원인을 파악해 보니 배포된 코드에 버그가 발견되어 롤백이 필요한 상황입니다. 수십 개의 컨테이너 중 버그 코드가 포함된 컨테이너를 일일이 찾아냅니다. 그 서버로 들어가 롤백할 버전의 컨테이너를 일단 구동시킨 뒤에 문제가 있는 컨테이너를 중지시킵니다. 이 과정을 문제의 컨테이너 개수만큼 반복합니다.

대규모 환경에서의 악몽이 어느 정도 느껴지나요? 개발자들은 이러한 악몽에서 해방되고 새벽에 모니터링 알람 소리로 잠을 깨는 일을 줄이기 위해 '컨테이너 오케스트레이션Container Orchestration'이라는 개념을 만들어 냈습니다. 이 개념은 기본적으로는 어떤 컨테이너를 어디에 배포할 것인지에 대한 스케줄링의 자동화 기능을 포함합니다. 이와 더불어 각 컨테이너에 대한 업데이트 및 롤백, 네트워킹, 스토리지 등과 관련된 다양한 편의 기능을 제공하기도 합니다.

컨테이너 오케스트레이션 플랫폼을 도입하면 더 이상 어떤 컨테이너를 어떤 서버에 배치할지 스케줄링에 대한 고민을 직접 하지 않아도 됩니다. 특정 서버에 여유 리소스가 부족해졌을 때도 컨테이너들은 자동으로 다른 여유 있는 서버로 재배치될 것입니다.

그동안 쿠버네티스, 아파치 메소스Apache Mesos, 도커 스웜Docker Swarm 등 여러 컨테이너 오케스트레이션 플랫폼이 나와 시장에서 경쟁을 벌였으나 쿠버네티스가 사실상 표준의 자리를 획득했습니다. 쿠버네티스는 2014년에 구글에 의해 만들어졌는데, 지난 몇 년 동안 매우 큰 인기를 얻었습니다. 개발자들은 컨테이너 배포 및 관리의 역할을 쿠버네티스에 일임할 수 있게 되었습니다. 그저 필요한 것은 쿠버네티스 컨테이너를 어떻게 구성할지에 대해 YAML 포맷으로 작성하고 이를 쿠버네티스에게 알려주는 일 뿐입니다.

오늘날 쿠버네티스는 운영체제와 사용자의 애플리케이션 사이에 새로운 레이어로써 자리를 잡았습니다. 컨테이너를 스케줄링하고, 자원을 할당하고, 네트워크 및 스토리지 기능을 제공하며, 여러 보안 모델을 제공합니다. 이 정도면 쿠버네티스를 '새로운 시대의 운영체제'라고 불러도 되지 않을까요?

9장을 마치며

개발자 A 씨의 회사에서 사용되는 설치 문서를 통한 수동 설치 방법은 사실 굉장히 오래 전부터 사용되어온 전통적인 방법이자 현재에도 널리 사용되고 있는 방법입니다. 설치 문서에 대한 관리만 잘 된다면 큰 문제가 없는 방법이기도 합니다. 하지만 본문에서도 이야기했듯이 사람은 완벽하지 않고 언제나 '휴먼 오류'를 만들어낼 수 있는 가능성이 있습니다. 그리고 서버 환경은 이러한 휴먼 오류를 방지하는 방향으로 계속해서 발전해오고 있습니다. 그렇다고 해서 운영 중인 서버 환경을 단번에 컨테이너, 더 나아가서 쿠버네티스 기반으로 갈아엎는 일은 시스템의 근간을 뒤흔드는 일이기 때문에 쉽지 않습니다. 하지만 설치 문서를 프로비저닝 스크립트로 변경하는 일 정도는 상대적으로 해볼 만한 일이기도 합니다. 여러분도 개발자 A 씨와 비슷하게 설치 문서에 의존한 서버 환경 구성을 하고 있다면 이참에 프로비저닝 도구 기반으로의 변화를 한번 시도해보기를 추천해봅니다.

10장
클라우드로의 여정

개발자 A 씨의 업무 기록

클라우드에는 클라우드만의 방식이 있다

오전 업무 시간이었다. 옆자리에 있는 사수의 전화벨이 울리는가 싶더니 사수가 전화를 받아 통화를 하고선 내게 말을 걸었다.

"A 씨, 혹시 지금 안 바쁘면 나랑 잠깐 1층 좀 내려가요. 서버가 왔다네요."

"서버가요?"

"네, 우리가 테스트 서버로 사용하려고 새로 신청한 게 있었는데 지금 도착했나 봐요."

나는 사수를 따라 나섰다. 사수는 우리가 '구루마'라고 불리는 초록색 카트를 챙겨서 끌고 내려갔다. 1층 뒤편의 주차장으로 가보니 탑차인 1톤 트럭이 우리를 기다리고 있었다. 트럭 기사님은 우리를 보고는 트럭 화물칸 문을 열어 주었다. 그 안에는 사수가 말했던 서버 컴퓨터가 있었다. 기사님의 도움을 받아 그 육중한 서버 컴퓨터를 조심스레 카트에 실었다. 카트를 끌고 가는데, 사수가 농담처럼 말했다.

"조심해요. 이거 A 씨 월급보다도 비싼 거예요. 이거 망가뜨리면 이번 달 월급이 안 나올 지도 몰라요."

우스갯소리였지만 실제로 서버 컴퓨터가 망가지는 상상을 하니 마냥 우스갯소리로만 들리지 않았다. 나도 모르게 카트 손잡이를 잡고 있는 손에 힘이 들어갔다.

다시 사무실로 돌아와 테스트 서버들이 들어가 있는 서버실로 카트를 밀고 들어갔다. 사수와 함께 비어있는 랙을 찾아서 조심스레 서버 컴퓨터를 꽂아 넣었

다. 사수는 손을 툭툭 털면서 나머지는 자기가 알아서 하겠다고 했다. 나는 자리에 돌아와 다시 내 업무에 집중하기 시작했다.

어느새 오전 업무 시간이 지나 점심시간이 되었다. 옆 자리를 돌아보니 아직 사수는 자리에 없었다. 서버실에서의 작업이 아직 안 끝났나 싶어 그를 부르러 갔다. 서버실에 들어가 사수에게 점심시간을 알리니 그제야 사수는 시계를 보더니 부랴부랴 밖으로 나왔다. 나는 서버 설치가 생각보다 오래 걸리는 일이구나 싶어 사수에게 물었다.

"아직 설치가 마무리되지 않은 건가요?"

"네. 저도 처음 접해보는 운영체제라서요. 자료를 이리저리 찾아보면서 하다 보니 좀 오래 걸리네요. 일단 운영체제를 설치하고 네트워크 설정까지는 다 했고, 오후에 필요한 패키지를 설치하면 마무리할 수 있을 것 같아요."

"그렇군요. 그럼 테스트는 오늘 들어온 서버에서 진행하게 되는 건가요?"

"지금 들어온 서버는 솔라리스라고 하는 유닉스라서 솔라리스 운영체제에 대한 테스트가 필요할 때만 사용하게 될 거에요. 일반적인 테스트는 보통 리눅스를 기반으로 진행하는데, 그건 그냥 클라우드에 우리 팀 계정에서 직접 VM 생성해서 하면 돼요. A 씨는 클라우드 써 봤어요?"

"아뇨. 들어보긴 했는데, 아직 써보진 못했어요."

"한번 봐 두는 게 좋겠네요. 지금은 테스트 서버용으로만 쓰고 있는데, 내년에는 우리 회사 솔루션을 설치형이 아니라 아예 SaaS 형태로 제공한다는 이야기도 있거든요. 이쪽도 같이 알아봐두면 좋을 것 같아요."

SaaS라는 단어를 들으니 학교 수업 때 언뜻 들었던 기억이 떠올랐다. Software-as-a-Service의 머리글자로 클라우드 서비스의 형태 중 하나라는 것은 안다. 클라우드를 통해 제공되는 소프트웨어로 별도의 설치 과정 없이 이미 클라우드에 설치되어 있는 서비스를 인터넷을 통해 제공받는 형태를 의미했다. 사수는 계속해서 말을 이어나갔다.

"물론, SaaS 전환이 금방 되는 일은 아니고 꽤 오래 준비를 하긴 해야 할 거예요."

나는 사수의 말에 고개를 갸웃하며 되물었다.

"설치 형태만 바뀌는 건데, 오래 걸리는 일인가요? 클라우드에 VM을 받아서 지금처럼 설치하면 되는 거 아닌가요?"

"그것도 방법이긴 해요. 보통 그 방식이 'Lift and shift'라고 해서 기존 시스템을 그대로 들어서 클라우드로 옮기는 방식인데, 그렇게 하면 사실 클라우드의 이점을 많이 못 살려요. 지금까지 우리가 하던 건 서버를 직접 운영하는 '온 프레미스' 방식인 셈인데, 로마에 가면 로마의 법을 따르라고 하잖아요? 클라우드로 가면 클라우드의 방식이 따로 있거든요. 이걸 보통 클라우드 네이티브라고 부르는데…. 아무튼 뭐 정해진 건 없으니 시간 날 때마다 한 번씩 봐두세요."

'클라우드에는 클라우드만의 방식이 있다'는 말이 계속 머릿속에 남았다. 일견 당연해 보이는 말 같지만 실제로 'Lift and shift' 방식 대비 어떤 차이점이 있는지는 감이 오질 않았다.

전산실에서 IDC로

[그림 10-1]은 레고 블록으로 만들어진 케이스 안에 컴퓨터가 있어 있는 모습입니다. 이 컴퓨터는 역사상 아주 큰 의미가 있습니다. 바로 구글의 첫 검색엔진 서버이기 때문입니다. 당시 이 서버는 스탠포드 대학교 캠퍼스 내에 설치되었다고 합니다. 그리고 스탠포드 대학교에 설치되어 있는 네트워크망을 빌려서 사용했습니다. 하지만 이 검색엔진 서버가 너무 많은 대역폭을 소모했고, 대학교 IT 부서는 이 검색엔진 서버를 퇴출시켰다고 합니다. 그 결과 갈 곳이 없어진 이 검색엔진은 창업자의 친구 집 차고로 들어갔고, 거기서 공식적으로 '구글'이라는 회사를 만들었다고 합니다.

▲ 그림 10-1 구글의 첫 번째 서버

서버를 운영하는 일은 쉽지 않습니다. 구글의 첫 번째 서버처럼 막대한 네트워크 대역폭을 소모하는 경우에는 안정적인 네트워크망이 구축되어 있어야 합니다. 365일 24시간 내내 동작해야 하기 때문에 전력 역시 안정적으로 공급되어야 합니다. 서버는 일반 데스크톱에 비해 더 많은 데이터를 처리하기 때문에 많은 전력 소모와 함께 많은 열을 발생시킵니다. 이 열을 식혀줄 항온 항습 장비 역시 필수입니다. 좀 더 전문적으로 들어가기 시작하면 정전이 될 경우에도 한두 시간 정도는 전력을 공급해줄 수 있는 UPS(Uninterruptible Power Supply System, 무정전 전원장치)도 필요합니다. 화재에 대비한 소방 시설 역시 고려되어야 하고요.

구글을 비롯한 초창기 IT 회사들은 이러한 서버들을 직접 운영하곤 했습니다. 대기업의 경우 충분한 인력과 예산을 이용해 별도의 전산실을 운영할 수 있었지만 규모가 작은 벤처 기업 등에서는 서버를 운영하는 데 있어 상당히 많은 어려움을 겪곤 했습니다. 어찌어찌 사무실 한편에 단촐한 서버실 공간을 구성했다고 하더라도 제일 먼저 문제가 되는 것은 네트워크입니다. 인터넷 서비스를 운영하려면 상당히 큰 네트워크 대역폭을 필요로 하는 경우가 많습니다. 초창기 구글처럼 말입니다. 하지만 일반 사무실이 들어선 빌딩에 공급되는 네트워크망으로는 이것이 불가능했고 별도의 전용선을 설치해야 했습니다.

하지만 1990년대말에 닷컴버블이 시작되면서 독자적인 전산실을 가지지 못하는 벤처기업들의 수가 늘어나기 시작하자 이를 전문적으로 대행해주는 비즈니스가 새롭게 태동하기 시작합니다. 바로 IDC(Internet Data Center)의 등장입니다. IDC는 전문적인 전력 설비, 항온 항습 설비, 높은 대역폭의 네트워크를 갖춰놓고 고객들의 서버를 운영해주기 시작했습니다.

IDC에서 클라우드로

IDC의 등장과 함께 많은 서버가 IDC로 옮겨가기 시작했습니다. 하지만 IDC는 전산실을 대신해 하드웨어에 대한 운영만을 대행해 줄 뿐이었습니다. 서버 증설이 필요하면 새로운 서버를 주문하여 배송 받고 이 서버를 IDC까지 가져가는 일은 여전히 고객의 책임이었습니다. 기업에서 사용하는 서버들은 대부분 외부 업체 발주를 통해 공급받게 되는데 빨라도 며칠, 늦으면 몇 주에서 몇 달까지 시간이 걸릴 수 있습니다. 따라서 처음 서버를 주문할 때 미래에 필요한 양을 모두 예상하여 여유 있는 스펙으로 주문을 하곤 합니다.

하지만 미래 예측은 언제나 어렵습니다. 너무 작게 잡으면 서버가 요청을 모두 처리하지 못해 장애를 겪게 되고, 너무 크게 잡으면 유휴 자원으로 인한 낭비가 발생합니다. 서버를 주문하고 기다리는 사이에 시장 상황에 변화가 발생해 리소스 사용량이 큰 폭으로 감소한다면 새롭게 추가된 서버는 계륵과 같은 존재가 될 것입니다.

이러한 상황에서 2006년 전자상거래 서비스를 운영하던 아마존에서는 AWS(Amazon Web Service)라는 클라우드 서비스를 시작했습니다. EC2(Elastic Compute Cloud)라는 서비스를 통해 사용자들이 온라인으로 가상 서버를 사용할 수 있게 서비스를 한 것입니다. AWS는 최초의 클라우드 서비스였으며, 그 후로도 몇 년간은 유일한 클라우드 서비스였습니다. 출시 이듬해에만 18만여 명의 개발자들이 AWS로 몰려들며 흥행하기 시작했습니다.

클라우드가 처음 등장했을 때 사람들이 제일 주목했던 부분은 바로 구독형 모델이었습니다. 이는 리소스를 사용한 만큼 돈을 내는 모델로 초기 투자비용을 큰 폭으로 줄일 수 있었습니다. 만약, '온 프레미스On-premise' 환경이었다면 처음부터 IDC를 고려하고 서버를 구매하기 위한 적지 않은 투자비용을 필요로 합니다. 하지만 클라우드의 구독형 모델을 도입함으로써 인프라 리소스 비용은 이제 투자비용에서 운영비용으로 그 성격이 변모하게 되었습니다.

확장이 쉽다는 부분 역시 클라우드의 장점 중 하나입니다. 직접 서버를 주문하고 기다려서 설치하는 대신 클라우드에서는 클릭 몇 번으로 확장이 실시간으로 이루어집니다. 사용한 서버가 필요 없어지면

반납 역시 간단하게 이루어집니다. 심지어는 글로벌 대응 역시 손쉽게 가능합니다. 해외의 IDC를 섭외하고, 구매한 서버를 배에 실어서 보내고, 현지의 IDC에서 이를 다시 설치하는 일이 불필요해집니다. 그냥 클라우드 웹 콘솔에서 지역(Region, 리전)만 원하는 국가로 지정한 뒤에 기존과 동일하게 리소스를 생성할 수 있거든요.

IaaS, PaaS, SaaS

초기에는 인프라만을 제공하던 클라우드에서 점차 다양한 형태의 서비스를 제공하기 시작했습니다. 그리고 이에 대한 분류들이 새롭게 생겨나기 시작했는데, 그것이 IaaS, PaaS, SaaS입니다.

IaaS는 Infrastructure as a Service의 머리글자로, 가장 기본적인 수준의 클라우드 컴퓨팅 서비스입니다. 앞서 이야기한 서버를 비롯하여 네트워크, 스토리지 등의 인프라를 제공합니다. 사실상 이전에 IDC를 통해 제공받던 기능과 유사하다고 볼 수 있습니다. 사용자는 IaaS를 통해 인프라를 제공받고 그 위에 자신이 원하는 시스템을 자유롭게 구성할 수 있습니다.

PaaS는 Platform as a Service의 머리글자로, 서비스 개발을 돕는 플랫폼을 제공하는 서비스입니다. 가장 대표적으로 관리형 데이터베이스를 꼽을 수 있습니다. IaaS만을 사용한다면 클라우드를 통해 제공받은 서버 위에 필요한 데이터베이스를 직접 설치하고 운영해야 합니다. 이는 다시 말해 확장 구성, 백업 및 복구, 버전 패치 등을 모두 사용자가 신경 써야 한다는 점을 의미합니다. 하지만 관리형 서비스들은 이러한 부분을 대신해 줌으로써 개발자로 하여금 중요한 개발에만 집중할 수 있도록 도와줍니다.

SaaS는 Software as a Service의 머리글자로, 소프트웨어 자체를 클라우드를 통해 제공합니다. 완성된 소프트웨어를 제공하는 형태이기 때문에 별도로 코드를 작성하거나 데이터를 관리할 필요가 없습니다. 또한 주로 웹을 통해 서비스되기 때문에 별도의 애플리케이션을 다운로드하거나 설치할 필요가 없습니다.

클라우드 전환기

앞서 나온 개발자 A 씨의 업무 기록에서 'Lift and shift'라는 표현이 나오는데요. 말 그대로 온 프레미스에 있는 시스템을 '들어서 옮기는' 방법입니다. 클라우드로 전환하기 위한 가장 기본적인 방법인 셈입니다. 클라우드 서비스에서는 IaaS에 해당하는 서버, 네트워크만을 사용하며 그 위에 꾸려지는 플랫폼 및 애플리케이션은 기존 온 프레미스 환경을 그대로 재사용합니다. 아키텍처의 변화는 최소한으로 고정되기 때문에 제일 안정적인 방법입니다. 하지만 클라우드가 제공하는 여러 이점을 살리기는 어려운 방법입니다. 따라서 클라우드 전환을 위한 마중물 성격으로 많이 사용되곤 합니다. 일단 옮겨놓고 점진적으로 계속해서 개선해 나가는 것입니다.

이렇게 클라우드 서비스가 등장한 이래로 개발자들은 클라우드에 적합한 시스템 형태에 대해 계속해서 고민해 왔습니다. 경험과 성공과 실수들이 쌓이면서 노하우를 만들어냈고, 그것들을 한데 묶어 '클라우드 네이티브Cloud Native'라는 용어로 부르고 있습니다.

사실 '클라우드 네이티브'라고 하면 그 의미에 대해 혼동을 느끼는 사람이 많습니다. 애초에 용어의 역사가 워낙 짧고 다양한 의미로 사용되기 때문입니다. 그중 가장 큰 오해로는 클라우드에 구축된 시스템을 모두 '클라우드 네이티브'라고 생각하는 것입니다. 앞서 말한 'Lift and shift'를 통해 클라우드로 전환된 시스템을 그 예로 들 수 있을 것 같습니다. 하지만 클라우드에 올라갔다고 해서 모두 클라우드 네이티브는 아닙니다. 다른 애플리케이션은 온 프레미스에서도 동작하지만 클라우드에서도 동작한다고 하면, 클라우드 네이티브는 클라우드에서만 동작하며 클라우드의 이점을 충분히 살리는 여러 특징이 있습니다. 네이티브가 달리 네이티브가 아닌 것입니다.

클라우드 네이티브의 특징

클라우드 네이티브 애플리케이션은 전통적인 애플리케이션과 설계 관점에서 좀 다른 원칙이 적용되곤 합니다. 이와 관련해서는 Twelve Factor가 같이 이야기되곤 하는데요. Twelve Factor란 헤로쿠 Heroku라는 클라우드 플랫폼의 개발자들이 확장 가능한 SaaS 애플리케이션을 만드는 데 도움이 되는 12가지 원칙을 정리한 것으로, 클라우드 네이티브 애플리케이션을 설계할 때 자주 참고됩니다.

▼ 표 10-1 Twelve Factor

No	구분	내용
1	코드베이스	애플리케이션마다 하나의 코드 저장소를 가지며, 이 단일 코드베이스에서 개발, 스테이징, 운영과 같은 여러 환경으로 배포할 수 있습니다.
2	의존성	의존성을 명시적으로 선언하고 관리함으로써 의존성 누락 혹은 버전 불일치로 인한 문제를 피합니다.
3	설정	설정은 코드와 엄격하게 분리합니다. 이 설정은 애플리케이션 실행 시점에 환경변수를 통해 코드로 전달됩니다.
4	지원 서비스	지원 서비스는 애플리케이션이 사용하는 외부 서비스들로 일반적으로 데이터베이스, 메시지 큐 등이 있습니다. 이러한 지원 서비스들은 설정에 저장되어 있는 URL의 형태로만 연결되어 결합 형태가 느슨합니다.
5	빌드, 배포, 실행	예상치 못한 장애에 대한 위험을 피하기 위해 빌드, 배포, 실행의 단계를 엄격하게 분리합니다.

No	구분	내용
6	프로세스	애플리케이션은 모두 하나 혹은 여러 개의 스테이트리스 프로세스로 실행됩니다. 프로세스끼리는 아무것도 공유하지 않으며, 유지될 필요가 있는 모든 데이터는 데이터베이스 등의 저장소에 저장됩니다.
7	포트 바인딩	애플리케이션은 웹 서비스 형태로 직접 포트를 통해 연결됩니다. 이를 위해 외부 WAS와 같은 수단을 필요로 하지 않고 독립적으로 실행됩니다.
8	동시성	애플리케이션은 프로세스 단위로 수평 확장되는 방식으로 더 많은 동시성을 확보합니다.
9	일회성	애플리케이션의 프로세스는 쉽게 폐기할 수 있습니다. 이를 위해 시작 시간과 종료 시간이 최소화하여 배포와 확장이 빠르고 탄력적으로 이루어집니다.
10	환경 일치	개발, 스테이징, 운영 환경을 최대한 비슷하게 유지하여 안정적이고 지속적인 배포를 가능하게 합니다.
11	로그	로그는 애플리케이션이 직접 파일로 기록하는 대신 표준 출력(Stdout)으로 내보냅니다. 이렇게 출력된 로그는 실행 환경에 따라서 파일에 기록되거나 원격 저장소로 전달될 수 있습니다.
12	관리 프로세스	관리 프로세스는 실제 애플리케이션과 동일한 환경에서 실행됩니다.

클라우드 네이티브 애플리케이션은 설계 시점에 여러 개의 마이크로서비스로 쪼개지는 경향이 있습니다. 마이크로서비스는 작은 애플리케이션이 각자 다른 특정 비즈니스 기능을 구현하여 독립적으로 개발되고 배포됩니다. 마이크로서비스를 통해 클라우드 네이티브 애플리케이션은 민첩성과 개발 속도라는 이점을 얻을 수 있습니다. 이와 관련해서는 16장에서 좀 더 자세히 살펴보겠습니다.

클라우드 네이티브에 대해 이야기할 때 빼놓을 수 없는 또 다른 요소가 바로 컨테이너입니다. 컨테이너는 그 자체로 앞선 Twelve Factor의 내용을 충족하곤 합니다. 먼저 컨테이너는 Dockerfile이라는 명세를 통해 컨테이너에 포함되어야 하는 코드, 의존성, 런타임 등을 모두 명시적으로 관리합니다. 이 명세를 통해 빌드를 하면 컨테이너 이미지라는 바이너리가 만들어지며, 이 이미지는 '컨테이너 레지스트리'라는 저장소에 저장됩니다. 이러한 레지스트리 서비스 역시 대부분의 클라우드 서비스에서 제공되곤 합니다. 필요한 경우 온 프레미스 환경에서 직접 레지스트리를 구축할 수도 있으며, 도커 허브Docker Hub와 같은 공개 레지스트리를 사용하는 방법도 있습니다.

컨테이너 생태계에서는 환경변수를 통해 설정을 전달하는 방식을 선호합니다. 가장 인기 있는 컨테이너 오케스트레이션 플랫폼인 쿠버네티스에서도 ConfigMap이라는 별도의 설정을 위한 리소스에 설정 내용을 저장해놓고, 이를 컨테이너에 환경변수를 통해 주입되는 방식을 사용하고 있습니다. 따라서 이는 Twelve Factor 중 설정에 관련된 부분이 그대로 녹아들었다고 볼 수 있습니다. 이는 로그 역시 마찬가지인데, 컨테이너에서는 로그를 표준 출력(Stdout)으로 보내는 것이 사실상 표준입니다. 쿠버네티스 같은 플랫폼에서는 이를 손쉽게 모니터링하기 위해 별도의 로그 수집 에이전트를 설치해놓고 표준 출력을 통해 내보내진 로그들을 수집해 원격 저장소로 전송하는 방법을 사용하고 있습니다.

관리형 지원 서비스도 상당히 적극적으로 사용되곤 합니다. 지원 서비스란 애플리케이션이 정상적으로 동작하기 위해 필요한 외부 서비스를 통칭하는 것으로, 데이터베이스, 캐시, 메시지 큐 등을 모두 지원 서비스로 볼 수 있습니다. 대부분의 클라우드는 이러한 지원 서비스들을 관리형의 형태로 제공하고 있습니다. 관리형으로 제공한다는 것은 지원 서비스를 클라우드 제공 업체가 직접 관리하고 운영한다는 것입니다. 구축 및 운영을 위한 사용자의 고민을 덜어주고 문제가 생겼을 때에도 관련 기술 지원을 받을 수 있습니다. 따라서 이를 직접 구현하기 위한 사용자의 리소스를 절약할 수 있다는 게 특징입니다.

클라우드 네이티브 애플리케이션에서 자주 보이는 마지막 특징은 바로 인프라의 구축 역시 자동화가 되어 있는 경우가 많다는 것입니다. 클라우드 컴퓨팅의 핵심은 인프라 계층을 추상화했다는 것인데요. 즉, 버튼 클릭 몇 번으로 시스템 구축에 필요한 인프라를 모두 생성할 수 있습니다. 하드웨어를 직접 구축하는 것에 비해서 프로비저닝이 쉬워지기는 했지만, 이 역시 사람의 손에 의해 수동으로 이루어지는 것이기 때문에 문제가 발생할 수 있습니다. 실수 한 번으로 운영 중인 서버가 중지되기도 하고, 스테이징 환경과 운영 환경의 불일치도 자주 발생하는 문제 중 하나입니다.

이러한 문제를 해결하기 위해 개발자들은 코드라는 가장 익숙한 방식으로 인프라를 관리하기 시작합니다. 이 방식은 IaC(Infrastructure as Code)라는 이름으로 널리 알려졌는데요. IaC는 코드를 통해 서버, 스토리지, 네트워크 등 클라우드의 리소스에 대해 선언적인 방식의 명세를 작성합니다. 그리고 AWS Cloud Formation이나 테라폼(Terraform) 같은 자동화 엔진을 통해 이 명세를 실행합니다. 자동화 엔진은 명세와 현재 리소스 상태를 분석해서 추상화된 IaaS API를 통해 사용자가 원하는 인프라 상태를 프로비저닝합니다.

이를 통해 인프라의 프로비저닝은 이전에 비해 빠르고 간편하게 구성될 수 있습니다. 또한 개발, 스테이징, 운영 등 여러 환경을 사용하는 경우에도 동일한 코드를 기반으로 하므로 일관성이 보장되고요. 인프라에 대한 명세는 코드로 관리되기 때문에 깃과 같은 도구를 통해 버전 관리도 가능해진다는 장점이 있습니다.

10장을 마치며

클라우드는 여러 의미로 혁신이라 불릴만 합니다. 특히 개발자들로 하여금 1인 서비스를 론칭하기 위한 환경적인 진입 장벽을 대폭 낮춰 주었습니다. 덕분에 비용에 대한 큰 부담 없이 한 달에 몇 만 원 정도로 자신이 만든 서비스를 세상에 공개할 수 있게 되었습니다. 인력과 시간이 항상 부족한 스타트업들도 클라우드를 적극적으로 사용하면서 세상을 더 낫게 만드는 서비스들을 앞 다투어 내놓고 있습니다.

보안과 법적인 문제로 도입을 어려워했던 금융권에서도 하나둘씩 클라우드를 도입하고 있습니다. 그만큼 이제 클라우드는 선택이 아닌 필수가 되었습니다. 따라서 IDC를 대체하기 위한 클라우드 사용보다는, 클라우드를 더 영리하게 잘 사용할 수 있는 클라우드 네이티브에 대해서 계속 고민해야 합니다.

시작하는 개발자들을 위한
기술 여행 가이드

11장

태생의 한계에 도전하는 웹 이야기

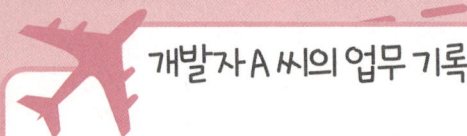
개발자 A 씨의 업무 기록

빠르게 변하는 웹 개발

오후 두 시. 시계를 확인하고는 노트북을 챙겨 대회의실로 향했다. 새로운 웹 UI(User Interface)의 시연이 예정되어 있었기 때문이다. 원래 우리 회사에서 만들고 있는 솔루션의 UI는 콘솔 데스크톱 애플리케이션 형태였다. 하지만 이를 설치하고 버전이 바뀔 때마다 업데이트 해줘야 하는 불편함이 있기도 했고, 요즘에는 웹이 대세인지라 별도의 웹 UI를 옆 팀에서 만들게 되었다. 하지만 사실 이 소식을 듣고는 '이게 웹으로 가능한가?' 하는 의문이 들었던 것도 사실이다. 기존 콘솔 UI가 제공하는 기능이 워낙 복잡했기 때문이었다. 요즘 여기저기서 웹이 많이 사용된다고는 알고 있었지만 이 기능들을 웹으로 어떻게 녹일 수 있을지 가늠하기가 어려웠다.

대회의실에 들어서니 웹 UI 개발을 담당한 팀에서 발표 준비를 하고 있었다. 그중에는 나와 함께 입사한 동기도 보였다. 가볍게 눈인사를 주고받고 회의실 한쪽 의자에 앉았다. 회의실에 사람들이 어느 정도 채워지고는 이내 시연이 시작되었다. 기존 콘솔 UI에서 제공하고 있는 기능을 어떻게 웹 UI로 옮겼는지에 대한 내용이 함께 발표되었다.

웹과 일반 데스크톱 애플리케이션은 서로가 워낙 다르기 때문에 기존 콘솔 UI를 그대로 가져온 형태는 아니었다. 차라리 웹의 방식에 맞게 새로 정의했다고 하는 편이 알맞을 것이다. 하지만 새로운 웹 UI는 내가 걱정했던 것과는 다르게, 아니 오히려 기존 콘솔 UI보다 더 미려하고 사용성도 뛰어났다. '웹 기술로 만들

어진 게 맞나!' 싶을 정도로 인터랙티브한 UI 요소가 곳곳에 눈에 띄었다. 웹에서도 플래시(Flash) 기술을 사용하면 상당히 동적인 UI를 만들 수 있다고 예전에 언뜻 들었던지라 이번 웹 UI에서도 '플래시를 사용했겠지' 하고 내심 짐작했다.

시연이 모두 끝나고 동기와 함께 커피를 마시기로 했다. 사내 카페에서 만나 커피를 주문하고는 새로운 웹 UI에 대한 이야기를 나눴다. 무엇보다 가장 궁금했던 구현 기술에 대해 질문했다.

"그 새로운 웹 UI말인데, 플래시로 만든 거야?"

내 질문에 동기는 그게 무슨 소리냐는 듯한 표정을 짓더니 대답했다.

"음? 아니, 플래시는 안 썼어. 그냥 웹 기술로만 만든 거야."

"웹 기술로만 그런 UI를 만드는 게 가능해?"

"그럼, 가능하지. 웹으로 화상 채팅도 하고, 실시간 게임도 가능한 시대인데, 이 정도 웹 UI가 문제겠어?"

사실 나도 웹에 대한 경험이 전혀 없었던 것은 아니다. 하지만 그렇다고 많이 알고 있지도 않았다. 대학교 전공 수업을 통해 간단한 게시판을 만들어본 게 전부였으니 말이다. 당시에는 JSP(Java Server Pages)라는 기술을 통해서 게시판을 구현했고 인터랙티브한 UI를 구성하는 것은 매우 어려웠다. 그래서 그 이후로 복잡한 상호작용을 하는 웹 사이트를 보면 으레 플래시 같은 기술로 만들었을 것이라고 생각하고 있었다.

하지만 동기의 이야기를 들어보니, 오히려 요즘에는 플래시를 잘 쓰지 않으며 자바스크립트만으로도 꽤 복잡한 애플리케이션을 만들 수 있다고 했다. 간간히 자바스크립트를 이용한 웹 개발에 대한 내용을 인터넷에서 지나가면서 보긴 했지만 내게 직접적으로 연관이 있는 분야는 아니었기 때문에 자세히 살펴보지는 않았다.

동기는 계속해서 웹 기술에 대한 이야기를 이어 갔다.

"사실, 웹은 다른 IT 분야보다도 변화 주기가 상당히 빠른 편에 속해. 그러다보니 작년에는 핫한 기술이었던 게 올해는 바로 사양되기도 하고 그래."

"그래도 자바스크립트라면 브라우저에서 동작하는 언어일 텐데, 그 안에서 복잡한 애플리케이션을 만드는 게 어렵지 않아?"

"예전보다 컴퓨터 사양이 많이 좋아지기도 했고, 웹 분야의 기술도 계속 새로운 게 나오다보니까 옛날에는 서버에서 했던 로직들이 클라이언트 쪽으로 많이 내려오고 있는 추세야. 그 결과로 옛날 웹은 웹 페이지나 웹 문서 같은 느낌이었다면, 요즘에는 웹 애플리케이션이라고 부를 만한 것이 많이 나오는 편이지."

그 뒤로도 동기는 여러 웹 기술에 관한 이야기를 해줬는데 인상적인 부분이 상당했다. 요즘에는 워드나 파워포인트, 포토샵 같은 복잡한 프로그램도 웹 버전으로 나와 있다고 했다. 그 이야기를 들으면서 머릿속으로 그동안 내가 경험했던 여러 웹 사이트가 스쳐 지나갔다. 확실히 예전보다 더 복잡한 기능을 제공하는 웹 사이트가 늘긴 했지만 그것들이 모두 순수 웹 기술로만 만들어졌다는 것은 여전히 놀라운 부분이었다. 심지어 지금 내가 개발하면서 사용하고 있는 VS Code(Visual Studio Code, 비주얼 스튜디오 코드)라는 개발도구와 슬랙(Slack)

이라는 메신저 프로그램도 자바스크립트를 비롯한 웹 기술로 만들어진 것이고, 요즘은 그런 식으로 데스크톱 애플리케이션도 웹 기술로 많이 구현하고 있다는 이야기가 가장 놀라웠다.

웹의 탄생

바야흐로 웹의 시대입니다. 웹은 세상을 크게 변화시켰고, 세계에서 가장 강력한 커뮤니케이션 매체가 되었습니다. 웹은 우리가 정보를 얻고, 소식을 알리고, 물건을 거래하고, 지식을 배우는 방식을 모두 변화시켰습니다. 우리의 생활 전반에 스며든 웹은 이제 안 쓰이는 곳을 찾기 어려울 정도로 일상의 도구가 되었습니다. 우리는 더 이상 뉴스를 보기 위해 현관문 밖의 신문을 집어 들거나 뉴스 시간에 맞춰 TV를 보지 않습니다. 필요한 정보는 웹 브라우저 너머에 모두 있습니다. SNS를 통해 친구와 근황을 주고받는 일에도 어느덧 익숙해졌습니다. 질문에 대한 답을 얻기 위해 가장 먼저 꺼내드는 것은 검색엔진이며, 심심할 때는 유튜브나 넷플릭스에 들어가 재미있는 영상을 보며 휴식하면서 시간을 보내기도 합니다. 이 모든 일이 웹이라는 플랫폼 위에서 일어나고 있습니다. 조금 과장하면 웹은 20세기를 통틀어 가장 강력한 발명품일지도 모릅니다. 실제로 구글 회장인 에릭 슈미트도 "만약, 컴퓨터 네트워킹이 전통 과학이었다면 웹을 발명한 팀 버너스 리Tim Berners-Lee는 노벨상을 받았을 것이다"라고 말하기도 했습니다.

이러한 웹이 재미있는 부분은 30여 년이라는 짧은 역사 안에서 끊임없이 태생의 한계에 도전하며 진화해왔다는 점입니다. 실제로 초창기 웹의 모습은 현재와 매우 다른 기능과 모양새였습니다. 이러한 웹의 역사를 한 마디로 정리하자면 '문서 플랫폼으로 태어나 애플리케이션 플랫폼으로 진화해 가는 과정'이라고 할 수 있습니다. 웹의 탄생한 시점부터 오늘날에 이르기까지 웹이 어떤 방향으로 진화해왔는지 살펴보겠습니다.

웹은 1989년에 팀 버너스 리가 발명한 물건입니다. 그는 스위스 제네바 근처, 대형 입자 물리학 연구소인 CERN(Conseil Européen pour la Recherche Nucléaire)에서 소프트웨어 엔지니어로 일하고 있었습니다. 당시 많은 과학자가 CERN에서 연구에 참여한 후 다시 전 세계의 연구실로 돌아가곤 했습니다. 이 과학자들은 서로 연구 데이터와 결과를 공유하고 싶었지만 쉽지 않았습니다. 팀 버너스 리는 이러한 필요성을 이해하고 인터넷이라는 네트워크를 통해 수백 만 대의 컴퓨터가 연결되는 세상을 상상하기 시작했습니다. 그는 곧 'World Wide Web'이라는 개념을 만들어 냈는데요. 당시 그가 생각했던 초기 웹의 개념은 '세계의 다른 지역에 기반을 둔 연구원 간의 협업을 촉진할 수 있는 컴퓨터 플랫폼'이었습니다.

다소 딱딱한 이 정의를 쉽게 풀어보면 원격지에 있는 문서를 자유롭게 열람할 수 있는 문서 플랫폼 같은 것이었습니다. 이를 위해 원격지의 주소를 의미하는 URI(Uniform Resource Identifier)라는 개념을 만들어냈으며, 원격지와의 통신을 위한 HTTP 프로토콜을 정의했고, HTML이라는 문서 포맷을 만들었습니다. 그래서 이 HTML의 초기 명세를 보면 논문 같은 서식이 있는 문서를 표현하는 데에 목적을 둔 포맷이라는 점을 알 수 있습니다. 다만 한 가지 특이한 점은 하이퍼링크 기능을 포함한다는 점입니다. 하이퍼링크를 통해 문서와 문서가 서로 연결된 상태로 존재할 수 있습니다. 이러한 하이퍼링크는 오늘날까지도 웹을 탐색하기 위한 가장 기본적인 방법으로 기능하고 있습니다.

정적인 웹에서 동적인 웹으로

웹은 초기만 하더라도 단순히 문서를 공유하기 위한 일종의 정보 관리 시스템에 지나지 않았습니다. 실제로 팀 버너스 리가 이 웹의 개념에 대해 저술한 논문의 이름마저도 〈Information Management: A Proposal〉[01]이었습니다. 사용자는 웹이라는 플랫폼을 통해 정보를 공유하기 위해 사전에 HTML 포맷의 문서를 만들어 놓아야 했습니다. 실제로 웹을 통해 이 문서가 공유되는 과정을 정리하면 다음과 같습니다.

1. 요청자는 열람하고자 하는 문서에 대한 URL을 웹 브라우저를 통해 입력합니다.
2. 웹 브라우저는 사용자가 입력한 URL에 있는 웹 서버로 접근하여 사용자의 요청을 전달합니다.

---

01 https://cds.cern.ch/record/369245/files/dd-89-001.pdf

3. 요청을 전달받은 웹 서버는 URL을 구문 분석하여 요청된 파일을 찾아 전달합니다. 만약, 요청된 파일이 없는 경우에는 잘못된 파일을 요청했다는 오류 메시지를 보냅니다.
4. 웹 브라우저는 웹 서버로부터 응답을 전달받아 수신된 파일 혹은 오류 메시지를 표시합니다.

이러한 구조 탓에 사용자는 웹을 통해 정적인 정보만을 주고받을 수 밖에 없었습니다. 하지만 당시의 개발자들에게도 프로그래밍 언어라는 아주 강력한 무기가 있었습니다. 개발자들은 정적인 HTML 문서를 전달하는 데서 그치지 않고 HTML을 동적으로 만들어내는 방법에 대해 고민하기 시작했습니다. 이것이 바로 애플리케이션 플랫폼을 향한 웹의 첫 걸음이었습니다.

HTML을 동적으로 생성한다는 것은 어떤 의미일까요? 사실 오늘날 우리가 웹에서 마주하는 HTML 문서는 대부분 동적으로 생성된 것입니다. 당장 구글이라는 검색엔진에 대해 생각해보면 알 수 있습니다. 구글은 사용자가 어떤 검색어를 입력할지 알 수 없습니다. 따라서 검색 결과를 위한 HTML 문서를 미리 준비해 놓을 수도 없습니다. 모든 HTML은 사용자의 검색어 입력에 따라 실시간으로 생성됩니다. 동적으로 HTML을 만들려는 시도가 없었다면 불가능한 일입니다.

동적 HTML 생성은 초기에 CGI(Common Gateway Interface)가 그 역할을 담당했습니다. CGI는 프로그래밍 언어가 아니라 말 그대로 '인터페이스'였는데요. 일반적으로 웹을 통해서 접근할 수 없는 종류의 서비스에 대한 인터페이스를 제공하는 역할을 했습니다. 대표적으로 데이터베이스에 저장된 정보를 꼽을 수 있습니다. 최초의 웹 애플리케이션은 이 CGI를 통해 탄생했고, 이를 시작으로 웹은 머나먼 애플리케이션 플랫폼으로의 여정을 시작하게 됩니다.

이후에 좀 더 편하게 HTML을 생성하기 위한 서버 측 전용 스크립트 언어가 개발되기 시작합니다. 이때 나온 것이 PHP, ASP, JSP 3형제입니다. 이 스크립트 언어가 나오면서 서버 측 스크립트의 전성시대가 시작됩니다.

이후에 웹을 위한 많은 도구가 개발됨에 따라 초기 서버 측 스크립트는 점차 자리를 내어주기 시작했습니다. 하지만 이중 PHP만은 아직까지도 진화를 거듭하며 살아남아있는 스크립트 언어입니다. 사실 PHP에게는 세월의 흔적에 따른 여러 결함이 발견되었고, 그에 따라서 다소 호불호가 갈리는 언어이긴 합니다. 점유율도 하향세를 그리고 있고요. 하지만 여전히 초심자 입장에서 배우기 쉽고 아직까지도 많은 웹 사이트가 PHP를 사용해 돌아가고 있는 것은 사실입니다.

Ajax의 등장

웹의 진화 과정 전체를 봤을 때 애플리케이션 플랫폼으로의 여정을 더욱 가속화시킨 중요한 요소 중 하나가 바로 Ajax입니다. 이를 설명하기 위해서는 자바스크립트 언어부터 이야기해야 합니다.

오늘날에는 자바스크립트가 안 쓰이는 곳이 없을 정도로 여기저기서 활약하고 있습니다만, 그 시작은 초라하기 그지없었습니다. 사실 초기 웹에 자바스크립트는 존재하지 않았습니다. 웹을 통해 주고 받을 수 있는 정보는 정적인 HTML 문서가 유일했습니다. 비록 CGI를 이용해 서버에서 동적으로 HTML을 생성하긴 했지만, 그렇게 생성되어 전달된 HTML 문서도 사용자 입장에서는 다른 정적인 HTML 문서와 다르지 않았습니다.

그러던 중 1995년 브렌던 아이크Brendan Eich가 자바스크립트라는 언어를 만들어 웹 브라우저에 탑재하기 시작합니다. 이때 이 언어를 무려 10일 만에 만들었다는 일화는 매우 유명합니다. 사실 자바스크립트는 원래 모카Mocha라는 이름으로 출시되었다가 라이브스크립트LiveScript로 이름이 변경되고, 몇 달 후에 지금 우리가 알고 있는 자바스크립트JavaScript라는 이름으로 다시 바뀌었습니다. 하지만 당시에는 지금처럼 널리 사용되는 언어는 아니었습니다. 주로 단순한 이벤트를 처리하기 위한 용도로 간간히 사용되곤 했습니다.

1999년 마이크로소프트는 인터넷 익스플로러 5Internet Explorer 5를 만들면서 XMLHttpRequest라는 기술을 함께 탑재합니다. 자바스크립트에서 원격지 서버로 비동기 HTTP 요청을 보낼 수 있었던 이 기능은 훗날 Ajax(Asynchronuous JavaScript And Xml)라 불리며 웹에 커다란 영향을 끼치게 됩니다. 하지만 당시만 해도 이를 눈치 챈 사람은 거의 없었습니다. 잘 알려져 있지도 않았고 실제로 사용되는 사례도 거의 없었기 때문입니다.

구글은 이 기능의 잠재성을 알아본 최초의 기업이었습니다. 그들은 지메일과 구글 지도에 이 XMLHttpRequest 기능을 접목하면서 전 세계의 개발자를 놀라게 했습니다. 이전까지의 웹의 탐색은 모두 '페이지 이동'을 통해서 이루어졌습니다. 그리고 이는 전체 페이지가 '새로고침'된다는 것을 의미합니다. 심지어 현재 페이지에서 아주 일부의 업데이트만 필요하다고 하더라도 전체 페이지를 새로 가져와야 했습니다. 하지만 XMLHttpRequest를 이용하면 전체 페이지를 '새로고침'하지 않고서도 서버에서 데이터를 가져올 수 있었습니다. 자바스크립트에서 이를 호출하여 새로운 데이터를 가져오고 현재 페이지 내의 일부만 변경하는 것이 가능해진 것입니다.

지메일은 이 기능을 응용해서 주기적으로 새로운 메일이 있는지를 검사했습니다. 이 검사 로직은 백그라운드에서 돌다가 새로운 메일이 도착하면 현재 화면을 갱신했습니다. 구글 지도에서도 마찬가지로 화면에 있는 지도를 드래그하면 새로운 페이지로 '새로고침'을 하는 대신에 드래그 된 지역의 데이터만 추가로 받아와 현재의 지도에 바뀐 부분만 갱신하였습니다. 언뜻 보면 그리 대단해 보이지 않지만 당시의 웹에서는 혁신에 가까운 사건이었습니다. 이를 통해 Ajax 기법이 알려지기 시작했고, 웹은 애플리케이션 플랫폼으로 한 발자국 더 나아가기 시작했습니다.

또 하나의 자바스크립트

당시만 하더라도 자바스크립트는 개발자들에게 다소 애증의 프로그래밍 언어였습니다. 웹 브라우저에서 실행시킬 수 있는 유일한 프로그래밍 언어다보니 자바스크립트 외에는 대안이 없었습니다. 하지만 이 언어로 복잡한 코드를 작성하다 보면 다른 언어에 비해 아쉬운 부분이 많았습니다.

개발자들이 아무 이유 없이 자바스크립트를 미워했던 것은 아니었습니다. 자바스크립트는 다른 언어에 비해서 심히 너그러운 언어였지만 오히려 이 점이 개발자들을 가장 괴롭혔던 점입니다. 예를 들어, 'a' * 'b'라는 코드를 실행하면 어떤 결과가 나올까요? 'a' 문자와 'b' 문자를 서로 곱한다는 뜻으로 누가 봐도 잘못된 코드입니다. 문자를 곱할 수는 없으니 말입니다. 이런 코드가 있다면 개발자들은 으레 적절한 오류를 알려주기를 기대합니다. 그래야 코드에 버그가 있음을 명확히 인식할 수 있기 때문입니다. 실제로 대부분의 다른 프로그래밍 언어에서는 오류라고 알려줍니다. 하지만 자바스크립트는 아니었습니다. 실행 결과로 "Not a Number"라는 뜻의 "NaN" 값을 반환한 채로 다른 오류를 발생시키지 않고 조용히 다음 코드를 이어서 실행합니다.

"NaN"이란 값을 반환하는 경우는 차라리 다행일지도 모릅니다. '3' - 1 같은 코드를 어떨까요? 앞의 '3'은 문자 타입이고 뒤의 1은 숫자 타입입니다. 이렇게 서로 다른 타입의 데이터에 대해 뺄셈을 하는 것은 대부분의 언어에서 허용하지 않는 동작입니다. 앞선 예와 마찬가지로 개발자들은 오류가 발생하기를 기대합니다. 하지만 자바스크립트는 오류 대신 2라는 답을 내놓습니다. '3'이라는 문자를 알아서 숫자 타입으로 변환하여 뺄셈 연산을 수행한 것입니다. 그렇다면 뺄셈 대신 덧셈 기호를 넣어 '3' + 1이라는 코드를 실행하면 어떤 결과가 나올까요? 4를 예상했다면 안타깝게도 틀렸습니다. 결괏값은 무려 '31'이 나오게 됩니다. 뒤에 있던 숫자 타입의 1을 문자 타입으로 변환하여 문자 타입 간의 덧셈 연산을 수행한 것입니다.

이와 같은 너그러움과 일관성의 부재는 버그들이 겉으로 드러나지 않고 수만 줄의 코드 속으로 숨어버리게 만들어 많은 개발자의 머리를 쥐어뜯게 했습니다.

사실 오류 처리를 너그럽게 만든 이유도 생각해보면 어느 정도 이해가 됩니다. 초창기 웹은 HTML의 내용이 '주'가 되었고, 자바스크립트 코드는 '부가'적인 역할이었습니다. 따라서 부가적인 자바스크립트 코드에 실수가 있다고 하더라도 바로 오류를 발생시켜 HTML을 통한 사용자의 웹 탐색을 방해하는 상황을 피하고자 했을 것입니다. 하지만 웹이 점차 애플리케이션처럼 되어 가면서 개발자들은 자바스크립트를 이용해 대규모 엔터프라이즈 애플리케이션을 만들기 시작했고, 이 과정에서 자바스크립트의 이러한 특성은 자주 걸림돌이 되곤 했습니다.

누군가는 자바스크립트를 대신할 새로운 프로그래밍 언어를 고민하기 시작했습니다. 하지만 앞서 이야기했듯이 웹 브라우저가 실행할 수 있는 프로그래밍 언어는 자바스크립트가 유일합니다. 여러분이라면 어떻게 하겠습니까? 새로운 언어를 만든 뒤에 웹 브라우저를 만드는 회사에서 받아주기를 기다려야 할까요? 설령 그렇게 된다고 하더라도 새로운 언어가 탑재된 웹 브라우저가 전 세계 사용자들의 컴퓨터에 설치되기까지 얼마나 오랜 시간을 필요로 할까요?

그래서 개발자들은 자바스크립트를 대신해서 트랜스파일Transfile이라는 개념을 이용하여 문제를 해결했습니다. 트랜스파일은 컴파일과 비슷하면서도 다른 개념입니다. 컴파일은 사람이 인식할 수 있는 프로그래밍 언어를 기계가 인식할 수 있는 기계어로 변환하는 과정인데요. 이에 반해 트랜스파일은 하나의 언어를 다른 언어로 변환하는 과정을 의미합니다. 이를 이용해 새로운 프로그래밍 언어를 자바스크립트로 변환하는 트랜스파일러를 만들었습니다. 이렇게 하면 전 세계 사용자의 웹 브라우저를 갈아엎지 않고도 곧바로 새로운 언어를 사용해 웹 애플리케이션을 개발할 수 있게 되는 겁니다. 일단 새로운 언어로 개발을 하고 이를 자바스크립트로 트랜스파일하여 배포하면 됐으니까요.

많은 언어가 이 방식으로 만들어졌습니다. 2009년에 출시된 커피스크립트CoffeeScript를 비롯하여 Elm이나 클로저스크립트ClojureScript 같은 언어가 그 뒤를 이었습니다. 이러한 추세에는 IT 공룡 기업도 끼어들었습니다. 구글에서는 2011년 다트Dart라는 언어를 만들었고 마이크로소프트에서도 2012년에 타입스크립트TypeScript라는 언어를 출시하기도 했습니다.

자바스크립트라고 가만히 있었던 것은 아니었습니다. 사실 자바스크립트도 계속해서 진화를 해오고 있긴 했습니다. 하지만 초기에는 표준이 없어 웹 브라우저마다 서로 다른 기능을 추가하는 상황이 발생했습니다. 이로 인해 A라는 웹 브라우저에서 정상 동작하는 코드가 B라는 웹 브라우저에서는 동작하지 않는 브라우저 호환성 문제가 발생하기 시작했습니다. 이러한 표준의 부재에서 발생되는 문제를 해결하기 위해 '유럽 컴퓨터 제조업체 협회(European Computer Manufacturers

Association, ECMA)'가 나서서 자바스크립트의 표준 명세를 관리하기 시작합니다. 여기서 만들어진 표준 명세를 ECMA Script라고 부릅니다. 즉, 자바스크립트는 언어이고, ECMA Script는 자바스크립트 언어에 대한 표준 명세라고 볼 수 있습니다. 그리고 ECMA Script를 줄여서 ES라고 하며, 뒤에 버전을 붙여서 ES5, ES6와 같이 사용합니다. 그리고 ES6부터는 버전명 대신 표준이 발표된 연도를 붙여서 ES2015, ES2016과 같이 표현합니다.

유독 개발자의 주목을 많이 받았던 버전은 ES2015였습니다. 자바스크립트 역사상 가장 큰 변화를 가져온 버전이기도 합니다. "let" "const"와 같은 변수 정의를 위한 새로운 방법도 추가되었고, Arrow Function, Class, Promise 같은 기능도 이 버전에서 모두 추가되었습니다. 그 다음 해에 나온 ES2016에서는 비동기 프로그래밍을 위한 "async" "await" 같은 키워드가 추가되기도 했습니다. 이러한 변화를 통해 자바스크립트는 다른 대안 프로그래밍 언어와 열심히 경쟁해나가기 시작했습니다.

재미있는 점은 이러한 진화를 거치면서 자바스크립트 역시 다른 대안 언어와 마찬가지로 트랜스파일을 필요로 하게 되었다는 점입니다. ECMA Script에서 계속 새로운 표준을 만들어내고 있기는 하지만 그 표준이 전 세계 사용자의 컴퓨터에 모두 보급되기까지는 상당히 많은 시간을 필요로 하거든요. 따라서 최신 스펙의 자바스크립트 코드를 오래된 웹 브라우저에서도 정상적으로 동작하게 하려면 오래된 스펙의 자바스크립트로 변환해야 하는 과정을 거쳐야 합니다.

jQuery의 군림

웹의 애플리케이션화는 생각보다 빠른 속도로 진행되었습니다. 이제 개발자들은 자바스크립트로 생각보다 많은 일을 할 수 있음을 깨닫게 되었습니다. 웹이라는 플랫폼 위에서 여러 실험적인 시도가 이어졌으며 많은 양의 코드가 자바스크립트로 써지기 시작했습니다. 이 과정에서 개발자들은 자바스크립트를 이용한 코딩이 생각보다 불편하고 코드가 쉽게 번잡스러워진다는 것을 깨달았습니다.

그러던 중에 jQuery라는 자바스크립트 라이브러리가 출시되었고 얼마 지나지 않아 jQuery는 개발자들로부터 많은 인기를 끌게 되었습니다. jQuery는 "Write less, Do more"라는 모토가 있었는데, 번잡스러운 자바스크립트 코드 양을 획기적으로 줄여줌과 동시에 여러 편의성 있는 기능을 포함하고 있었습니다.

jQuery는 기본적으로 DOM이라 불리는 문서 객체 모델의 순회 및 조작, 이벤트 처리, Ajax 호출 등의 기능을 제공합니다. 이 기능들은 모두 자바스크립트로도 사용할 수 있지만 jQuery는 같은 기능을 훨씬 더 간편하게 구현할 수 있는 방법을 제공했습니다. 자바스크립트 코드와 jQuery를 이용한 코드를 비교해보겠습니다.

```
document.getElementById('node');
```

위의 코드는 DOM에서 node라는 id 속성을 가진 요소를 선택하는 방법입니다.

```
$('id');
```

같은 기능을 jQuery를 이용해 작성한 코드입니다. 앞선 코드보다 상당히 간결해졌습니다.

```
document.getElementById('button').addEventListener('click', function() {
     // do something
});
```

위 코드는 button이라는 id 속성을 가진 요소에 클릭 이벤트가 발생할 경우 실행될 이벤트 함수를 등록하는 코드입니다.

```
$('button').click(function() {
     // do something
});
```

이 역시 jQuery를 이용해 상당히 간결해졌습니다. 이러한 이벤트 처리는 웹에서 자주 사용되는 기능 중 하나입니다.

```
var req = new XMLHttpRequest();
req.onreadystatechange = function() {
    // do something
};
req.open('GET', 'https://example.com', true);
req.send();
```

위 코드는 Ajax 호출을 생성하는 코드입니다. 이 역시 다소 장황한 느낌이 있습니다.

```
$.get('https://example.com', function() {
    // do something
});
```

같은 기능의 jQuery 코드입니다. 장황했던 코드가 단번에 깔끔하게 정리되었습니다.

깔끔한 코드를 작성할 수 있게 해준다는 장점 외에도 jQuery가 인기를 끌었던 또 다른 이유는 브라우저 호환성 문제를 해결했기 때문입니다. 이미 이전부터 인터넷 익스플로러(IE), 크롬Chrome, 파이어폭스Firefox, 오페라Opera, 사파리Safari 등 여러 웹 브라우저가 존재했고 그것이 만들어놓은 비표준 기능이 즐비한 상황이었습니다. 이로 인해 브라우저 호환성 문제가 종종 발생하곤 했습니다. 예를 들어, DOM

의 특정 요소를 선택하기 위한 표준 함수는 document.getElementById 이지만 IE5 이전 버전에서는 이 함수가 존재하지 않았고, 비표준 함수인 document.all을 이용해야 했습니다. 사용자가 어떤 웹 브라우저로 접속할지 모르니 개발자는 사용자의 브라우저 종류를 검사하고 브라우저별로 여러 벌의 코드를 작성해야 했습니다. 하지만 jQuery는 일관된 API를 제공하고 API 내부에서 직접 브라우저 호환성 문제에 대응하는 코드를 추가함으로써 개발자가 직접 신경 쓰지 않아도 되게끔 했습니다.

새로운 자바스크립트 프레임워크의 등장

jQuery는 그야말로 공전의 히트를 기록하며 꽤 오랫동안 자바스크립트 라이브러리의 왕좌를 지키고 있었습니다. 하지만 시간이 지남에 따라 웹의 애플리케이션화는 계속해서 가속화되었고, 코드는 이전보다 복잡하고 방대해졌습니다. 이제 개발자들은 jQuery 이상의 무언가가 필요해졌습니다. 이러한 맥락에서 새로운 자바스크립트 프레임워크들이 등장하기 시작했습니다.

라이브러리와 프레임워크는 종종 그 의미가 혼용되기도 하고 구분 방법에 대해서도 의견이 분분합니다. 하지만 일반적으로 라이브러리는 사용자가 주도권을 가지고 라이브러리를 호출하는 형태인 반면, 프레임워크는 전체 코드 흐름의 책임이 프레임워크에 있으면서 사용자의 코드를 호출하는 형태입니다. 이를 위해 프레임워크는 코드가 어떤 구조를 가져야 하는지에 대한 뼈대와 가이드를 제공하곤 합니다. 따라서 좋은 프레임워크는 대규모 엔터프라이즈 레벨의 애플리케이션을 개발하는 데 많은 도움이 됩니다.

2010년 구글은 AngularJS라는 자바스크립트 프레임워크를 출시합니다. AngularJS는 jQuery와는 다르게 프레임워크로서, 코드 구조에 대한 뼈대와 가이드를 제공함으로써 자바스크립트를 이용해 대규모 애플리케이션을 만들려 하는 이들의 관심을 끌기 시작했습니다. 이후에 페이스북(현 메타)에서도 2013년에 React.js를 출시했고, 이어서 2014년에 Vue.js가 나오면서 AngularJS, React.js, Vue.js의 3강 시대가 시작됩니다. 이 시점을 기준으로 jQuery 시대는 저물기 시작했고 웹은 진화의 새로운 단계를 시작했습니다.

새로운 시대의 시작을 이끌었던 AngularJS는 초반에 큰 인기를 얻기는 했으나 금세 다른 주자에게 선두를 내어주기 시작했습니다. Vue.js도 분투를 하긴 했으나 새로운 시대의 왕좌는 React.js로 굳어 갔습니다.

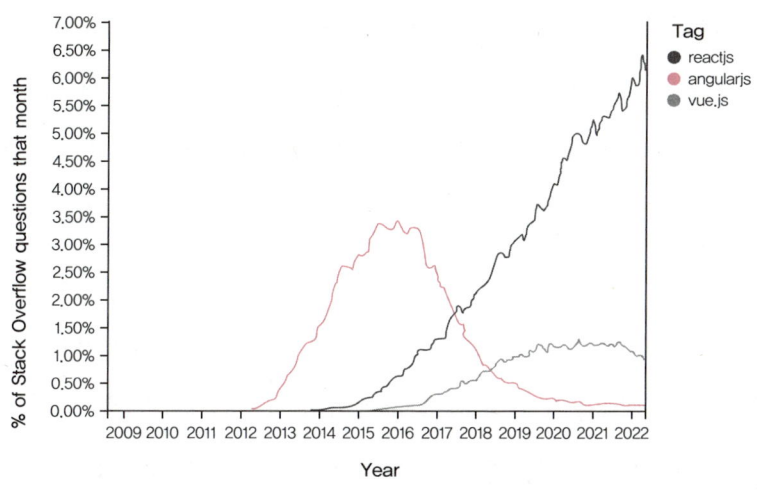

▲ 그림 11-1 AngularJS, React.js, Vue.js에 대한 스택오버플로우에서의 사용 동향

React.js를 비롯한 자바스크립트 프레임워크가 인기를 끌게 된 이유는 여러 가지가 있겠지만 주로 선언형 컴포넌트와 가상 DOM 기법을 꼽습니다. React.js 개발은 웹 페이지의 화면을 각각의 구성요소로 쪼갠 뒤에 이를 컴포넌트로 개발하고 각 컴포넌트를 조립하는 방향으로 진행됩니다. 여기서 사용되는 컴포넌트는 선언형 접근 방식을 취합니다. 이를 풀어서 이야기하면 이전 UI 상태에서 새로운 UI 상태로 변경하기 위한 방법은 사용자가 직접 고민할 필요 없이 '상태에 따른 UI'에 대한 코드만 작성하면 된다는 뜻입니다. 실제로 사용자가 작성한 선언적 컴포넌트에 따라 새롭게 변경될 UI를 만들어서 반영하는 것은 React.js가 알아서 담당합니다.

실제로 UI를 변경할 때도 가상 DOM이라는 기법을 이용해서 성능 손실을 최소화합니다. UI를 변경하려면 웹 브라우저에서 제공하는 DOM을 수정해야 하는데, 이는 일반적으로 비용이 많이 드는 동작입니다. 따라서 코드의 성능을 최적화하려면 DOM의 수정을 최소화해야 합니다. 하지만 사용자가 직접 현재 DOM 상태를 조사하면서 UI를 변경하는 코드를 작성하는 일은 매우 복잡하고 어렵습니다. 이런 문제를 해결하기 위해 React.js에서는 실제 DOM과 데이터가 동일한 가상 DOM을 생성합니다. 그리고 UI 변경분을 실제 DOM 대신 가상 DOM에 반영한 뒤에 가상 DOM과 실제 DOM 간에 서로 다른 부분만을 찾아 이 부분만 실제 DOM에 반영합니다. 결과적으로 실제 DOM에 대한 조작이 최소화되어 성능상 이점이 생기게 됩니다.

React.js가 배우기 쉽다는 점도 인기 요인 중 하나입니다. React.js 등장 이전부터 존재하던 AngularJS는 학습 곡선이 높은 것으로 유명했습니다. 하지만 이렇다 할 대안이 없었던 개발자에게 React.js가 나타났고 상대적으로 낮은 학습 곡선으로 인해 빠른 속도로 인기를 얻기 시작했습니다.

싱글 페이지 애플리케이션

웹이 동작하는 방식을 자세히 살펴보겠습니다. 여러분이 가상의 게시판에 있는 게시글을 읽는다고 가정해봅시다. 먼저 첫 번째 글을 클릭합니다. 그럼 첫 번째 게시글에 대한 HTML 문서와 CSS, 자바스크립트, 폰트 등의 리소스를 웹 서버로부터 받아올 것입니다. 이후에 두 번째 게시글을 클릭하면 첫 번째와 동일하게 필요한 리소스를 전부 웹 서버로부터 받아올 것입니다. 여기서 문제점이 하나 나타나는데요. 바로 이전에 요청했던 리소스들을 불필요하게 중복해서 요청하게 되는 것입니다. 이 문제점을 방지하기 위해 웹 브라우저에서는 받아온 모든 리소스 파일을 캐싱caching해 놓습니다. 이후에 동일한 리소스에 대한 요청이 발생하면 다시 웹 서버로 요청하지 않고 캐싱해 놓은 리소스를 바로 받아오는 방식입니다.

하지만 웹 브라우저의 캐싱으로도 해결되지 않는 중복 문제가 있습니다. 바로 HTML 자체입니다. 사실 첫 번째 게시글의 HTML과 두 번째 게시글의 HTML은 실제 게시글의 제목과 내용 정도를 제외하고는 모두 동일합니다. 실제 화면에서도 첫 번째 게시글과 두 번째 게시글 사이의 차이는 일부인데도 전체 HTML을 받아와서 다시 화면에 그립니다. 이는 화면이 '새로고침'되어야 하기 때문에 사용성에도 영향을 줍니다.

웹 문서가 아닌 웹 애플리케이션을 지향하고 있던 개발자들은 이를 개선하기 위해 새로운 아이디어를 하나 꺼내들었습니다. 만약, 웹이 아니라 일반 데스크톱 애플리케이션이었다면 어땠을까요? 웹과 데스크톱 애플리케이션은 UI를 그리는 책임이 전혀 다릅니다. 웹에서는 서버가 HTML을 이용해 UI를 모두 정의해서 내려줍니다. 하지만 데스크톱 애플리케이션에서의 서버는 주로 데이터만 내려주고 이를 UI로 어떻게 배치할지는 온전히 클라이언트의 책임이 됩니다.

웹에서도 이러한 방식을 차용해보기로 했습니다. 이것이 바로 SPA(Single Page Application, 싱글 페이지 애플리케이션)입니다. 이 개념은 여러 화면을 하나의 페이지 내에서 보여주는 형태를 뜻합니다. 이와 구분하기 위해 기존의 방식을 MPA(Multi-Page Application, 멀티 페이지 애플리케이션)이라고 부르기도 합니다. SPA 방식은 웹 초기에는 구현이 불가능했겠지만 Ajax라는 보석 같은 무기가 주어진 개발자들에게는 가능한 일이었습니다. 순수 SPA에서는 페이지를 이동할 때만다 더 이상 HTML을 받아올 필요가 없습니다. HTML은 최초로 접속할 때에만 받아오게 되는데, 심지어 이 HTML은 내용이 아무것도 없이 텅 빈 HTML입니다. 여기에 데이터를 가지고 실제 화면을 그리는 역할은 더 이상 서버가 아니라 클라이언트에 있는 자바스크립트가 하게 됩니다.

앞서 들었던 가상의 게시판의 예로 SPA를 다시 설명하겠습니다.

사용자가 처음 접속했을 때는 종전의 방식과 크게 다르지 않습니다. 웹 서버로부터 HTML 문서를 비롯해 필요한 리소스 파일을 받아올 것입니다. 하지만 이 HTML 문서를 열어보면 내용이 없이 텅 빈 페이지만 있습니다. 여기서부터는 자바스크립트의 영역입니다. 자바스크립트가 로드되면서 직접 필요한 화면을 구성합니다. 게시판 목록과 같은 데이터가 필요하면 Ajax를 이용해 서버로부터 받아옵니다. 이때 받아오는 데이터는 HTML이 아니라 JSON과 같은 순수 데이터만 포함된 형식을 사용합니다. 여기서 만약, 첫 번째 게시글을 클릭해도 실제 페이지 이동이 일어나지 않습니다. 대신 자바스크립트는 클릭 이벤트를 감지해 화면을 다시 그리기 시작합니다. 게시글을 보여주기 위한 화면을 그림과 동시에 첫 번째 게시글 데이터를 다시 Ajax로 받아와서 화면의 빈 공간에 채워 넣습니다.

이런 방식의 가장 큰 장점은 사용성이 매우 좋다는 것입니다. 기존의 MPA에서 페이지 이동을 할 때는 어쩔 수 없는 지연이 생깁니다. 웹 서버와 네트워크를 통해 필요한 HTML을 받아오고 이를 화면에 새로 그려내는 데 필요한 지연입니다. 일반적으로 몇 백 밀리 초 정도가 소요되며, 네트워크 상황에 따라서 초 단위까지 길어질 수도 있습니다.

사용자 입장에서는 클릭하고 나서 아무리 빨라도 한 템포 뒤에 반응이 나타나는 셈입니다. 반면 SPA에서는 이러한 지연이 없습니다.

사용자의 클릭 이벤트가 감지되면 일단 화면부터 갱신합니다. 갱신된 화면에서 데이터가 들어갈 부분에는 보통 스피너와 같이 로딩 중임을 나타내는 애니메이션을 그려놓습니다. 그리고 Ajax로 필요한 데이터를 받아오면 스피너를 지우고 실제 데이터를 채워 넣습니다. 사용자 입장에서는 한 템포씩 삐걱거리는 지연이 없어지니 사용성이 매우 좋아집니다. 정적인 HTML로만 이루어졌던 웹이 서버에서 동적으로 HTML을 생성하던 단계를 거쳐 이제 클라이언트에서 동적으로 HTML을 생성하는 단계까지 온 것입니다.

이 모든 작업을 개발자가 자바스크립트로 모두 구현하는 것은 쉽지 않은 일입니다. 하지만 SPA를 만들기 위한 여러 도구가 나오면서 SPA로 구현되는 웹 사이트가 점차 늘어나기 시작했습니다. 사실 앞서 이야기했던 AngularJS, React.js, Vue.js 모두 SPA를 지원하는 프레임워크입니다. 가장 인기 있는 자바스크립트 프레임워크 모두가 SPA를 지원하는 것입니다.

물론, SPA가 장점만 있는 것은 당연히 아닙니다. 여러 단점이 있지만 가장 큰 단점은 검색엔진 최적화(Search Engine Optimization, SEO)가 어렵다는 점입니다. 이를 설명하기 위해서는 검색엔진이 작동하는 원리부터 설명을 해야 하는데요. 각 검색엔진은 각자 봇(bot)을 가지고 있습니다. 이 봇은 웹 이곳저곳을 누비면서 웹 페이지를 요청하고 여기서 검색에 필요한 데이터를 추출하여 저장합니다. 이렇게 저장된 데이터를 가지고 나중에 사용자가 검색엔진에 조회를 했을 때 활용하게 됩니다. 여기서 문제는 대부분의 검색엔진 봇이 자바스크립트 코드를 실행하지 않는다는 점입니다. 기존의 웹에서는 자바스크립트 코드를 실행하지 않아도 웹 페이지에서 검색에 필요한 데이터를 추출하는 것이 가능했으니 굳이 리소스를 낭비해가면서 자바스크립트 코드를 실행할 필요가 없었던 것입니다. 하지만 이는 SPA에서는 치명적인 문제가 됩니다. 앞서 이야기했듯이, SPA에서 최초로 접속했을 때 받아오는 HTML은 텅 빈 상태입니다. 여기서 자바스크립트 코드가 실행되면서 실제 화면이 그려지는 방식입니다. 그러니 자바스크립트 코드를 실행하지 않는 검색엔진 봇 입장에서는 그냥 텅 빈 페이지로 인식되는 것입니다.

다행히 구글을 비롯한 몇몇 검색엔진이 봇에서 자바스크립트 코드를 실행하도록 변경하면서 이러한 문제점을 해결하려고 노력하고 있습니다. 하지만 모든 검색엔진이 자바스크립트 코드를 실행할 수 있는 것은 아니기 때문에 근본적인 문제가 해결된 것은 아닙니다.

SPA의 또 다른 문제점은 초기 로딩이 MPA에 비해서 느리다는 것입니다. 웹이 작동하는 방식을 단계별로 다시 살펴보면서 이 문제점을 살펴보겠습니다.

1. 웹 서버로부터 HTML 문서를 받아옵니다.
2. 웹 브라우저가 받아온 HTML을 화면에 표현합니다.
3. HTML에 포함되어 있는 자바스크립트 등의 리소스 파일을 다시 웹 서버로 요청합니다.
4. 웹 서버로부터 받아온 리소스 파일을 적용합니다.

기존의 방식인 MPA의 경우 사용자는 2번 단계에서 이미 화면에 웹 페이지가 그려진 것을 확인할 수 있습니다. 하지만 SPA는 빈 HTML을 사용하기 때문에 2번 단계에서는 아무 것도 보여줄 게 없습니다. 실제 화면은 자바스크립트 코드가 실행된 4번 단계가 되어야 볼 수 있습니다. 더욱 큰 문제는 일반적으로 SPA가 MPA보다 자바스크립트 파일의 용량이 크다는 것입니다. 화면을 그리는 로직을 서버에서 담당하는 MPA에 비해 SPA는 이를 자바스크립트가 실행되는 클라이언트에서 맡기 때문입니다. 일반적으로 수 메가바이트(MB)는 보통이고, 최적화에 신경 쓰지 않으면 수십 메가바이트(MB) 단위가 되기도 합니다. 이처럼 커다란 파일을 전부 로드한 뒤에야 첫 화면을 표현할 수 있으니 SPA는 초기 로딩이 느릴 수밖에 없는 구조인 것입니다. 이를 방지하기 위해 코드 분할(Code Splitting)을 사용해서 최초 페이지에 로딩 되는 자바스크립트 코드 크기를 줄이는 기법이 사용되기도 하지만 역시 근본적인 해결책은 되지 못합니다.

서버 측 랜더링이 포함된 SPA

사실 이러한 SPA의 문제점을 한 방에 해결할 수 있는 방법이 있긴 합니다. 바로 MPA와 SPA의 하이브리드 구성입니다. 최초 페이지는 종전과 같이 MPA 방식대로 서버에서 HTML을 생성해주고, 이후의 페이지를 이동할 때에는 SPA 방식대로 클라이언트에서 HTML을 생성하면 됩니다. 언뜻 이상적인 해결책처럼 보이지만 이 역시 치명적인 문제점이 있습니다. 바로 HTML을 생성하기 위한 코드를 서버 측과 클라이언트 측, 각각에 두 벌을 유지해야 한다는 점입니다.

이러한 문제를 해결하기 위해 SSR(Server Side Rendering, 서버 측 랜더링)이라는 기법이 사용되기 시작했습니다. SSR은 단어 의미만 보면 서버에서 HTML을 생성한다는 뜻이기 때문에 MPA를 가리키는 단어로 오해하기 쉽습니다만, 일반적으로 SSR은 SPA 구성에서 서버도 추가적으로 HTML을 생성하도록 하는 기법입니다. 여기서 중요한 것은 앞서 이야기한 하이브리드 구성처럼 HTML을 생성하기 위한 코드를 서버와 클라이언트 각각 한 벌씩, 두 벌을 유지하는 게 아니라 기존의 클라이언트 코드 한 벌만 유지한다는 점입니다.

얼핏 불가능해 보이는 이 기법이 가능할 수 있는 이유는 Node.js 덕분입니다. Node.js는 기존에 웹 브라우저에서만 실행되던 자바스크립트를 서버 측에서도 실행시킬 수 있도록 하는 런타임입니다. 이를 이용해 별도의 프런트엔드 서버를 구축하고 HTML을 생성하기 위해 사용하던 자바스크립트 코드를 Node.js에서 실행시켜 HTML을 만들어내는 방식입니다.

SSR의 구현을 위한 프레임워크로써 2016년 Next.js와 Nuxt.js가 출시되었습니다. React.js의 SSR을 위한 Next.js가 먼저 출시된 이후에 이에 영향을 받아 Vue.js의 SSR을 위한 Nuxt.js가 뒤이어 출시되었습니다. 이 프레임워크들은 단순히 SSR 기능만을 제공하는 데서 그치지 않고 더 나은 SPA를 만들기 위한 여러 기능을 함께 제공합니다. 가장 대표적으로 SPA 특성 상 자바스크립트 파일의 크기가 커지는 문제점을 해결하기 위한 코드 분할 기능을 제공합니다. 또한 현재 페이지에 있는 링크 태그를 이용해서 다음 페이지에서 필요한 분할된 코드를 미리 불러오는 프리페치Prefetch 기능도 함께 제공함으로써 SPA의 사용성을 크게 향상시켰습니다.

IT를 이루는 기술의 대부분이 그렇듯 SSR 역시 장점만 있던 것은 아니었습니다. 가장 대표적으로 SSR을 위한 별도의 프런트엔드 서버를 구성해야 한다는 점입니다. 이는 운영 및 유지 보수를 해야 하는 요소가 하나 더 늘어난다는 것을 의미합니다. 검색엔진 봇들도 점차 자바스크립트 코드를 실행하는 기능을 탑재하고 있는데, 굳이 이렇게까지 해가면서 SSR을 해야 하냐는 회의적인 의견도 많이 제시되고 있습니다.

11장을 마치며

 IT 분야에서 웹만큼 역동적이고 변화가 빠른 분야도 없을 것입니다. 재미있는 점은 웹이라는 커다란 공간에는 최신의 기술로 만들어진 웹 사이트와 90년대에 출시된 구닥다리 기술로 만들어진 웹 사이트가 함께 공존한다는 점입니다. 웹은 그 짧은 역사의 시간 동안 격랑의 바다를 건너왔고 지금도 열심히 항해 중입니다.

 웹이 단순히 텍스트로 이루어진 정보만을 전달하던 시대도 있었습니다. 그로부터 약 30여 년이 지난 지금까지 웹의 근본은 바뀌지 않았습니다. 여전히 우리는 HTTP 프로토콜을 사용해 통신하고 HTML을 이용해 웹 페이지를 표현합니다. 하지만 동일한 그 기술 위에서 우리는 몇 만 명과 함께 라이브 스트리밍 공연을 보기도 하고, 지구 반대편의 친구와 얼굴을 맞대고 화상 채팅을 하기도 합니다. 웹은 단순한 문서 플랫폼에서 애플리케이션 플랫폼으로 쉴 새 없이 진화하고 있습니다. 기술을 다루는 한 사람으로, 5년 후 그리고 10년 후 웹의 모습을 상상하며 웹이 어떤 방향으로 진화해 나가고 있는지를 관찰하는 것은 매우 흥미로운 일입니다.

시작하는 개발자들을 위한
기술 여행 가이드

12장

데이터베이스: 초기부터 오늘날까지

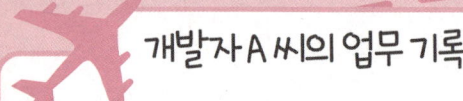
개발자 A 씨의 업무 기록

NoSQL의 정체

팀의 주간회의가 있는 날이었다. 다들 노트북을 옆구리에 끼고는 삼삼오오 회의실로 모여들었다. 여느 때처럼 각 파트별로 주요 이슈를 간추려 공유했고 그중 중요한 이슈에 대해서는 논의를 하기도 했다. 리포트 파트의 순서가 되었고, 리포트 파트를 담당하고 있던 박 과장이 입을 열었다.

"A 고객사에서 클레임이 들어온 게 하나 있는데요. 리포트 생성이 너무 오래 걸려 사용하기 힘들다는 내용이고 개선 방안을 찾고 있는데, 쉽지 않네요."

긴 회의 테이블의 끄트머리에 앉아있던 팀장님이 물었다.

"얼마나 걸리죠?"

"A 고객사는 워낙 데이터가 많기도 하고, A 사 전용으로 들어간 차트가 많아서 일간 리포트 기준으로 30초 정도 걸립니다. 월간 리포트는 더 걸리고요."

"쿼리 튜닝으로 해결될 수 있는 문제는 아니죠?"

"네, 지금 쿼리도 어느 정도 최적화가 된 상태입니다. 여기서 튜닝을 더 시도한다고 해도 현재 구조에서는 크게 효과는 없을 것 같아요."

박 과장이 계속해서 말을 이었다.

"사실 A 사에서 직접적으로 클레임이 들어오긴 했지만 다른 고객사의 리포트를 봐도 많이 느리긴 합니다. 이 부분은 계속 고민하면서 개선 중이긴 하지만 기본적으로 데이터베이스 성능이 못 따라오면 크게 효과는 없을 것 같아요."

그 말에 팀장님은 손가락으로 테이블을 몇 번 두드리는가 싶더니 이윽고 다시 입을 뗐다.

"음…. 일단 우리 다음 버전에서 선행기술 연구팀 쪽 NoSQL과 연동이 예정되어 있는데요. 이 버전이 어느 정도 안정화되면 A 고객사부터 우선적으로 패치할 수 있도록 해야겠네요. 일단 고객사 쪽으로는 다음 버전에 이런 내용으로 개선 예정이라고 영업팀을 통해서 전달할게요. NoSQL 연동은 수집 엔진 파트도 같이 붙어야 되죠?"

나와 함께 수집 엔진 파트를 맡고 있는 사수가 대답했다.

"네. 리포트에서 조회하려면 일단 데이터부터 들어가 있어야 하니 우리 쪽 코드도 수정이 필요합니다. 안 그래도 리포트 쪽 조회 성능뿐만 아니라 수집 성능도 중요한 성능 지표 중 하나라서 같이 확인해야 할 것 같아요."

"선행기술 연구팀 일정을 확인해서 우리도 슬슬 계획을 세우죠."

"네, 확인해서 말씀드리겠습니다."

그 이후로도 몇 건의 이슈가 더 이야기된 이후에 회의가 마무리되었다. 자리에 돌아가 업무로 복귀하려다 문득 박 과장이 이야기한 리포트 쿼리가 생각났다. '도대체 어떤 쿼리길래 30초씩이나 걸리는 걸까' 하는 생각이 들었다. 내가 맡고 있는 코드에서는 복잡하고 무거운 쿼리가 별로 없었다. 가장 오래 걸리는 쿼리도 1초 남짓이면 결과를 출력하곤 했다.

호기심이 발동해 리포트 파트의 코드를 체크아웃 받아 살펴보았다. 코드 곳곳에 복잡한 쿼리가 여기저기 산재해 있었는데 그중 긴 것은 내 노트북 화면을 꽉 채우기도 했다. 문제의 A 사 일간 리포트 쿼리 역시 한 페이지를 여유 있게 넘길 정도로 길었다. JOIN 키워드를 이용해 여러 테이블의 데이터를 함께 불러와 처리하고 있었고 몇몇 생소한 함수도 눈에 띄었다. SQL 지식이 그리 깊지 않은 나로서는 쿼리를 정확히 분석해낼 수 없었다.

회의 때 팀장님과 사수가 주고받은 말을 다시 복기하다가 선행기술 연구팀에서 개발하고 있다는 NoSQL이라는 물건이 문득 궁금해졌다. 전 세계를 대상으로 몇 십 년 동안 사용되고 있는 유명한 데이터베이스에서도 30초가 넘게 걸리는 데이터를 어떻게 더 빠르게 처리할 수 있다는 걸까? 심지어 NoSQL을 개발하고 있는 선행기술 연구팀은 고작 6명으로 이루어진 작은 팀이었다. 설마 그 팀에 숨겨진 천재 개발자라도 있는 걸까?

오전 내내 궁금증을 키우다가 결국 오후에 선행기술 연구팀 쪽으로 슬쩍 발걸음을 옮겨 보았다. 파티션 안쪽으로 고개를 들이 밀어보니 평소에 업무 관계로 안면이 있는 김 대리가 보였다. 다행히 바쁜 기색은 보이지 않아 티타임을 요청했다. 사내 카페로 자리를 옮겨 커피를 앞에 두고 이야기를 꺼냈다.

"김 대리님 팀에서 개발 중인 NoSQL에 대해 궁금한 게 있어서요."

"네. 편하게 물어보세요."

"NoSQL이란 게 정말 관계형 데이터베이스보다 더 좋은 건가요?"

"음. 그 질문에 대한 답은 좋기도 하고, 나쁘기도 하다고 해야 할 것 같아요."

말의 의미를 곧바로 발견하지 못해 고개를 갸우뚱하는 나를 두고 김 대리는 계속해서 말을 이어갔다.

"좋은지 나쁜지를 판단하기 위한 기준은 여러 가지가 있을 수 있잖아요. 성능 관점에서만 보더라도 데이터를 얼마나 빨리, 그리고 많이 기록할 수 있는지도 기준이 될 수 있고요. 필요한 데이터를 얼마나 빨리 찾을 수 있느냐가 될 수도 있죠. 혹은 복잡한 연산을 얼마나 잘 처리할 수 있느냐도 기준이 될 수 있겠죠."

나는 앞에 놓은 커피를 홀짝이며 김 대리의 말을 경청했다.

"일단 우리의 첫 번째 목표는 현재 사용 중인 관계형 데이터베이스보다 더 좋은 쓰기 성능을 확보하는 거예요. 그러기 위해서 우리가 선택한 방법은 클러스터링이고요. A 씨, 지금 우리 솔루션이 설치될 때 데이터베이스 서버가 몇 대로 구성되는지 아나요?"

"네? 데이터베이스 서버는 원래 한 대만 쓰는 거 아닌가요?"

"꼭 그렇지는 않아요. 우리는 지금 한 대만 쓰고 있긴 하지만 관계형 데이터베이스도 원래 여러 대로 구성할 수 있어요. 하지만 보통 마스터-슬레이브(Master-Slave) 구조로 구성해서, 쓰기 동작은 마스터 서버에서만 가능하고 슬레이브 서버에서는 읽기만 가능해요. 쓰기 동작을 한 대의 서버로 모두 받아내다 보니 자연히 성능에 제한이 생기는 것이고요."

"그럼, NoSQL은 마스터 서버가 여러 대인 건가요?"

"우리가 개발하고 있는 NoSQL은 마스터 서버나 슬레이브 서버가 따로 있지는 않고요. 각각의 서버가 모두 동등하게 클러스터로 묶이는 형태예요. 그리고 모든 서버에서 쓰기 동작이 가능하도록 하고 있어요. 자연히 서버 한 대에서 받아내는 것보다 더 많은 데이터를 안정적으로 기록할 수 있고요."

"그럼 관계형 데이터베이스는 왜 NoSQL처럼 여러 서버에서 기록할 수 있도록 안 만드는 건가요?"

"뭐든지 장점이 있으면 단점도 있죠. 관계형 데이터베이스에서도 다중 마스터 구조를 지원하는 경우가 있긴 해요. 하지만 일반적인 구성은 아니고 제한 사항도 많아요. 관계형 데이터베이스는 일관성이라는 기준을 중요하게 다루는데, 다중 마스터 구조에서는 이 일관성을 담보하면서도 성능도 충분히 나오게 하기가 쉽지 않거든요."

설명의 난이도가 점점 올라가는 느낌이었다.

"일관성이란 쉽게 말해서 모든 서버가 동일 시간에 동일 데이터를 사용자에게 보여줘야 한다는 건데요. 우리가 개발 중인 NoSQL은 이 일관성에 대한 기준이 낮거든요."

설명을 들었지만 여전히 NoSQL이 무언지 딱 꼬집어 설명할 수 없는 느낌이었다. 이를 눈치챘는지 김 대리는 설명을 덧붙였다.

"사실 NoSQL이라는 하나의 단어로 묶어서 설명하기에는 NoSQL 종류가 워낙 다양해요. 비유하자면…, 관계형 데이터베이스가 범용적으로 쓰기 좋은 승용차라고 한다면, NoSQL은 승용차의 아쉬운 점을 채우기 위해 나온 다른 모든 자동차를 전부 묶어서 부르는 느낌이라고 이해하면 쉬울 것 같아요. 승용차보다 오프로드를 더 잘 다니기 위해 나온 SUV도 있고, 짐을 더 잘 싣기 위해서 나온 트럭도 있고, 더 빠른 속도를 낼 수 있는 스포츠카도 있잖아요. 결국은 각기 다른 문제를 해결하기 위해 나온 차들인 셈이죠."

김 대리의 마지막 문장 덕분에 NoSQL이란 놈의 정체가 좀 더 뚜렷하게 보이는 듯 했다. 사실 NoSQL뿐만 아니라 모든 소프트웨어는 각자가 해결하고자 하는 문제가 있다. 사실 우리가 지금 자연스럽게 쓰고 있는 데이터베이스 역시도 기존에 존재하는 어떤 문제를 해결하기 위한 결과물일 것이다. 이런 생각에 꼬리를 물다보니 데이터베이스란 소프트웨어는 최초에 어떤 맥락에서 생기게 되었을까 하는 의문점이 들었다.

데이터가 사는 곳: 메모리와 디스크

우리가 다루는 소프트웨어의 본질은 사실 코드와 데이터의 묶음입니다. 컴퓨터 안에는 사용자에게 유의미한 데이터가 있고, 이를 사용자에게 도움이 되는 형태로 가공하거나 연산하는 코드로 이루어진 것을 우리는 '프로그램'이라고 부릅니다. 그리고 이 소프트웨어의 근간 중 하나인 데이터는 딱 두 군데에만 담길 수 있습니다. 바로 메모리와 디스크입니다. 영속적으로 저장되어야 하는 데이터는 디스크에 써지고, 이 중 코드에 의해 연산되어야 하는 데이터는 메모리로 올라옵니다. 사실 우리가 작성하는 코드의 변수들도 데이터가 담길 메모리의 이름표인 셈입니다.

메모리는 기본적으로 '휘발성'이라는 특징이 있습니다. 따라서 프로그램이 종료되면 메모리에 있던 데이터는 사라집니다. 데이터를 보존하려면 디스크에 기록해야 하는데요. 이때 우리는 데이터를 어떠한 형태로 기록할지를 결정해야 합니다. 우리에게 주어진 선택지는 '텍스트 파일'과 '바이너리 파일'이 있습니다. 두 가지 형태 모두 동일하게 0과 1로 이루어진 비트의 연속으로 이루어진다는 공통점이 있습니다. 하지만 텍스트 파일의 비트들은 문자를 나타내는 한편, 바이너리 파일은 각기 다른 데이터 형식을 가지고 있습니다. 대표적으로 txt, json, xml 확장자를 가진 파일이 개발하면서 자주 접할 수 있는 텍스트 파일들이며, 바이너리 파일에는 exe 확장자를 가진 실행파일이나 png, jpg 확장자를 가진 이미지 파일 등이 있습니다.

가장 간단한 저장 형태는 텍스트를 그대로 기록하는 텍스트 파일일 텐데요. 만약, 어떤 웹 사이트의 회원 목록을 json 포맷의 텍스트 형태로 디스크에 저장했다고 가정해보겠습니다. 이 데이터에서 특정 회원의 데이터만을 선택적으로 조회하려면 모든 데이터를 일단 메모리로 읽어 들여야 합니다. 필요한 데이터가 단 한 사람의 데이터라고 하더라도 모든 데이터를 메모리에 올린 후 단 한 사람의 데이터를 골라내야 합니다. 문제는 보통 메모리가 디스크에 비해서 상대적으로 용량이 작고 비싸다는 것입니다. 지금 이 글을 쓰고 있는 제 컴퓨터도 디스크 용량은 512GB지만, 메모리의 용량은 겨우 16GB에 불과합니다. 만일, 이 노트북에서 50GB짜리 텍스트 파일을 기록한다고 하면 시간은 조금 걸리겠지만 별 문제없이 모든 데이터를 기록할 수 있을 겁니다. 하지만 이를 메모리로 읽어 들이려고 하면 문제가 생깁니다. 대부분의 운영체제에서 가상 메모리와 같은 제한된 메모리의 문제를 해결하기 위한 기법을 사용하고 있긴 하지만, 그럼에도 이 정도의 데이터를 모두 메모리에 올리게 되면 보통 메모리 문제로 인해 프로그램이 다운되고 맙니다.

설령 데이터를 메모리 위에 모두 올릴 수 있다고 하더라도 다른 문제가 남습니다. 보통 데이터는 계속해서 변경됩니다. 하지만 앞서 이야기했듯이 메모리는 휘발성이라 프로그램이 종료되면 변경된 데이터도 날아가게 됩니다. 데이터를 영속적으로 저장하기 위해서는 다시 디스크에 기록해야 합니다. 그리고 json 같은 텍스트 형태의 데이터는 저장할 때 파일 전체를 처음부터 끝까지 다시 기록해야 합니다. 수천 명의 회원 목록 중 단 한 명의 데이터만 변경되었다고 하더라도 수천 명의 회원 목록 전부 다시 기록해야 한다는 이야기입니다.

좀 더 효율적인 방법은 없을까요? 앞선 텍스트 파일의 문제를 해결하기 위해 다른 방식으로 데이터를 기록해 봅시다. 수천 명의 회원 데이터를 모조리 그대로 텍스트로 저장하는 대신 우리만의 데이터 형식을 가진 바이너리 파일을 아래와 같이 정의해봅시다.

1. 회원 한 명당 1KB의 저장 공간을 사용합니다. 회원 데이터는 UTF-8 인코딩 방식의 텍스트로 저장하고 1KB 중 남는 공간은 NULL BYTE로 채웁니다.
2. 파일 이름은 user.dat로 합니다.

▲ 그림 12-1 1KB씩 기록된 회원 데이터

여기서 만약, 다섯 번째 회원의 데이터를 조회한다고 하면 어떻게 해야 할까요? 텍스트 형태의 데이터였다면 모든 데이터를 일단 메모리 위로 읽어 들인 뒤에 반복문을 돌면서 다섯 번째 회원을 찾아야 할 겁니다. 하지만 우리가 정한 이 데이터 형식에서는 그렇게 할 필요가 없습니다. 여러분이 원하는 회원의 데이터가 정확히 어디에 기록되었는지 미리 알 수 있기 때문입니다. 회원 한 명당 1KB씩 할당하기로 했으니 다섯 번째 회원에 대한 데이터는 4KB와 5KB 사이의 공간에 있겠죠.

방금 우리는 회원의 순서를 이용해 회원의 데이터가 저장된 위치를 찾았습니다. 하지만 순서를 모르고 회원의 아이디만 알고 있는 상황이라면 어떻게 해야 할까요? 여기서 우리는 '인덱스Index'라는 걸 이용할 수 있습니다. 인덱스란 데이터의 색인을 의미합니다. 가장 간단한 형태의 색인을 구성해봅시다. 색인 파일은 아래와 같이 구성하겠습니다.

1. 아이디별로 몇 번째 순서에 저장되어 있는지에 대한 데이터를 json 포맷의 텍스트 형태로 기록합니다.
2. 파일 이름은 user_id_index.json으로 합니다.

```
{
  "userA": 0,
  "userB": 1,
  "userC": 2
}
```

이제 우리는 user_id_index.json 인덱스 파일을 읽어 회원의 순서를 읽어내고, 이를 토대로 user.dat 내 특정 순서의 1KB 공간만 읽음으로써 회원 데이터를 조회할 수 있습니다. 비록 인덱스 파일을 뒤지는 수고가 늘었지만 회원 목록 전체를 모두 뒤지는 것보다는 훨씬 효과적입니다.

운영체제에서 파일을 관리하는 방법

운영체제에서 파일을 관리하는 방법도 이와 유사한 방식을 사용합니다. 디스크는 기본적으로 연속된 바이트로 이루어진 데이터 블록이기 때문에 어디서부터 어디까지가 어떤 파일인지를 별도로 기록해놓아야 합니다. 리눅스에서는 inode라는 일종의 파일에 대한 인덱스를 별도로 가지고 있습니다. 여기에는 각 파일이 데이터 블록 내 어디서부터 어디까지를 차지하고 있는지와 함께 파일의 소유권, 종류 등 여러 정보를 기록해놓고 있습니다.

우리는 방금 가장 원시적인 형태의 데이터베이스를 만들었습니다. 이 프로토콜을 통해 우리는 손쉽게 회원 목록을 검색하고 새로운 회원의 데이터를 기록할 수 있습니다. 하지만 이러한 방식을 계속 사용하기에는 이만저만 불편한 것이 아닙니다. 만약, 아이디 값이 아닌 회원 이름으로 검색해야 하는 경우에는 어떻게 해야 할까요? 회원 이름으로 이루어진 인덱스인 user_name_index.json 파일을 따로 생성해야 할 것입니다. 만약, 회원 데이터가 1KB를 넘게 되면 어떻게 해야 할까요? 회원 한 명당 할당하는 공간을 2KB로 늘려 다시 모든 회원의 데이터를 새로 기록해야 할 것입니다. 이렇게 새로운 유형의 조회 조건이 추가될 때마다 복잡하고 번거로운 재프로그래밍이 필요하며, 데이터 유형이 바뀌면 데이터베이스 자체를 재설계해야 합니다.

데이터베이스의 등장

데이터의 기록 방식을 일일이 제어하는 일은 매우 귀찮고 번거로운 일입니다. 그리하여 선대 개발자들은 이러한 일만 전문적으로 대신해 주는 프로그램을 만들기 시작했습니다. 이것이 바로 데이터베이스의 시작이었습니다. 데이터가 어디에 어떻게 저장되는지에 대한 물리적 세부사항은 데이터베이스가 알아서 하고, 사용자는 그 위에서 데이터의 논리적 세부사항만 신경 쓰게끔 하자는 것이 데이터베이스의 목적입니다. 이 데이터베이스를 통해 데이터를 추상화된 계층 위에서 관리할 수 있어 복잡한 데이터와 검색 조건을 더 쉽게 처리할 수 있습니다.

오늘날까지 가장 활발하게 사용되는 데이터베이스는 '관계형 데이터베이스'입니다. 관계형 데이터베이스는 1970년대 에드거 프랭크 커드 Edgar Frank Codd가 발행한 〈A Relational Model of Data for Large

Shared Data Banks〉⁰¹라는 논문을 통해 그 초석이 만들어졌습니다. 관계형 데이터베이스의 기본적인 특성은 데이터가 행과 열로 이루어진 테이블에 저장되며, 이 테이블의 스키마Schema는 사전에 미리 정의된다는 것입니다. 데이터의 종속성은 관계(Relation)로 표현됩니다. 즉, 테이블 간의 일대일, 다대일, 다대다 등의 관계를 정의할 수 있습니다. 그리고 SQL이라는 특별한 쿼리 언어를 이용해 저장된 데이터를 자유롭게 탐색할 수 있습니다. 여러분이 많이 들어봤을 오라클, MySQL, PostgreSQL 등의 데이터베이스가 모두 이러한 관계형 데이터베이스에 속하는 제품입니다.

관계형 데이터베이스가 이토록 인기를 끌게 된 요인을 정리해보자면 두 가지로 요약할 수 있습니다.

첫 번째는 SQL(Structured Query Languag)이라는 '쿼리 언어'입니다. 우리는 SQL을 통해 어떤 데이터를 어떠한 방식으로 가공하여 받을지를 표현할 수 있으며, 데이터베이스는 이 SQL 언어를 해석하여 필요한 데이터를 최적의 알고리즘으로 찾아줍니다. 실제 데이터의 물리적 구현은 데이터베이스에 의해 숨겨지고 사용자는 오직 SQL을 통해 나타나는 논리적 구현에만 신경 쓸 수 있습니다. 이전처럼 인덱스 파일을 어떻게 만들고 데이터 파일을 어떻게 기록할지 고민하지 않아도 됩니다.

01　https://www.seas.upenn.edu/~zives/03f/cis550/codd.pdf

데이터베이스별로 SQL을 다르게 구현했다면 SQL이 가지는 매력도 반감되었을 텐데요. 다행히도 ANSI SQL이라는 이름의 표준 SQL이 있고 대부분의 관계형 데이터베이스는 ANSI SQL을 지원합니다. 즉, SQL을 배워놓으면 대부분의 관계형 데이터베이스를 모두 다룰 수 있습니다. 예를 들어, MySQL을 사용하다가 데이터베이스만 오라클로 변경된다고 하더라도 ANSI SQL 표준을 지키는 이상 기존의 쿼리를 그대로 재사용할 수 있습니다. 이러한 특성은 데이터베이스의 이식성을 좋게 만듭니다.

두 번째는 '트랜잭션transaction'입니다. 트랜잭션은 데이터베이스에서 데이터의 상태를 변화시키기 위해 수행되는 명령 단위입니다. 보통 트랜잭션을 ACID라는 단어를 들어 설명하곤 합니다. ACID는 트랜잭션이 가진 네 가지 특성을 가리키는 약어입니다. 바로 원자성(Atomicity), 일관성(Consistency), 고립성(Isolation), 지속성(Durability)을 의미합니다. ACID 각각의 특성을 자세히 설명하기 위해 간단한 비유를 하나 들어보겠습니다.

은행에서 A가 B에게 500만 원을 이체한다고 해 봅시다. 은행의 데이터베이스에서는 먼저 A의 계좌에서 500만 원이 차감되고, B의 계좌에 다시 500만 원이 증가되어야 할 것입니다. 이 작업을 성공적으로 수행하기 위해 트랜잭션의 어떤 특성이 어떻게 도움이 되는지 알아보겠습니다.

'원자성'이란 하나의 트랜잭션에 속한 다수의 작업을 하나의 단위로 취급한다는 뜻입니다. 즉, 'A의 계좌에서 500만 원을 차감하는 작업'과 'B의 계좌에 500만 원을 증가시키는 작업'이 하나의 단위로 묶여서 취급됩니다. 원자성으로 인해 트랜잭션은 작업들이 모두 정상적으로 실행되거나 그렇지 못하다면 어떤 작업도 실행되지 않음을 보장합니다. A의 계좌에서는 500만 원이 차감되었는데 B의 계좌에 500만 원이 증가되는 작업만 실패한다거나, 반대로 A의 계좌에서 500만 원이 차감되지 않았는데 B의 계좌에 500만 원이 증가되는 상황을 방지합니다.

'일관성'은 트랜잭션 내에서 수행되는 변경사항이 데이터베이스의 제약 조건을 위반하지 않는다는 뜻입니다. 예를 들어, 계좌 잔액이 0원 이하로 내려갈 수 없다는 제약 조건이 설정되어 있다면 A의 계좌에 500만 원 이하의 금액이 있는 경우 트랜잭션은 취소되고 B의 계좌로의 입금도 정상적으로 진행되지 않음을 보장합니다.

'고립성'은 동일한 데이터에 대해 동시에 읽고 쓰기 동작을 하더라도 서로의 트랜잭션을 방해하거나 영향을 끼치지 않는다는 뜻입니다. 다수의 트랜잭션이 동시에 수행된다고 하더라도 하나의 트랜잭션이 완료되기 전까지는 해당 트랜잭션의 작업은 격리되며, 먼저 수행된 트랜잭션이 모두 끝난 뒤에야 뒤이은 트랜잭션이 시작될 수 있음을 보장합니다. 즉, A의 계좌에서 500만 원을 인출하라는 요청을 보냄과 거의 동시에 동일한 A의 계좌에서 1,000만 원을 인출하라고 요청을 보낸다고 하더라도 두 트랜잭션은 서로 고립됩니다. 따라서 A의 계좌에서 500만 원을 인출하여 B의 계좌로 입금하는 첫 번째 트랜잭션이 완료되기 전까지는 1,000만 원의 인출에 대한 트랜잭션은 처리되지 않습니다.

'지속성'은 일단 트랜잭션이 완료되었다면 그 시점에서 해당 작업과 그로 인한 결과가 영속적으로 저장됨을 보장한다는 뜻입니다. 서버가 정상적으로 작동할 때만 아니라 시스템 오류가 발생하여 데이터베이스가 비정상적으로 종료가 되더라도 데이터의 변경사항은 계속해서 유지됨을 보장합니다. A의 계좌에서 B의 계좌로 500만 원을 이체하는 일련의 트랜잭션 동작이 일단 완료되었다면, 그 직후에 데이터베이스가 예상치 못한 문제로 종료되더라도 해당 거래 기록은 유효함을 보장할 수 있습니다.

대부분의 관계형 데이터베이스들은 이러한 트랜잭션을 지원합니다. 간혹 MySQL의 MyISAM 엔진 같은 예외도 있습니다만, 일반적으로 트랜잭션은 관계형 데이터베이스와 함께 가는 짝꿍이라고 생각해도 좋습니다.

관계형 데이터베이스의 저력

앞서 관계형 데이터베이스에 대한 이론은 무려 1970년대에 나왔다고 했는데요. 현재까지 활발하게 사용되고 있는 관계형 데이터베이스 제품들 역시 모두 유구한 역사를 자랑합니다. 오라클 데이터베이스는 무려 1979년에 출시되었으며, MySQL은 1995년, PostgreSQL은 1996년에 출시되었습니다. 하루가 다르게 빠르게 변화하고 있는 IT 환경에서 한 세기 전에 나온 물건을 계속해서 활발하게 사용하고 있는 것이 어찌 보면 이상할 수도 있습니다. 하지만 이는 반대로 생각해보면 관계형 데이터베이스가 그 오랜 세월을 버티고 지금까지 사랑받을 수 있을 만큼의 저력을 지니고 있다고도 생각해 볼 수 있습니다. 어째서 관계형 데이터베이스처럼 오래된 기술이 오늘날까지 현역으로 사용되고 있을까요?

초창기 관계형 데이터베이스의 흥행은 웹의 흥행과도 관련이 있습니다. 1990년대에 대중화되기 시작한 웹은 점차 일반 사람의 일상생활로 스며들기 시작했습니다. 처음에는 전문가나 관심이 있는 사람들 사이에서만 사용되던 물건이 점점 그 역할을 넓혔고, 웹을 수단으로 하는 비즈니스도 하나둘씩 생기기 시작했습니다. 사람들은 점차 웹을 통해 연결되면서 혁신은 시작되었고, 이러한 혁신은 2000년대 초반

닷컴 버블을 일으키기도 했습니다. 그러면서 웹을 통해 주고 받는 정보의 종류도 다양해지기 시작했는데, 이 데이터들이 관계형 데이터베이스와 잘 어울렸습니다.

    게시판 기능을 가진 간단한 웹 사이트를 생각해볼까요. 일단 사용자는 회원 가입을 해야 합니다. 아이디와 비밀번호를 포함한 회원 정보는 관계형 데이터베이스의 회원 테이블에 저장될 것입니다. 이후에 그 회원이 게시판에 글을 쓰게 되면 게시판 테이블에 글이 저장이 될 텐데요. 이때 자연히 이 글을 누가 작성했는지에 대한 정보도 함께 저장되어야 합니다. 관계형 데이터베이스에서 제공하는 모델은 이러한 데이터 간의 관계를 손쉽게 정의할 수 있으며 효과적으로 작동합니다.

    관계형 데이터베이스의 발전 방향도 웹의 특성에 맞게 진행되었습니다. 대부분의 웹 서비스는 읽기와 쓰기 중 읽기의 비율이 압도적으로 높습니다. 대체로 100배에서 1,000배까지도 차이가 나곤 합니다. 따라서 이러한 웹의 특성으로 인해 쓰기 성능이 조금 느리더라도 빠른 읽기 성능을 가지고 있는 것이 중요합니다. 관계형 데이터베이스는 이러한 웹의 요구사항을 맞추기 위해 읽기 성능을 위한 다양한 개선 전략과 기술을 도입하는 방향으로 발전해 왔습니다.

관계형 데이터베이스의 한계

관계형 데이터베이스는 단순하고 견고합니다. 성능도 훌륭하고, 확장도 비교적 용이합니다. 그래서 데이터베이스를 고민하는 이들에게 무난하면서도 좋은 선택지가 되어주곤 했습니다. 하지만 모두를 위한 만능 선택지는 될 수 없었습니다. 누군가는 읽기 성능이 조금 부족하더라도 쓰기 성능이 높아야 했고, 누군가는 더 유연한 확장 구조를 필요로 했습니다. 누군가는 관계형 데이터베이스의 고정된 스키마가 불편했고, 또 누군가는 관계형 모델이 아닌 다른 데이터 구조를 필요로 했습니다.

관계형 데이터베이스는 원래 단일 서버에서 실행된다는 가정을 기반으로 설계되었습니다. 이 설계는 지금처럼 웹이 대중화되기 전에 만들어졌습니다. 간단한 웹 서비스는 웹 서버와 데이터베이스를 각각 하나씩 두는 간단한 구성으로도 충분할 것입니다. 하지만 점차 부하가 늘어나기 시작하면 서버 확장을 고려해야 합니다. 앞 단의 웹 서버는 어렵지 않게 확장을 할 수 있습니다. 코드만 잘 짜놨다면 동일한 코드를 실은 웹 서버를 여러 대 배치해서 부하를 분산할 수 있습니다. 반면 관계형 데이터베이스는 복제(Replication)라는 기법을 통해 서버 확장을 구현했습니다. 마스터 서버로 기록된 데이터를 다수의 슬레이브 서버들로 흘려보내 슬레이브 서버들이 동일한 데이터 세트를 지니게끔 하는 기법입니다. 앞 단에서 확장된 웹 서버들은 데이터베이스 접근을 여러 대의 복제된 슬레이브 서버로 나눠 보냄으로써 부하를 분산할 수 있습니다.

하지만 이 복제 기법에도 문제는 있는데요. 읽기 동작은 슬레이브 서버에서 수행되어도 문제가 없으나, 쓰기 동작은 마스터 서버에서만 가능하다는 점입니다. 데이터 세트의 동기화는 마스터 서버에서 슬레이브 서버로의 방향으로만 흐릅니다. 그래서 슬레이브 서버에 쓰기 동작을 수행하는 순간 마스터 서버와의 데이터 불일치가 발생하게 됩니다. 결국 쓰기 동작의 부하는 분산되지 못하고 마스터 서버 혼자서 감당해야 하는 구조인 셈입니다. 이러한 구조적 한계가 있지만 지금까지 관계형 데이터베이스가 계속해서 활발하게 사용되는 이유는 앞서 이야기했듯이 웹의 특성상 쓰기 동작보다는 읽기 동작이 압도적으로 많기 때문입니다. 하지만 2000년대와 2010년대를 거쳐 기술이 점차 발달하면서 데이터베이스에 기록해야 하는 데이터양이 기하급수적으로 늘기 시작했습니다. 이전처럼 단일 마스터 서버가 모든 쓰기 동작을 받아내는 구성으로는 해결하기 힘든 문제가 등장하기 시작했습니다.

새로운 데이터베이스를 위한 시도: NoSQL

여전히 관계형 데이터베이스는 대부분의 경우 좋은 선택지였지만 그렇지 못한 경우도 많았습니다. 그래서 사람들은 대안을 찾기 시작했습니다. 이런저런 묘수를 생각해내고 새로운 데이터베이스를 만들어 내기에 이르렀습니다. 이러한 흐름에서 NoSQL이라는 키워드가 부상합니다. NoSQL은 "Not only SQL"을 줄인 말로써, 비 관계형 데이터베이스를 뜻합니다. 쉽게 말해, 관계형 데이터베이스가 아닌 데이터베이스, 관계형 데이터베이스가 해결하지 못한 문제를 개별적으로 해결하기 위한 데이터베이스가 이 분류에 속합니다. 따라서 NoSQL 데이터베이스는 종류도 많고 각자가 해결하고자 하는 문제도 다릅니다. 그래서 이를 한데 묶어 NoSQL의 특징이 "이렇고 저렇다"라고 이야기하기는 어렵습니다. 이를 설명하려면 NoSQL을 세부 분류별로 살펴봐야 합니다. 각각의 분류에 대해 여기서 모두 자세히 설명하기는 어렵겠지만 대표적으로 많이 다뤄지는 것만 간단하게 살펴보겠습니다.

먼저 살펴볼 것은 Key-Value 데이터베이스입니다. 관계형 데이터베이스처럼 테이블 같은 별도의 틀(Frame) 없이 Key와 Value의 쌍만을 저장합니다. 여기서 Key는 Value를 위한 일종의 인덱스 역할을 하기 때문에 조회가 다른 데이터베이스에 비해서 상당히 빠릅니다. 이 때문에 캐시의 역할로 사용되는 경우도 많은데요. 예를 들어, 관계형 데이터베이스에서 자주 수행되지만 조회 시간이 오래 걸리고 자주 변경되지 않는 데이터의 경우 미리 관계형 데이터베이스에서 조회한 뒤에 그대로 Key-Value 데이터베이스에 저장해놓기도 합니다. 이렇게 하면 매번 관계형 데이터베이스에서 데이터를 뒤지는 것보다 더 빠르게 조회할 수 있습니다. 레디스Redis나 멤캐시드Memcached 같은 제품이 이 분류에 속합니다.

Key		Value
John	········▶	Actor
Michael	········▶	Doctor
James	········▶	Programmer

▲ 그림 12-2 Key-Value 데이터베이스

Document 데이터베이스도 있습니다. Key-Value 데이터베이스와 유사하지만 Value 대신 문서 형태의 데이터를 저장한다는 차이점이 있는데요. 여기서 문서 형태의 데이터는 쉽게 말해 Json과 유사한 형태의 모델을 뜻합니다. 관계형 데이터베이스의 테이블 형태보다 훨씬 더 유연한 형태의 데이터를 다룰 수 있다는 점이 장점입니다. 테이블은 행과 열의 형태로만 데이터를 저장할 수 있는 반면에 코드에서 다루는 데이터는 더 복잡한 모양새를 가지는 경우가 많습니다. 따라서 이러한 데이터를 저장하려면 테이블의 형식에 맞게 데이터를 변환해야 하는데, Document 데이터베이스는 원래 데이터 형식 그대로 저장할 수 있습니다. 몽고DB_{MongoDB}, 카우치DB_{CouchDB} 등의 제품이 이 분류에 속합니다.

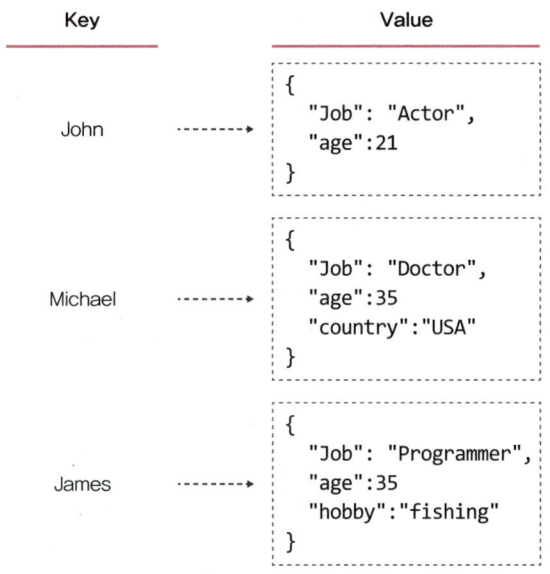

▲ 그림 12-3 Document 데이터베이스

Column 기반 데이터베이스는 관계형 데이터베이스와 비슷하게 행과 열로 이루어진 테이블이라는 형식으로 구성됩니다. 하지만 데이터를 쓰고 읽는 방식 면에서 조금 다른데요. 관계형 데이터베이스는 행(Row) 단위로 데이터를 기록하는 반면에, Column 기반 데이터베이스는 열(Column) 단위로 기록합니다.

예를 들어, 회원 정보를 기록한다고 하면, 관계형 데이터베이스는 회원 A의 아이디, 이름, 주소 등을 한 번에 쭉 기록한 다음에 회원 B의 데이터를 이어서 기록하는 방식입니다. 반면 Column 기반 데이터베이스는 먼저 각 회원들의 아이디만 따로 뽑아서 하나의 덩어리로 기록해놓고, 또 다음 열인 이름을 따로 뽑아서 하나의 덩어리로 기록하는 방식입니다. 이러한 구조 덕에 특정 열의 값을 집계하는 등의 작업을 관계형 데이터베이스보다 효율적으로 빠르게 수행할 수 있습니다. 필요한 데이터들이 하나의 덩어리로 모여 있기 때문이죠. 관계형 데이터베이스와는 다르게 스키마도 고정되지 않기 때문에 필요에 따라 열이 계속해서 추가될 수 있습니다. 카산드라Cassandra, HBase 등의 제품이 이 분류에 속합니다.

Row 기반

name	job	age
John	Actor	21
Michael	Doctor	35
James	Programmer	35

Column 기반

name	job	age
John	Actor	21
Michael	Doctor	35
James	Programmer	35

▲ 그림 12-4 Column 기반 데이터베이스

Graph 데이터베이스는 테이블 대신 Graph라는 형식을 이용해 데이터를 저장하는데요. 이 Graph 형식은 실제 데이터를 담고 있는 노드와 노드 간의 관계에 대한 데이터로 이루어집니다. SNS 회원 간의 관계와 같은 데이터가 이런 형식에 적합합니다. 각 회원의 데이터를 노드 안에 넣어놓고 "회원 A가 회원 B를 팔로잉하고 있으며, 회원 B는 회원 C를 팔로잉하고 있다"와 같은 회원 노드 간의 관계를 같이 저장할 수 있기 때문입니다. Neo4j, OrientDB 등의 제품이 이 분류에 속합니다.

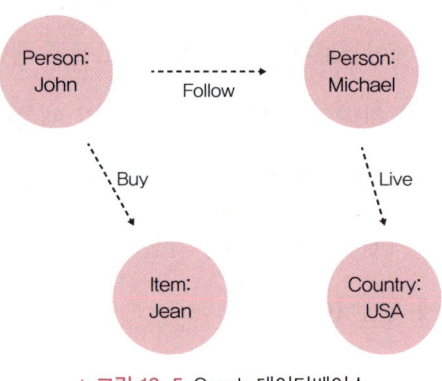

▲ 그림 12-5 Graph 데이터베이스

12장을 마치며

관계형 데이터베이스는 지난 수십 년간 IT 업계에서 군림해 왔습니다. 하지만 관계형 데이터베이스로도 메워지지 않는 구멍이 점점 커지기 시작했고 이런 문제를 해결하기 위해 NoSQL이 부상하기 시작했습니다. 그렇다면 NoSQL은 관계형 데이터베이스보다 낫다고 말할 수 있을까요? 개발자 A 씨의 질문에 김 대리가 했던 답변처럼 답은 "그럴 수도, 그렇지 않을 수도 있다"입니다. 애매한 답이라고 생각할지 모르지만 실제로 그렇습니다. 서로의 장점이 다르고 해결하고자 하는 문제가 다릅니다. 우리는 질문을 바꿔야 합니다. "NoSQL과 관계형 데이터베이스 중에 어떤 것이 더 나은가?"라는 질문 대신 "어떤 제품이 우리의 문제를 더 잘 해결해주는가?"에 대해 고민해본다면 좀 더 명확한 답이 나올 수 있습니다.

개발자 A 씨는 김 대리와의 대화를 통해 이제 막 NoSQL에 대해 관심을 두기 시작했습니다. 몇 마디 대화로 NoSQL 전체를 이해할 수는 없겠지만 관계형 데이터베이스 외의 다른 데이터베이스가 있다는 사실을 알았다는 것만으로 큰 수확이라고 할 수 있습니다. A 씨가 앞으로 더 공부를 하고 경험을 쌓아나가다 보면 적재적소에 적절한 NoSQL 제품을 추가하는 의사결정을 자신 있게 내릴 수 있는 개발자가 될 수 있을 것입니다. 여러분 또한 그리 되리라 믿어 의심치 않습니다.

시작하는 개발자들을 위한
기술 여행 가이드

13장

웹 서비스를 위한 아키텍처 성장기

개발자 A 씨의 업무 기록

미들웨어를 확장 가능한 형태로 개선하다

"이번 달 말까지 올해 KPI를 작성을 해야 하니 파트별로 작성해서 다음 주까지 보내주세요."

메신저를 통해 전달된 팀장님의 메시지를 통해 KPI 시즌이 돌아왔음을 알았다. 작년에도 작성하긴 했지만 그땐 아무 것도 몰라서 사수가 대신 써주다시피 해서 보냈던 기억이 났다. 문득 KPI의 정확한 뜻이 궁금해 찾아보니 핵심 성과 지표(Key Performance Indicator)의 머리글자로, 조직이 성취하고자 하는 목표와 일정, 그리고 그 성과를 어떻게 측정할 것인지에 대한 내용이었다.

우리 파트는 어떻게 해야 하나 싶어서 사수에게 물어보려 고개를 돌렸는데 사수 역시 팀장님의 메시지를 봤는지 먼저 말을 걸어왔다.

"파트 KPI는 제가 러프하게 작성해놓은 게 있으니 그걸 기반으로 오후에 같이 논의하죠."

잠시 후 사수는 메일로 내년도 파트 KPI 자료를 보내주었다. 파일을 열어 내용을 살펴보니 대부분의 항목은 어느 정도 이해가 되는데 '미들웨어를 확장 가능한 형태로 개선'이라는 항목이 무슨 뜻인지 이해하기 어려웠다.

"보내주신 KPI에서 다른 건 이해를 했는데, '확장 가능한 형태'라는 게 구체적으로 어떤 건지 이해가 잘 안 되네요. 플러그인 같은 걸 붙일 수 있도록 한다는 건가요?"

"음. 그건 기능적인 확장의 형태고요. 제가 써놓은 건 수평적 확장(Scale-Out) 형태의 확장을 말한 거예요."

'수평적 확장'이라는 단어는 알고 있었다. 언젠가 기술 블로그를 돌아다니면서 본 내용이 떠올랐다. 애플리케이션의 성능을 향상시키기 위해 더 높은 성능의 서버로 교체하는 걸 '수직적 확장(Scale-Up)'이라고 하고, 비슷한 성능의 서버를 추가해 여러 대로 처리하도록 하는 형태를 수평적 확장이라고 했던 것 같다. 하지만 실제로 우리가 관리하고 있는 코드에 수평적 확장을 어떻게 적용한다는 건지 여전히 감이 오지 않았다. 계속 머릿속에 물음표를 띄우고 있는 듯한 표정을 짓고 있었더니 사수가 말을 이었다.

"지금은 조금 어렵고 이따 오후에 자세히 설명할게요. 그전까지는 A 씨가 대강이라도 찾아보고 있을래요?"

혹시나 내가 모르고 있는 내용이 있을까 싶어서 사수의 말대로 수평적 확장의 정의나 사례 등을 열심히 찾아보기 시작했다. 하지만 여전히 수평적 확장을 위해 어떤 작업을 해야 하는지 감을 잡기 어려웠다. '수평적 확장이 가능한 형태로 어떻게 개선을 할 수 있는 걸까?' '그냥 서버를 여러 대 띄우면 되는 거 아닌가?' '근데 서버를 여러 대 띄우면 클라이언트에서는 그중 어디로 붙이지?'

머릿속에서 여러 의문이 꼬리를 물고 이어지면서 이런저런 의문이 해소되지 않은 채 오전 시간이 모두 지났다. 오후가 되어 사수와 함께 회의실에 들어가는데, 사수가 바로 이에 대해 물어봤다.

"좀 찾아봤어요?"

"네. 일단 수평적 확장이 서버의 사양을 올리는 대신 서버 여러 대를 띄워서 부하를 처리한다는 개념으로 이해를 했는데요. 이걸 위해서 어떤 준비를 해야 하는지는 아직 감이 안 오네요. 다른 것보다 여러 대를 띄우면 클라이언트는 그중 어디로 붙어야 하는지가 제일 궁금해요."

내 질문에 사수는 뒤편에 있는 화이트보드에 그림을 그려가면서 설명하기 시작했다.

"서버의 앞 단에 로드 밸런서(Load Balancer)를 하나 붙일 거예요. 클라이언트는 이 로드 밸런서로만 붙을 테고, 로드 밸런서는 뒤 단에 있는 서버들에게 요청을 고르게 배포해주는 역할을 하고요."

"아, 그렇군요. 근데 그렇게 되면 부하가 여전히 로드 밸런서 한 쪽으로 몰리는 건 똑같지 않나요?"

"맞아요. 그렇지만 로드 밸런서는 요청을 자기가 직접 처리하는 게 아니라 뒤 단의 서버들로 전달만 하는 역할이기 때문에 부하가 그렇게 심하진 않아요. 뭐, DNS를 통해서 로드 밸런서 앞 단에서 다시 부하를 분산해주도록 구성할 수도 있긴 한데, 우린 그 정도까지 필요하진 않고요."

사수는 화이트보드에 계속 이런 저런 도형과 선을 그려가면서 설명을 이어갔다.

"지금 우리가 관리하고 있는 미들웨어를 현재 상태 그대로 수평적 확장시키면 어떤 일이 벌어질까요?"

사수는 잠시 말을 멈추고 내게 생각할 시간을 주는 듯 했다. 갑자기 기술 면접이라도 보는 기분이 들어 조금 긴장되기도 했다. 나는 사수 옆의 화이트보드를 뚫어져라 쳐다보며 답을 궁리했지만 생각이 나질 않았다.

"음…. 별 문제 없지 않을까요?"

"일단, 제일 먼저 문제가 되는 부분은 세션이에요. 웹에서 세션이 어떤 식으로 작동하는지는 알고 있죠?"

예전에 사수가 한 번 설명해준 것을 기억해냈다.

"사용자가 로그인하면 세션 아이디를 생성해서 쿠키에 넣어주고, 다음 요청부터는 그 세션 아이디를 참고해서 사용자를 식별한다고…."

"맞아요. 그럼 서버 어딘가에는 쿠키에서 읽어온 세션 아이디를 가지고 사용자 식별 데이터를 확인할 수 있는 일종의 매핑 테이블이 존재해야 돼요. 여기까지는 이해되죠?"

긍정의 의미로 고개를 끄덕이니 사수는 설명을 이어갔다.

"현재 미들웨어는 그 세션을 메모리에만 들고 있어요. 그 상태에서 수평적 확장을 해놓고 1번 서버에서 로그인을 한다면 이 사용자의 세션 데이터는 1번 서버에만 존재하고 나머지 서버에서는 모르겠죠."

"그럼 요청이 다른 서버로 가면 사용자가 로그인되지 않은 상태로 인식하겠네요."

"그렇죠. 그럼 이걸 어떻게 개선해야 할까요?"

한참을 머리만 긁적이다가 번뜩하는 아이디어가 떠올랐다.

"A 서버에서 로그인하면 A 서버로만 요청을 보내게끔 하면 어떨까요?"

"그것도 방법이긴 한데요. 그렇지만 가장 많이 사용되는 방법은 세션 데이터를 메모리에 저장하는 게 아니라 외부 저장소에 저장하는 거예요. 모든 서버가 공용으로 사용하는 저장소에 세션 데이터를 저장해놓으면 A 서버에서 로그인해도 다른 서버도 알 수 있겠죠."

나름 괜찮은 아이디어라고 생각했는데 정답이 아니었던 모양이다.

"세션 말고도 지금 미들웨어는 메모리에 임시로 저장해서 사용하고 있는 데이터가 여러 개 있는데 이런 데이터도 대부분 공용 저장소를 사용하도록 개선해야 할 거예요."

사수가 말하는 내용을 간추려 수첩에 적어가기 시작했다. 그동안 봐왔던 코드 중에 사수의 말대로 고쳐야 할 코드도 슬슬 떠오르기 시작했다.

"사실 이거 말고도 개선해야 할 건 많아요. 로컬 파일에 쓰는 것들도 변경해야 하고…. 뭐 아무튼 이런 것들을 사실 한 문장으로 정리하면 미들웨어를 스테이트리스(stateless)하게 만드는 작업이에요."

'스테이트리스'라는 낯선 단어가 튀어나와 일단 수첩에 적었다.

"스테이트리스라는 건 말 그대로 '상태를 가지지 않는다'라는 의미고요. 다른 말로 하면 상태 데이터를 전부 외부로 빼야 한다는 뜻이에요. 앞에서 말한 세션 데이터도 미들웨어 입장에서는 일종의 상태 데이터인 셈이고요."

머릿속으로 미들웨어에 있는 여러 로직을 떠올리다가 불현듯 다른 문제가 떠올랐다.

"조 대리님, 미들웨어에 있는 매일 밤 12시마다 돌아가는 배치 로직도 수평적 확장시키게 되면 문제가 되지 않을까요? 그건 여러 서버에서 동시에 실행되면 안 되는 로직인데."

"오~, 대단한데요! 맞아요. 그 부분도 확장을 위해서 개선이 필요한 부분 중 하나에요. 그럼 그 부분은 어떻게 개선할 수 있을까요?"

또다시 던져진 기술 면접 느낌의 질문에 나는 한참을 고민하다가 나름의 답을 말했다.

"서버 하나만 마스터 서버로 삼아서 그 서버에서만 배치 로직을 실행하게끔 하는 건 어떨까요?"

사수는 어쩐지 기분 좋은 미소를 띤 채로 답했다.

"맞아요. 그것도 가능한 방법 중 하나이고, 사실 가장 간단하게 대응할 수 있는 방법이기도 해요. 근데 만약, 12시에 마스터 서버가 다운되어 있으면 아무리 다른 서버가 살아있더라도 배치 로직이 실행되지 않는다는 문제가 있겠죠. 일단 제가 생각하고 있는 방법은 리더 선출 기법을 이용해서 마스터를 동적으로 정하게끔 하려고 해요."

KPI 안에 있는 '확장 가능한 형태로 개선'이라는 항목 하나에 많은 내용이 포함되어 있다는 생각이 들었다. 이 작업 하나만으로도 올 한해는 정말 바쁘게 보낼 것 같다.

최초의 애플리케이션

개발자들에게 "Hello, World"라는 문장은 의미가 조금 특별합니다. 새로운 프로그래밍 언어를 배울 때 제일 처음으로 작성해보는 예제가 바로 "Hello, World"라는 문자열을 화면에 띄우는 것이기 때문입니다. 낯선 웹 프레임워크를 배울 때에도 브라우저에 "Hello, World"를 띄우면서 시작합니다. 어떤 도구를 사용하든 간에 "Hello, World"라는 문자열을 성공적으로 출력할 수 있다면 여러분은 그 도구를 이용해서 가장 기본적인 기능을 하는 애플리케이션을 완성한 셈입니다.

하지만 이것으로 끝나는 경우는 거의 없습니다. 여러 기능과 더불어 복잡한 UI를 구성해보기도 하고 데이터베이스와 연동해서 입력되는 데이터를 저장해보기도 합니다. 머릿속에 있는 기능을 코드로 한 땀 한 땀 옮겨가면서 애플리케이션을 완성해갈 것입니다.

이윽고 계획했던 모든 기능이 완성되었습니다. 사용자에게 받은 입력값이 오류 없이 데이터베이스에 저장되고, 그것이 다시 웹 브라우저를 통해 출력됩니다. 인스타그램Instagram처럼 사진 파일을 업로드하는 기능을 구현했을 수도 있습니다. 혹은 화면 크기에 따라 레이아웃이 변하는 반응형 디자인으로 UI를 구성했을 수도 있습니다. 뭐가 됐든 간에 여러분만의 MVP(Minimum Viable Product)가 완성되었습니다. 그렇다면 이것으로 충분할까요?

 '토이 프로젝트' 정도로 생각하고 만든 프로그램이라면 충분할 것입니다. 혹은 회원수가 100명 남짓인 소규모 서비스라도 이것으로 충분할 것입니다. 하지만 더 나아가 진지한 서비스를 고려하고 있다면 좀 더 고민해야 할 부분이 있습니다. 동일한 기능을 한다고 하더라도 회원 수 100명이 이용하는 서비스와 1천만 명이 이용하는 서비스는 시스템의 구조부터 인프라까지 모든 부분이 판이하게 다릅니다. 서비스가 규모를 키워감에 따라 고민해야 하는 부분에는 어떤 것이 있을까요?

애플리케이션 서버의 확장

 가장 먼저 고민해야 할 것은 '확장성'입니다. 더 높은 부하를 처리하고, 더 많은 트래픽을 소화하기 위해 첫 번째로 고려해야 할 부분이 바로 확장성입니다. 그중에서도 우리가 작성한 코드가 돌아가고 있는 애플리케이션 서버의 확장에 대해 생각해봅시다. 서버를 확장하는 방법은 크게 두 가지로 나뉩니다. '수직적 확장(Scale-Up)'과 '수평적 확장(Scale-Out)'이 그것입니다.

'수직적 확장'은 서버의 리소스를 늘려주는 방법입니다. 즉, CPU나 메모리의 사양이 더 높은 서버를 사용하는 것입니다. 애플리케이션 입장에서는 확장을 위해 코드를 변경할 일이 없으니 아주 손쉬운 방법입니다. 하지만 단일 서버의 CPU, 메모리 등의 사양을 무한히 늘려갈 수 없기 때문에 언젠가 물리적인 한계에 부딪힐 수밖에 없습니다. 또한 일반적으로 수직적 확장은 매우 높은 비용을 필요로 합니다.

이와 반대로 '수평적 확장'은 서버를 옆으로 추가해가는 방법입니다. 단일 서버에서 처리하던 것을 여러 서버에서 함께 처리하도록 병렬로 구성하는 것입니다. 웹 서비스는 일반적으로 수평적 확장 방법을 많이 사용합니다. 수평적 확장은 수직적 확장에 비해 여러 장점이 있는데요. 일단 물리적 한계가 큰 수직적 확장에 비해서 수평적 확장은 이론적으로는 무한히 확장해나갈 수 있습니다. 또한 서버를 추가하는 것만으로 시스템은 오류 내성을 가지게 됩니다. 서버는 언제든지 고장 날 수 있고, 네트워크 문제도 발생할 수 있습니다. 최악의 경우 서버들이 운영되고 있는 데이터 센터 전체에 장애가 날 수도 있습니다. 하지만 수평적으로 확장된 시스템이라면 문제가 생긴 서버 대신 멀쩡한 서버들로 트래픽을 돌려 장애를 피해갈 수 있습니다.

또한 수직적 확장에 비해서 시스템의 크기를 늘리고 줄이는 일을 비교적 유연하게 할 수 있습니다. 특히 클라우드가 많이 사용되고 있는 요즘에는 트래픽이 몰리는 시간대에 추가 서버를 배치하고, 트래픽이 감소하면 다시 서버를 줄이는 방법도 가능해졌습니다.

하지만 수평적 확장이 말처럼 쉬운 것은 아닙니다. 만약, 애플리케이션 서버 코드를 작성할 때 수평적 확장을 염두에 두지 않았다면 꽤 많은 양의 코드를 수정해야 할 것입니다. 수평적 확장을 위해 필요한 선결 조건이 바로 '스테이트리스Stateless'이기 때문입니다. 스테이트리스는 다시 말해 문맥 정보가 없어야 한다는 뜻입니다.

예를 들어, 온라인 상점의 장바구니 기능을 생각해봅시다. 장바구니 기능은 구매 전에 임시로 상품을 담아놓는 기능을 의미합니다. 만약, 이 장바구니 데이터를 외부 저장소에 저장하는 대신 메모리에 저장하도록 구현했다고 가정해봅시다. 그럼 이때 서버는 장바구니 데이터에 대한 상태를 직접 가지고 있는 셈이 됩니다. 하지만 각각의 서버에 저장된 상태 데이터는 다른 서버로 전파되지 않습니다. 따라서 서버 A와 통신하면서 장바구니에 물품을 담았다고 하더라도 다음 요청이 서버 B로 간다면 사용자는 텅 빈 장바구니를 마주하게 될 것입니다. 앞선 개발자 A 씨의 업무일지에서도 세션 데이터에 대한 상태를 서버의 메모리에서 직접 다뤘기 때문에 스테이트리스 요건을 달성하지 못했습니다. 수평적 확장을 위해 웹 애플리케이션은 이러한 상태 데이터를 외부 저장소로 분리하는 것이 좋습니다.

데이터베이스 서버의 확장

다음으로 고려해봐야 할 부분은 데이터베이스 서버의 확장성입니다. 사실 일반적인 웹 서비스는 대부분의 부하가 데이터베이스로 몰리는 경우가 많습니다. 따라서 데이터베이스 서버의 사양을 애플리케이션 서버보다 높게 잡는 편입니다. 데이터베이스 서버는 그 특성상 스테이트리스 요건을 달성하는 것이 불가능합니다. 데이터베이스 자체가 상태를 다루는 소프트웨어이기 때문입니다. 따라서 데이터베이스의 첫 번째 확장은 대부분 수직적 확장의 형태를 취하게 됩니다. 하지만 서비스가 성장하고 데이터베이스로 가해지는 부하가 높아질수록 수직적 확장만으로는 감당하기 힘든 시점이 찾아옵니다.

이때 고려해볼만한 확장 방법은 바로 복제(Replication) 서버를 추가하는 것입니다. 복제 기능은 마스터 서버에 추가/변경되는 데이터를 지속적으로 슬레이브 서버로 전달합니다. 이를 통해 슬레이브 서버는 마스터 서버와 동일한 데이터 세트를 저장하게 되는데요. 이때 읽기 쿼리는 슬레이브 서버로 분산시키고 쓰기 쿼리만 마스터 서버로 보낸다면 데이터베이스 서버의 부하를 감소시킬 수 있습니다. 슬레이브 서버가 일종의 읽기 전용 서버가 되는 셈입니다. 웹 서비스 관점에서 이러한 복제 기능이 유용한 이유는 대부분의 웹 서비스가 읽기 요청의 비율이 높기 때문입니다. 읽기 요청에 대한 부하가 높다면 그만큼 슬레이브 서버를 추가하고, 쓰기 요청에 대한 부하는 마스터 서버의 수직적 확장으로 대응하여 데이터베이스의 부하 문제를 어느 정도 해결할 수 있습니다.

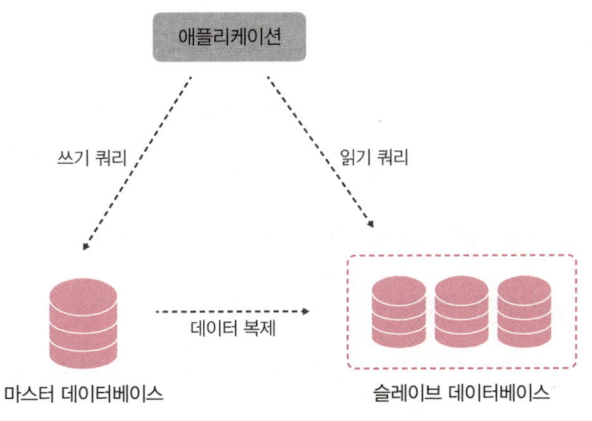

▲ 그림 13-1 데이터베이스 복제

이 방법을 통해서 얻게 되는 또 하나의 장점은 각 서버가 전체 데이터 세트를 모두 가지고 있기 때문에 자연히 데이터 백업이 된다는 것입니다. 만약, 마스터 서버에 문제가 생긴다면 이를 중단시키고 슬레이브 서버 중 하나를 마스터 서버로 승격하도록 구성할 수 있습니다.

쿼리 성격에 따라 서로 다른 슬레이브 서버로 보내도록 구성할 수도 있습니다. 예를 들어, 복잡하고 오랜 연산 시간을 필요로 하는 분석용 쿼리를 자주 수행해야 한다면 이러한 쿼리들이 슬레이브 서버의 부하를 높여 서비스에 영향을 줄 수 있습니다. 이때 분석용 쿼리 전용의 슬레이브 서버를 구성해서 무거운 쿼리로 인한 서비스 영향이 없도록 구성할 수도 있습니다.

복제 서버를 추가했을 때 주의해야 할 점은 쓰기 쿼리를 슬레이브 서버로 보내면 안 된다는 것입니다. 데이터베이스 서버 간의 동기화는 마스터 서버에서 슬레이브 서버로의 단방향으로만 이루어지기 때문에 슬레이브 서버에서 쓰기 쿼리를 실행한다면 결과적으로 데이터의 불일치를 유발할 것입니다.

데이터의 추가/변경이 매우 빈번할 경우 마스터 서버에서 슬레이브 서버로의 동기화가 늦어지는 복제 지연(Replication Lag)이 발생할 수도 있습니다. 따라서 복제 구성을 했더라도 실시간이 중요한 데이터 경우에는 읽기 쿼리도 예외적으로 마스터 서버로 보내도록 하는 구성할 수도 있습니다.

이러한 데이터베이스 복제 구성도 여러 한계점이 있습니다. 일단 데이터의 추가/수정을 담당하는 마스터 서버는 수평적으로 확장할 수 없다는 문제가 있습니다. 또한 모든 데이터베이스 서버가 동일한 데이터 세트를 가져야 하므로 데이터 세트 자체의 크기가 크다면 이 또한 문제가 될 수 있습니다.

이때는 데이터 자체를 나눠 저장하는 샤딩Sharding 구성을 고려해야 합니다. 샤딩 구성은 동일한 데이터를 여러 서버에 모두 저장하는 복제 구성과는 다르게 서버별로 다른 데이터를 저장하도록 구성하는 방법입니다. 이때 어떤 데이터가 어떤 서버에 저장될지를 결정하는 샤딩 키Sharding Key를 정해야 하는데, 이것이 바로 샤딩의 핵심입니다. 예를 들어, 온라인 상점을 구현하다고 했을 때 사용자 ID를 샤딩 키로 정하면 사용자 정보뿐만 아니라 사용자별 주문과 같은 데이터도 나눠서 저장할 수 있습니다. 이러한 샤딩 구성을 통해 데이터베이스를 확장한다면 쓰기 쿼리도 분산시킴으로써 데이터베이스의 부하를 한층 더 낮출 수 있습니다.

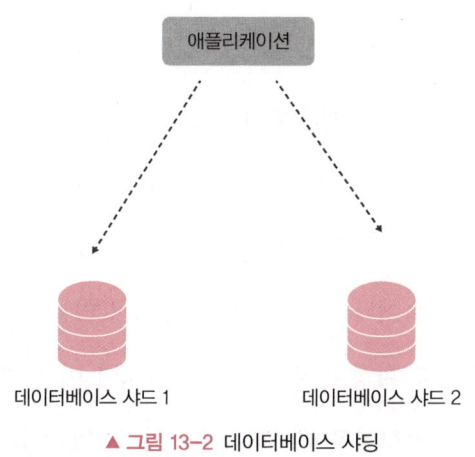

▲ 그림 13-2 데이터베이스 샤딩

샤딩 키를 통해 데이터를 분산하기 위한 방법에는 크게 '나머지 연산(Modular) 기반'의 방법과 '범위(Range) 기반'의 방법을 사용할 수 있습니다.

나머지 연산 기반의 방법은 샤딩 키에 해당하는 숫자를 전체 데이터베이스 서버 대수로 나눈 나머지 값을 통해 데이터를 분산하는 것입니다. 예를 들어, 1부터 10까지의 데이터를 서버 두 대에 나누어 저장한다고 하면 1, 3, 5, 7, 9에 해당하는 데이터는 1번 서버에, 2, 4, 6, 8, 10에 해당하는 데이터는 2번 서버에 저장되는 방식입니다. 데이터가 계속 늘어나더라도 여러 서버로 균등하게 분산되는 특징이 있습니다. 하지만 새로운 데이터베이스 서버를 추가해서 전체 서버 대수가 증가하게 된다면 이미 적재된 데이터들을 다시 재분산해야 하는 단점도 있습니다.

범위 기반의 방법은 사용자 ID를 샤딩 키로 한다고 했을 때 1~10000까지는 1번 서버가, 10001~20000까지는 2번 서버가 담당하는 식으로 분산하는 것입니다. 앞서 살펴본 나머지 연산 기반의 방법에 비해 서버가 늘어나더라도 이미 적재되어 있는 데이터를 재분산할 필요가 없으므로 확장이 용이합니다. 하지만 이 범위를 주의 깊게 정하지 않으면 특정 서버로 데이터가 몰릴 수도 있습니다.

캐시

　서비스의 사용자가 늘어남에 따라 애플리케이션의 성능이 눈에 띄게 떨어지거나 부하가 눈에 띄기 시작했다면 캐시에 대한 고민을 시작해야 하는 시점입니다. 캐시는 데이터를 빠르게 접근할 수 있는 임시 저장소에 미리 복사하여 속도를 높이는 기법으로, 하드웨어부터 시작해, 운영체제, 웹 브라우저 등 거의 모든 컴퓨팅 계층에서 사용되는 기법입니다.

　웹 서비스를 구현할 때 캐시를 사용하는 경우는 일반적으로 두 가지입니다.

　첫 번째는 거의 변경되지 않지만 자주 사용되는 데이터입니다. 예를 들어, 웹 사이트의 UI를 구성하는 데 필요한 JS, CSS 등의 리소스 파일은 웹 사이트를 불러올 때마다 필요하지만 자주 변경되지 않습니다. 이러한 리소스에 캐시를 적용하면 매번 같은 리소스를 불러올 필요가 없기 때문에 성능을 향상시킬 수 있습니다.

　두 번째도 역시 변경이 잘 일어나지 않지만 원본 데이터 접근에 시간이 오래 걸리는 데이터입니다. 예를 들어, 복잡한 연산을 필요로 하는 데이터베이스 쿼리라든지, 외부 서비스 호출을 필요로 하는 데이터가 이에 속합니다. 매번 변경이 반영되어야 하는 실시간성이 중요하지 않은 경우 캐시를 적용해 성능을 비약적으로 향상시킬 수 있습니다.

웹 서비스에서 캐시의 활용이 유리한 이유는 '파레토의 법칙(Pareto Principle)'을 통해서 유추해볼 수 있습니다. 이 법칙은 빌프레도 파레토Vilfredo Pareto라는 이탈리아 경제학자가 19세기 당시 이탈리아에서 부(富)의 80%가 전체 인구 중 20% 미만이 가지고 있다는 사실을 관찰하면서 만들어낸 법칙으로, 80%의 결과는 20%의 원인으로 발생한다는 게 핵심입니다.

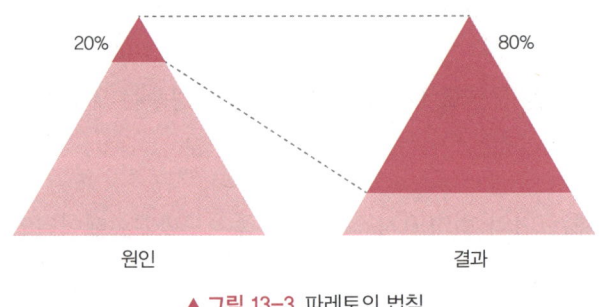

▲ 그림 13-3 파레토의 법칙

이 파레토의 법칙은 컴퓨팅 영역에서도 쉽게 찾아볼 수 있습니다. 실제로 대부분의 애플리케이션이 데이터에 접근하는 형태를 살펴보면 모든 데이터에 균일하게 접근하는 형태보다는 일부 데이터에만 집중되는 파레토 분포에 가까운 모습을 보입니다. 이로 인해 실제로 대규모 스토리지 시스템을 구축할 때 자주 사용되는 데이터를 빠르게 접근할 수 있는 '핫 데이터' 스토리지에 저장하고, 접근 빈도가 낮은 데이터를 접근 속도가 상대적으로 떨어지는 '콜드 데이터' 스토리지에 저장하는 전략도 찾아볼 수 있습니다. 이와 비슷하게 20%에 해당하는 데이터에 대해 캐시를 적용한다면 80%의 요청에 대한 성능을 향상시킬 수 있는 셈입니다.

HTTP 캐시

가장 먼저 적용해볼 수 있는 캐시는 바로 HTTP 캐시입니다. 사용자가 브라우저를 통해 웹 서비스를 이용하다보면 브라우저와 서버 간에 상당히 많은 양의 데이터 교환이 발생합니다. 이 데이터들은 모두 네트워크를 통해 이루어지는데, 이러한 통신은 상대적으로 속도가 느리고 만만치 않은 비용을 필요로 합니다. 이로 인해 브라우저는 불필요한 네트워크 요청을 피하기 위해 HTTP 캐시를 사용하며 성능 향상을 꾀합니다.

브라우저와 서버는 HTTP 요청과 응답을 주고받으면서 실제 데이터 외에 헤더를 통해 여러 메타 정보를 전달할 수 있는데요. 서버에서 보내는 응답의 헤더에 HTTP 캐시와 관련된 값을 넣어줌으로써 캐싱을 적용할 수 있습니다.

```
200 OK
Content-Length: 1928
Cache-Control: max-age=120
ETag: "f432dxf"
Last-Modified: Wed, 21 Feb 2022 07:28:00 GMT
```

예를 들어, 서버에서 내려주는 응답에 위와 같은 헤더를 포함시켰다고 해봅시다. 여기서 Cache-Control값을 통해서 해당 응답값의 캐싱 여부를 지시할 수 있는데요. 이 예제에서는 120초 동안 캐시하도록 브라우저에게 지시하고 있습니다. 브라우저는 이 응답을 임시로 저장해놓고 앞으로 120초 내에 동일한 HTTP 요청이 발생하면 이 응답값을 그대로 재사용합니다.

만일, 120초가 지난 후에 동일한 HTTP 요청이 발생한다면 이 캐시된 응답값을 다시 재사용해도 되는지 확인을 하게 되는데요. 이때 사용되는 값이 'ETag'와 'Last-Modified'입니다. ETag는 Entity Tag의 줄임말로 데이터에 태그를 달아둠으로써 데이터의 고유성을 검증할 수 있도록 합니다. 일반적으로 데이터에 대한 해시값을 주로 사용합니다. 브라우저에서는 ETag값을 함께 전달하면서 해당 응답 캐시값을 다시 재사용해도 되는지를 서버에 물어본 후에 새로운 ETag값이 동일하면 해당 캐시를 유지하고 다른 ETag값을 받으면 다시 데이터를 받아오게 됩니다.

Last-Modified는 해당 데이터의 최근 수정된 시간값으로 ETag와 비슷하게 활용됩니다. 120초가 지난 후에 동일한 HTTP 요청이 발생하면 브라우저는 자신이 받았던 Last-Modified값을 함께 전달하면서 응답 캐시값을 재사용해도 되는지를 서버에 물어봅니다. 서버에서는 해당 데이터의 Last-Modified값을 다시 보내주는데, 이 값이 이전의 값과 동일하면 캐시를 유지하는 방식입니다.

애플리케이션 캐시

인 메모리 데이터 저장소를 이용해 캐시 레이어를 구성하는 방법도 자주 사용되는 캐시 기법 중 하나입니다. 주로 멤캐시드Memcached와 레디스Redis, 두 가지가 자주 사용되는데, 이 솔루션은 '캐시'라는 비슷한 기능을 제공하긴 하지만 각각의 특징이 달라서 필요에 따라 구분해서 사용해야 합니다. 때로는 기능에 따라서 두 가지 솔루션을 조합해서 함께 사용하기도 합니다.

멤캐시드는 가장 간단한 형태의 인 메모리 데이터 저장소입니다. 레디스가 여러 데이터 타입을 지원하는 데에 비해 멤캐시드는 오직 키-값(Key-Value) 구조의 가장 기본적인 데이터 구조만을 지원하지만 그만큼 처리 속도도 빠르며 설정과 사용이 쉽다는 장점이 있습니다.

예를 들어, 단순히 자주 사용되는 데이터베이스의 쿼리 결과를 캐싱하고 싶다면 멤캐시드에서 키에 쿼리를, 값에 쿼리 결과를 저장하도록 구성할 수 있습니다. 이를 통해 데이터베이스 부하를 줄이고 응답 시간을 최소화할 수 있습니다.

레디스는 멤캐시드에 비해 다양한 데이터 타입을 지원한다는 차이점이 있습니다. 기본적으로 키-값 구조인 부분은 멤캐시드와 비슷하지만 값의 타입으로 String, Hash, List, Set, Sorted Set 등 상당히 많은 수의 데이터 타입을 지원합니다. 따라서 캐시를 적용하고자 하는 대상 데이터에 이러한 타입이 필요한 경우 레디스 적용을 고려해볼 수 있습니다. 예를 들어, 게임 내 랭킹 데이터를 구현한다고 가정해봅시다. 랭킹 데이터는 보통 실시간으로 반영되기보다는 일정 주기마다 업데이트되는 특성이 있기 때문에 캐시를 적용하기에 유리합니다. 또한 List 데이터 타입을 이용한다면 50위~100위까지의 랭킹과 같이 일부 목록에 대한 선별적 조회 역시 가능하기 때문에 레디스를 이용해 캐싱하는 것이 유리합니다.

프로세스가 종료되면 캐싱된 데이터가 모두 소멸되는 멤캐시드와는 달리 레디스 디스크를 이용한 스냅샷 기능을 제공하기도 합니다. 또한 멤캐시드는 단일 인스턴스 구조로만 작동하지만 레디스는 여러 인스턴스를 한데 묶는 분산 클러스터 구조를 지원하기 때문에 고가용성 및 확장성 측면에서 유리합니다. 하지만 그만큼 설정과 사용이 복잡하며 관리에도 더 많은 리소스를 필요로 합니다. 따라서 필요한 캐시의 특성에 따라 어떤 솔루션을 사용할지 잘 판단해야 합니다.

CDN을 이용한 캐시

네트워크 통신에서 발생하는 지연은 피할 수 없는 숙명 같은 것입니다. 컴퓨터를 떠난 네트워크 패킷은 유무선의 매체를 통해 전 세계를 누비게 됩니다. 특히 해외를 넘나드는 인터넷 트래픽은 대부분 해저 광케이블에 의해 처리되곤 합니다. 광케이블은 광섬유를 이용하기 때문에 통신 속도가 상당히 빠르지만, 그럼에도 어쩔 수 없는 물리적인 한계로 인한 지연이 발생하기 마련입니다. 예를 들어, 서울에서 뉴욕에 있는 서버와 통신하기 위해서는 서버에서 바로 응답을 내려준다고 하더라도 150ms~300ms의 네트워크 지연이 발생할 수밖에 없습니다. 의외로 작은 숫자라고 생각할지 모르지만 0.3초(300ms)의 지연은 사용자 입장에서도 충분히 인식할 수 있는 상당히 큰 지연입니다.

이러한 지리적 한계로 인한 지연을 최소화하기 위해 CDN(Content Delivery Network) 캐시를 고려해볼 수 있습니다. CDN 업체들은 전 세계 곳곳에 에지Edge 서버라는 것을 만들어 놓고 웹 서비스의 콘텐츠를 캐싱하고 있습니다. 그리고 사용자 컴퓨터에서 출발한 요청을 원본 서버로 보내는 대신 지리적으로 가까운 에지 서버로 라우팅하여 그곳에 캐싱된 데이터를 반환하는 구조입니다. 이러한 CDN을 통해 사용자는 미국의 데이터 센터에 있는 서버에서 운영되고 있는 웹 서비스라 할지라도 태평양을 건너지 않고 한국에 있는 에지 서버에서 캐싱된 데이터를 받아볼 수 있습니다.

다른 캐시 기법들과 동일하게 CDN 역시 캐시가 가진 여러 장점이 그대로 있습니다. 사용자 지연 속도를 최소화함과 동시에 원본 데이터를 가지고 있는 서버의 부하를 줄일 수 있다는 장점이 있습니다. 예를 들어, 초당 300건의 호출이 발생하는 서비스가 있다고 했을 때, 전체 호출의 90%를 CDN을 통해 전달할 수 있다면 원본 서버는 초당 30건의 요청을 처리할 수 있는 정도의 사양을 가지도록 구성할 수 있습니다.

이러한 CDN의 기본 기능은 원래 CDN의 목적이었던 정적 콘텐츠(JS, CSS, Images 등)만을 위한 것이었지만 요즘에는 점차 그 용도가 확대되면서 DDoS나 봇을 방어하는 기능을 제공하는 CDN도 나오기 시작했습니다. CDN은 웹 서비스 인프라의 가장 바깥 계층에 존재하며 트래픽의 첫 번째 수신자이기 때문에 DDoS 공격을 조기에 감지하여 문제의 트래픽이 원본 서버로 도달하지 않도록 기능할 수 있습니다. CDN 업체별로 제공하는 기능이 각각 다르기 때문에 필요한 기능이 어떤 것인지 잘 살펴보고 선택해야 합니다.

13장을 마치며

　사실 웹 서비스의 확장을 위한 기법은 이 외에도 무궁무진합니다만 그중에서 가장 범용적으로 사용되는 기법 위주로 설명했습니다. 하지만 처음부터 이런 기법을 적용해야 할 만큼 초기 트래픽을 충분히 받을 수 있는 경우는 많지 않을 것입니다. 따라서 보통 작게 시작해서 단계적으로 서비스를 확장해나가게 될텐데요. 초기 단계부터 이러한 확장 기법을 염두에 두고 구현을 하는 것이 나중을 위해서라도 유리합니다. 예를 들어, 웹 애플리케이션 서버에 상태를 저장하지 않아야 추후에 수평적 확장을 하는 것이 편해집니다(Stateless). 데이터베이스를 모델링할 때도 초기부터 샤딩을 염두에 둔다면 추후에 대규모 마이그레이션 작업을 해야 하는 어려움을 피할 수 있습니다.

시작하는 개발자들을 위한
기술 여행 가이드

14장

모니터링으로 꿰뚫어보기

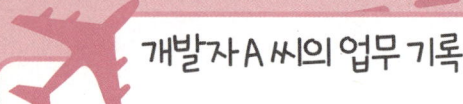 개발자 A 씨의 업무 기록

머피의 법칙

아침 출근길부터 유난히 긴장되는 날이었다. 지난주에 결혼한 사수가 신혼여행을 떠나 오늘부터 자리에 없기 때문이다. 심지어 잠깐 자리를 비우는 것이 아니라 이번 주 내내 자리를 비울 예정이다. 나와 사수 둘로만 구성된 파트이기 때문에 사수가 없는 동안은 나 혼자서 업무를 처리해야 한다. 그동안 열심히 일을 배우긴 했지만 아직은 업무에 구멍이 많을 수밖에 없다. 한 주 동안 별일 없이 지나가게 해달라고 속으로 기도하면서 회사 출입문을 열고 들어갔다.

하지만 가는 날이 정말로 장날이었던 모양이다. 평소보다 유난히 바쁜 날이었다. 아침부터 팀장님과 타 파트원을 비롯해 여기저기서 업무와 관련한 문의가 빗발쳤다. 어쩌면 평소에도 지금처럼 바빴는데 사수가 알아서 잘 처리했기 때문에 내가 의식하지 못했던 것일지도 모르겠다.

한창 정신없이 일하고 있는데 사수의 책상 위에 있는 전화기가 울린다. 불길한 예감이 스멀스멀 올라오는 것을 애써 외면하면서 수화기를 들었다.

"네, 안녕하세요. 개발 1팀 A 사원입니다."

"아, 기술지원 3팀의 임 과장인데요. 조 대리는 자리에 없나요?"

역시나 사수를 찾는 전화였다.

"네, 지난주에 결혼해서 지금 경조휴가 중입니다."

"아…. 그래요? 그럼 어쩌지. A 씨…, 여기 고객사에 급하게 수정이 필요한 건이 있는데 혹시 A 씨가 해줄 수 있나요?"

'머피의 법칙'이란 게 정말 있는지 하필이면 한창 바쁜 와중에 급한 수정 요청 건이 들어왔다.

"어…. 일단 어떤 내용인지 알 수 있을까요?"

"다른 게 아니라 지난번에 이쪽 고객사 전용으로 추가 연동했던 데이터 있잖아요. 그 데이터에 대한 통계 파일이 생성되지 않는 것 같아요. 구축할 마무리 일정이 얼마 안 남아서 빨리 수정해야 할 것 같은데…. 일단 자세한 건 메일로 다시 정리해서 보낼게요."

지난주에 사수와 함께 작업했던 기능에 대한 이야기인 것 같았다. 머릿속으로 통계 파일이 생성되지 않을 만한 원인에 대해 고민하면서 모니터 화면에 코드를 띄웠다. 하지만 통계 파일과 관련된 코드는 아직까지 많이 다뤄보지 않아 생소하게 느꼈고, 원인을 찾는 것이 쉽지 않았다. 한참 코드를 들여다보고 있자니 임 과장이 보낸 메일이 도착했다는 알림이 떴다. 메일 내용을 확인해봤지만 전화로 나눴던 내용 외에 추가로 단서가 될 만한 내용은 보이지 않았다. 일단 원인을 확인한 뒤에 다시 메일 드리겠다고 답장을 쓰고는 다시 코드가 있던 창을 띄웠다. 그때 등 뒤로 팀장님이 다가왔다.

"A 씨, 방금 메일 봤는데 혼자 괜찮겠어요?"

임 과장이 보낸 메일의 참조로 팀장이 포함되어 있던 모양이었다.

"아직 확인 중이긴 한데, 일단 오늘까지 해보고 안 되면 내일 다시 말씀드리겠습니다."

아직 원인을 찾지 못한 상태라서, 사실 자신 있게 대답이 나오진 않았다. 하지만 지구 반대편에서 신혼여행 중일 사수에게 전화를 거는 일만큼은 피하고 싶었다. 팀장은 여전히 걱정스러운 표정을 한 채로 자리로 돌아갔다. 나는 다시 코드가 떠 있는 화면으로 시선을 돌려 집중하기 시작했다.

  한 시간을 조금 넘게 코드를 따라가면서 읽다보니 생소하기만 했던 통계 파일과 관련된 로직이 어느 정도 눈에 들어오기 시작했다. 그리고 마침내 통계 파일의 생성을 담당하는 함수를 찾아낼 수 있었다. 사실 현상 자체가 일부 통계 파일들이 생성되지 못한 것이니 코드에 문제가 있다면 이 쪽이라는 생각이 들었다. 지난주에 사수가 함께 작업했던 내용들을 머릿속으로 복기하면서 통계 파일을 생성하는 코드를 읽다보니 바로 잘못된 점이 보이기 시작했다. 데이터의 타입별로 반복문을 돌면서 초기 통계 파일을 생성하는 부분이 있는데, 여기에 지난주에 새롭게 연동한 데이터 타입이 누락되어 있었다. 주먹을 불끈 쥐고 속으로 "유레카"를 외쳤다.

  새로운 데이터 타입에 대한 통계 파일도 생성해주도록 코드를 수정한 뒤에 테스트 장비에 올려보았다. 우리 회사 구석에는 조금 큰 회의실 정도의 공간에 서버실이 구축되어 있었고 이쪽에 테스트 목적의 장비들이 구성되어 있었다. 간단한 기능 정도는 개발자의 개인 PC에서 가능했지만 대부분의 테스트는 서버실에 있는 테스트 장비에서 하곤 했다.

  일단 문제의 통계 파일은 제대로 생성되는 것으로 보였다. 하지만 다른 문제가 있을지 모르니 콘솔 화면에서 이런 저런 테스트를 더 진행했다. 원래대로 라면 QA팀을 통해 통합 테스트를 진행한 뒤에 배포가 되겠지만 이런 종류의 핫픽스 패치는 QA 없이 나가는 것이 관례였다. 핫픽스 자체가 일정이 급한 일인데 QA팀이 워낙 바쁘다 보니 QA 일정을 잡고 나면 1주에서 심하면 2주까지도 배포 일정이 밀리기 때문이다. 퇴근 시간 전까지 계속 테스트를 해봤지만 별다른 문제는 발견되지 않았다. 최종 수정본을 빌드하여 팀 서버에 올려놓고는 임 과장에게 수정을 완료했다는 메일을 보냈다.

메일을 보내고 나니 '받은편지함'에 새로운 메일이 도착해 있었다. 송신자를 보니 사내 모니터링 시스템에서 날아온 알람 메일이었다. 평소에서 모니터링 시스템에서 알람 메일이 종종 날아왔는데 사수나 다른 팀원이 대응하곤 했다. 어차피 실제 운영 장비도 아닌 테스트 장비에 대한 알림이기 때문에 중요하게 여겨지지도 않았다. 메일 제목을 통해 디스크 사용량에 대한 알람임을 알 수 있었는데 굳이 본문을 확인하지 않고 별 생각 없이 넘겨버렸다.

노트북을 덮고 가방을 챙겨 자리에서 일어났다. 사수의 도움이 없이도 일을 제대로 처리해냈다는 기분에 고양감을 느꼈다. 무거웠던 아침 출근길과는 사뭇 반대되는 가벼운 발걸음으로 퇴근길에 올랐다.

다음 날도 어김없이 출근하여 밀린 업무를 하나씩 처리하다 보니 금세 오전 시간이 지나갔다. 점심식사를 한 후 오후 일과를 준비하는데, 파티션 너머로 박 과장이 일어나 말을 걸었다.

"A 씨, 우리 테스트 장비에 미들웨어가 안 떠있는 것 같아요. 확인 좀 해줄래요?"

어제 퇴근 전까지 테스트를 하던 장비였다. 테스트 후에도 프로세스를 따로 종료하지 않았으므로 계속 떠있어야 했다. 테스트 서버에 접속해보니 정말 프로세스가 떠있지 않았다. 속으로 이상하다는 생각을 하면서 다시 프로세스를 띄우고 박 과장에게 다시 올려놨다고 이야기했다.

하지만 5분이 채 안 되어 박 과장의 얼굴이 다시 파티션 너머로 올라왔다.

"A 씨, 미들웨어 또 죽은 것 같아. 확인 좀 해주세요."

순간 불안한 예감이 들기 시작했다. 지금 테스트 장비에 올라가 있는 건 어제 내가 수정했던 버전이었다. 어제 코드를 건드리면서 나도 모르게 다른 버그를 만들어낸 건 아닌가 하는 무서운 생각이 들었다. 문득 어제 저녁에 무심코 넘겨버렸던 모너터링 알람 메일이 떠올랐다. 문제의 메일을 다시 열어보았다. 메시지를 읽어보니 특정 파티션의 용량이 90% 이상 찼다는 내용이었다. 문제는 그 특정 파티션이 통계 파일이 저장되는 파티션이라는 점이었다.

테스트 서버로 접속하여 문제의 파티션으로 접근해보았다. 그곳에는 수많은 통계 파일이 저장되어 있었는데, 어쩐지 평소보다 통계 파일의 수가 더 많은 것처럼 보였다. 자세히 살펴보니 다른 통계 파일은 시간이 지날 때마다 삭제되는데, 새롭게 연동한 데이터 타입의 통계 파일은 오래된 파일도 삭제되지 않고 그대로 남아있는 것이 보였다. 가슴이 덜컹 내려앉는 기분이었다.

코드 화면을 다시 띄워놓고 통계 파일과 관련된 코드를 읽기 시작했다. 이번에 찾아야 하는 코드는 오래된 통계 파일을 제거하는 로직이었다. 그리 오래지 않아 문제의 코드를 찾을 수 있었다. 한 시간마다 돌면서 오래된 통계 파일들을 지우는 코드였는데 이쪽에서도 새롭게 연동된 데이터 타입의 파일 처리가 누락되어 있었다. 그제야 문제 현상이 이해되기 시작했다. 어제 내가 수정한 코드로 새로운 데이터 타입에 대한 통계 파일이 생성되긴 했는데, 이걸 지우는 쪽 로직에서는 빠져있으니 오래된 파일이 계속해서 쌓이고 있었던 것이다. 통계 파일 자체의 크기도 꽤 큰데다 테스트 장비에 잡혀있는 파티션 크기도 넉넉하지 않은 탓에 용량이 하루 만에 바닥난 모양이었다. 파티션이 꽉 차있으니 새로운 통계 파일도 생성하지 못했을 테고, 프로세스가 자꾸 종료된 이유도 그 때문인 듯 했다.

　오래된 통계 파일을 지우는 쪽 코드를 다시 수정하고 테스트 장비에 올려봤다. 다행히 산처럼 쌓여있던 오래된 통계 파일이 깔끔하게 지워지는 것이 보였다. 몇 가지 간단한 테스트를 더 해보고 문제가 없는 것을 확인했다. 급하게 다시 빌드하여 수정본을 팀 서버에 올리고 고객사에 나가있는 임 과장에게 메일을 쓰기 시작했다. 어제 배포되었던 버전에 버그가 있어 다시 수정본을 올려놨으니 이 버전으로 패치를 부탁한다는 내용으로 메일을 보냈다. 오래 지나지 않아 답장이 도착했는데 다행히 오늘 저녁에 패치 예정이었던 터라 문제의 버그가 있는 버전이 아직 패치되지 않았던 모양이었다. 그나마 다행이라는 생각이 들면서 겨우 한숨을 돌릴 수 있었다.

베일에 감춰진 코드의 동작

우리는 IDE 창을 열고 코드를 작성합니다. 코드가 어떤 식으로 동작해야 하는지를 머릿속에 떠올리고 그 의도를 코드로 표현합니다. 데이터가 어디로부터 흘러와 어디로 흘러가야 하는지를 정확하게 작성합니다. 모든 것이 명확해 보입니다. 우리의 의도가 명확하게 코드로 표현되었고, 그 코드는 지금 여러분의 눈앞에 선명하게 보입니다.

하지만 컴파일 된 이후는 어떨까요? 컴파일 된 파일을 실행하는 순간 명확하게 눈에 보이던 코드는 온데간데없고 코드의 동작은 흡사 블랙박스처럼 베일의 뒤로 숨어버립니다. 출력 메시지나 로그 파일로 미루어 정상 동작 여부를 추측해 볼 수는 있습니다. 웹 애플리케이션이라면 웹 브라우저에 표시되는 내용을 통해 방금 작성한 코드가 잘 동작하고 있는지를 가늠해 볼 수 있을 것입니다. 하지만 눈에 보이는 부분은 아주 일부분에 불과합니다. 실제로 코드가 어떻게 돌아가는지 우리는 관찰할 수 없습니다.

이러한 현상은 마치 자동차와 비슷합니다. 엑셀러레이터를 밟으면 차는 앞으로 가고, 브레이크를 밟으면 속도가 줄어듭니다. 엑셀러레이터를 좀 더 세게 밟으면 엔진이 더 큰 소리를 내며 빠른 속도로 움직이는 것을 느낄 수 있습니다. 하지만 우리가 관찰할 수 있는 것은 고작 그 정도입니다. 자동차라는 복잡한 기계 장치 안에 들어가는 수많은 부품이 정말 제대로 동작하고 있는지 우리는 알 수 없습니다. 어디서 엔진오일이 한 방울씩 세고 있는 건 아닐까요? 타이어의 공기압은 충분한 걸까요? 차체 하부 어딘가의 볼트 하나가 헐거워지고 있는 건 아닐까요? 운전석에 앉아 그저 핸들을 잡고 있는 우리는 알 수 없습니다.

보이지 않는 것이라 하여 손을 놓고 있을 수는 없습니다. 우리가 작성한 코드가 언제나 의도대로 동작하리라는 보장은 어디에도 없습니다. 지금은 잘 돌아갈지 모르지만 내일이 되면 알 수 없는 오류를 내뿜을지 모르는 일입니다. 해제되지 않은 메모리가 조금씩 쌓이면서 3개월 후에는 OutOfMemoryError를 발생시킬지 알 수 없는 일입니다. 코드를 작성하는 우리도 완벽한 사람이 아니거니와 우리가 다루는 시스템도 온갖 예외 상황이 발생할 수 있습니다. 언제 어떤 상황으로 인해 어떤 부작용이 발생할지 모릅니다. 우리는 코드의 동작을 꿰뚫어 볼, 아니 미루어 짐작이라도 해볼 수 있는 수단이 필요하고, 그 수단으로써 우리는 모니터링을 이용합니다.

모니터링을 설명하기 전에 우리가 다루고 있는 시스템에 대해 생각해봅시다. 모니터링 관점에서 그 대상이 되는 시스템은 '구성요소' '동작' '결과'라는 세 개의 개념으로 설명할 수 있습니다.

시스템은 여러 개의 구성요소로 이루어집니다. 어떤 구성요소는 작고 간단하지만 어떤 것은 복잡하고 덩치가 큽니다. 작은 구성요소 여럿이 모여서 큰 구성요소 하나를 구성하기도 합니다. 그리고 이 구성요소는 서로 상호작용을 합니다. 이 구성요소가 될 수 있는 단위는 매우 다양합니다. 코드 내의 변수나 함수가 될 수도 있고, 스레드 혹은 프로세스가 될 수도 있으며, 서버 한 대가 통째로 하나의 구성요소가 될 수도 있습니다. 학교를 시스템에 비유해보자면 학생과 교수, 강의실과 운동장 같은 서로 다른 구성요소가 모여 상호작용을 합니다. 이 구성요소의 조합을 이용해 '학교'라는 시스템을 구성합니다.

시스템에는 동작이 있습니다. 우리가 작성하는 코드의 로직이 모두 동작이 됩니다. 앞선 학교의 비유를 계속 들어보자면, 학교에 모여서 우리는 수업을 듣고 점심을 먹습니다. 도서관에 들려서 책을 읽거나 시험공부를 하기도 합니다. 이 모든 행동이 동작이 됩니다.

시스템에는 결과도 있습니다. 여러분이 시험을 보면 A+에서부터 F 사이의 성적을 받게 됩니다. 이때 성적은 학교라는 시스템이 내놓는 결과 중 하나입니다. 그렇게 몇 년 정도를 반복하면 마침내 이수 학점을 모두 채우고 졸업도 할 수 있을 겁니다. 이때 여러분이 받게 되는 졸업 증명서 역시 학교라는 시스템이 내놓는 결과 중 하나입니다.

앞서 말한 구성요소, 동작, 결과는 모두 모니터링의 정의를 설명하기 위해 사용되는 개념입니다. 사실 이 정의는 'Monitorama 2016'이라는 모니터링 관련 콘퍼런스에서 그레그 포이리어 Greg Poirier가 발표한 〈Monitoring is Dead〉라는 세션에서 사용된 정의입니다. 제가 들어본 모니터링의 정의 중 가장 명쾌하고 모니터링의 본질을 잘 표현하고 있는 정의입니다. 원문을 그대로 옮겨보겠습니다.

"Monitoring is the action of observing and checking the behavior and outputs of a system and its components over time."

이를 해석하면 다음과 같습니다.

"모니터링은 시스템 내에서 서로 상호작용하는 수많은 구성요소가 어떤 동작을 가지고 어떤 결과를 만드는지에 대해 지속적으로 관찰하고 확인하는 것이다."

이것이 모니터링에 대한 가장 기본적인 정의라고 말할 수 있습니다. 모니터링에 대한 정의를 확인해봤으니 이제 실제로 이 정의를 실천하기 위해서 어떤 방법이 사용되는지 확인해보겠습니다.

시스템 관리자의 모니터링

'시스템 관리자(System Administrator)'라는 직군이 있습니다. 우리가 서버 컴퓨터를 다루기 시작한 아주 옛날부터 존재했던 직군입니다. 그들의 하루 일과를 살펴봅시다. 시스템 관리자들은 아침에 출근하면 그들이 관리하는 서버로 로그인하여 간밤에 별 이상이 있었는지 확인합니다. 필요한 프로세스들이 모두 정상적으로 구동 중인지 확인하고 CPU와 메모리의 사용량도 체크합니다. 시스템 사용자별로 디스크 사용량도 체크하여 만일 과도하게 디스크를 사용 중인 사용자가 있다면 경고 메일을 보내기도 합니다. 외부 서버로 핑Ping을 실행하여 네트워크에 문제가 없는지도 확인합니다.

이들이 수행하는 이러한 업무는 사실상 오늘날의 모니터링과 크게 다르지 않습니다. 이외에도 데이터 백업, 하드웨어 유지보수 등 여러 중요한 업무가 있긴 합니다만, 그들의 중요한 업무 중 하나는 시스템을 '모니터링'하는 일이었습니다. 이러한 고대의 시스템 관리자들의 일과로부터 모니터링은 발전하기 시작했습니다.

모니터링 데이터: 메트릭

시스템 관리자들에게는 '빅 5Big 5'라고 불리는 것이 있습니다. 시스템 모니터링을 위해 그들이 가장 중요하게 챙기는 다섯 가지 요소인데, 그 내용은 아래와 같습니다.

- CPU
- 메모리(Memory)
- 디스크(Disk)
- 프로세스(Process Aliveness)
- 시스템(System Aliveness)

이 '빅 5'를 이루는 요소에는 공통점이 있는데요. 바로 상시로 관측할 수 있는 데이터라는 점입니다. 바꿔 말하면 특정 시점에만 발생하는 이벤트성 데이터가 아니라는 뜻입니다. 예를 들어, CPU 사용률은 리눅스를 기준으로 top이라는 명령어를 통해 언제나 조회할 수 있습니다.

우리는 이러한 종류의 계측값에 메트릭Metric이라는 이름을 붙였습니다. 메트릭은 초기의 시스템 관리자뿐만 아니라 오늘날까지도 모니터링을 유용하게 만들어주는 가장 기본적인 단위 중 하나입니다. 보통 메트릭은 키와 값, 그리고 계측된 시점에 대한 시간값 등으로 구성됩니다. 값의 타입은 대부분 숫자가 사용되고요. 메트릭은 본질적으로 일회용이며 다른 종류의 모니터링 데이터에 비해 크기가 작은 편입니다. 또한 정해진 시간 단위마다 계측하기 때문에 이 데이터를 저장하려고 할 때 저장 공간을 예측할 수 있습니다. 데이터 특성 상 시계열 데이터를 다루는 함수들을 통해 손쉽게 집계할 수 있다는 특징도 있습니다.

```
1654416790699    host=dev1    cpu_total=75.2, cpu_0=70.33, cpu_1=80.07
   타임스탬프       메타데이터              관측값
```

▲ 그림 14-1 일반적인 메트릭 구조

하지만 이 메트릭을 통해 관찰할 수 있는 시스템의 복잡성에는 한계가 있습니다. 예를 들어, 웹 서버로 초당 얼마나 많은 요청이 들어오는지는 메트릭을 통해 알 수 있습니다. 하지만 특정 요청이 언제 들어왔으며 어떤 데이터를 보내왔는지는 알 수 없습니다.

일반적으로 모니터링 시스템은 이 메트릭 데이터를 원격 중앙 저장소에 따로 저장한 뒤에 질의를 하여 모니터링을 하곤 합니다. 메트릭 데이터 자체가 시계열 데이터이기 때문에 저장소로는 대부분 시계열 데이터베이스가 이용됩니다.

모니터링 데이터: 로그

메트릭 못지않게 모니터링 관점에서 중요한 데이터가 바로 로그Log입니다. 시스템 관리자들 역시 시스템을 모니터링하기 위해 빅 5에 대한 메트릭뿐만 아니라 여러 로그 파일을 확인하곤 했습니다. 로그는 메트릭과 형태면에서 여러 차이가 있습니다. 가장 큰 차이는 값

이 숫자 형태가 아닌 문자열 형태라는 점입니다. 아래는 Nginx 웹 서버의 액세스 로그 샘플입니다.

```
47.29.201.179 - - [28/Feb/2019:13:17:10 +0000] "GET /?p=1 HTTP/2.0"200 5316 "https://domain1.com/?p=1""Mozilla/5.0 (Windows NT 6.1) AppleWebKit/537.36 (KHTML, like Gecko) Chrome/72.0.3626.119 Safari/537.36""2.75"
```

위 로그에는 요청을 보낸 클라이언트의 IP 주소, 요청 발생 시간, URI 등의 정보가 문자열의 형태로 구성되어 있습니다. 이 샘플 로그에서도 볼 수 있듯이 로그는 상시로 계측 가능한 메트릭과는 다르게 어떤 정기적/비정기적인 이벤트의 의해서 발생한다는 점을 알 수 있습니다. 또한 메트릭보다 일반적으로 훨씬 더 많은 데이터를 포함하며 로그에 따라 크기가 일정치 않다는 게 특징입니다.

로그는 형태에 따라 '구조화 형태'와 '비구조화 형태'로 나뉩니다. 우리가 마주치게 되는 대부분의 로그는 비구조화 형태가 많습니다. 앞선 Nginx의 액세스 로그가 가장 대표적인 비구조화 형태의 로그입니다. 비구조화 형태 로그는 자신만의 문자열 형식이 있기 때문에 한눈에 의미를 파악해 내기가 쉽지 않습니다. 반면 구조화 형태의 로그는 키-값 쌍의 형태로 이루어지기 때문에 어떤 항목이 어떤 값을 가지고 있는지 한눈에 파악하기 쉽습니다. 더불어 로그 데이터를 가공하여 2차 데이터를 만들어내기도 용이합니다. 앞에서 살펴본 Nginx의 액세스 로그를 구조화 형태로 변경한다면 아래와 같습니다.

```
{
  "http_user_agent": "ApacheBench/2.3",
  "body_bytes_sent": "5316",
  "status": "200",
  "remote_addr": "47.29.201.179",
  "time_local": "28/Feb/2019:13:17:10 +0000",
  "request": "GET /?p=1 HTTP/2.0",
  "uri": "https://domain1.com/?p=1"
}
```

로그 데이터는 보통 디스크에 기록되기 때문에 서버로 접속하여 지난 로그를 조회할 수 있습니다. 하지만 다루는 서버의 대수가 늘어나기 시작하면 이러한 방법으로는 한계가 있을 수밖에 없습니다. 그래서 메트릭과 마찬가지로 원격 중앙 저장소에 저장한 후에 검색을 통해 분석하는 방법을 사용합니다. 일반적으로 일라스틱서치Elasticsearch와 같은 검색엔진을 주로 사용합니다.

데이터 시각화

모니터링을 위한 기본적인 데이터는 모두 준비되었습니다. 하지만 단순히 데이터를 저장소에 쌓아두기만 하는 것은 충분하지 않습니다. 이 데이터를 적절하게 시각화하여 시스템 전체에 대한 가시성을 가지고 모니터링에 대한 직관을 얻을 수 있어야 합니다.

오늘날 사용되는 대부분의 모니터링 도구는 시각화 기능을 함께 제공합니다. 그중에서도 가장 널리 사용되는 오픈소스 모니터링 시각화 도구는 그라파나Grafana입니다.

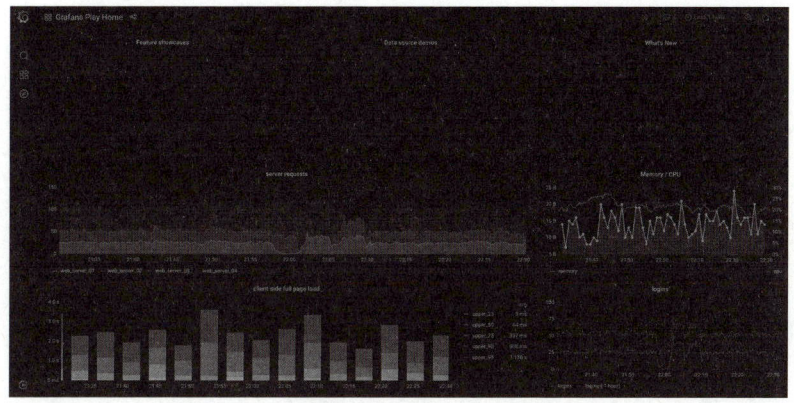

▲ 그림 14-2 그라파나 대시보드

그라파나의 가장 큰 특징은 다양한 데이터 소스를 지원한다는 점입니다. 데이터 소스는 데이터를 조회할 수 있는 저장소를 의미하는데요. InfluxDB, 오픈TSDB OpenTSDB, Graphite와 같은 시계열 데이터베이스뿐만 아니라 AWS CloudWatch, 애저 모니터 Azure Monitor 와 같은 클라우드 모니터링 서비스도 지원하며 Loki, 일래스틱서치 ElasticSearch 같은 로그 기반의 데이터 저장소도 지원하고 있습니다.

그라파나의 또 다른 특징은 대시보드 구성의 자유도가 매우 높다는 것입니다. 오래된 모니터링 도구들은 대시보드의 형태가 고정되어 있어 미리 만들어진 화면 구성만 가능한 경우가 많습니다. 하지만 그라파나는 내장된 여러 차트뿐만 아니라 플러그인 형태로 사용자가 직접 대시보드 차트를 만드는 기능도 제공하고 있어 대시보드 구성을 자유롭게 할 수 있습니다.

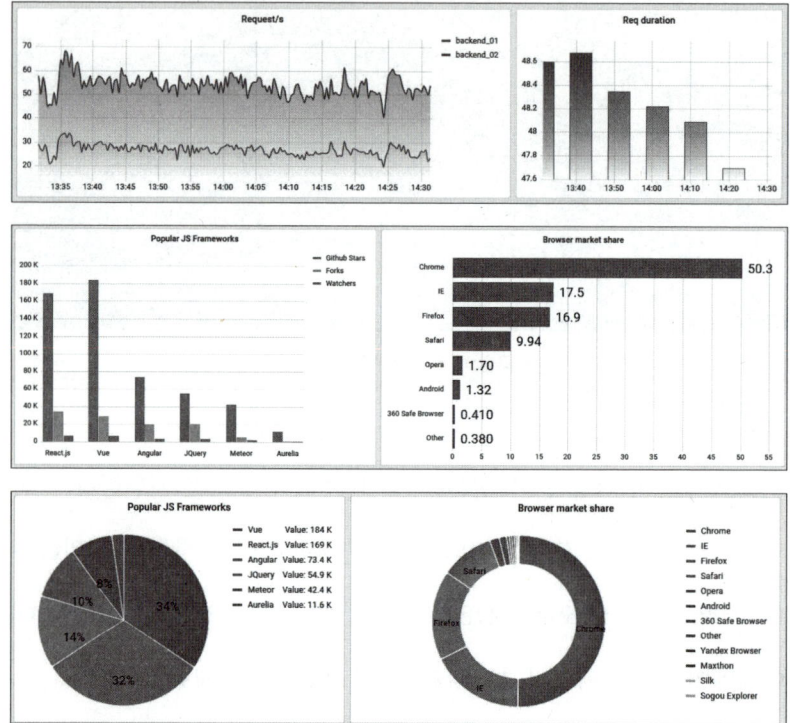

▲ 그림 14-3 다양한 그라파나 내장 차트

사용자마다 모니터링하려는 대상은 다양합니다. 그리고 그 대상에 따라 관심을 두고 살펴보는 데이터의 종류도 다를 수밖에 없습니다.

데이터 센터를 운영하는 관리자들은 서버실의 온도나 습도, 네트워크 장비의 처리량 및 오류율 같은 데이터를 중요하게 볼 것입니다. 웹 서비스의 운영자들은 애플리케이션의 오류 로그, 메모리 사용량, 서버의 트래픽 발생량 등에 관심을 둘 것이고요. 이런 다양한 데이터에 대해서 자신과 팀에 적합한 방식으로 시스템의 상황을 이해할 수 있는 대시보드 구성은 매우 중요합니다.

좋은 대시보드는 시스템에 대한 질문에 답변할 수 있도록 도움을 줍니다. 예를 들어, 특정 시간대에만 유독 응답 시간에 지연이 생기는 상황을 생각해봅시다. 먼저 응답 시간에 대한 차트를 통해 지연이 주로 발생하는 시간대를 확인할 수 있을 것입니다. 운이 좋다면 여기서 여러 서버 중 지연이 주로 발생하는 특정 서버군을 골라낼 수도 있을 것입니다. 그리고 응답 시간 차트의 옆에 놓인 CPU 사용률 차트를 통해 문제 시간대에 CPU 사용률도 유사한 형태로 높아지는 것을 확인할 수 있습니다.

이런 단서들을 통해 운영자는 어디서부터 문제를 풀어나가야 할지에 대한 단서를 제공받을 수 있습니다. 문제의 서버군에만 배포된 코드에 문제가 있을 수도 있고, 트래픽이 몰리면서 부하가 발생하는 상황일 수도 있습니다. 문제와 원인과 해결책은 모두 다르겠지만 좋은 대시보드는 여러분이 더 나은 답을 더 빨리 내릴 수 있도록 도움을 줄 수 있을 것입니다.

24/7 모니터링을 위한 알림 창

앞서 살펴본 시각화 도구를 이용해 시스템의 가시성을 확보할 수 있다고 했습니다. 하지만 하루 종일 대시보드를 쳐다보면서 모니터링을 하고 있을 수는 없습니다. 우리가 보고 있지 않을 때에도 대신 모니터링 데이터를 보고 있다가 문제가 생겼을 때 알림을 받을 수 있어야 합니다. 다행히 대부분의 모니터링 도구는 이러한 알람 기능을 제공하고 있습니다.

가장 기본적인 알람은 정적 임계치를 이용하는 방식입니다. 쉽게 말해 모니터링 데이터가 특정 수치보다 작거나 크면 알림을 받는 식입니다. 가장 직관적이고 익숙하게 사용할 수 있는 방식입니다. 예를 들어, CPU 사용률이 20% 정도를 기록하고 있는 서버가 있다고 할 때, 이 수치가 50%를 넘어서면 WARNING 알람을, 80%를 넘어서면 CRITICAL 알람을 받도록 설정할 수도 있습니다.

간단하면서도 효과적인 이 정적 임계치 방식의 알람에도 한계는 있습니다. 바로 임계치를 직접 결정해야 한다는 점입니다. 임계치를 결정하기 위해서는 무엇이 좋고 무엇이 나쁜지를 정의할 수 있어야 합니다. 말이 쉽지, 사실 이 작업은 결코 쉽지 않습니다.

앞서 예를 든 CPU 사용률을 통해서 더 생각해 봅시다. 50%와 80% 두 개의 임계치를 이용해 알람을 설정했지만, 이 수치는 특정 서버에 한해서만 유효할 뿐입니다. 예로 든 서버는 평소 20%의 사용률을 보이고 있지만 만약, 그보다 더 연산양이 많아 항상 60% 정도의 사용률을 보이고 있는 서버가 있다면 어떨까요? 이전의 임계치를 그대로 설정한다면 사용자는 24시간 내내 WARNING 알람을 받고 있을 것입니다. 이는 결코 사용자가 원하는 결과가 아닐 것입니다.

만약, 가상화폐를 채굴하고 있는 서버가 있다면 어떨까요? 가상화폐 채굴 작업은 대량의 CPU 연산이 필요하기 때문에 항상 100%에 가까운 CPU 사용률을 보이고 있을 것입니다. 이 서버 역시 임계치를 이전과 동일하게 적용한다면 하루 종일 CRITICAL 알람이 발생될 것입니다. 이 역시 사용자가 원하는 결과와 거리가 멉니다. 오히려 사용자는 CPU 사용률이 일정 이하로 내려갔을 때 알람을 받고 싶을 수 있습니다.

다른 예를 더 들어보겠습니다. 만약, 10% 정도의 디스크 사용률을 보이고 있는 서버가 있고 이 수치가 90%를 넘어섰을 때 CRITICAL 알람을 받도록 설정했다고 가정해봅시다. 디스크 사용률은 CPU나 메모리 사용률에 비해서 변화의 폭이 적기 때문에 거의 대부분의 시간 동안 10%의 사용률을 보이고 있을 것입니다. 만약, 이 서버에서 짧은 시간 내에 80%까지 사용률이 급격하게 치솟았다면 어떨까요? 평소와 다른 변화로 미루어 봤을 때 서버에 뭔가 이변이 생겼다고 볼 수 있을 것이고 사용자가 꼭 확인해야 하는 상황입니다. 하지만 임계치는 90%에 설정되어 있으므로 사용자는 알람을 받을 수 없습니다.

이런 상황을 방지하려면 임계치를 더 낮은 수치로 변경하고 여러 단계에 걸쳐 세세한 알람을 설정해야 할 것입니다. 하지만 그 결과로 작은 변화에도 사용자는 계속해서 알람을 받게 될 것입니다. 인간의 주의력에는 한계가 있습니다. 알람의 발생량이 증가하면 할수록 사용자는 더 많은 주의력을 필요로 하게 됩니다. 시끄러운 모니터링 알람에 짜증을 느끼고 모니터링 시스템에 대한 신뢰를 멈추게 하여 종국에는 알람을 무시하게 만들 수 있습니다. 지나치게 민감한 임계치는 아주 작은 변화에도 알람을 발생시키고, 사용자는 그 알람을 보고도 대부분 아무 조치를 하지 않게 됩니다. 이런 상황이 반복되다 보면 정말 심각한 상황에 대한 알림을 보고도 '이전에 비슷한 알림을 봤는데 몇 분만에 저절로 해결되므로 특별히 조치를 할 필요가 없다'라고 생각하게 될지도 모릅니다.

결국 서버의 역할과 특성에 맞는 임계치를 세밀하게 조정해주어야 합니다. 또한 알람이 너무 적거나 너무 많이 생성되지 않도록 주의를 기울여야 합니다. 모니터링 대상이 적다면 충분히 가능한 일일지도 모르겠습니다만, 관리하는 시스템이 크면 클수록 이러한 정적 임계치 방식의 모니터링 알람은 한계점이 있습니다.

이상치 탐지

시스템에서 발생할 수 있는 모든 예외 상황을 미리 예측하여 적절한 알람을 설정하는 일은 매우 어렵습니다. 그냥 어려운 것이 아니라 사실상 거의 불가능하다고 해도 과언이 아닙니다. 또한 모니터링 데이터의 특성 자체가 정적 임계치의 방식에 적절하지 않은 경우도 있습니다.

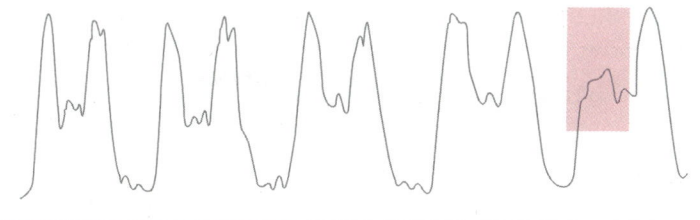

▲ 그림 14-4 계절성 특성을 보이는 데이터

[그림 14-4]는 계절성(Seasonality) 특성을 보이는 데이터입니다. 이는 시간의 흐름에 따라 규칙적인 패턴을 보인다는 특징이 있습니다. 예를 들어 지하철 승객 수를 생각해봅시다. 일반적으로 지하철 승객 수는 출퇴근 시간대에 몰린다는 특징이 있습니다. 즉, 수치는 아침 출근시간대에 증가했다가 낮에는 소강상태가 되고 저녁 퇴근시간대에 다시 증가하는 형태를 보일 것입니다. 만약, 여기서 아침시간대지만 평소와 같이 증가하지 않았다면 누가 봐도 이상 상황임을 알 수 있

습니다. 하지만 기존의 정적 임계치 기반의 알람 방식으로는 이를 탐지해내기가 쉽지 않습니다. 특정 수치보다 낮으면 알람이 발생하도록 알람을 구성해야 할 텐데, 그렇게 해두면 출퇴근 시간대를 제외한 나머지 시간대에 계속 알람이 울릴 것이기 때문입니다.

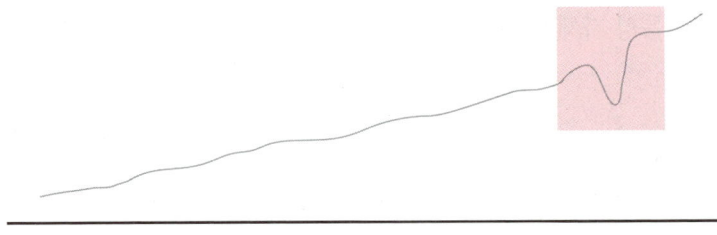

▲ 그림 14-5 추세 특성이 보이는 데이터

[그림 14-5]는 추세(Trend) 특성을 보이는 데이터입니다. 데이터가 지속적으로 증가하거나 감소하는 패턴을 보인다는 특징이 있습니다. 예를 들어, 성장 중인 웹 서비스의 회원 수 데이터를 생각해봅시다. 성장 중인 서비스이므로 회원의 수 역시 우상향의 형태를 보이고 있을 것입니다. 만약, 회원 수가 평소의 추세와는 다르게 급격하게 증가한다거나, 혹은 추세의 방향이 바뀐다면 사용자는 즉시 알람을 받고 조치를 취하고 싶을 것입니다. 이 역시 정적 임계치 기반의 알람 방식으로는 탐지해내기가 쉽지 않습니다.

이러한 문제점을 해결하기 위해 이상치 탐지(Anomaly Detection)라는 기법이 연구되고 있습니다. 이 기법은 정적 임계치 기반의 알람과 같이 사용자가 직접 임계치를 설정해주지 않더라도 데이터가 정상적인 상태에서 벗어나는 것을 자동으로 탐지하는 것을 목적으로 합니다. 앞서 살펴본 [그림 14-4], [그림 14-5]의 계절성, 추세 데이터의 예에서 여러분은 한 눈에 데이터의 이상한 부분을 발견했을 겁니다. 이처럼 눈에 잘 띄는 이상치는 인간의 직관을 이용한다면 찾아내기 매우 쉽습니다. 하지만 컴퓨터에겐 직관이 없습니다. 이상치를 판단하기 위한 공식을 손수 컴퓨터에게 알려줘야 하는데, 우리의 직관을 공식으로 옮기는 일은 쉽지 않습니다.

인간의 직관을 대신하기 위해 통계 알고리즘을 이용하는 방식과 기계 학습 모델을 이용하는 방식을 통해 이상치 탐지를 구현해낼 수 있습니다. 어떤 방법이 더 성능이 좋은지는 의견이 분분합니다만, 일반적으로 대상하는 데이터 셋의 특성에 따라 적절한 알고리즘 혹은 모델이 다르다고 이야기할 수 있습니다. 이상치 탐지 방법 중 아주 간단한 알고리즘을 하나 살펴보면서 그 정체를 알아보겠습니다.

가장 간단한 이상치 탐지 방법은 3-시그마3-Sigma 규칙을 이용한 방법입니다. 3-시그마 규칙은 "주어진 데이터가 정규분포를 따른다고 했을 때 평균으로부터 양 방향으로 3 표준편차의 범위에 거의 모든 값이 들어간다"라는 것을 가정하고 3 표준편차 바깥의 값을 이상치로 규정하는 방법입니다. 갑자기 생경한 단어가 나와서 놀라울 텐데 이해하기 쉽도록 실제 그래프를 보면서 설명하겠습니다.

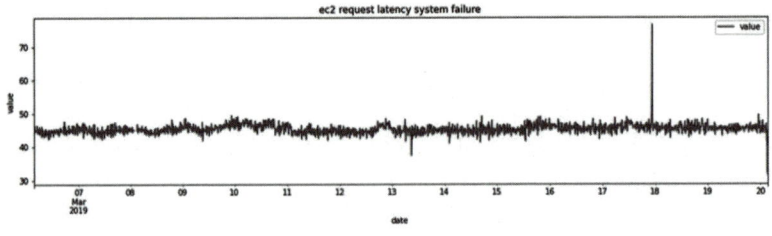

▲ 그림 14-6 이상치 탐지 샘플 그래프

여러분은 [그림 14-6]의 그래프에서 이상치를 찾아냈나요? 아마도 오른쪽에 갑자기 위로 치솟은 부분을 이상치로 판단했을 겁니다. 그 외에도 가운데에 위치한 아래를 향하고 있는 부분도 있습니다. 눈썰미가 좀 더 있다면 오른쪽 가장 끝부분의 바닥으로 내리찍듯 내려가 있는 부분도 확인했을 겁니다. 이 그래프에서 3-시그마 규칙을 적용해보겠습니다.

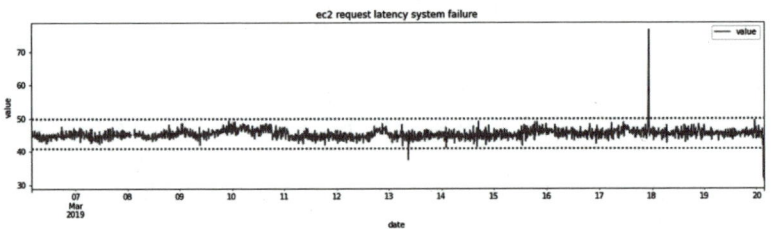

▲ 그림 14-7 3-시그마 규칙을 적용한 이상치 탐지 샘플 그래프

기존 그래프의 위 아래로 추가된 점선이 바로 평균에 3 표준편차를 더하고 뺀 수치입니다. 데이터가 정규분포에 따른다고 가정하고, 우

리는 평균에서 3 표준편차를 벗어난 값을 이상치로 판단할 수 있습니다. 앞서 우리의 직관으로 짚어냈던 부분이 모두 정확하게 3 표준편차의 점선을 벗어나 있네요. 컴퓨터에게 3-시그마 규칙을 사용하라고 알려준다면 컴퓨터는 인간의 직관이 없이도 이상치를 탐지해낼 수 있습니다.

3-시그마 규칙은 모니터링에 적용할 수 있는 이상치 탐지 방법 중 가장 간단한 방법이며, 간단한 만큼 정확도가 그다지 높지 않습니다. 위의 예에서 봤던 그래프처럼 간단한 문제에 대해서는 정답을 탐지해낼 수 있으나 데이터가 조금만 더 복잡해져도 제대로 동작하지 않는 경우가 많습니다. 또한 정규분포 바깥의 이상치만 탐지해낼 수 있으니 계절성이나 추세의 특징을 가진 이상치도 탐지해낼 수 없고요. 오탐률을 줄이기 위해서는 더 나은 이상치 탐지 방법을 사용해야 합니다만 실제로 모니터링에 이상치 탐지를 적용하는 일은 쉽지 않습니다. 일단 결과를 얻기도 전에 배워야 할 것이 너무 많기 때문에 시작하기 어렵습니다. 따라서 조직 내에 관련 전문가가 없다면 도입하기가 쉽지 않습니다. 하지만 요즘 AWS 등의 클라우드 서비스에서 비교적 쉽게 적용할 수 있는 이상치 탐지 솔루션(CloudWatch Anomaly Detection, Lookout for Metric 등)을 제공하고 있습니다. 따라서 모니터링에 이상치 탐지를 적용해야 하는 상황이라면 이러한 솔루션을 우선적으로 검토해보는 것이 좋습니다.

14장을 마치며

모니터링 시각화 도구는 대부분 근사한 대시보드가 있습니다. 도구에서 제공해 주는 차트들을 대강 배치하는 것만으로 그럴듯한 대시보드를 만드는 일은 쉽습니다. 하지만 우리가 모니터링을 하는 목적이 대시보드를 전시하기 위함은 아니므로 우리의 시스템이 어떤 구성요소를 가지고 있는지 이해하고 그것들이 가지는 동작과 결과를 유심히 살펴 무엇을 모니터링할지 충분히 고민해야 합니다.

그에 따라서 필요한 메트릭과 로그를 수집하고 이를 적절히 시각화하고 예외 상황에 대한 알람을 설정하는 일 또한 충분한 고민이 수반되어야 하는 일입니다. 이러한 고민을 켜켜이 쌓아 만들어진 모니터링 시스템은 베일에 가려진 여러분의 시스템이 어떻게 동작하는지 꿰뚫어볼 수 있도록 도와줄 것입니다. 비록 개발자 A 씨는 모니터링 시스템의 경고를 외면한 탓에 시련을 겪었지만 이 글을 읽는 여러분은 이를 반면교사 삼아 견고하고 안정적인 시스템을 만들기 바랍니다.

15장

코드는 파이프라인을 타고

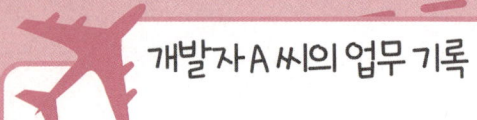 개발자 A 씨의 업무 기록

정기 배포일에 발생한 쿼리 오류

저녁 7시. 평소였다면 퇴근해서 집에 도착했을 시간이다. 하지만 오늘은 팀원들과 회사 근처에서 저녁식사를 한 뒤에 사무실로 다시 복귀했다. 사무실에는 평소보다 많은 사람이 자리를 지키고 있었다. 오늘따라 이렇게 유난히 사람이 많이 남아있는 이유는 오늘이 바로 정기 배포일이었기 때문이다. 배포야 사실 업무 시간에도 하려면 할 수는 있지만 보통 저녁 늦게 하곤 했다. 혹시 모를 장애가 발생했을 때 영향 범위를 줄이기 위함이다. 오늘의 배포는 한 시간 뒤인 8시에 시작하는 것으로 계획되어 있었다.

모두 시키지 않아도 각자의 방식으로 배포를 준비하고 있었다. 배포 할 모듈의 코드를 보거나 스테이징 환경에서 마지막 테스트를 돌리고 있었다. 사무실 전체에 긴장된 공기가 퍼져나가면서 마치 전운이 감도는 느낌이었다.

어느새 시간은 흘러 약속되었던 8시가 되었다. 슬랙의 배포 채널에 메시지가 하나둘씩 올라오기 시작했다. 여러 팀이 함께 배포를 하다 보니 미리 스케줄이 조정되어 있었다. 제일 먼저 1차로 배포를 하기로 한 팀에서는 배포를 시작했다는 상황 보고를 올리기 시작했다. 우리 팀의 배포는 뒤쪽이었기 때문에 일단은 계속해서 대기했다.

아직까지 조용한 우리 팀과는 다르게 1차로 배포가 나가는 옆 팀에서는 다소 분주함이 느껴졌다. 각 팀 내에서도 여러 모듈이 서로 의존하며 영향을 주는 구조로 되어 있기 때문에 모듈 간의 배포도 순서에 맞춰서 진행해야 했다.

　한가하게 다른 팀의 풍경을 구경하다가 미리 커피라도 타놓을까 싶어서 탕비실로 향했다. 가는 길에 QA팀의 파티션을 지나는데, 이쪽에서도 꽤 분주함이 느껴졌다. 사실 개발팀에서는 각자 담당하는 모듈만 신경 쓰면 되지만 QA팀에서는 서비스 전체를 신경 써야 했기 때문에 배포일에 가장 바쁜 팀은 QA팀이다.

　커피를 타오고도 한참을 대기하고서야 우리 팀의 순서가 다가왔다. 미리 조율한 순서에 맞춰서 모듈별로 배포가 진행되기 시작했다. 이윽고 내가 담당하는 모듈의 차례가 되었고, 나는 매뉴얼대로 배포를 진행하며 새로운 코드를 운영 환경으로 내어놓았다. 스테이징 환경에서 미리 열심히 테스트를 하곤 했지만 운영 환경에서는 종종 예상치 못한 문제가 생겼기 때문에 배포 내내 계속 긴장을 할 수밖에 없었다.

　다행히 모듈 배포는 큰 문제없이 완료되었다. 새로 배포된 모듈의 로그를 실시간으로 띄워놓고 모니터링하기 시작했다. 대량의 로그가 빠르게 지나갔기 때문에 로그 내용을 일일이 확인할 수는 없었지만 일단 눈에 띄는 ERROR 로그나 WARNING 로그는 보이지 않았다. 내심 '큰 문제없이 이번 배포도 넘어갈 수 있겠구나' 하는 생각이 들었다. 옆 자리에 앉아 있던 사수도 비슷한 생각이었는지 잠깐 바람이나 쐬러 가자고 했다. 사수와 함께 엘리베이터를 향해 복도를 가로지르고 있는데 주머니에 든 휴대폰 진동이 느껴졌다. 하루에도 수십 번씩 부르르 떨며 진동을 보내는 휴대폰이었지만 왠지 이번만은 예감이 좋지 않았다. 심지어 앞서 걷고 있던 사수의 휴대폰에도 진동이 왔는지 사수는 손에 들려진 휴대폰 화면을 바라보고 있었다.

"A 씨, 다시 사무실로 가야 할 것 같아요."

뒤늦게 나도 휴대폰을 열어 확인해보니 QA팀에서 올린 지라(Jira) 이슈의 알림이었다. 이슈는 나와 사수가 함께 담당하고 있는 모듈이 참조로 달려 있었다. 고개를 들었을 때 사수는 이미 빠른 걸음으로 사무실을 향해 돌아가고 있었다.

사수를 뒤따라 급히 사무실로 돌아갔을 때 팀장은 이미 우리를 기다리고 있었다. 사수와 함께 자리에 앉아 이슈 티켓을 자세하게 읽기 시작했다. 사수도 모니터에 눈을 고정한 채로 말했다.

"일단 원인부터 확인해보죠."

문제 현상은 일부 페이지에서 데이터 조회에 상당한 지연이 발생한다는 내용이었다. 링크가 걸려있는 페이지로 들어가 보니 실제로 브라우저가 잠시 버벅거릴 정도로 지연이 발생하고 있었다. 잠시 후 페이지의 스크롤바가 작아지면서 어마어마한 양의 데이터가 한꺼번에 화면으로 쏟아져 나왔다. 아무래도 데이터를 페이징 처리해서 나눠주는 부분에 문제가 있는 것 같았다. 나는 재빠르게 IDE를 띄우고는 해당 데이터를 내려주는 API 부분의 코드를 찾아갔다. 특별할 것 없는 코드였다. 하지만 계속해서 코드의 이곳저곳을 뒤지다보니 쿼리문에 이상한 점이 보이기 시작했다. 나는 사수에게 이상한 점을 이야기했다.

"조 대리님, 여기 쿼리에 LIMIT이 누락된 것 같아요."

문제 화면에서 보여주는 데이터는 양이 많았기 때문에 페이징 처리를 하여 순차적으로 보여주고 있었다. 그리고 그 데이터를 내려주는 API에서는 MySQL의 OFFSET, LIMIT 키워드를 이용하여 이 페이징 처리를 구현하고 있었다.

OFFSET은 데이터 출력의 시작 행을 지정하고, LIMIT은 출력할 행의 전체 개수를 지정하는 키워드였다. 따라서 만약, 페이지 당 20개의 아이템을 출력한다면 1페이지의 데이터를 가져오기 위해서는 "OFFSET 0 LIMIT 20"과 같이 값을 지정해야 한다.

하지만 문제의 쿼리에는 OFFSET만 있었고 LIMIT 부분이 누락되어 있었다. 즉, 테이블에 있는 데이터를 몽땅 가져오는 쿼리가 된 것이다. 결국 이 API에서는 말도 안 되게 많은 양의 데이터를 한 번에 읽어와 내려주게 되었고, 그 많은 데이터를 다운로드해서 화면으로 한번에 뿌려준 탓에 브라우저가 버벅거리면서 지연이 발생하게 된 것이다.

한창 원인을 진단하고 있는데, 등 뒤로 팀장이 다가와 사수에게 물었다.

"원인 확인이 되었나요?"

"네, 쿼리문 문제인데 바로 수정할 수 있습니다."

"그래요, 일단 빨리 수정해주세요. 완료되면 바로 핫픽스로 내보냅시다."

사수는 팀장과 대화를 하면서도 키보드에서 손을 떼지 않은 채로 문제를 수정하고 핫픽스 배포를 준비하기 시작했다. 나는 혹시나 다른 쿼리에서도 비슷한 문제가 있을지 살펴보았지만 딱히 다른 문제는 보이지 않았다.

사실 이 부분도 스테이징 환경에서 모두 테스트를 하긴 했다. 하지만 스테이징 환경은 애초에 운영 환경보다 데이터가 적어서 모든 데이터를 가져왔음에도 페이징 처리가 안 되었다는 것을 인지하지 못했던 것 같다.

사수의 주도 아래 핫픽스 배포가 다시 나갔고 문제의 버그는 바로 고쳐졌다. QA팀에서는 버그가 해결된 것을 확인한 뒤에 지라 티켓을 완료로 처리했다. 그렇게 우리 팀의 배포도 무사히 완료되었지만 우리는 여전히 자리를 지키고 있을 수밖에 없었다. 아직까지 다른 팀의 배포가 남아있었고, 우리 팀의 지원이 필요한 일이 발생할 수 있었기 때문에 계속 대기를 해야 했다.

하지만 그 이후로 커다란 문제없이 배포가 모두 완료될 수 있었다. 시계를 올려다보니 12시가 가까웠다. 저녁 8시부터 배포를 시작했으니 장장 4시간이 지난 셈이다. 그제야 나는 집으로 가는 택시를 잡을 수 있을까 걱정하면서 회사를 나올 수 있었다.

소프트웨어 배포

소프트웨어의 가치를 매기는 방법에는 여러 가지가 있겠지만 가장 중요한 것은 "사용자에게 얼마만큼의 유용함을 제공하느냐"라고 볼 수 있습니다. 한낱 텍스트로만 이루어진 소스코드 자체로는 아무 일도 일어나지 않습니다. 그것이 빌드되고 사용자에게 전달되면서 소프트웨어는 세상을 이롭게 하기 시작합니다. 인간의 손으로는 불가능할 정도로 복잡한 계산을 수행하면서 내일의 날씨를 예측해 내기도 하고, 사람을 달로 보내기도 합니다. 그 모든 가치는 소프트웨어가 사용자에게 닿는 순간 만들어집니다.

그러한 관점에서 배포는 소프트웨어를 사용자에게 닿게 하는 중요한 단계라고 볼 수 있습니다. 배포 형태는 시대에 따라 크게 달라지고 있습니다. 인터넷 초창기까지만 하더라도 배포는 대부분 CD나 디스켓을 통해 코드의 결과물을 패키징하는 형태로 이루어졌습니다. 심지어 온라인 게임의 설치 파일마저도 CD를 통해 배포되기도 했습니다. 인터넷을 통해 온라인으로도 다운로드할 수 있었지만 설치 파일의 크기에 비해 당시의 통신 속도가 느리다는 문제가 있었습니다. 더불어 전화선을 이용하는 모뎀 방식의 통신에서는 설치 파일을 다운로드하기 위해 상당히 많은 통신 요금을 부담해야 한다는 문제도 있었습니다.

하지만 오늘날의 배포는 대부분 "코드의 결과물을 서버에 배치한다"라는 행위를 의미하게 되었습니다. 웹의 형태로 제공되는 소프트웨어가 많아지기도 했고, 그렇지 않더라도 웹을 통해 손쉽게 접근할 수 있게 되었기 때문입니다. 여기서 배포는 단순히 생각하면 로컬에 있는 파일을 서버로 업로드하는 행위입니다. 그리고 이 일을 하기 위한 도구가 아주 오래 전부터 존재하고 있습니다. 바로 FTP(File Transfer Protocol)입니다. FTP는 로컬에 있는 컴퓨터와 원격지에 있는 서버 컴퓨터가 서로 메시지를 주고받을 수 있도록 규칙이 정의된 프로토콜로, 1970년대에 만들어진 아주 오래된 통신 도구입니다. 요즘에는 암호화가 가미된 SSH를 이용한 FTP인 SFTP도 많이 사용하고 있습니다.

FTP는 배포를 위한 가장 간단한 도구라고 할 수 있습니다. 코드의 결과물을 서버에 배치한다는 기본적인 기능을 충실히 수행할 수 있기 때문입니다. 물론, 매우 효율적이라든지 강력한 도구는 아니지만 가장 기본적인 도구임은 분명합니다. 하지만 여러분이 FTP를 이용해서 배포를 한다면 조심해야 할 부분이 한두 개가 아닙니다. 먼저 중요한 파일이 덮어써지거나 삭제되지 않도록 꼼꼼하게 확인해야 합니다. 동시에 여러 사람이 작업해서는 안 되며, 올바른 파일을 업로드하고 있는지 세심하게 확인해야 합니다. 파일을 업로드하는 동안 서비스의 다운 타임이 발생한다는 것을 방지하기 위한 방법도 궁리해야 합니다. 배포 이후에 문제가 발생했을 경우 신속하게 이전 상태로 되돌릴 수 있는 방법도 함께 궁리해야 합니다.

이러한 많은 단점이 있는데도 사용하기 간편하다는 장점 덕분에 FTP는 현재까지도 소규모 시스템의 배포 도구로써 여전히 기능하고 있습니다. 매우 효과적이거나 강력한 도구는 아닐지라도 맡은 바 소임은 충분히 다할 수 있는 도구이기 때문입니다. 물론, 시스템의 규모가 커지면 자연히 다른 도구의 사용을 고려하게 됩니다. 한두 대의 서버에서는 FTP를 사용하는 일은 충분히 주의만 기울인다면 별 문제가 없을지도 모릅니다. 하지만 수십 대, 수백 대의 서버를 대상으로 하는 배포에 FTP를 손수 사용한다면 배포는 매우 고통스러운 작업이 되고 말 것입니다.

배포의 고통

배포는 매우 고통스러운 작업입니다. 개발자들에게 상당한 스트레스와 불안을 안겨주는 일입니다. 하지만 그렇다고 서비스를 마냥 내버려둘 수도 없는 노릇입니다. 지금은 정상적으로 작동하고 있다고 해서 그대로 방치해버리면 신기하게도 서비스에 녹이 슬고 끝내는 망가져 버리곤 합니다. 더 이상 기능을 추가하지 않는 서비스라고 할지라도 주기적으로 관리를 해야 합니다. 하물며 계속해서 새로운 기능을 추가해야 하는 서비스라면 더 말할 것도 없습니다.

배포가 고통을 주는 근본적인 원인은 변경으로 인한 실패의 가능성이 있기 때문입니다. 그리고 이 고통의 크기는 한번에 수행되는 변경의 크기가 클수록 함께 증가합니다. 예를 들어, 어떤 서비스가 한 달 주기로 기능을 배포한다고 가정해봅시다. 4명~5명의 개발자로 구성된 작은 규모의 팀이더라도 한 달이면 상당한 규모의 변화를 일으킬 수 있습니다. 그리고 이 변화의 크기가 커질수록 배포를 할 때 발생할 위험성도 함께 커집니다.

배포로 인한 고통을 설명하기 위해 최악의 상황을 가정한 가상의 이야기를 해보겠습니다. 여러분이 속한 개발팀은 배포일을 엄수하기 위해 바쁘게 코드를 수정하고 테스트합니다. 이번 배포일 전까지 완료되지 않으면 다음 배포일까지 한 달을 기다려야 하기 때문에 배포일을 꼭 엄수해야 합니다. 여러분이 속한 팀의 배포 담당자는 배포를 앞두고 지난 한 달간 코드 베이스에 적용된 변경사항을 정리해 나갑니다. 상당한 양의 변경사항이 만들어져 있습니다. 스테이징 환경에서 충분히 테스트를 했겠지만 한 번에 적용해야 하는 변경의 크기가 상당하기 때문에 생기는 불안한 마음은 어쩔 수가 없습니다.

배포는 보통 시스템에 트래픽이 가장 적은 시간을 골라 수행되곤 합니다. 그로 인해 여러분은 늦은 시간까지 회사에서 초조하게 배포를 기다려야 합니다. 드디어 배포가 시작되고 변경사항이 시스템에 적용되었습니다. QA팀뿐만 아니라 여러분의 개발팀도 모두 달라붙어 시스템에 문제가 없는지 테스트를 진행합니다. 하지만 불행히도 이전까지 잘 작동하는 기능 하나가 오작동하고 있습니다. 여러분의 등 뒤에 식은땀이 흐르기 시작합니다. 빠르게 손을 놀리며 원인을 찾고 있는데, 등 뒤로 팀장과 다른 선임 개발자의 눈길이 느껴지기 시작합니다. 운 좋게 원인을 신속히 찾았고 간단히 해결할 수 있는 문제라면 빠르게 핫픽스를 만들어 다시 배포할 수 있을 것입니다.

하지만 문제의 원인이 바로 확인되지 않았거나 수정하는 데 시간이 오래 걸린다면 눈물을 머금고 배포를 롤백Roolback해야 합니다. 어쩌면 아주 사소한 실수 하나 때문에 이번 배포에 계획했던 모든 변경사항을 롤백해야 할 수도 있습니다. 이번에 배포되지 못한 항목들은 문제의 원인이 정확하게 진단되고 해결된 후에야 다시 일정을 잡고 내보낼 수 있을 것입니다.

어쩌면 여러분의 회사는 여러분에게 배포가 실패하게 된 이유에 대한 공식적인 보고서를 요구할 수도 있습니다. 분석해 봤는데 만약, 문제의 원인이 여러분의 코드가 아니라 외부 서비스였다고 해도 안심할 수는 없습니다. 상위 관리자에게 여러분의 코드가 안전하다는 확신을 제공해야 하며, 외부 서비스에서 다시 문제가 생겼을 경우의 대응 방안도 마련해야 할 것입니다. 최악의 경우에는 다음 배포부터 상위 직급 관리자의 승인을 요하게끔 프로세스가 변경될 수 있습니다. 이러한 프로세스에는 책임이 뒤따르기 때문에 여러분의 변경사항이 안전하다는 것을 완전히 증명하고 난 후에야 다음 배포를 진행할 수 있을 것입니다.

배포에 대한 이야기가 어땠나요? 다소 과장이 섞이긴 했지만 그렇다고 마냥 판타지로 볼 수도 없을 만큼 현실적인 이야기입니다.

지속적인 배포를 위해

〈Continuous Deployment〉라는 책을 쓴 제즈 험블Jez Humble은 배포가 아주 지루한 지속적인 작업이 되어야 한다고 말합니다. 일말의 긴장이나 걱정 없이 아주 일상적인 일로 진행되어야 한다고 말입니다. 정말로 그런 일이 가능할까요? 앞선 가상의 이야기처럼 아주 고통스러운 배포가 지루하리만큼 안정적인 일이 되기 위해 그는 몇 가지 원칙을 제시했습니다.

첫 번째로, 개발자가 직접 소프트웨어의 품질을 챙겨야 합니다. 소프트웨어의 품질은 QA에게 맡겨지는 사후 조치 같은 것이 아닙니다. 새로운 기능은 새 코드에 버그가 없고 품질 기대치를 충족하는지 확인하는 일련의 자동화 테스트와 함께 제공되어야 합니다. 이미 배포된 기능에 대해서도 지속적으로 분석하고 모니터링하여 문제를 발견하고 수정해야 합니다.

두 번째로, 배포는 작은 단위로 자주 일어나야 합니다. 이는 다음 배포가 일어나기까지 기다리는 시간을 낭비하지 않을 수 있다는 이야기입니다. 또한 배포한 뒤의 결과에 대한 피드백을 더 빨리 받아서 더 기민한 의사결정을 할 수 있다는 뜻도 됩니다. 사실 배포의 주기가 짧아지지 못하는 가장 결정적인 이유는 배포 자체가 매우 복잡하고 많은 리소스를 필요로 하는 작업이기 때문입니다. 따라서 이러한 배포라는 행위를 아주 간단하게 수행할 수 있도록 만들어서 더 짧은 주기의 배포가 일어날 수 있도록 해야 합니다. 또한 배포의 단위가 작아지면 그만큼 문제가 발생했을 때 원인을 식별하기가 더 쉬워집니다.

세 번째로, 반복적인 작업은 컴퓨터에게 맡기고 사람은 정말 중요한 문제에 집중해야 합니다. 단순 반복은 컴퓨터가 가장 잘 할 수 있는 일입니다. 수동으로 하기에는 효율적이지 못하고 오류가 발생할 수 있는 일은 최대한 자동화하여 사전에 문제를 방지하고 우리는 다른 창의적인 일에 시간을 써야 합니다.

네 번째로, 팀 전체가 지속적인 개선을 추구하는 문화를 만들어야 합니다. 팀의 전체 프로세스에 병목이 되는 포인트는 없는지, 더 자동화할 수 있는 부분은 없는지를 지속적으로 관찰하고 궁리해야 합니다. 또한 혹시 발생할 수 있는 운영에서의 이슈를 최소화하기 위한 배포 기법에 대해서도 계속 개선해나가야 합니다.

마지막으로, 조직의 모두가 안정적인 배포에 대해 책임을 져야 합니다. "내가 테스트할 때는 잘 됐는데요?" 같은 하나마나한 변명은 이제 묻어둬야 합니다. 운영자와 개발자, QA와 관리자 모두가 각자의 역할에 책임을 다해야 합니다.

간단한 '지속적인 배포' 맛보기

지속적인 배포(Continuous Deployment)를 위한 파이프라인을 구축하는 일은 쉽지 않습니다. 대규모 조직에서는 이것만을 전담하는 팀이 따로 있을 정도로 상당히 많은 환경과 변수를 고려해야 하는 까다로운 작업입니다. 하지만 여러분의 토이 프로젝트만을 위해서라면 그리 어렵지 않습니다.

지속적인 배포를 위한 파이프라인으로는 일반적으로 워크플로우 엔진을 사용해 구현합니다. 가장 간단하게 사용해볼 수 있는 워크플로우 엔진은 바로 깃허브 액션Github Action입니다. 깃허브 액션은 다른 장점도 많지만 무엇보다 별도의 설치나 유료 과금 없이 바로 사용해볼 수 있다는 점이 가장 큰 장점입니다. 코드만 깃허브로 관리하고 있다면 여러분은 바로 깃허브 액션을 이용해서 지속적인 배포를 위한 워크플로우를 구성해볼 수 있습니다.

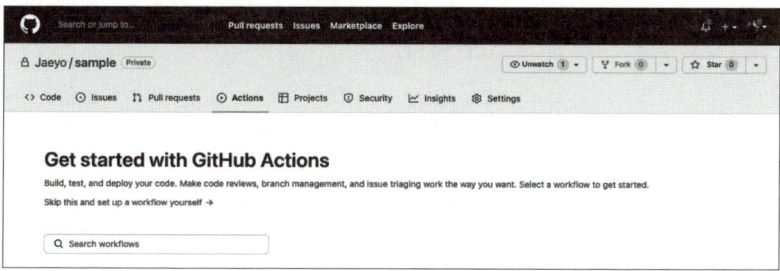

▲ 그림 15-1 깃허브 액션에 대한 스크린샷

깃허브 액션의 워크플로우는 ".github/workflows" 폴더 아래에 YAML 형식으로 저장됩니다. 워크플로우를 작성할 때에는 크게 두 가지가 필요한데, 바로 '언제 실행될지'와 '무엇을 실행할지'입니다.

첫 번째 요소인 '언제 실행될지'에 대한 내용은 'on' 속성을 이용해 정의할 수 있습니다. 아래의 정의에서는 release 브랜치에 새로운 코드가 푸시되었을 때 실행하도록 정의하고 있습니다.

```
on:
  push:
    branch:
      - release
```

두 번째 요소인 '무엇을 실행할지'에 대한 내용은 'Jobs' 속성을 이용해 정의할 수 있습니다. 아래의 정의에서는 코드를 다운로드한 후에 헤로쿠Heroku로 배포하는 간단한 내용만을 담고 있지만 훨씬 복잡한 워크플로우도 정의할 수 있습니다.

```
jobs:
  deploy:
    runs-on: ubuntu-latest
    needs: [build]
    steps:
      - uses: actions/checkout@v2
      - uses: akhileshns/heroku-deploy@v3.12.12
        with:
          heroku_api_key: ${{secrets.HEROKU_API_KEY}}
          heroku_app_name: "sample-application"
          heroku_email: "sample@gmail.com"
```

위의 정의에서는 깃허브 액션만의 특별한 구성요소를 하나 찾아볼 수 있는데 바로 Action입니다. Action은 깃허브 액션에서 자주 사용되는 기능을 별도로 분리하여 재사용할 수 있도록 해놓은 기능입니다. 이를 통해 하나의 저장소 내 여러 워크플로우 간에 공유도 가능할 뿐더러, 공개 저장소를 통해 Action을 공유할 수도 있습니다. 가장 대표적으로 많이 사용되는 Action은 "actions/checkout"입니다. 이는 코드 저장소로부터 코드를 작업 실행 환경으로 다운로드하는 기능이 있는데, 대부분의 배포를 위한 워크플로우가 코드를 다운로드하는 기능이 꼭 필요하기 때문에 상당히 많이 사용되는 Action입니다. 이 외에도 gitMarketplace(https://github.com/marketplace?type=actions)를 통해 공개된 수많은 Action을 찾아볼 수 있습니다.

GitOps

앞서 살펴봤듯이 지속적인 배포는 작은 단위로 잦게 배포하고, 문제가 발생했을 경우 빠르게 롤백이 가능해야 합니다. 그리고 누군가는 이러한 특징을 깃과 연관지어 생각하기 시작했습니다. 그리고 그 결과로 GitOps가 탄생하였습니다.

GitOps는 2017년에 Weaveworks에서 처음 만들어낸 개념으로, 특정 도구의 이름이 아닌 지속적인 배포를 구현하기 위한 방법론입니다. GitOps의 핵심 아이디어는 운영 환경의 상태를 선언적 방식으로 기술하고, 이를 이용해 기술된 상태와 실제 운영 환경의 상태를 지속적으로 맞춘다는 것입니다. 이 과정에서 사용되는 운영 환경 상태에 대한 기록은 깃으로 관리됩니다.

GitOps를 위해 필요한 핵심 개념에는 두 가지가 있습니다. 바로 '선언형 모델(Declarative Model)'과 '단일 진실 공급원(SSOT, Single Source Of Truth)'입니다.

GitOps에서는 현재 운영 환경의 형태가 어떠해야 하는지를 '선언형 모델'로 작성합니다. 사실 배포 모델을 자동화한다고 하면 가장 먼저 떠오르는 것은 선언형 모델이 아닌 명령형 모델입니다. 예를 들어, 쿠버네티스 환경이라고 한다면 현재 구동 중인 컨테이너의 버전을 비교하여 새로운 버전의 컨테이너로 교체하는 로직이 있을 것입니다. 하지만 이러한 방식은 간단하다는 장점만큼이나 단점도 명확합니다. 명령어를 실행할 때 발생할 수 있는 모든 예외 상황을 모두 고려해야 한다는 것입니다. 기존 컨테이너가 아예 구동 중이지 않거나 컨테이너 수가 필요한 숫자보다 많을 경우 등을 모두 가정하여 로직을 작성해야 합니다. 하지만 선언형 모델은 그런 것을 일일이 신경 쓰지 않아도 되게끔 만들어져 있습니다. 운영 환경이 어떠해야 하는지에 대한 상태만 기술하면 나머지는 이를 실행하는 엔진이 알아서 처리할 수 있습니다.

'단일 진실 공급원'은 동일한 정보가 여러 곳에서 사용될 경우 이에 대한 수정은 한 곳에서만 가능하도록 허용하는 방식입니다. 이를 GitOps 배포 모델에 적용한다면 서버의 변경 상태에 대한 기준은 깃으로 관리되고 있는 상태를 기준으로 합니다. 즉, 현재 운영 환경의 서버와 깃에 기술되어 있는 상태가 다르다면 항상 깃에 있는 데이터를 기준으로 변경합니다. 이를 통해 데이터의 비정합성 문제를 예방할 수 있습니다.

GitOps는 지속적인 배포를 구현하기에 매우 유리한 점이 많습니다. 예를 들어, GitOps 구현체가 지속적으로 깃에 있는 상태를 감시하며 동기화하기 때문에 배포의 속도를 높일 수 있습니다. 또한 모든 운영 환경 상태에 대한 기록은 깃에 유지되기 때문에 롤백 또한 쉽게 가능하며, 새로운 팀원이 와서도 운영 환경의 기록을 쉽게 살펴볼 수 있습니다.

무중단 배포

배포는 항상 위험성을 내포합니다. 앞서 설명한 지속적인 배포를 적용한다고 하더라도 서버에서 작동하고 있는 코드가 교체되는 시점에 서비스 중단은 일어날 수밖에 없습니다. 또한 교체 후에 문제가 생겼다면 쉽게 롤백이 가능하다고 하더라도 이미 사용자에게 영향을 미친 후라는 문제가 있습니다. 이러한 문제를 해결하고자 무중단 배포 기법이 탄생하였습니다.

가장 먼저 살펴볼 기법은 롤링 배포입니다. 새 버전을 점진적으로 교체해 나가는 방식으로 서버를 한 대씩 로드밸런서에서 제외하여 트래픽이 흐르지 않도록 한 뒤, 애플리케이션을 새 버전으로 교체하고, 애플리케이션이 정상 기동한 것이 확인되면 다시 로드밸런서에 붙이는 방식입니다. 가장 기본적인 무중단 배포 기법으로 뒤에서 살펴 볼 '블루/그린 배포'에 비해 추가적인 서버 리소스가 필요하지도 않고 관리 또한 간편합니다. 하지만 서버들이 새 버전으로 교체되고 있는 동안 로드밸런서에서 제외되기 때문에 이 서버들이 처리해야 하는 트래픽이 나머지 서버로 몰리게 된다는 단점이 있습니다. 따라서 리소스 처리 용량을 사전에 충분히 고려해야 합니다. 또한 배포가 진행되는 동안에는 애플리케이션의 구 버전과 신 버전이 공존하기 때문에 이로 인한 호환성 문제도 발생할 수 있습니다.

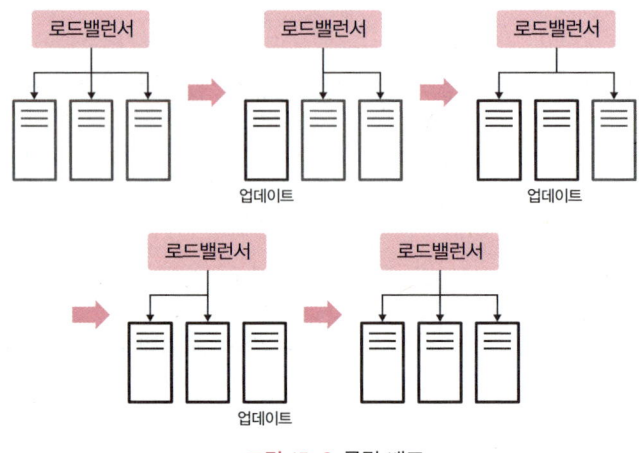

▲ 그림 15-2 롤링 배포

다음으로 살펴볼 기법은 '블루/그린 배포(Blue/Green Deployment)'입니다. 블루/그린 배포는 필요한 서버들을 한 세트 더 준비해야 합니다. 만약, 서버 세 대가 필요하다면, 세 대를 추가해서 총 6대의 서버를 준비해야 합니다. 그리고 세 대를 '그린', 나머지 세 대를 '블루'로 지정합니다. 평소에 트래픽은 그린으로만 흐르고 블루는 유휴 상태로 둡니다. 그러다가 배포 시점이 되면 유휴 상태인 블루를 대상으로 애플리케이션을 새 버전으로 교체합니다. 애플리케이션이 다시 기동되면서 다운 타임은 발생하지만 애초에 이쪽으로는 트래픽이 흐르지 않기 때문에 사용자 입장에서의 서비스 중단은 일어나지 않습니다. 블루의 애플리케이션 교체가 완료되면 이제 트래픽을 그린 대신 블루로 흐르게 합니다. 그때부터 그린은 유휴 상태로 들어가며 다음 배포를 위해 대기합니다. 구 버전의 애플리케이션이 그대로 남아있기 때문에 문제가 생겼을 경우 상당히 빠르게 롤백이 가능하다는 장점이 있습니다. 또한 로드밸런서에 연결하지 않은 상태로 운영 환경에서 테스트를 해볼 수 있다는 장점도 있습니다. 하지만 아무래도 가장 큰 단점은 필요한 서버의 수량이 두 배라는 것입니다.

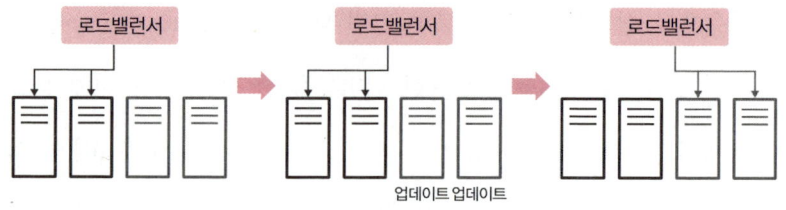

▲ 그림 15-3 블루/그린 배포

마지막으로 살펴 볼 기법은 '카나리 배포(Canary Deployment)'입니다. 이 이름은 옛날 광부들이 유독 가스에 민감한 새인 카나리아를 이용해 가스 누출 위험을 감지했던 것에서 유래한 것으로, 잠재적인 문제 상황을 최소한의 위험도만 감수하며 발견하기 위한 방식입니다. 일단 방식 자체는 블루/그린 배포와 비슷합니다. 하지만 블루/그린 배포처럼 한 번에 트래픽을 전환하는 것이 아니라 트래픽의 양을 조절해가며 단계적으로 전환합니다. 예를 들어, 처음에는 전체 트래픽의 10%만 새 버전으로 보내고, 문제가 없는 것이 확인되면 다시 50%, 이후에 100% 전체를 보내는 방식입니다. 블루/그린 배포에서 트래픽 제어 부분만 추가된 것이기 때문에 전반적으로 블루/그린 배포의 장단점이 그대로 있습니다. 하지만 트래픽 양을 제어함으로 인해 배포 위험도를 낮출 수 있다는 게 장점입니다.

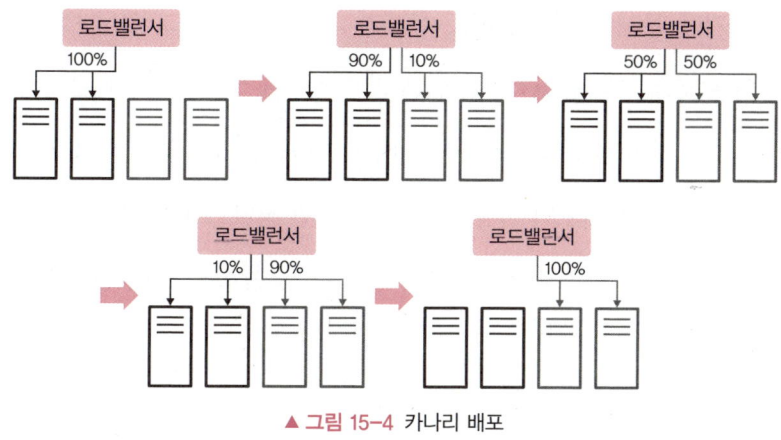

▲ 그림 15-4 카나리 배포

15장을 마치며

많은 개발자에게 배포는 두려운 존재입니다. 심지어 일부 개발자는 배포에 대한 미신을 가지고 있기도 합니다. 금요일에 배포를 하면 꼭 문제가 생긴다든지 하는 것입니다. 이러한 배포의 악몽을 피하기 위해 우리는 많은 노력을 하곤 합니다. 자동화된 테스트를 더 꼼꼼히 구성하고 코드 리뷰도 철저히 진행합니다. 스테이징 환경에서의 테스트도 열심히 합니다. 하지만 그럼에도 이 악몽을 완전히 피할 수는 없습니다. 예상치 못한 문제는 어디서든 나올 수 있고, 이 문제들을 완전히 예방하는 일은 사실상 쉽지 않습니다.

하지만 문제를 최소화하고, 문제가 발생하더라도 그 영향 범위를 좁히는 것은 가능해졌습니다. 이제 많은 회사에서 지속적인 배포를 위한 파이프라인을 구성하고 무중단 배포 기법을 적용하고 있습니다. 이런 작업을 통해 배포의 위험성을 낮추다보면 정말로 제즈 험블의 말처럼 배포가 지루하고 일상적인 작업이 될 수 있을지도 모르겠습니다.

16장
마이크로 서비스

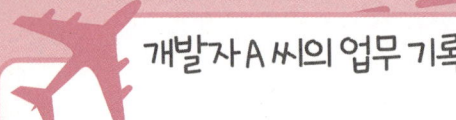

개발자A 씨의 업무 기록

장애 전파

아침마다 진행하는 스크럼 미팅 시간이었다. 각자가 돌아가면서 현재 진행하고 있는 업무와 이슈를 공유했다. 콘솔 UI를 개발하고 있는 이 대리의 차례였다.

"어제 저녁에 A 고객사 담당 엔지니어한테 메일이 왔는데요. 특정 서버에 대한 통계 데이터가 안 나오는 현상이 있다고 해서 일단 콘솔 디버그 로그를 보내 달라고 이야기 해 놨습니다."

이야기를 들은 팀장이 대답했다.

"전체 통계 데이터가 안 나오는 것이라면 콘솔 문제일 수 있는데, 특정 서버에 대한 통계 데이터만 안 나오는 것이라면 미들웨어에서 데이터를 내려주지 못하는 현상일 수도 있겠네요. A 고객사 담당 엔지니어면 김 대리죠? 미들웨어 파트도 같이 봐야할 것 같은데 연락해서 원격으로 붙여줄 수 있는지 물어봐 줄래요?"

우리가 개발하는 시스템은 고객사에 솔루션 형태로 나가는 구성이라서 장애가 나더라도 개발팀이 직접 확인하기가 어려웠다. 현장에 주기적으로 나가서 구축, 유지 보수, 장애 대응을 담당하는 엔지니어 팀이 별도로 있어 웬만한 이슈는 엔지니어들이 알아서 처리하기는 했다. 하지만 담당 엔지니어의 경험이 미숙하거나 복잡한 문제의 경우에는 개발팀이 지원해야 하는 경우가 많았다. 그리고 이런 경우에는 유선이나 메일로 처리하기보다는 고객사 담당자의 허가를 얻어서 원격 제어 프로그램으로 접속해서 보는 편이 처리가 빨랐다.

스크럼 미팅이 끝나고 이 대리는 엔지니어팀의 김 대리와 통화한 뒤에 팀장에게 이야기했다.

"지금 열어줄 수 있다고 하네요."

"네, 그럼 지금 바로 봅시다. 미들웨어 파트도 안 바쁘면 잠깐 같이 봐주세요."

미들웨어를 담당하고 있는 나와 내 사수는 팀장과 함께 이 대리의 자리로 모였다. 이 대리는 익숙한 손길로 원격 제어 프로그램을 열어 고객사 환경으로 접속했다. 스크럼 미팅 때 이야기했던 콘솔 디버그 로그를 확인한 뒤 "미들웨어에서 데이터가 안 내려오는 게 맞는 것 같네요"라고 말했다. 이에 내 사수는 "미들웨어 로그도 잠깐 볼게요"라고 말하며 이 대리와 자리를 바꿔 앉았다. 화면에 터미널을 띄워놓고 한참 키보드를 두드리자 미들웨어의 오류 로그들이 화면에 떠올랐다.

"미들웨어에서도 관련 오류 로그가 찍혀있는 걸 보니 뭔가 문제가 있기는 있는 것 같은데…. 오류 내용을 보니 매니저 파트에서 떨어뜨리는 원본 데이터를 처리하면서 잘못된 문자열을 읽어서 문제가 된 것 같네요."

이에 팀장님은 바로 원본 데이터 파일을 열어보라고 했다. 사수는 vi로 원본 데이터 파일을 열어 문제의 데이터를 찾기 시작했다. 원본 데이터는 바이너리 형식이 아닌 텍스트 형식으로 데이터를 저장하고 있어서 이런 식의 분석이 용이했다.

"찾았습니다. 확실히 이쪽에 문자열이 깨져서 들어와 있네요."

팀장은 매니저 파트를 담당하고 있는 길 과장을 불러 원본 데이터 파일에 잘못된 문자열이 들어갈 수 있는 경우에 대해 물었다. 이에 길 과장은 잠시 고민하다가 대답했다.

"매니저는 에이전트에서 보낸 데이터를 바이트 단위까지 그대로 파일로 남기니까 아마 에이전트가 수집하는 단계부터 데이터가 깨져 있었던 것 같습니다."

이에 옆에서 사태를 주시하고 있던 에이전트 파트의 방 과장이 말을 받았다.

"잘못된 데이터가 들어간 위치를 보니까 에이전트에서 따로 처리를 하는 부분은 아닌 것 같은데…. 담당 엔지니어한테 전화해서 어디에서 연동되어 있는 데이터인지 확인해야 할 것 같습니다."

방 과장의 말에 이 대리는 바로 엔지니어팀에 전화를 걸어 방 과장의 말을 전했다. 이 대리는 고객사에 있는 SQL Server 데이터베이스와 연동된 데이터라고 했다. 스피커폰으로 통화를 듣고 있던 방 과장은 옆에서 "혹시 거기 데이터베이스 캐릭터 셋 확인이 가능한가요?" 하고 물었다. 전화기 너머의 이 대리가 바로 대답했다.

"지금 담당자 분이 자리에 없어서 바로 확인이 안 되는데요. 자리로 돌아오면 확인하고 알려드릴게요."

그 말을 들은 방 과장이 팀장에게 다시 말했다.

"아마도 데이터베이스 캐릭터 셋이 우리랑 안 맞아서 그런 것 같아요."

"그럴 가능성이 높겠네요. 그게 원인이라면 에이전트에서 캐릭터 셋 변환 처리를 해줘야 되는 거죠?"

"네, 고객 데이터베이스를 바꿀 수는 없으니 에이전트에서 변환해야 할 것 같습니다. 복잡한 건 아니니 오늘 수정해서 내일 중에는 패치해서 나갈 수 있을 것 같습니다."

"그럼, 일단 그렇게 진행하고 특이사항이 있으면 바로 알려주세요. 다른 분도 수고했습니다."

문제가 일단락되었고 나는 자리로 돌아오면서 사수와 이야기했다.

"에이전트 문제가 돌고 돌아서 콘솔까지 영향을 미친 거네요."

사수는 고개를 끄덕이며 대답했다.

"그렇죠. 사실 생각해보면 이상한 것도 아니죠. 각각의 모듈이 독립적으로 분리되어 있긴 하지만 서로 의존성이 있으니까요. 그래서 이런 장애 포인트가 있으면 다른 모듈에까지 전파가 될 수밖에 없어요. 그래서 이런 이슈는 보통 여기서 확인해서 저기로 토스하고, 또 저기서 확인해서 다시 여기로 토스하고, 이러면서 해결하는 데 꽤 오래 걸리는 편이에요. 이번 건은 그래도 다행히 원인이 일찍 잡힌 것 같네요."

대화가 끝나고 자리로 돌아와서도 사수가 말했던 '장애의 전파'에 대한 이야기가 머릿속을 맴돌았다. 여러 모듈이 서로 영향을 주고받는 구조라면 확실히 장애는 전파될 수밖에 없었다. 예전에 얼핏 봤던 마이크로서비스의 장애 전파 방지 패턴이 떠올랐다. 엄밀히 말해서 내가 담당하고 있는 모듈이 마이크로서비스라고 말하기는 어렵지만 장애가 전파된다는 특징은 동일하기 때문에 적용해볼 수 있는 것이 있을 것 같았다.

서브 루틴의 진화

개발자들에게 세상에서 가장 간단한 프로그램이 뭐냐고 묻는다면 대부분은 "Hello, World"를 꼽을 것입니다. 화면에 "Hello, World"라는 짧은 문자열만 출력하고 바로 종료하는 프로그램입니다. 워낙 간단해서 새로운 프로그래밍 언어를 배울 때 한 번쯤 만들어 보는 프로그램이기도 합니다. 함수도 여러 개가 필요없습니다. main 함수 하나면 구현이 가능합니다. 하지만 이보다 조금이라도 더 복잡한 코드를 작성할 때는 대개 여러 함수를 추가로 작성하곤 합니다. 특정 코드 블록을 별도의 함수로 분리해서 코드도 재사용할 수 있고, 세부 구현사항을 함수 아래에 숨겨서 추상화를 통한 코드의 가독성 향상도 기대해 볼 수 있습니다.

이러한 함수는 다른 이름으로 '루틴Routine'이라 부르기도 합니다. 루틴의 정의는 '어떤 작업을 정의한 명령어의 집합'으로, 프로그램의 주된 흐름에 해당하는 루틴인 메인 루틴Main Routine, 그리고 메인 루틴이 간단한 작업을 처리하기 위해 호출하는 루틴인 서브 루틴Sub Routine으로 나뉩니다. 즉, main 함수가 메인 루틴이 되고, 이 안에서 호출되는 다른 함수들이 서브 루틴이 되는 셈입니다.

사실 이 서브 루틴이라는 개념은 컴퓨터 프로그래밍의 역사에 있어서 매우 중요한 아이디어 중 하나입니다. 서브 루틴이 존재하기 때문에 우리는 수만 줄, 수십 만 줄에 이르는 코드 덩어리를 하나의 함수에 몽땅 집어넣지 않을 수 있었으니까요. 우리는 수많은 코드를 역할과 기능에 따라 여러 함수로 분리합니다. 그럼 컴퓨터는 알아서 메인 루틴의 코드를 실행하다가 서브 루틴의 함수로 이동하여 이를 실행합니다. 이 서브 루틴이 종료되면 메인 루틴에서 마지막으로 실행했던 행으로 정확하게 돌아옵니다. 이 아이디어는 1940년대에 처음 나왔을 정도로 오래된 개념입니다.

이렇듯 서브 루틴은 하나의 프로그램 안에서만 존재해 왔습니다. 하지만 여기서 그치지 않고 다른 컴퓨터에 있는 프로그램을 서브 루틴으로 호출하는 방법을 고민하기 시작합니다. 그리고 이 고민의 결과로 RPC(Remote Procedure Call)라는 새로운 개념이 탄생하게 됩니다. RPC는 네트워크 너머에 있는 코드 블록을 실행하고 그 결과를 반환하는 기능을 제공했습니다. 이를 통해 네트워크를 사이에 둔 코드들이 서로 연결되기 시작했습니다.

이후에 인터넷이 발명되고 개발자들은 HTTP 통신을 적극 활용하기 시작합니다. RPC의 메커니즘을 HTTP 위에서 새로이 구현한 SOAP(Simple Object Access Protocol)라는 프로토콜이 나오기도 하고, 이보다 더 간단한 REST(Representational State Transfer)가 만들어져 오늘날까지 널리 사용되고 있습니다. 하지만 이 모든 기능은 사실 개념적으로 서브 루틴과 크게 다르지 않습니다. 프로그램 내 함수를 호출하든, REST API를 호출하든, 그 수단과 방법만 달라졌을 뿐이지 '어떤 작업을 정의한 명령어의 집합'을 호출하기 위한 목적은 같습니다.

마이크로서비스의 출현

서브 루틴의 진화는 끝끝내 '마이크로서비스Microservice'라는 새로운 개념을 만들어 내는 데 일조하기에 이릅니다. 마이크로서비스의 개념을 제대로 설명하려면 반대의 개념인 '모노리스Monolith' 구조와 함께 살펴봐야 합니다.

모노리스 구조는 시스템에 필요한 모든 로직이 하나의 애플리케이션에 들어가 있는 구조입니다. 예를 들어, 전자상거래 시스템이 있다면, 주문, 결제, 배송 등의 모든 컴포넌트가 하나의 애플리케이션으로 구성되고, 이를 처리하는 UI까지 함께 들어가 있는 구조입니다. 보통 규모가 작은 시스템에서 쉽게 찾아볼 수 있는 구조입니다. 배포나 운영 관리가 쉽다는 장점이 있고 컴포넌트 간의 통신이 네트워크를 필요로 하지 않기 때문에 처리 속도가 빠릅니다.

하지만 시스템의 규모가 커지기 시작하면 모노리스의 단점이 여실히 드러나곤 합니다. 예를 들어, 약 300명 규모의 조직이 단일 모노리스 구조의 시스템을 개발한다고 가정해봅시다. 코드를 다루는 사람

수가 많고, 코드가 다루는 범위가 넓기 때문에 코드 베이스의 규모 역시 매우 거대할 것입니다. 하루에도 수많은 코드가 변경되고 코드의 복잡도는 날이 갈수록 증가하게 됩니다. 이 모든 변경을 따라가는 일은 불가능에 가깝습니다. 잘못된 코드가 배포되어 버그가 발생하기라도 하면 시스템 전체로 쉽게 확산되곤 합니다. 이로 인해 성능 저하나 메모리 누수가 발생하더라도 원인을 찾는 것은 매우 어렵습니다.

데이터베이스 문제도 있습니다. 대부분의 모노리스 구조에서는 단일 데이터베이스를 사용합니다. 여러 도메인의 데이터를 모두 저장하고 그에 대한 쿼리를 모두 단일 데이터베이스에서 처리해야 하기 때문에 상당히 높은 성능의 서버를 필요로 하게 됩니다. 뿐만 아니라 테이블 스키마를 변경하거나 확장하는 것도 고려할 사항이 상당히 많은 일이 됩니다.

제일 문제가 되는 것은 배포입니다. 모노리스 구조에서는 수정된 기능만 배포하는 것이 불가능합니다. 모든 기능이 하나의 애플리케이션으로 묶여있기 때문에 항상 전체 코드를 새로 빌드하여 한꺼번에 배포해야 합니다. 그러다보니 기민하고 잦은 배포는 애초에 기대하기 어렵습니다. 수많은 변경사항을 한 번에 배포하다보니 어떤 영향도가 있을지 예상하기 힘듭니다. 최악의 경우에는 밤을 새워가며 여러 번 배포와 롤백을 반복하는 일을 매 주마다 진행해야 할 수도 있습니다.

이와 반대되는 개념인 마이크로서비스는 시스템을 여러 애플리케이션으로 나누어 구성하는 형태입니다. 전자상거래 시스템의 예에서는 주문, 결제, 배송 등의 컴포넌트가 각각의 애플리케이션으로 동작하고, 네트워크 통신을 통해 이들을 유기적으로 엮어놓은 형태입니다.

각각의 독립된 서비스로 나뉘어 있으므로 변경된 서비스만 부분적으로 배포가 가능합니다. 이에 따라 배포 속도는 빨라지고 배포 영향도 또한 예측 가능한 범위 내로 들어오게 됩니다.

혹여 잘못된 코드가 배포되어 장애로 이어진다 하더라도 모노리스와 대비하면 장애의 영향 범위가 제한적입니다. 애플리케이션 종료를 유발하는 심각한 장애의 경우에도 모노리스라면 시스템 전체가 다운되겠지만 마이크로서비스에서는 개별 서비스만 다운되는 구조입니다. 물론, 이 경우에도 다운된 서비스에 의존하고 있는 다른 서비스는 영향을 받을 수밖에 없습니다. 그래서 이를 방지하기 위한 여러 방법이 있는데 이는 뒤에서 더 자세히 이야기하겠습니다.

확장성에 대해서도 모노리스와 다른 방법을 취할 수 있습니다. 모노리스 구조에서는 확장이 필요할 경우 전체 서버가 함께 확장되어야 합니다. 하지만 마이크로서비스에서는 각 서비스가 분리되어 있기 때문에 부하가 높은 서비스만 선별적으로 확장할 수 있다는 장점이 있습니다.

데이터 저장소 역시 서비스별로 분리되어 있습니다. 뿐만 아니라 각 서비스의 특성에 따라 다른 종류의 데이터베이스를 사용하는 것이 가능하며, 테이블 스키마의 변경 및 확장에 대해서도 상대적으로 더 유연하게 대응할 수 있습니다.

서비스별로 다른 기술을 사용하는 것도 가능합니다. 모노리스에서는 언어와 프레임워크가 이미 정해져 있기 때문에 선택의 여지가 없지만 마이크로서비스에서는 서비스 간의 통신 인터페이스만 맞으면 구현을 위한 기술은 팀에서 자유롭게 선택할 수 있습니다. 따라서 서비스별로 해결하고자 하는 문제에 적합한 기술, 팀원들이 익숙한 기술을 골라서 더 나은 생산성을 확보하는 일이 가능해집니다.

마이크로서비스의 한계

언제나 그렇듯이 마이크로서비스도 장점만 있는 것은 아닙니다. 가장 큰 단점은 서비스 간 호출 방식의 차이입니다. 모노리스에서는 서비스 간 호출이 하나의 프로세스 내에서 이루어지기 때문에 고민할 부분이 별로 없습니다. 하지만 마이크로서비스에서는 네트워크를 사이에 두고 API를 통해 호출이 이루어집니다. 이에 따른 네트워크 지연뿐만 아니라 JSON이나 XML과 같은 형식으로의 데이터 변환도 필요하기 때문에 그만큼 성능은 하락할 수밖에 없습니다. 또한 네트워크 통신은 외부 요소로 인한 통신 실패가 항상 일어날 수 있기 때문에 이에 대한 예외처리에도 신경을 써야 합니다.

테스트 역시 모노리스와 대비해서 더 어려운 편입니다. 각각의 서비스는 서로 의존하고 있고, 사용자 시나리오나 기능은 이러한 서비스에 걸쳐 있기 때문에 테스트 환경도 여러 서비스가 함께 구성되어야 합니다. 문제가 발생했을 때에도 확인해야 하는 서비스의 수가 많기 때문에 그 복잡도가 상대적으로 높은 편입니다.

트랜잭션의 처리 또한 마이크로서비스가 넘어야 하는 장벽 중 하나입니다. 모노리스 구조에서 단일 데이터베이스를 사용할 때는 트랜잭션이 전혀 문제가 되지 않습니다. 데이터베이스가 제공하는 기능을 그대로 사용하여 트랜잭션에 문제가 있으면 손쉽게 롤백할 수 있습니다. 하지만 기능별 서비스가 독립적으로 구성되는 마이크로서비스에서는 여러 서비스에 걸친 기능에 대한 트랜잭션 구성이 어렵습니다. 따라서 이 경우에는 직접 트랜잭션 기능을 구현해야 합니다. 일반적으로 보상 트랜잭션(Compensating Transaction) 기법을 사용할 수 있습니다. 이는 특정 작업이 실패했을 때 이전 작업의 결과를 취소하기 위한 로직을 직접 구현함으로써 데이터의 일관성을 맞추는 방법입니다. 예를 들어, 은행 계좌에서 1만 원을 인출하는 로직을 수행된 후에 이를 다시 취소해야 한다면, 1만 원을 다시 입금해주는 로직을 호출하는 방식입니다. 모노리스와 대비해서 구현이 어렵고 상황에 따라 사실상 구현이 불가능한 경우도 있습니다.

이외에도 운영의 관점에서 덩치가 큰 한두 개의 서비스를 관리하는 대신, 서로 다른 역할과 기능을 가진 수십 개, 수백 개의 서비스를 관리하는 것은 더 복잡도가 높은 작업입니다. 같은 버그도 분산 환경에서는 추적이 더 어려운 경향이 있습니다. 심지어 각각의 서비스가 서로 다른 기술로 구현되어 있는 경우 운영에 필요한 기술적 지식의 범위도 넓어진다는 문제가 있습니다.

마이크로서비스 간의 통신

모노리스와 달리 마이크로서비스는 네트워크를 통해 서로를 호출하는 구조입니다. 따라서 다양한 통신 방법을 선택할 수 있습니다. 그 중 가장 많이 사용되는 방법은 REST, RPC, 이벤트-드리븐 Event-Driven이 있습니다.

REST는 가장 널리 사용되는 통신 방법입니다. 이 방식은 사람이 읽을 수 있는 포맷(예 JSON)을 이용해 데이터를 주고받기 때문에 구현이 쉽고 문제가 있는지의 여부를 확인하는 것이 더 쉽습니다. 널리 사용되는 만큼 다양한 플랫폼에 손쉽게 사용할 수 있습니다. 하지만 엔드포인트 구조나 버전에 대한 표준 규약 같은 것이 없다보니 구현하는 사람에 따라서 일관성 없는 API가 만들어질 수 있습니다.

RPC는 근래에는 잘 사용되지 않는 기술이었습니다. 하지만 구글에서 만든 gRPC가 인기를 얻으면서 RPC 방식도 다시 사용되기 시작했습니다. RPC는 대개 TCP 위에서 바이너리 형식을 이용해 데이터를 주고받기 때문에 속도가 빠른 편입니다. 또한 네트워크 통신을 위해 데이터를 변환하는 기능도 대부분 RPC 프레임워크 내에서 제공하기 때문에 사용자가 이를 직접 구현할 필요도 없습니다. 또한 REST에서는 구현이 어려운 스트리밍 기능을 제공하기도 합니다.

마지막으로 이벤트-드리븐Event-Driven 방식은 비동기적으로 통신을 한다는 점에서 앞의 두 방식과 차이가 있습니다. 일반적으로 아파치 카프카Apache Kafka와 같은 메시지 브로커를 통해 이벤트를 게시하면, 이를 구독하고 있던 다른 서비스가 해당 이벤트를 수신하여 필요한 로직을 수행하는 구조입니다. 따라서 각각의 서비스가 서로를 직접적으로 의존하지 않고 메시지 브로커를 통해서만 데이터를 주고받는다는 특징이 있습니다.

마이크로서비스로의 전환

　모노리스 시스템을 마이크로서비스 아키텍처로 전환하는 일은 쉽지 않습니다. 심지어 기존 모노리스 시스템의 규모가 상당하다면 더욱 더 큰 위험 부담을 감수해야 하는 일입니다. 변화의 영향도가 크기 때문에 전환 기간도 상당히 길게 잡아야 합니다. 대규모 시스템이라면 보통 년 단위의 일정을 필요로 하는 경우도 많습니다. 그렇다면 이러한 시스템을 마이크로서비스로 전환하기 위해서는 어떻게 해야 할까요? 마이크로서비스 전환이 완료될 때까지 기존 모노리스에 대한 수정은 중단되어야 할까요?

　이와 관련해서 '스트랭글러 패턴Strangler Pattern'이 해답이 될 수 있습니다. 모노리스 시스템을 한 번에 마이크로서비스로 전환하는 방식을 소위 '빅뱅Big Bang' 방식이라고 부르고, 이와 반대로 점진적으로 전환해나가는 방식을 '스트랭글러 패턴'이라고 부릅니다. 스트랭글러 패턴에서는 모노리스 코드를 수정하는 대신 그와 동일한 기능을 하는 새로운 서비스를 작성합니다. 새롭게 작성된 서비스는 배포되어 기존 모노리스와 함께 공존하게 되는데요. 트래픽을 기존 모노리스와 나눠 보내면서 새로운 서비스의 기능을 검증합니다. 검증이 어느 정도 완료되었다면 모노리스에서 해당 기능에 대한 코드를 제거할 수 있습니다.

회사에서의 프로젝트뿐만 아니라 개인적으로 진행했던 토이 프로젝트가 있다면 이를 대상으로 스트랭글러 패턴을 적용해서 마이크로서비스 아키텍처링을 경험해보는 것도 좋은 기회가 될 수 있습니다. 앞서 이야기했듯이 마이크로서비스는 서비스별로 서로 다른 기술을 사용하는 것도 가능하기 때문입니다. 따라서 기왕이면 새로운 언어나 프레임워크를 배우면서 기존 토이 프로젝트를 쪼개서 점진적으로 전환해보는 것도 좋은 경험이 될 것이라고 생각합니다.

장애 전파

모든 시스템은 장애를 겪습니다. 네트워크를 통해 느슨하게 결합된 마이크로서비스는 특히 그렇습니다. 장애를 100% 막는 것은 불가능하기 때문에 아키텍처는 애초에 장애를 견딜 수 있도록 설계되어야 합니다. 가상의 장애 사례를 들어 마이크로서비스 구조에서 장애가 어떤 식으로 전파되는지 살펴보고, 이를 최소화할 수 있는 방법을 살펴보겠습니다.

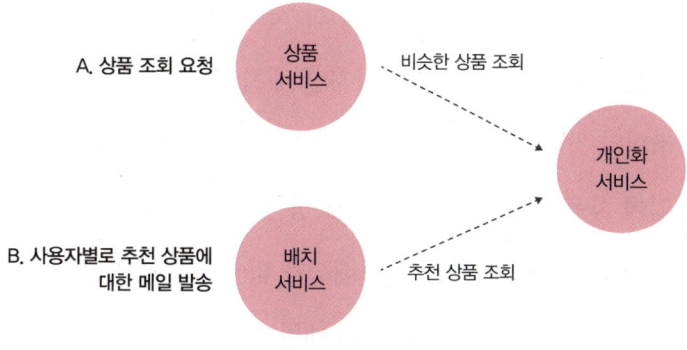

▲ 그림 16-1 마이크로서비스 장애 전파 사례

 전자상거래 시스템을 만든다고 가정하겠습니다. 사용자가 상품 목록에서 특정 상품을 클릭하여 '상품 조회 요청(A)'이 발생했습니다. 그럼 이를 받은 상품 서비스는 자체 데이터베이스에서 요청받은 상품에 대한 '데이터를 조회'합니다. 동시에 그 상품과 비슷한 상품도 보여주기 위해 '개인화 서비스'에게 비슷한 상품에 대한 '조회를 요청'하는 흐름을 가지고 있습니다.

 이 흐름과 별개로 이 전자상거래 시스템에서는 사용자에게 주기적으로 '추천 상품을 메일로 보내는 기능(B)'도 있습니다. 이를 담당하는 배치 서비스에서도 '개인화 서비스'를 통해 추천 상품을 조회합니다.

 만약, 여기서 개인화 서비스의 추천 상품 조회 기능에 문제가 생겨 처리 속도가 매우 느려졌다고 가정하겠습니다. 그럼 자연히 이를 요청한 배치 서비스의 메일 발송에도 문제가 생길 것입니다. 하지만 장애는 여기서 끝나지 않습니다. 개인화 서비스에서 운용 가능한 스레드의 수는 제한되어 있습니다. 하지만 배치 서비스에서 요청한 추천 상품 조회의 처리 속도가 매우 느리게 실행되는 바람에 모든 스레드가 이 작업에 사용되게 됩니다. 그 결과 상품 서비스에서 요청하는 비슷한 상품 조회 기능에는 할당할 스레드가 없어 제대로 처리할 수 없게 됩니다. 장애는 비슷한 상품 조회에 대한 응답을 받지 못하는 상품 서비스로까지 전파되어 상품 조회 요청에도 문제가 생기게 됩니다.

여기서 장애의 전파를 최소화할 수 있는 방법은 어떤 것이 있을까요? 먼저 '벌크헤드 패턴Bulkhead Pattern'을 생각해볼 수 있습니다. 벌크헤드라는 이름은 배를 건조하는 개념에서 유래 했습니다. 배는 벌크헤드(Bulkhead, 격벽)라는 구획으로 나뉘어 있어서, 일부 구역에 구멍이 나더라도 해당 구역 바깥으로 바닷물이 새지 않도록 하여 배의 침수를 방지합니다. 마이크로서비스의 벌크헤드 패턴 역시 이와 비슷하게 작동합니다.

기능별로 스레드 풀을 따로 할당하여 특정 기능이 모든 스레드를 점유할 수 없도록 합니다. 위의 장애 전파 사례에 적용해본다면 개인화 서비스에 가용한 스레드 수가 총 20개라고 할 때, 추천 상품 조회 기능에 10개, 비슷한 상품 조회 기능에 10개씩 할당할 수 있습니다. 그럼 추천 상품 기능에 문제가 생겨 여기에 할당된 10개의 스레드가 동작을 멈추더라도 나머지 10개의 스레드는 비슷한 상품 조회에 사용될 수 있습니다.

'회로 차단기 패턴(Circuit Breaker Pattern)'도 생각해볼 수 있습니다. 사실 상품 서비스 입장에서는 상품에 대한 상세 데이터를 제공하는 것이 가장 중요하고, 비슷한 상품 데이터를 제공하는 기능은 우선순위가 떨어집니다. 하지만 개인화 서비스에 장애가 발생하면 상품 서비스 입장에서는 상품의 상세 데이터를 정상적으로 조회해놓고도 보여주지 못하는 현상이 벌어집니다. 따라서 일단 이상 상황이 감지되면 뒤이어 오는 요청들은 개인화 서비스를 호출하지 않고 빠른 실패를 유도합니다. 이를 통해 비슷한 상품 데이터는 빈 값으로 주더라도 중요한 상품의 상세 데이터를 정상적으로 전달할 수 있도록 합니다.

비슷한 상품 데이터를 아예 빈 값으로 전달하는 방법이 어렵다면 '폴백 패턴Fallback Pattern'을 사용할 수도 있습니다. 먼저 상품의 카테고리별로 대표 상품 같은 것을 사전에 정의해놓습니다. 그런 후에 개인화 서비스에 문제가 생겼을 때 이를 카테고리별 대표 상품으로 채워서 보내주는 방법입니다.

SRE: Site Reliability Engineering

앞서 살펴본 장애 전파 방지를 위한 패턴은 장애를 해결해주는 방법이 아닙니다. 그저 장애의 전파를 억제하고 이로 인한 부작용을 최소화하는 데에 목적을 둔 방법들입니다. 일단 장애가 발생하면 누군가는 원인을 파악하고 조치를 해야 합니다. 원래도 이러한 장애 처리는 어려운 작업이지만 마이크로서비스 구조에서는 그 난이도가 훨씬 더 높아집니다. 장애가 여러 서비스에 걸쳐서 발생하기 때문입니다.

마이크로서비스 구조에서 특정 서비스를 담당하고 있는 팀은 그 서비스 외의 다른 서비스에 대해 잘 알지 못합니다. 서비스 간에는 미리 약속된 인터페이스를 통해서 통신하고 구체적인 세부사항은 그 아래 추상화되어 가려져 있기 때문입니다. 하물며 직접 연결되어 있지 않은 다른 서비스에 대해서는 더욱 그렇습니다. 마치 점 조직과 같은 형태입니다. 따라서 광범위한 장애가 발생할 경우에는 전체 상황을 파악하고 효율적으로 처리할 수 있는 컨트롤 타워의 역할이 필요합니다.

대규모의 마이크로서비스 구조를 도입한 회사에서는 SRE라는 역할의 조직을 도입함으로써 이러한 문제를 해결하기 시작했습니다. SRE는 Site Reliability Engineering의 머리글자로 시스템의 안정성을 확보하기 위한 여러 업무를 합니다. 회사의 특성에 따라 구체적인 역할은 조금씩 다르겠지만 일반적으로 운영 관점에서 시스템이 1년,

365일, 24시간 동안 잘 가동될 수 있도록 함과 동시에 이에 관련된 시스템 운영의 자동화에 대한 책임도 있습니다. 복잡한 장애 상황이 발생하면 컨트롤 타워의 역할을 하며 대응, 사후 조사, 근본 원인 분석 등을 수행하며 복잡한 기술 문제를 파헤칩니다. 더불어 시스템 배포 프로세스가 안전하고, 예측 가능하며, 효율적인 방식으로 진행되도록 하는 것 역시 SRE 업무의 일부입니다.

최초의 SRE 조직은 2003년 구글에서 시작되었습니다. 당시에도 구글은 전 세계적으로 손꼽히는 규모의 웹 서비스를 운영하고 있었습니다. 퍼블릭 클라우드도 아직 존재하지 않았던 그 시기에 구글은 이미 수십 개의 데이터 센터에 분산된 수십 만 대의 서버를 운영하고 있었습니다. 이 거대한 인프라 전반에 걸친 대규모 서비스의 안정성 담보는 개별 조직에 속한 운영 인력의 노력만으로는 불가능한 것이었습니다. 이후 구글과 같이 대규모 웹 서비스를 제공하는 페이스북(현 메타), 넷플릭스, 우버, 링크드인 등의 회사에서도 뒤이어 SRE 조직과 문화를 적용하기 시작했습니다.

사실 이런 운영성 업무를 하는 SRE 조직은 개발 조직과 마찰을 빚기 십상입니다. 개발 조직은 새로운 기능을 빨리 출시하기를 원하지만 운영 조직은 서비스가 중단되지 않는 것을 중요하게 여기기 때문입니다. 보통 서비스 중단은 새로운 구성이나 기능 출시, 새로운 유형의 사용자 트래픽과 같은 변경으로 인해 주로 발생하기 때문에 두 팀의 목표는 구조적으로 대치 상태에 있을 수밖에 없습니다.

구글에서는 이러한 문제를 해결하기 위해 '오류 예산'이라는 개념을 도입했습니다. 이 오류 예산이라는 개념을 설명하기 위해서는 먼저 'SLO(Service Level Objective)'에 대해 알아야 하는데요. 이는 서비스 수준에 대한 정량적 지표의 목표값입니다. 예를 들어, "API의 응답 시간은 최대 300ms 이내를 목표로 한다"와 같이 설정할 수 있습니다. 만일 이 SLO에 대해 1년에 99.99%를 목표치로 설정했다면, 이는 반대로 말해 0.01%의 미달을 허용한다는 뜻입니다. 이때 0.01%가 오류 예산이 됩니다.

이제 SRE와 개발 조직은 확보된 오류 예산을 넘지 않는 범위에서 최대한 안정적으로 서비스를 개선해 나간다는 공동의 목표를 가지게 됩니다. 만일, 오류 예산을 모두 소진하는 경우 개발팀에서는 더 이상 새로운 기능에 대한 배포를 할 수 없습니다. 따라서 개발팀에서도 더 책임감을 가지고 배포를 진행하게 됩니다.

16장을 마치며

　마이크로서비스가 유행한다고 해서 모든 시스템을 마이크로서비스로 만들어야 하는 것은 아닙니다. 실제로 모노리스의 한계를 아직 경험하지 않은 중소규모 서비스의 대부분은 마이크로서비스가 오히려 득보다 실이 더 많은 선택일 수 있습니다. 또한 마이크로서비스를 채택한다고 하더라도 서비스의 경계 설정이 제대로 되지 않으면 생각보다 실망스러운 결과를 초래할 수 있습니다. 언제나 모든 분야에 대한 정답은 없기 때문에 필요에 따라 모노리스와 마이크로서비스를 적절하게 선택하여 사용할 필요가 있습니다.

시작하는 개발자들을 위한
기술 여행 가이드

17장
데이터 포맷

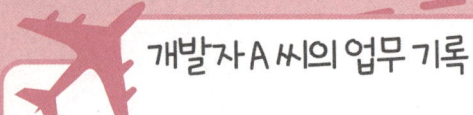 개발자 A 씨의 업무 기록

빅 엔디안과 리틀 엔디안에 따른 오류

개발자로서 일을 하면서 가장 오랜 시간을 보내는 일은 당연히 코드를 만지는 일이다. 하지만 그에 못지않게 고객사 지원 업무에도 꽤 많은 시간을 할애해야 한다. 고객사를 일선에서 지원하는 엔지니어 조직이 따로 있기는 하다. 그렇지만 생소하거나 골치 아픈 장애 및 버그 같은 경우는 개발 조직에서 같이 지원해야 하는 경우가 있다.

오늘도 내 전화기는 시끄럽게 울리기 시작했다. 수화기를 들어 전화를 받아보니 고객사 A를 지원 중인 엔지니어였다. 고객사 지원 업무는 일단 엔지니어 조직에서 대응하되 답이 안 나오는 경우에 한해 개발 조직으로 넘어오는 구조이기 때문에 일단 내 전화기가 울렸다는 것은 당장 해결이 안 되는 문제라는 뜻이다.

"A 씨, 여기 알람 문자 내용이 다 깨져서 나오는데, 원인 확인이 안 되네요."

역시나 생소한 버그였다. 우리 회사에서 개발하는 솔루션을 통해 발생하는 알람은 기본적으로 메일을 통해 발송되도록 구성되어 있다. 하지만 고객이 원하는 경우 문자로도 발송하도록 알람 문자 발송 모듈을 추가로 설치해주곤 하는데 고객사 A가 바로 그런 경우였다.

문제는 알람 문자 발송 모듈이 새로 만들어지거나 최근에 수정한 내용이 전혀 없다는 것이었다. 즉, 다른 고객사에서는 정상적으로 문자를 발송하고 있다는 뜻이다. 이런 경우가 가장 대응하기 어렵다. 일단 현상 확인이 우선이니 실제 깨져서 발송되고 있는 문자의 내용을 보내 달라고 했다. 잠시 후 엔지니어로부터 문

자 사본을 받을 수 있었는데 실제로 문자 내용이 알아볼 수 없게 깨져서 전송되고 있었다.

"일단 원인부터 확인하고 다시 연락드릴게요."

엔지니어와 전화를 끊고 문자 사본을 뚫어져라 쳐다봤지만 원인으로 추정되는 부분을 종잡을 수가 없었다. 어쨌거나 문자가 잘못 발송되고 있으니 어딘가에 문제가 있을 테고 내게는 그 문제를 해결해야 하는 책임이 있었다.

제일 먼저 의심해볼 만한 부분은 '캐릭터 셋(Character Set)'이었다. 캐릭터 셋이란 컴퓨터의 기본이 되는 비트들을 가지고 문자를 어떻게 표현할 지에 대한 정의였다. 하지만 알람 문자 발송 모듈이 사용하고 있는 캐릭터 셋에는 문제가 없었다. 혹시 몰라 문자메시지 발송 업체에서 제공하는 API 문서를 봐도 이쪽의 캐릭터 셋 역시 원래 알고 있던 그대로였다. 사실 다른 고객사에서도 동일한 캐릭터 셋을 사용하고 있으므로 이쪽이 원인일 확률은 낮았다.

원인에 대해 전혀 감을 잡지 못한 상태로 퇴근 시간을 맞았다. 상황이 시급한 장애 상황까지는 아니었기 때문에 일단 퇴근길에 올랐다. 하지만 계속해서 문제가 머릿속을 맴돌았다. 머릿속으로 여러 가설과 가능성을 떠올려봤지만 수확은 없었다.

다음 날 아침, 출근하자 마자 엔지니어가 보내준 문제의 문자 사본을 다시 보고 있으려니 어제는 미처 깨닫지 못한 부분이 보이기 시작했다. 문자의 앞부분에 있는 "ALERT: "이라는 문자열은 정상적으로 보이는 반면, 그 뒤의 내용부터 깨져 있었다. 왜 이 부분을 발견하지 못했을까?

IDE를 열고 알람 문자 발송 모듈의 코드를 뒤지기 시작했다. 그 결과 앞부분의 "ALERT: "이라는 문자열은 알람 문자 발송 모듈에서 붙이도록 구성되어 있음을 확인할 수 있었다. 그리고 문제의 깨진 문자열들은 매니저 모듈이 생성하는 알람 파일에서 읽도록 구성되어 있었다. 즉, 매니저 모듈이 생성하는 알람 파일 자체에 문제가 있을지도 모른다는 것이다.

　　엔지니어에게 연락해서 문제의 알람 파일을 보내줄 수 있는지 문의했다. 엔지니어는 고객사 담당자에게 확인해보겠다고 대답했고, 얼마 지나지 않아 메일로 해당 파일을 보내주었다.

　　이 파일은 텍스트 포맷의 파일이 아닌 임의의 바이너리 포맷이었기 때문에 텍스트 편집기로 열어서 내용을 확인할 수 없었다. 결국 IDE를 열어 기존 모듈의 코드를 참고해가면서 해당 파일을 파싱하여 출력하는 코드를 간단하게 작성하여 알람 파일의 내용을 확인했다. 코드를 실행시키자 실제로 알람 파일의 데이터 자체가 문제가 있음을 확인할 수 있었다.

　　이 파일이 왜 잘못 만들어졌는지는 내가 알 수 없으므로 매니저 모듈을 담당하고 있는 파트에 문의해야 했다. 담당인 김 과장 자리를 찾아 간략하게 문제를 이야기하니 해당 파일을 보내 달라는 답을 받았다. 김 과장 메일로 문제의 파일을 첨부하여 보냈다.

　　잠시 후 원인을 파악했는지 김 과장이 내 자리로 오면서 말을 걸었다.

　　"이거 매니저 모듈 패치를 해서 나가야 할 것 같아요."

원인이 무엇이었는지를 묻자 바이트 순서 문제라는 답이 돌아왔다. 순간적으로 이해를 못하자 김 과장이 친절히 설명을 덧붙였다.

"CPU 아키텍처별로 바이트를 읽고 쓰는 순서가 다른 경우가 있어요. 왼쪽에서 오른쪽으로 읽는 경우도 있고, 반대로 오른쪽에서 왼쪽으로 읽는 경우도 있거든요. 왼쪽에서 오른쪽으로 읽는 경우를 '빅 엔디안(Big Endian)', 반대를 '리틀 엔디안(Little Endian)'이라고 하는데, 고객사쪽 서버가 아무래도 리틀 엔디안 방식이었던 것 같아요."

"음, 근데 알람 문자 발송 모듈도 그 서버에 있는데, 그럼 동일한 방식으로 바이트를 읽지 않나요?"

"알람 문자 발송 모듈은 자바로 만들어서 그럴 거예요. 자바는 빅 엔디안 고정이거든요."

머릿속에 문제가 정리되기 시작했다. 결국 매니저 모듈에서 리틀 엔디안으로 작성한 파일을 알람 문자 발송 모듈에서 빅 엔디안 방식으로 읽으려고 하니 데이터가 모두 깨져 보인 것이다.

김 과장이 다시 말을 덧붙였다.

"일단 급한대로 매니저 모듈에서 빅 엔디안으로 파일을 쓰게끔 패치를 해서 나갈 건데, 이 부분은 추후에 같이 개선해보죠."

"이런 건 어떤 식으로 개선할 수 있을까요?"

"사실 알람 파일에서 굳이 임의의 바이너리 포맷을 사용할 필요가 없거든요. 바이너리 포맷을 사용하려다 보니까 바이트 단위로 직접 다루게 되고, 그러다가 이런 문제가 생기는 거니까요. 방법은 더 고민을 해봐야겠지만 XML이나 JSON 포맷으로 작성해도 별 문제가 없을 것 같아요. 매니저 모듈에서 XML 파일을 생성시키고 알람 문자 발송 모듈에서는 해당 XML 파일을 파싱해 가도록 수정하면 될 것 같아요."

"음, XML 파일을 파싱하는 것도 공수가 꽤 들 것 같은데요."

"A 씨가 직접 XML 파일을 파싱하는 코드를 작성할 필요는 없어요. XML이 얼마나 광범위하게 쓰이는 포맷인데요. 뒤져보면 XML 파서 라이브러리가 많이 나올걸요?"

김 과장 이야기를 들어보니 모두 수긍이 갔다. 유명한 프로그래밍 격언 중에 "바퀴를 다시 발명하지 말라"라는 말이 있는데 XML 파서 라이브러리가 있으리라고 예상하지 못한 것이 순간적으로 부끄러웠다. 고객사를 지원 중인 엔지니어에게 연락해서 매니저 모듈의 패치가 필요하다는 내용을 전달하는 것으로 이슈를 마무리했다.

네트워크 너머로 데이터 보내기

컴퓨터는 오직 0과 1로 이루어진 데이터만 처리할 수 있습니다. 굳이 개발자가 아니더라도 컴퓨터에 대해 조금이라도 지식이 있는 사람이라면 모두 알고 있는 사실입니다. 하지만 오늘날 컴퓨터가 수행하고 있는 온갖 복잡한 일을 생각해보면 잘 와 닿지 않는 사실이기도 합니다.

유명한 뮤지션의 콘서트를 내 방안에서 컴퓨터를 통해 실시간으로 볼 수 있습니다. 0과 1로 이루어진 데이터를 이용해서 말입니다. 일평생을 바둑에만 헌신해온, 세계에서 손꼽히는 바둑 기사보다 더 바둑을 잘 두는 AI도 있습니다. 이 역시 0과 1로만 이루어집니다. 무당이 점을 쳐서 사람의 미래를 꿰뚫어 보는 일은 미신이지만 컴퓨터는 이미 내일 날씨를 매우 높은 확률로 예측하고 있습니다. 이 일 역시 0과 1로 구성된 데이터로만 이루어진 일입니다.

기왕 날씨 이야기가 나왔으니 더 해보겠습니다. 지금부터 여러분이 기상청에서 근무하고 있는 개발자라고 가정하겠습니다. 기상청 어딘 가에 있는 슈퍼컴퓨터는 막대한 컴퓨팅 파워를 이용해 지역별 날씨 정보를 계산합니다. 이 귀중한 정보가 기상청 내에서만 잠들어 있다면 의미가 없을 것입니다. 가능한 많은 사람에게 빨리 전달해야 사람들은 더 두꺼운 외투를 챙긴다거나 출근길에 우산을 집어들 수 있을 것입니다. 그렇다고 기상청에서 매일같이 전 국민에게 문자 메시지를 보내기는 어렵습니다. 그래서 여러분은 슈퍼컴퓨터가 계산해 낸 날씨 데이터를 제공하는 일종의 API 서버를 만들기로 했습니다. 여러 포털 사이트는 여러분이 만든 API 서버에서 날씨 데이터를 가져와 포털 메인 페이지에 띄울 것입니다. 또 스마트폰 안에 들어가는 날씨 애플리케이션들도 여러분의 API 서버로부터 데이터를 가져와 사용자에게 내일 날씨를 알려줄 수 있을 것입니다.

이 API 서버를 어떻게 구현해볼 수 있을까요? 간단하게 설명하기 위해 API 서버에서 제공하는 데이터는 내일의 최저 기온과 최고 기온으로, 그리고 기온은 소수점을 생략한 정수형이라고 한정하겠습니다. 두 개의 정수만 전달하면 되는 것입니다. 벌써 데이터 타입이 정수형으로 정해졌네요. 기온은 몇 천 도, 몇 만 도는 커녕 세 자리를 초과하는 일도 없으니 2바이트 타입의 정수형이면 충분할 듯합니다. 2바이트의 정수형 타입은 −32,767부터 32,767까지의 정수를 표현할 수 있으니 말입니다.

여러분은 TCP 연결을 받는 API 서버를 하나 만들었습니다. 이 API 서버의 동작은 TCP 연결 요청이 들어오면 이 연결을 통해 내일의 최고 기온에 대한 2바이트 정수, 그리고 최저 기온에 대한 2바이트 정수를 전송한 뒤에 연결을 끊도록 구현했습니다. 데이터베이스를 뒤지거나 다른 서비스를 참조하는 일도 없으며 무거운 프로토콜을 사용할 필요도 없이 딱 필요한 동작만을 포함하고 있으니 최소한의 리소스만 가지고도 꽤 많은 요청을 처리할 수 있을 듯합니다.

자신만만하게 API 서버 로직을 완성하고 서버를 오픈했습니다. 얼마되지 않아 여러분의 전화가 울리기 시작합니다. 여러분의 API 서버에서 데이터를 가져오는 고객으로부터 기온 데이터가 이상하다는 전화가 왔습니다. 최저 기온이 4,352도, 최고 기온이 6,912도로 표시된다는 제보입니다. 말도 안 되게 높은 숫자입니다. 혹시나 싶어서 API 서버를 점검해봤지만 최저 기온 17도, 최고 기온 27도로 정상적으로 동작하고 있습니다. 하지만 고객은 계속해서 데이터가 이상하다고 이야기하고 있습니다. 도대체 무슨 일이 일어나고 있는 것일까요?

한참을 고객과 전화를 붙들고 머리를 굴린 끝에 원인이 밝혀졌습니다. 바로 바이트 순서(Byte Order) 문제였습니다.

바이트 순서 문제를 설명하기 위해 이와 비슷한 재미있는 이야기를 하나 하겠습니다. 홍콩에는 Rednaxela라는 이름의 거리가 있다고 합니다. 이 이상한 이름이 만들어질 당시 이 거리는 Alexander라는 이름의 서양인이 소유한 땅이었다고 합니다. Alexander가 소유한 땅에 있던 Rednaxela 거리. 뭔가 이상한 점을 찾았나요? Alexander를 거꾸로 하면 바로 Rednaxela가 됩니다.

이 이름의 기원에 대한 공식적인 설명은 없습니다. 하지만 당시 중국어는 아랍어처럼 오른쪽에서 왼쪽으로 썼다는 사실을 미루어 봤을 때, 기록할 때는 왼쪽에서 오른쪽으로 Alexander로 기록해놓고, 이를 읽을 때는 반대로 오른쪽에서 왼쪽으로 읽어 Rednaxela가 되었으리라고 추측해 볼 수 있습니다.

바이트 순서도 이와 비슷한 문제입니다. 시스템 내부적으로 바이트를 처리할 때 왼쪽에서 오른쪽으로 읽는 시스템도 있고, 반대로 오른쪽에서 왼쪽으로 읽는 시스템도 있습니다. 왼쪽에서 오른쪽으로 읽는 방식을 '빅 엔디안 Big Endian'이라 부르고 반대의 경우를 '리틀 엔디안 Little Endian'이라고 합니다. CPU 아키텍처 중 Power PC 시스템이나 ARM이 빅 엔디안 방식을 사용합니다. 자바 언어도 내부적으로 빅 엔디안 방식을 사용하며 네트워크를 통해 주고 받는 바이트들도 암묵적으로 빅 엔디안을 사용하고 있습니다. 그래서 빅 엔디안을 '네트워크 바이트 순서(Network Byte Order)'라고 부르기도 합니다. 반대로 리틀 엔디안 방식은 x86 시스템에서 많이 사용되고 있습니다. 서로 바이트를 읽는 순서가 다르기 때문에 서로 다른 바이트 순서를 가지고 있는 시스템끼리 통신을 하게 되면 데이터를 잘 전달해 놓고 오류가 발생할 수 있습니다. 따라서 바이트 순서의 변환 작업이 꼭 필요합니다.

다시 기상청 이야기로 돌아와 분명 여러분이 만든 API 서버는 최저 기온 17도, 최고 기온 27도의 데이터를 2바이트 정수형 데이터로 전송하고 있었습니다. 17이라는 정수형 데이터를 2진수로 변환해보면 00000000 00010001입니다. 만약, 이 데이터를 받는 쪽에서 다른 바이트 순서를 사용하고 있었다면 이 데이터를 00010001 00000000 로 읽게 될 것입니다. 이 2바이트 데이터를 다시 10진수로 변환해보면 4,352가 나옵니다. 바로 고객이 이상한 기온이라고 했던 그 숫자입니다. 최고 기온의 경우에도 동일하게 2진수로 변환하면 00000000 00011011이 되고, 이를 다른 바이트 순서로 읽게 되면 00011011 00000000, 즉 6,912가 됩니다.

여러분은 문제의 원인을 찾았고 이를 잘 해결했습니다. 하지만 이내 다른 문제를 호소하는 고객의 전화를 받게 됩니다. 이번에는 최저 기온이 0도, 최고 기온이 무려 1,769,489도라고 합니다. 태양의 표면 온도가 약 5,500도이니 지구가 태양보다 뜨겁다는 이야기가 됩니다. 이번엔 또 어떤 문제일까요?

이번 문제의 원인은 정수형 데이터 타입의 크기에 있었습니다. 여러분은 최소한의 데이터를 사용하기 위해 2바이트 정수형을 선택했습니다. 기온 데이터를 표현하기 위해 2바이트 정수형의 표현 범위라면 차고 넘쳤기 때문입니다. 하지만 이 데이터를 읽어갔던 고객은 이를 실수로 깜빡했던 모양입니다. 자바 등의 언어에서 사용하는 정수형 데이터 타입은 Integer로 −2,147,483,648에서 2,147,483,647까지 표현할 수 있는 4바이트를 사용하고 있습니다. 여러분은 최고 기온 2바이트, 최저 기온 2바이트로 총 4바이트를 잘 전달했지만 고객은 이를 4바이트 정수로 한 번에 읽어 최고 기온을 위한 변수에 할당해버린 것입니다. 그리고는 최저 기온을 위해 다음 4바이트를 읽으려고 했지만 이미 모든 데이터를 전달한 여러분의 API 서버에서는 TCP 연결을 끊어버렸고 그렇게 최저 기온은 정수형의 기본 값인 0이 되었습니다.

앞서 최고 기온인 27은 2진수로 00000000 00011011, 최저 기온인 17은 00000000 00010001로 변환된다고 이야기했는데요. 이를 2바이트씩 끊어서 읽지 않고 한번에 4바이트 정수로 읽어 들이면 00000000 00011011 00000000 00010001가 되어 버리고, 이를 10진수로 변환하면 1,769,489도라는 무시무시한 숫자가 되어 버렸습니다.

사실 이 가상의 기상청 이야기는 현실에서는 거의 일어나지 않는 이야기입니다. API 서버를 개발하면서 직접 바이트 변환까지 신경 쓰거나 데이터를 임의의 바이너리 포맷으로 주고받는 일이 많지 않기 때문입니다. 대부분 이러한 로우 레벨을 직접 다루기보다는 추상화된 윗 단계에서 개발을 하곤 합니다. 하지만 우아한 백조의 발이 수면 아래에서 바쁘게 움직이듯이 로우 레벨을 담당하는 코드 어딘 가에서는 이러한 고민을 계속해서 하고 있습니다.

0과 1로 표현하기

앞의 기상청 이야기에서도 봤듯이 컴퓨터가 다루는 가장 기초적인 단위는 0과 1로 이루어진 비트입니다. 컴퓨터가 다루는 모든 데이터는 이 비트들의 조합으로 이루어집니다. 스마트폰으로 사진을 찍으면 그 결과물은 비트의 조합으로 기록되어 사진 파일의 형태로 만들어집니다. 여러분이 웹 브라우저를 열었을 때 뜨는 웹 페이지 역시 단순한 비트들의 조합에 다르지 않습니다. 넷플릭스나 유튜브를 통해 송출되는 영상들도 사실 뜯어보면 모두 비트들의 조합입니다. 그렇다고 하니 고개는 끄덕이지만 사실 직관적으로 잘 와 닿지는 않습니다. 어떻게 이 복잡한 데이터들을 0과 1로 이루어진 비트만으로 표현할 수 있을까요?

그것이 가능한 이유는 비트들을 가지고 복잡한 데이터를 어떻게 표현할지에 대한 일종의 약속을 미리 정해놨기 때문입니다. 문자열을 예로 들어 보겠습니다. 문자열 데이터를 다루다 보면 아스키ASCII, 유니코드Unicode, UTF-8 같은 것을 종종 보게 되는데, 이것들이 바로 비트들을 가지고 문자를 어떻게 표현할지에 대한 약속입니다. 가장 간단한 아스키로 예를 들어보면, 하나의 문자 당 8비트, 즉 1바이트를 사용합니다. 대문자 A는 01000001로 기록하기로 미리 약속해놨습니다. 이렇게 2진수로 표현하면 너무 길어지니 간단하게 16진수로 0×

41로 표기하기도 합니다. 대문자 B는 0×42, C는 0×43과 같은 식입니다. 즉, 어떤 텍스트 파일이 있고, 이 파일이 아스키라는 약속에 의해 데이터를 기록해놨다는 사실만 알고 있다면 한 바이트씩 읽은 다음에 각 바이트에 매칭되는 문자를 찾아 화면에 띄워주면 됩니다.

정수형 데이터는 더 쉽습니다. 앞의 기상청 이야기에서도 미리 살펴봤듯이 각 데이터 타입별로 몇 바이트를 사용할지 약속을 해 놓은 뒤에 그 바이트 내에서 10진수를 2진수로만 변환하면 됩니다.

비트들을 그대로 저장할 수 없는 이유

컴퓨터에는 크게 두 개의 기억장치가 있습니다. 보통 메모리라고 일컫는 '주기억장치'와 스토리지 혹은 디스크로 일컫는 '보조기억장치'가 바로 그것입니다. 이 두 기억장치는 여러 서로 다른 특성을 가지고 있긴 하지만 동일하게 비트를 저장한다는 공통점이 있습니다. 즉, 주기억장치에서도 아스키의 대문자 A는 01000001이며, 보조기억장치에서도 동일하게 01000001로 저장됩니다.

일반적으로 데이터는 주기억장치 내에서 연산을 통해 계산되고, 이를 추후에 재사용하기 위해 보조기억장치에 저장하곤 합니다. 만약, 간단한 타입의 데이터라면 주기억장치에서 사용된 비트들을 그대로 보조기억장치에 저장해도 될 것입니다. 하지만 복잡한 구조의 데이터라면 이야기가 조금 달라집니다.

보통 우리가 메모리에서 데이터를 다룰 때에는 구조체, 배열, 해시 테이블, 트리 등의 복잡한 자료구조를 사용합니다. 이러한 자료구조들은 모두 참조 혹은 포인터 등을 이용해서 CPU의 효율적인 접근 및 조작에 최적화되어 있습니다. 링크드 리스트Linked List라는 자료구조를 예로 설명해보겠습니다.

▲ 그림 17-1 링크드 리스트

링크드 리스트는 [그림 17-1]과 같이 각 요소 간의 연결을 이용해 리스트를 구현한 자료구조를 의미합니다. 여기서 요소들은 노드라는 이름으로 불리며 리스트에 포함되는 데이터와 함께 다음 노드를 가리키는 주솟값을 가지고 있습니다. 이 주솟값을 통해 첫 번째 노드는 두 번째 노드를 가리키고 있고, 두 번째 노드는 다시 다음 노드를 가리키는 방식으로 구현되어 있습니다. 이러한 구조로 인해 링크드 리스트는 새로운 데이터의 삽입 및 삭제를 위치에 관계없이 빠른 시간 안에 수행할 수 있다는 장점이 있습니다.

이 링크드 리스트의 구조는 주기억장치인 메모리 내에 존재합니다. 만약, 이 구조를 그대로 보조기억장치에 저장한다면 어떻게 될까요? 가장 큰 문제는 다음 노드를 가리키고 있는 주솟값입니다. 여기서 주솟값이란 메모리 내의 주솟값으로, 메모리를 떠나면 아무 의미가 없는 더미값이 되어 버립니다. 보조기억장치에 저장된 링크드 리스트를 다시 주기억장치로 불러온다고 해도 더 이상 각 노드는 정확히 서로를 가리킬 수 없게 됩니다. 노드들의 주소가 모두 변하기 때문입니다. 링크드 리스트뿐만 아니라 복잡한 구조의 데이터들은 대부분 메모리 내의 형태 그대로 디스크에 저장할 수 없습니다.

직렬화

링크드 리스트를 통해 메모리 내에 가지고 있는 데이터를 보조기억장치에 저장하려면 어떻게 해야 할까요? 더 나아가 링크드 리스트보다 복잡한 구조의 데이터를 디스크에 저장하고, 이를 네트워크를 통해 전송하여 다른 시스템에서 사용할 수 있는 방법은 없을까요?

이러한 목적으로 사용되는 방법이 바로 직렬화(Serialization)입니다. 직렬화는 메모리 내의 자료구조를 디스크에 저장하거나 네트워크를 통해 전송하여 추후에 다른 컴퓨터나 프로세스에서 다시 메모리 내의 자료구조로 재구성하기 위한 목적으로 데이터를 변환하는 과정을 의미합니다. 직렬화와 함께 인코딩Encoding, 마샬링Mashaling 등의 표현도 사용되는데, 모두 비슷한 의미라고 볼 수 있습니다. 직렬화된 데이터를 다시 메모리 내의 자료구조로 복원하는 것을 역직렬화(Deserialization), 디코딩Decoding, 언마샬링Unmarshaling 등으로 칭하곤 합니다.

직렬화의 주요 목적 중 하나는 서로 다른 시스템 간의 데이터 교환을 용이하게 하기 위함입니다. 그래서 직렬화는 표준이 중요합니다. 만약, 표준이 없다면 각각의 서비스가 모두 자신만의 임의의 직렬화 방법을 만들어 사용할 테고, 그 데이터를 사용해야 하는 쪽에서는 매번 역직렬화를 위한 코드를 새로 작성해야 하기 때문입니다.

그동안 많은 직렬화 표준을 위한 시도가 있었지만 가장 큰 임팩트를 남긴 것은 바로 XML입니다. XML은 eXtensible Markup Language의 머리글자로 1990년대에 W3C에서 제안되어 표준으로 채택된 마크업 언어입니다.

XML은 그 모양새만 보면 HTML과 상당히 비슷합니다. 하지만 자기 자신을 설명하는 메타데이터를 포함한다는 차이점이 있습니다.

예를 들어, 아래의 HTML 문서를 보겠습니다.

```
<html>
  <body>
    <p>김철수</p>
  </body>
</html>
```

웹 브라우저를 통해 이 HTML 문서를 열면 "김철수"라는 문자열이 출력될 것입니다. 하지만 컴퓨터는 정작 자신이 출력하고 있는 문자열이 무엇인지 알 수 없습니다. "김철수"라는 문자열이 사람 이름인지, 아니면 나라 이름인지, 혹은 새로 나온 휴대폰 이름인지 전혀 알 수 없습니다.

XML은 메타 데이터를 통해 XML 자신이 담고 있는 데이터를 설명하는 방식을 취하고 있습니다.

```
<Users>
  <User lastName="김" firstName="철수"/>
</Users>
```

컴퓨터는 이 XML을 통해 이 데이터가 사용자(User)에 대한 데이터이며, 그 이름이 "김철수"라는 것을 명확히 인지할 수 있습니다. 심지어는 "김철수"에서 성이 "김"이며, 이름이 "철수"라는 것도 알 수 있습니다.

어찌 보면 간단해 보이는 이 XML은 등장과 함께 열풍처럼 전 세계 개발자들의 호응을 이끌어 냈습니다. 그동안 여러 임의의 직렬화 포맷에 지쳐있던 개발자들은 다양한 종류의 데이터를 모두 담을 수 있는 유연한 XML의 등장을 보면서 모든 프로그램이 같은 포맷으로 데이터를 주고받을 수 있으리라는 희망을 보았습니다. XML은 금세 이곳저곳으로 퍼져나가기 시작했습니다. 네트워크를 통해 주고받는 데이터의 포맷은 하나둘씩 XML의 모양새를 띄기 시작했습니다. 프로그램이 사용하는 설정 파일들도 점차 XML 포맷이 사용되기 시작했습니다. 많은 데이터가 XML이라는 동일한 표준 직렬화 포맷을 따를 때 데이터의 통합은 더 쉽게 이루어질 수 있었고, 그 안에 포함된 메타 데이터라는 특성을 통해 개발자들은 더 쉽게 데이터를 다룰 수 있게 되었습니다.

실로 다양한 곳에 XML이 활용되기 시작했습니다. 마이크로 워드 2003 버전에서는 기존에 사용하던 doc 파일 형식 대신 docx라는 새로운 파일 형식을 사용하기 시작했습니다. 기존 doc 파일은 임의의 바이너리 포맷으로 이루어진 반면 docx는 워드의 문서 데이터를 XML 포맷으로 저장했습니다. 실제로 docx 파일을 zip으로 변경한 뒤에 압축을 해제해보면 내부에 포함된 수많은 XML 문서를 확인할 수 있습니다. docx의 x는 당연히 XML을 의미했습니다.

웹의 근간을 이루는 HTML에도 XML 바람이 불었습니다. XML을 이용해 HTML을 새롭게 구현하는 XHTML이 새롭게 고안되었습니다. 그동안 문법적 오류를 다소 느슨하게 체크하던 HTML과는 달리 XHTML은 XML 파서를 이용하기 때문에 태그 사용을 엄격하게 체크했습니다.

데이터베이스 시장에서도 XML이라는 키워드는 빼놓을 수 없었습니다. XML 문서의 구조 정보를 그대로 유지하면서 효율적으로 저장 및 검색하는 기능을 지원하는 XML 전용 데이터베이스 상품이 나오기도 했습니다. 기존의 관계형 데이터베이스도 XML에 대한 지원 기능을 앞 다투어 추가했습니다.

비주얼 스튜디오Visual Studio의 프로젝트 파일이나 자바빌드 도구인 앤트Ant의 빌드 스크립트 역시 모두 XML이 사용되었습니다. 벡터 기반의 새로운 이미지 형식이었던 SVG도 XML을 기반으로 만들어졌습니다. 이미지를 표현하는 벡터 데이터는 XML 포맷으로 저장되었고, 웹 브라우저는 이를 별도의 변환 절차 없이 바로 화면에 그려낼 수 있었습니다.

마치 모든 문제의 답은 XML이라고 외치던 시기였습니다. 왜 사람들은 이토록 XML에 열광했을까요? XML은 직렬화라는 본연의 목적을 제대로 수행했습니다. XML이라는 유연한 포맷을 통해 사람들은 상당히 복잡한 구조의 데이터도 손쉽게 직렬화할 수 있었습니다.

더 이상 데이터 교환을 위해 임의의 직렬화 포맷을 고민하지 않아도 되었습니다. XML은 표준이었으니까요. 훌륭한 XML 파서 라이브러리도 많이 나왔기 때문에 XML 데이터를 읽고 쓰는 일은 매우 쉬웠습니다. 심지어는 XML 스키마 정의만 잘 해놓으면 이를 파싱하는 코드를 자동으로 생성해주는 도구도 있었습니다. 직렬화가 제대로 되었는지를 가지고 논쟁을 할 필요도 없었습니다. XML은 표준이었고 표준을 위한 호환 유효성 검사 도구를 실행하면 제대로 만들어진 XML 파일인지 여부를 한 번에 확인할 수 있었으니까요.

XML은 모두에게 뒤쳐질 수 없는 일종의 유행처럼 번져나갔습니다. XML 개발에 참여한 찰스 골드팝Charles Goldfarb은 "XML이야말로 이종 시스템 간의 보편적인 데이터 교환 문제를 해결하는 컴퓨팅의 성배"라고 표현했으며 많은 사람이 이에 동조했습니다. 그야말로 모든 곳에 XML을 접목하려는 시도가 있었습니다.

하지만 시간이 지나면서 사람들은 XML의 단점을 발견하기 시작했습니다. 사실 XML은 데이터 교환 포맷으로 사용하기에는 큰 문제가 있었습니다. 너무 장황했습니다. 이 단점은 XML의 대체제로서 현재까지 REST API에서 많이 사용되고 있는 JSON이 선택된 이유이기도 합니다. 동일한 구조의 데이터를 각각 XML과 JSON을 이용해 구성해보면 아래와 같습니다.

▼ 표 17-1 XML과 JSON의 비교

XML	JSON

`<Employees>`
  `<Employee>`
    `<Id>21</Id>`
    `<Name>John</Name>`
  `</Employee>`
`</Employees>`
	`{`
	  `"Employees": [`
	    `{`
	      `"id": 21,`
	      `"name": "John"`
	    `}`
	  `]`
	`}`

어느 쪽이 더 눈에 잘 들어오나요? 제 눈에는 JSON 쪽이 훨씬 간결하고 XML 쪽은 다소 장황해 보입니다. 데이터 교환 포맷으로써 이 문제는 매우 치명적입니다. 데이터를 교환하기 위해 사용해야 하는 바이트의 수가 훨씬 더 늘어나기 때문입니다. 이로 인해 필요한 대역폭이 늘어나고 통신 속도가 저하됨은 물론, 직렬화된 데이터를 파싱하는 속도도 느려질 수밖에 없기 때문입니다.

JSON이라는 XML의 대안이 처음 발견된 곳은 웹이었습니다. JSON의 뿌리가 자바스크립트의 객체 리터럴literal이니, 이는 자연스러운 일이었습니다. 이 간단한 포맷이 모든 종류의 프로그램이 범용적으로 사용할 수도 있겠다는 사실을 깨달은 개발자들은 곧 이를 "JavaScript Object Notation"의 머리글자인 JSON이라고 명명했습니다. 2002년에 json.org를 통해 JSON 포맷의 문법과 파서 구현이 알려지기 시작했습니다. JSON의 기원은 자바스크립트에서 시작되었지만 곧 서로 다른 언어 간에 데이터를 교환하는 포맷으로써 XML보다 적합하다는 것이 알려지기 시작했습니다.

이 와중에 웹은 계속해서 발전을 지속했고 자바스크립트라는 언어의 인기도 높아짐에 따라 많은 개발자가 자바스크립트를 익혔습니다. 자바스크립트에 익숙한 개발자들은 추가적인 노력 없이 JSON을 직관적으로 이해할 수 있었습니다. JSON은 단순함과 간결함으로 개발자들의 호감을 사기 시작했고, 그에 반해 XML은 특유의 장황함과 복잡성으로 인해 구식 표준으로 분류되기 시작했습니다. 그 결과 XML은 이전의 영향력을 많이 잃고 설정 파일을 위한 포맷이나 오래된 API 등에서만 찾아볼 수 있게 되었습니다.

17장을 마치며

메모리나 디스크 모두 동일하게 비트를 다루고 있습니다. 그래서 메모리 내에 있는 연속된 비트를 그대로 디스크로 옮기면 안 된다는 말은 언뜻 이상하게 들릴 수 있습니다. 17장에서는 메모리 내의 데이터를 디스크로 옮기거나 네트워크를 통해 전송하기 위해 직렬화라고 불리는 변환 과정이 필요하며, 가장 범용적으로 사용되는 직렬화 포맷을 간단히 살펴봤습니다. 이를 통해 여러분이 코드를 통해 생성하는 데이터들이 실제로 컴퓨터에서 어떻게 다뤄지는지 생각해볼 수 있는 기회가 되면 좋을 것 같습니다.

3부
개발자 이야기

시작하는 개발자들을 위한
기술 여행 가이드

18장

프로그래밍에 대한 열정

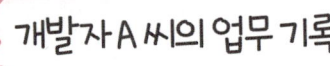 개발자 A 씨의 업무 기록

코드에서 느끼는 미학의 차이

"더 이상 질문 없으면 발표는 이것으로 마치겠습니다."

분기에 한 번씩 진행하는 사내 기술 공유 시간이었다. 발표를 맡았던 최 과장은 노트북을 챙겨서 자리로 돌아가고 있었다. 최 과장은 선행기술 연구팀에서 NoSQL 개발을 담당하고 있었는데 오늘 발표도 그와 관련된 내용이었다. 새로운 데이터베이스를 만들기에 앞서 기존의 어떤 문제에서 한계가 있었는지, 이를 타계하기 위해 어떤 대안을 검토했고, 어떤 기술을 사용해서 새로운 데이터베이스를 만들게 되었는지에 대한 내용이었다. 매일 오고 가며 인사를 하던 사이였지만 실제로 최 과장이 어떤 일을 하는지에 대해서는 처음으로 알게 된 셈이었다.

발표는 상당히 흥미로웠다. 아무래도 그동안 내가 다뤄왔던 기술과는 궤를 달리했기 때문에 더욱 흥미롭게 들을 수 있었다. 저런 멋진 일을 업무로 할 수 있다는 사실이 조금 부럽기도 했다.

사내 기술 공유 시간이 모두 끝나고 모두 각자의 자리로 돌아갔다. 나도 자리로 돌아와서는 사내 코드 저장소를 뒤져보기 시작했다. 최 과장이 속한 선행기술 연구팀의 코드 저장소는 사내에 공개되어 있었다. 발표에서 다룬 기술이 실제 코드로는 어떤 식으로 구현되어 있을지 궁금해서 코드를 직접 뒤져보기 시작했다.

사실 배경 지식도 제대로 없는 상태에서 방대한 코드 베이스를 한번 보는 것만으로 이해할 수 있으리라는 기대는 없었다. 실제로 그렇기도 했다. 내가 무슨

천재 개발자 제프 딘(Jeff Dean)[*]도 아니고 코드를 한번 보고 바로 이해할 수 있겠나…. 그럼에도 최 과장 팀의 코드는 상당히 인상적이라는 것을 알 수 있었다. 내가 다루는 미들웨어와 동일하게 자바로 만들었는데, 첫 인상은 꽤 정리가 잘 된 코드라는 느낌이었다. 코드가 마치 잘 써진 글처럼 쉽게 읽히는 느낌은 또 처음이었다.

그동안 내가 다뤄온 미들웨어 코드가 새삼 머릿속에 떠오르기 시작했다. 나와 조 대리가 열심히 관리를 하긴 하지만 아무래도 이쪽 팀의 코드에 비하면 다소 너저분한 느낌이 있었다. 물론, 최 과장 팀의 코드는 만든 지 얼마 되지 않은 상황이고, 미들웨어는 10년 가까운 세월을 버텨온 레거시 코드라는 차이가 있기는 했다. 하지만 이를 감안하고 보더라도 코드의 질이 상당히 다르다는 인상이었다. 이 차이가 구체적으로 어디에서 오는 것일지 궁금해서 나는 계속해서 코드 저장소 이곳저곳을 뒤적이기 시작했고 점차 코드가 가지는 미학적인 차이가 어디서 오는 것인지에 대해 감을 잡을 수 있을 것 같았다.

최 과장 팀의 코드는 네이밍부터가 명확했다. 클래스명이나 변수명은 자기가 하는 일을 명확하게 대변하고 있어 보는 사람으로 하여금 이름만 보더라도 이 코드가 어떤 역할을 하는지에 대해서 쉽게 추측할 수 있게 해준다. 내부 코드도 불필요한 부분이 없이 간결하게 짰다는 느낌을 주었다. 사실 개발을 하다 보면 현실 세계의 요구사항은 참으로 복잡다단해서 간결한 논리의 코드만으로 프로그램

---

[*] 현재 구글의 인공지능 부서인 구글 AI를 주도하고 있다.

을 완성하기는 쉽지 않다. 어딜 가든 코드를 지저분하게 만드는 예외 사항이 있고, 이를 코드에서 방어하다 보면 코드는 점차 그 간결함을 잃어가게 마련이었다. 하지만 최 과장 팀의 코드는 아직 그 간결함을 잃지 않고 있었다. 코딩 컨벤션은 말할 것도 없이 코드 베이스 전체에 일관성있게 적용되어 있었다. 뿐만 아니라 개발자들이 쉽게 놓치곤 하는 예외 처리 역시 아주 영리하고 일관된 방식으로 다루고 있었다.

한참을 들여다보다가 다시 미들웨어 코드를 화면으로 불러들였다. 조금 전까지는 매일 보던 아주 익숙한 코드였지만 지금은 왠지 조금 다르게 느껴졌다. 마치 제3자의 관점에서 새로운 시선으로 보는 느낌이었다.

사실 그동안은 새로운 기능을 추가할 때에도 기존의 코드 틀에 맞출 비슷비슷한 방식의 코드를 추가하곤 했다. 코드 베이스의 일관성을 위해서라도 이게 맞는 방식이긴 하다. 하지만 미들웨어 전반을 이루던 코드의 틀이 비로소 좀 낡아 보인다는 느낌을 받게 되었다.

눈앞에 있는 미들웨어 코드가 일종의 낡은 집처럼 보이기 시작했다. 아직까지는 견고하게 서있기는 하지만 일부는 수리가 필요하고, 또 일부는 새로운 것으로 대체될 필요가 있었다. 왠지 이 낡은 집을 수리하고 더 나은 상태로 만들 수 있겠다는 자신감이 들기 시작했다.

퇴근을 하고 나서도 낮에 보았던 최 과장 팀의 코드가 머릿속 한 편에 계속 맴돌았다. 그 코드에서 쓰인 기술이나 디자인 패턴 등을 인터넷에서 검색하면서 이를 미들웨어 코드에 어떻게 녹일 수 있을지를 고민했다. 어디부터 건드려야 할지를 노트에 정리하다 보니 꽤나 리스트가 길어졌다. 나도 모르게 가슴 한 편이 두근거리기 시작했다. 누가 시킨 일도 아니었지만 밤늦게까지 고민은 계속되었다. 회사 일을 하면서 이 정도로 두근거리는 경험은 처음이었다.

재미있고 어렵다

요 몇 년 사이에 개발자라는 직업의 인기가 높아지면서 컴퓨터공학 비전공자들의 개발 분야 진출이 눈에 띄게 늘었습니다. 물론, 개발이라는 분야가 컴퓨터공학 전공자들만 뛰어들 수 있는 무대는 아니기에 이전에도 타 전공 출신 개발자가 많았지만, 최근에는 그런 경향이 더 강해진 것 같습니다. 그러다보니 '비전공자 출신' '전공자 출신'과 같은 수식어도 자주 눈에 띕니다. 아무래도 대학교 4년 교과과정이 컴퓨터공학에 관련된 학문적 지식과 프로그래밍 경험을 쌓을 수 있는 좋은 기회이기 때문일 것입니다.

컴퓨터공학을 전공하는 것이 좋은 개발자가 되는 데 유리한 것은 사실이지만, 컴퓨터공학을 전공한 모든 사람이 좋은 개발자가 되는 것은 아닙니다. 제가 대학교를 졸업할 무렵인 2010년대로 거슬러 올라가면 컴퓨터공학과 졸업생 중 개발자가 된 사람은 체감상 절반에도 미치지 못하는 정도였습니다. 나머지는 기술 영업이나 마케팅, 혹은 전혀 다른 쪽으로 방향을 틀어서 자신만의 길을 개척한 경우도 많았습니다. 이들과 이야기를 나눠보면 대부분 전공 수업, 특히 실습 수업에 대한 어려움을 토로하던 경우가 많았습니다. 교수님의 설명은 이해가 안 되고, 코드는 이유를 알 수 없는 오류를 마구 내뿜습니다. 하지만 교재를 아무리 뒤져봐도 이런 오류에 대응할 수 있는 방법은 당최 보이질 않습니다. 어찌어찌 교수님과 친구들의 도움을 받아 한 학기 수업을 무사히 마치더라도 그간 내가 무엇을 배운 건지 명확히 설명할 수가 없습니다. 이렇게 해서 나중에 개발자로 먹고 살 수 있을까 하는 고민에 휩싸입니다.

저 역시 비슷한 어려움을 여러 번 겪었습니다. 학생 때뿐만 아니라 현재까지도 매일매일 진행형입니다. 새로운 개념을 처음 접하면 그것을 완전히 이해하는 데 상당한 시간을 필요로 합니다. 이 복잡한 것을 내가 제대로 이해하고 써먹을 수 있을까 싶은 초조함은 이제 일상입니다. 학생이었을 때와 다른 점은 그저 지금까지 어찌어찌 해온 경험이 있으니 이것도 좀 더 들이받아보면 어떻게든 해결되겠지 하는 근거 없는 자신감뿐입니다.

실상 내가 할 줄 아는 것, 알고 있는 것은 턱없이 적은데 세상에는 머리 좋은 개발자가 너무도 많습니다. 프로그래밍을 처음 시작하면서 아직 입문 단계에서 헤매고 있을 때 눈을 돌려보면 벌써부터 현업 개발자 못지 않은 실력으로 멋진 서비스를 만들어서 세상에 자랑하는 친구도 많았습니다. 그들은 어린 나이부터 프로그래밍을 시작해서 벌써부터 저멀리 앞서가고 있었습니다. 내가 모르는 것을 그들은 전부 알고 있는 듯 했고 탄탄한 기초를 기반으로 무섭게 성장하고 있었습니다. 정말 무서운 것은, 그들은 프로그래밍을 즐기고 있다는 사실이었습니다. 일로써, 과제로써, 프로그래밍을 대하는 것이 아니라 정말 프로그래밍 자체가 재미있어서 게임할 시간을 줄이고 잠을 줄여서 코드의 세계로 빠져듭니다. '이래서는 내가 이 격차를 줄이고 그들을 따라갈 수나 있을까?' 하는 고민에 잠 못 이루던 기억이 있습니다.

하지만 저라고 프로그래밍의 재미를 몰랐던 것은 아니었습니다. 재밌었습니다. 그렇지만 동시에 어려웠습니다. 내가 한 땀 한 땀 끼워넣은 코드들이 제대로 동작하기 시작하면 몸 깊숙이 어딘가에서 알 수 없는 희열이 샘솟습니다. 그렇게 무아지경에 빠져 몇 시간 동안 키보드만 두드린 끝에 완성된 코드를 보면 또 알 수 없는 성취감과 코드에 대한 애정이 생겨납니다. 물론, 난관을 수도 없이 만나기도 했습니다. 알 수 없는 오류를 마주치거나 이해가 안 되는 개념을 마주치면 주춤합니다. 머릿속에는 수만 개의 물음표가 생겨나고 가슴 한쪽이 답답해집니다. 그러다가 결국 나름의 방식으로 이해하고 그 원리를 깨닫는 순간에는 또 그것만의 만족감을 느낍니다.

프로그래밍을 업으로 삼는, 혹은 삼으려고 도전하고 있는 이들 모두가 좋은 개발자가 되고 싶다는 소망이 있을 것입니다. 다른 동료와 원활히 소통하고 내가 가진 역량과 경험으로 더 나은 코드와 결과물 만들어 세상에 기여하는 멋진 개발자가 되고 싶을 것입니다. 이를 위해 모두가 용감하게 박차를 가하며 진격할 준비가 되어 있습니다. 하지만 잠시 멈춰서 생각을 해볼 필요가 있습니다. '나는 왜 프로그래밍을 시작했을까?' '프로그래밍이 왜 재미있게 느껴졌을까?' 길고 긴 마라톤에서 중간에 동력과 방향을 잃지 않게 해주는 것은 이러한 근본적인 의문에 대한 답일 것입니다.

프로그래밍을 향한 동기

프로그래밍은 누군가에게는 가장 즐거운 취미이자 업이기도 하지만 동시에 누군가에게는 너무나도 고통스러운 일일 수 있습니다. 개발자 중에서도 프로그래밍이 재미있어서 업무 시간이 끝나고도 코드 삼매경에 빠지기 일쑤인 사람이 있는 반면에, 퇴근 후에는 키보드에 손도 대지 않는 개발자도 있습니다.

사실 모두가 자신의 직업을 사랑할 수는 없습니다. 모든 트럭 운전사가 운전을 좋아할까요? 모든 변호사가 자신의 변호인을 변호하는 데 만족을 느낄까요? 모든 경찰관이 공공의 안전을 위해 동네를 순찰하는 일에서 보람을 느낄까요? 사람에 따라서 그럴 수도, 그렇지 않을 수도 있을 것입니다. 개발자 역시 마찬가지일 것입니다.

하지만 기왕 개발자가 되기로 결심했다면 프로그래밍이라는 과정 자체에서 즐거움과 만족감을 얻을 수 있는 경우가 훨씬 더 좋을 것입니다. 코드를 작성하는 시간이 지루하고 어려운 시간이 아니라 즐거움으로 점철된 시간이라면 키보드 앞에 앉아있는 시간이 훨씬 더 보람차고 만족스러운 시간이 될 테니 말입니다.

이러한 종류의 동기 부여 방식을 '내재적 동기'라고 부릅니다. 동기라는 것은 우리가 어떤 행동을 하도록 이끄는 원동력인데 심리학에서는 이를 '내재적 동기'와 '외재적 동기'로 분류합니다. '외재적 동기는 행동 자체와는 별개로 뒤에 따르는 보상을 얻기 위해 얻는 동기'를 말합니다. 이러한 외재적 동기는 보상을 얻기 위해 일을 계속하게 만들 수는 있지만, 일 자체에서 오는 즐거움이나 만족감을 경험하기는 어려울 것입니다. 따라서 심리학에서는 외재적 동기와 반대되는 내재적 동기를 가장 이상적인 동기 부여 방식으로 정의하고 있습니다. 내재적 동기가 있는 사람이 더 높은 수준의 끈기를 발휘하여 결과적으로 더 나은 수준의 결과물을 만들어낼 가능성이 높을 테니까요. 돈을 벌기 위해 교사를 하는 사람보다는 아이들을 가르치는 데에서 보람과 만족을 느끼는 교사가 더 나은 교육을 제공할 가능성이 높은 것처럼 말입니다.

우리는 어떻게 프로그래밍에서 내재적 동기를 찾을 수 있을까요? 코딩 괴수들은 어디서 이러한 동기를 찾아내는 걸까요?

결과물 파 vs 순수 코드 파

경험적으로 봤을 때 제가 봐왔던 코딩 괴수들은 크게 두 부류로 나뉩니다. 이들을 임의로 '결과물 파'와 '순수 코드 파'로 지칭하겠습니다. 이 둘의 차이는 바로 어디서 만족과 내재적 동기를 얻는지의 차이입니다.

'결과물 파'는 코드 자체보다는 결과물에 관심이 많습니다. 세상에 없던 것을 만들어 사람들의 삶을 더 나아지게 만드는 데에 초점을 두곤 합니다. 이들은 코드를 볼 때 기능성을 가장 높은 우선순위에 놓습니다. 물론, 아름답게 설계되고 잘 정리된 코드를 좋아하지만 그 이유는 코드 자체가 가지고 있는 미학보다는 그것이 유지 보수에 더 유리하기 때문입니다. 중요한 것은 코드가 해야 할 일을 제대로 할 수 있느냐, 그래서 결과물이 정상적으로 기능하게 할 수 있느냐는 것입니다.

반대로 '순수 코드 파'는 코드 자체의 미학에 관심이 많습니다. 복잡한 아이디어를 이해하기 쉽고 아름답고 우아한 코드로 바꾸는 작업에서 만족감을 느낍니다. 그들에게 코드의 미학은 기능만큼이나 중요합니다. 잘 설계된 코드는 장기적으로 유지 관리가 쉽고 버그가 덜 발생하기 때문입니다. 따라서 시간이 조금 더 걸리더라도 우아하고 심미적으로 만족스러운 코드를 작성해야 한다고 생각합니다. 이들에게 코드는 마치 장인들이 만드는 공예품과도 같습니다. 도자기 장인에게 있어서 도자기는 당연히 무언가를 잘 담아내는 그 기능적 역할도 당연히 있어야 하겠지만 도자기 자체의 유려한 곡선과 아름다운 무늬 역시 그에 못지않게 중요합니다.

물론, 모든 사람이 어느 한 분류로 딱 떨어지는 것은 아닙니다. 프로그래밍을 좋아하는 사람들은 대개 두 분류의 특징을 함께 가지고 있으며, 다만 어느 부분을 더 중요하게 생각하는지에 따라서 갈릴 뿐입니다. 그럼 각 부류의 특징에 대해 좀 더 자세히 알아볼까요?

'결과물 파'에게 직장이란 개발자로서 필요한 것을 만들기 위해 경쟁을 벌이는 일종의 전쟁터입니다. 결국 현실 개발자의 임무는 고객들이 필요로 하는, 회사에서 필요로 하는 요구사항을 소프트웨어로 구현해내는 것이고 테스트 코드, 프로그래밍 언어, 개발 도구, API 설계, 클린 코드 등은 모두 이 목적을 이루기 위해 도움을 주는 도구일 뿐입니다. 결국 소프트웨어의 최종 목적은 그것을 사용하는 최종 사용자에게 가치를 만들어내는 것이니까요.

사실 이들에게 있어 프로그래밍은 꽤 유용하고 강력한 도구입니다. 이제 막 대학교를 졸업한 타 전공의 졸업생들을 생각해볼까요. 이들은 그들의 전공에 대해 상당한 정도의 지식이 있을 것입니다. 하지만 이를 가지고 실생활에 적용해 당장 무언가를 만들어 내기란 쉽지 않습니다. 하지만 프로그래밍은 그와 결이 조금 다릅니다. 프로그래밍은 추상적인 개념을 다루지만 동시에 매우 실용적이거든요. 세상을 바꿀

앱이나 소프트웨어를 만들어 자신의 아이디어를 손쉽게 실천에 옮길 수 있습니다.

반면 '순수 코드 파'는 코드 자체에서 아름다움을 찾습니다. 운동선수가 자신의 잘 훈련된 육체에서 아름다움을 찾고, 작가가 그들의 단어와 문장에서 아름다움을 찾는 것처럼요. 이들에게 프로그래밍은 단순한 직업 이상이며 조금 과장한다면 자기표현의 한 형태이기도 합니다. 그래서 예술가나 장인들이 자신의 작업물에 자부심을 갖는 것처럼 자신이 생산하는 코드에 자부심을 가지곤 합니다. 그 자부심을 꺼꾸러뜨리지 않기 위해서라도 그들은 코드를 높은 품질로 유지하고자 하는 동기가 매우 강합니다. 그리고 높은 품질의 코드는 결국은 본인과 본인이 속한 조직, 그리고 이들이 만들어낸 소프트웨어를 사용하는 최종 사용자 모두에게 더 나은 결과를 만들어내곤 합니다.

코드의 미학과 품질에 신경을 쓰는 것은 같이 일하는 동료 개발자들에게도 도움이 되는 일이기도 한데요. 실제로 〈Code Quality: The Open Source Perspective〉라는 책에서는 많은 오픈소스 프로젝트들이 다양한 개발자의 참여를 유도하기 위해 상용 프로젝트보다 코드 품질을 높게 유지하는 경향이 있다고 했습니다. 코드 품질을 높게 유지함으로써 커뮤니티에서 더 많은 개발자가 참여하고, 이로 인해 더 많은 검토와 피드백을 받음에 따라 다시 코드 품질이 높아지는 일종의 선순환 구조를 구축할 수 있는 것입니다.

몰입의 즐거움

사실 많은 개발자에게 프로그래밍의 즐거움에 대해 물으면 코드에 무아지경으로 몰입했던 이야기를 들려주곤 합니다. 가령 아침부터 책상에 앉아 정신없이 코드를 작성하고 버그를 잡고 테스트를 하다가 어느 순간 목이 뻐근하고 눈이 아파서 기지개를 켜고 밖을 보니 해가 저물어 있었다는 식입니다. 대체 프로그래밍이 뭐 길래, 이런 마법 같은 경험을 하게 하는 걸까요?

사실 프로그래밍은 상당한 집중력을 필요로 하는, 몰입도 높은 활동입니다. 코드를 작성하면서 우리는 복잡한 문제를 해결하고 기능적으로 무언가 유용한 것을 만들어내는 데서 오는 독특한 만족감을 느낍니다. 이러한 문제 해결의 과정 자체로 개발자는 상당한 보람과 성취감을 느낄 수 있습니다. 무에서 유를 창조할 수 있다는 효능감, 코드가 의도대로 동작할 때의 만족감, 창작 과정에 순수하게 빠져드는 즐거움 같은 것이 모여서 고도의 집중된 상태로 개발자를 안내합니다.

심리학자 미하이 칙센트미하이Mihaly Csikszentmihalyi는 이와 같은 고도의 집중 상태를 '몰입(Flow)'이라고 정의했습니다. 일평생 몰입에 대한 연구를 해온 그는 몰입에 대해 '고도의 집중을 유지하면서 지금 하는 일을 충분히 즐기는 상태를 뜻하는 것으로, 동양에서 말하는 물아일체나 무아경과도 같은 개념'이라고 설명합니다. 물론, 프로그래밍만

이 몰입할 수 있는 유일한 수단인 것은 아닙니다. 악기를 연주할 때, 운동 경기를 할 때, 퍼즐이나 게임을 할 때, 누군가와 깊이 있는 대화를 나눌 때, 좋아하는 책을 읽을 때에도 모두 기분 좋은 몰입을 경험할 수 있습니다.

몰입과 관련해 역사적으로 재미있는 이야기가 하나 있는데요. 철학자 이마누엘 칸트Immanuel Kant가 어느 날 부엌에서 간단한 요깃거리로 달걀을 삶고 있었는데, 마침 동료가 방문해 갑작스럽게 학술 토론을 벌였다고 합니다. 30여 분의 이야기가 끝난 후 동료는 문득 "왜 손에 달걀을 쥐고 있느냐?"라고 묻습니다. 칸트는 그제야 자신이 동료와의 이야기에 집중하느라 달걀 대신 반대편 손에 쥐고 있던 회중시계를 끓는 물속에 던져넣었다는 것을 깨달았다고 합니다.

이처럼 제대로 몰입 상태에 들어서게 되면 자신이 집중하고 있는 대상 이외의 것에는 신경 쓰지 않는 상태가 됩니다. 휴대폰의 알림이나 시간, 배고픔 등을 잊고 오로지 자신의 작업에 집중하게 됩니다.

물론, 이러한 몰입의 순간이 아무 때나 쉽게 찾아오지는 않습니다. 미하이 칙센트미하이의 이론에 따르면 몰입을 유도하는 몇 가지 조건이 있습니다.

먼저, 자신의 행동에 대한 뚜렷한 목표가 있어야 하며, 결과에 대한 피드백을 받을 수 있는 환경이어야 합니다. 프로그래밍은 이 조건을 쉽게 만족시킬 수 있는데요. 일단 키보드 위에 손을 올리고 IDE 창을 띄웠다는 것은 특정 기능을 수행하는 코드를 작성한다는 목표가 존재한다는 뜻입니다. 또한 코드를 수정해가면서 보게 되는 컴파일러의 경고나 코드의 정상 작동 결과 등을 실시간으로 받으면서 자신의 작업에 대한 성공이나 실패 여부를 지속적으로 확인할 수 있습니다.

또한 몰입을 위해서는 대상 작업의 난이도가 적절해야 하는 것도 중요한데요. 몰입은 일의 난이도가 자신의 역량과 제대로 부합할 때 발생하기 때문입니다. 연구 결과에 따르면 자신의 능력보다 5%~10% 정도 어려운 일을 할 때 몰입 상태에 가장 잘 빠져들 수 있는 것으로 나타났습니다. 너무 쉬우면 지루하다고 느끼고, 너무 어려우면 불안해지고 일 처리 능력이 급격히 감소합니다.

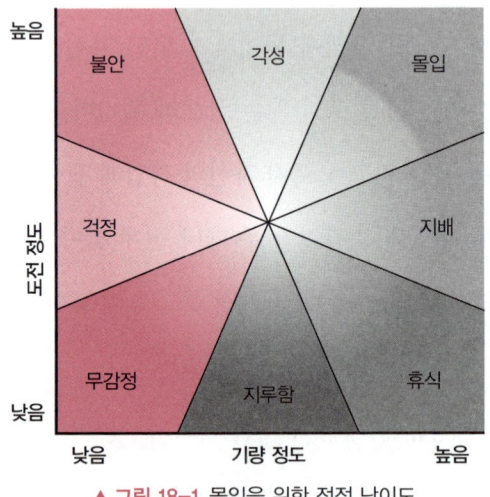

▲ 그림 18-1 몰입을 위한 적정 난이도

칙센트미하이는 2004년 테드TED 강연에서 우리의 신경계가 초당 약 110비트 정도의 정보만을 처리할 수 있다고 했는데요. 한편으로는 이 숫자가 많아 보일 수 있지만 사실 우리는 간단한 일상생활에도 꽤 많은 정보 처리 능력을 필요로 합니다. 누군가의 말을 듣고 해석하는 것만으로도 약 60비트의 신경학적 대역폭을 차지한다고 합니다. 그래서 누군가와 대화를 할 때에는 다른 것에 집중하기가 어려운 것입니다. 하지만 몰입 상태에 들어선 사람들은 신경계의 대역폭 전부를 오롯이 눈앞에 있는 작업에 집중할 수 있습니다. 그렇기 때문에 주변 사람이나 시간의 흐름 같은 것을 인식하지 않게 되는 것입니다.

▲ 그림 18-2 개발자의 몰입

[그림 18-2]는 몇 년 전 해커 뉴스Hacker News에서 화제가 된 만화인데요. 화면 속 코드를 응시하며 몰입 상태로 빠져드는 개발자의 모습을 정확히 표현했습니다. 이 상태의 개발자는 손가락이 안보일 만큼 빠르게 키보드를 두드리기도 하지만 어느 순간 키보드에서 손을 떼고 조용히 화면을 응시하기도 합니다. 하지만 그 순간에도 개발자의 두뇌는 쉬지 않습니다. 코드의 동작을 개념화하고 재배열해가면서 문제를 해결하기 위한 전략을 세우는 작업이 쉴 새 없이 진행되고 있습니다. 아마도 이 순간만큼은 초당 110비트의 신경학적 대역폭을 온전히 코딩에만 집중하고 있는 일종의 무아지경이라고 표현해도 과장이 아닐 것입니다.

18장을 마치며

모든 사람은 초보자로 시작합니다. 로마는 하루아침에 만들어지지 않았고 좋은 소프트웨어 개발자 역시 그렇습니다. 하지만 단순히 긴 시간을 보낸다고 해서 누구나 좋은 개발자가 되는 것은 아닐 것입니다. 지금껏 제가 봐온 모든 좋은 개발자가 공통적으로 가지고 있던 것은 바로 '열정'이었습니다. 열정을 가진 개발자에게 프로그래밍은 더 이상 일이 아닌 애정의 대상일 것입니다.

19장
더 나은 개발자로 성장하기

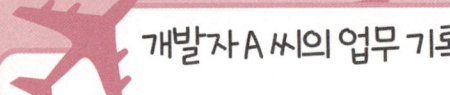 개발자 A 씨의 업무 기록

콘퍼런스에서 얻은 성장에 대한 열정

오랜만에 오후 햇볕을 즐기러 사수와 사무실을 나왔다. 티타임을 위해 카페로 들어가는데, 문득 사수가 물었다.

"이번에 열리는 개발 콘퍼런스에 갈 거예요?"

안 그래도 팀원들과 점심을 먹으면서 콘퍼런스에 대한 이야기가 나오긴 했다. 다들 이번에는 어디서 열린다느니, 경쟁률이 치열할 것 같다느니, 어떤 세션이 궁금하다느니 하는 등의 이야기를 나눴다. 스마트폰으로 콘퍼런스 일정을 찾아보니 목요일과 금요일, 이틀에 걸쳐서 열리는 일정이었다. 주말이었다면 한 번 가볼까 싶었지만 굳이 주중에 휴가를 내면서까지 가기에는 부담이 되어 내심 마음을 접고 있었다.

"저는 남은 휴가가 별로 없어서 못 갈 것 같아요."

"엥? 아, 제가 말씀을 안 드렸구나. 개발 콘퍼런스에 다녀오는 건 휴가를 쓰지 않아도 돼요. 그냥 팀장님에게 말씀드리고 교육 일정으로 다녀온다고 결재만 올리면 돼요."

휴가를 소모하지 않고도 참석할 수 있다고 하니 다시 관심이 생기기 시작했다. 티타임을 마치고 자리에 돌아와 콘퍼런스에 대해 좀 더 찾아보기 시작했다. 과연 규모가 있는 콘퍼런스답게 여러 세션이 동시에 진행되는 방식이었는데 꽤 궁금했던 제목의 세션도 여럿 보였다. 아직 개발 콘퍼런스에 참여해본 경험이 없었기 때문에 이런 콘퍼런스에서 무슨 이야기를 할까 궁금한 마음에 일단 참석해 보기로 했다.

    콘퍼런스 당일, 행사장에 들어서는데, 벌써부터 많은 사람으로 북적이고 있었다. 이 많은 사람이 전부 개발자라는 생각이 드니 신기한 기분도 들었다. 지금껏 내가 봐온 개발자들은 회사 내부 사람들이 전부였는데 오늘 보니 각양각색의 회사에서 다양한 개발자가 참석한 것 같았다. 콘퍼런스 행사의 진행 방식도 처음에는 생소했지만 조금 시간이 지나니 금방 적응이 되었다. 각 발표가 한 시간 단위로 이루어지고, 전체 트랙이 4개로 나뉘어져 있어 듣고 싶은 세션이 속한 트랙으로 이동해서 발표를 듣는 방식이었다. 발표 중간 중간의 쉬는 시간에는 각자 원하는 세션을 찾아 자리를 이동하는 사람들, 로비에서 삼삼오오 모여서 이야기를 하는 사람들, 그리고 각 기업의 홍보 부스들로 인산인해를 이루고 있었다. 흔히 개발자라고 하면 떠올리는 정적인 이미지와는 달리 어떤 열정적인 에너지가 한데 모여서 넘실거리고 있는 느낌이었다.

    나는 어제 미리 듣고 싶은 세션을 골라두었기 때문에 현장에서 헤매지 않고 바로 원하는 세션으로 이동할 수 있었다. 붐비는 복도를 지나 발표 홀로 들어갔다. 북적이는 다른 참석자 사이로 비집고 들어가 자리에 앉았다. 이윽고 조명이 어두워지고 무대 위에 개발자 한 분이 올라와 자기소개를 하면서 발표를 시작했다. 나는 노트와 펜을 쥐고는 열심히 메모를 하며 발표를 들었다.

    발표가 끝난 뒤에도 Q&A 시간을 통해 질문을 할 수 있는 시간이 있었는데, 많은 참석자가 각자 손을 들고 질문하기 시작했다. 발표자는 즉석에서 나온 질문에도 막힘없이 술술 답을 내놓았다. '정말, 실력자구나'라는 생각이 들었고 문득 '나도 저렇게 될 수 있을까' 하는 생각이 스쳐갔다. 질문자가 하도 많았던 탓에 진행자가 시간 관계상 마무리를 해야 한다며 양해를 구할 정도로 발표의 분위기는 뜨거웠다.

그날은 하루 종일 여러 세션을 들으면서 최대한 많은 지식을 흡수하려고 노력했다. 무대 위에서 자신의 경험과 지식을 공유하는 발표자도 멋졌지만 이 큰 콘퍼런스를 가득 메울 정도로 많은 개발자가 참석해서 열정적으로 발표를 듣고 질문을 하는 모습이 상당히 인상적이었다. '아, 이렇게 열정 있는 개발자가 많았구나' 하는 감상에 젖었다.

콘퍼런스가 모두 마무리되고 집으로 돌아가는 버스 안에서 이런 저런 생각이 많아졌다. 그동안 회사 업무는 어느 정도 익숙해져 있었다. 업무에서 다루는 기술에 대해서도 이젠 처음보다 많이 능숙해졌다고 자평하곤 했다. 하지만 소프트웨어 개발 전반에 걸쳐서 내가 아직 이렇게나 모르는 것이 많았다는 생각에 부끄러운 기분이 들기도 했다. 물론, 전혀 모르는 기술에 대한 이야기도 이렇게 현장에 와서 들었다고 해서 모두 알아들을 수는 없다. 그래도 전체적인 흐름은 대강 눈에 들어오는 느낌을 받으니 뿌듯한 부분도 있었다. 오늘 새롭게 접한 지식을 빨리 더 파헤쳐보고 가능하면 회사 업무에도 적용해보고 싶다는 생각이 들었다. 한 편으로는 나도 몇 년 후에 저런 규모 있는 개발 콘퍼런스에서 한 세션을 담당해서 자신감 있게 당당히 발표할 수 있으면 좋겠다는 생각도 들었다. 아직은 지식도, 경험도 부족하지만 말이다. 오늘 콘퍼런스에서 얻은 것이 아무래도 지식의 파편이 아니라 성장에 대한 열정인 모양이다.

성장 가능성

어린 시절에 살던 동네를 어른이 되어 다시 방문한 적이 있습니다. 추억이 묻어있는 동네 곳곳을 돌아다니면서 상당히 신기한 느낌을 받을 수 있었는데요. 동네에 있는 것들이 전부 제 기억보다 작았습니다. 이곳의 도로가 이렇게 좁았나 싶기도 하고, 등하굣길에 자주 지나치던 체육관은 또 왜 그리 작아 보이는지…. 학교 교문과 문방구 건물 모두가 작고 아담했습니다. 이러한 부조화를 느끼게 된 이유는 아마도 제가 어른으로 성장했기 때문일 것입니다. 어릴 때는 신체적 크기가 작기 때문에 주변의 물체가 상대적으로 크게 느껴졌지만, 어른으로 성장하면서 신체적 크기가 커지니 반대로 물체들이 작아보이게 되는 것이겠지요. 이렇듯 성장한다는 것은 주변과 자신의 비율이 변화하는 일입니다. 대단하고 커 보이기만 했던 것이 어느새 작아지고 그 너머에 있는 더 많은 것을 시야에 담을 수 있게 되는 일입니다.

개발자를 포함한 직장인에게도 '성장'이라는 키워드는 중요하게 다뤄집니다. 요즘은 직장을 고를 때에도 '성장 가능성'이라는 항목을 상당히 중요하게 여긴다고 합니다. 얼마 전 읽은 신문에서는 이직을 생각하게 되는 이유 중 하나가 '현재 회사에서는 개인의 성장을 기대할 수 없기 때문'이라는 기사를 읽기도 했습니다.

하지만 성장이란 무엇일까요? 매일 업무를 반복하면서 능숙해지는 것이 성장일까요? 지금 맡은 역할을 훌륭히 수행해 내고 있다면 잘 성장하고 있는 것인지, 아니면 여가 시간을 이용해 다른 무언가를 준비해야 하는 것이 성장인지 영 혼란스럽기만 합니다. 그러다 보면 종종 정체 모를 초조함을 만나기도 합니다. 개발 콘퍼런스 같은 곳을 가보면 강단 위에서 멋지게 프레젠테이션을 하고 있는 뛰어난 개발자가 많이 보입니다. 이들은 어떤 성장의 길을 거쳤길래 저런 역량과 지식을 갖출 수 있었던 것일까요? 회사 업무와 관련된 기술만 배워서는 도무지 저렇게 될 수 있을 것 같지가 않습니다.

더 나은 개발자가 되기 위해서 여가 시간과 주말을 이용해서 업무 외적으로 새로운 기술을 공부해도 영 확신이 없습니다. 더군다나 업무에 직접 적용하는 것이 아니라 책이나 문서를 읽고 튜토리얼 정도만 돌려보는 수준으로는 충분히 이해도 잘되지 않고 금세 까먹어버리곤 합니다. 이러다 보면 '나는 잘 성장하고 있는 걸까?' 하는 걱정스런 의문이 들기도 합니다.

학창 시절에는 이러한 종류의 고민을 할 일이 별로 없었습니다. 무엇을 어떻게 학습할지는 교과 과정에 정해진 커리큘럼으로 이미 완성되어 있었거든요. 심지어 정기적인 시험을 통해 나 자신의 역량을 객관적으로 측정하고 무엇이 부족한지를 정확하게 인지할 수 있습니다. 하지만 학교라는 튜토리얼을 끝내고 사회로 나와 보니 커리큘럼 같은 친절한 가이드는 존재하지 않습니다. 모두가 각자의 방향을 설정하고 각자의 속도와 방법을 통해 성장의 가도를 달리기 시작합니다. 그들을 보며 나름대로 성장을 위한 방향을 고민해 보고 열심히 페달을 밟아보지만 여전히 확신은 부족합니다.

무엇을 먼저 공부해야 하나

흔히 개발자라는 직업을 일컬어 '평생 공부해야 하는 직업'이라고 이야기합니다. 틀린 이야기는 아니지만 사실 평생 공부해야 하는 건 개발자뿐만이 아닙니다. 다른 직업을 가진 이들도 대부분 계속해서 무언가를 새롭게 배워나갑니다. 의사의 경우 새로운 질병이 발생하거나 새로운 치료법이 개발되면 그에 대해 학습해야 합니다. 또한 환자의 증상과 진단을 정확하게 파악하기 위해 기존의 의학 지식에 대한 복습도 꼭 필요할 것입니다. 변호사 역시 법률의 변경이나 새로운 판례에 따라 계속해서 자신의 법률 지식을 업데이트 해나갑니다. 교사도 교육 방법에 대해 계속 공부하고, 기자도 새로운 분야의 뉴스를 취재하기 위해 해당 분야에 대해 쉼 없이 공부하곤 합니다.

그런데도 유독 개발자에게 '공부'라는 키워드가 따라다니는 것은 개발자가 다루는 지식의 수명이 짧은 경우가 많고 새로운 지식이 만들어지는 주기도 짧기 때문일 것입니다. 물론, 모든 개발 지식이 수명이 짧은 것은 아닙니다. 대개 프로그래밍의 본질에 가까운 지식일수록 수명이 길고 본질에서 멀어질수록 수명이 짧아지는 경향이 있습니다. 그러므로 불과 1년 전에 전 세계 개발자들을 주목시키며 혜성처럼 등장한 기술이 채 1년이 되지도 않아 낡은 레거시 취급을 당하는 일이 개발자들 사이에서는 비일비재합니다.

프로그래밍의 본질에 가까운 지식은 다시 말해 프로그래밍을 이루는 기본 원리와 개념들을 이야기합니다. 예를 들어, 함수, 객체, 상속, 다형성, 추상화, 캡슐화, 인터페이스, 알고리즘, 디자인 패턴, 리팩터링, 디버깅 같은 것을 꼽을 수 있겠네요. 이러한 종류의 지식은 세기를 넘어 현재까지 살아남아 있습니다. 프로그래밍의 본질은 변하지 않기 때문입니다. 이런 지식은 어떤 프로그래밍 언어나 기술을 사용하더라도 그대로 적용될 수 있는 지식입니다. 알고리즘과 자료구조 같은 것이 프로그래밍 언어가 바뀐다고 해서 변하진 않으니 말입니다.

반면 본질에서 다소 멀다고 할 수 있는 종류의 지식은 특정 프로그래밍 언어의 문법, 특정 프레임워크와 라이브러리의 사용법, 특정 플랫폼을 위한 지식 같은 것이 있습니다. 이런 지식은 프로그래밍의 본질과는 다소 거리가 있으며 특정한 상황과 목적에 따라서 선택하고 사용하는 것입니다. 이 지식은 환경이나 요구사항이 변함에 따라 새롭게 만들어지고 또 쇠퇴하여 구식이 되기도 합니다.

프로그래밍의 본질에 가까운 지식은 개발자가 되기 위한 학습의 기초이자 핵심입니다. 프로그래밍의 근본적인 원리와 개념을 이해하고 습득하는 데 필요합니다. 개발자의 기본 소양이라고 이야기할 수도 있겠네요.

반면, 프로그래밍의 본질과 거리가 있는 지식은 보조적인 지식입니다. 주로 본질에 가까운 지식을 활용하고 응용하는 데 필요한 것들입니다. 따라서 상대적으로 학습에 대한 우선순위가 낮고 필요에 따라 선택적으로 학습하는 것이 유리합니다.

즉, 개발자의 기본 소양을 탑재한 상태에서 필요할 때 필요한 기술을 익힐 수 있는 것이 뛰어난 개발자의 능력이며 내공이라고 할 수 있습니다. 사실 필요하지 않은데 굳이 시간을 들여 익힌다 한들 그런 지식들은 쉽게 잊어버리기도 합니다.

개발자의 자질

좋은 개발자가 되기 위한 재질 같은 건 타고나는 것일까요? 전 세계적으로 이름을 알린 천재 개발자들의 일화를 듣다보면 '그들은 어떤 자질 같은 것을 타고 난 것이 아닐까?' 하는 생각이 들기도 합니다. 역사상 가장 유명한 음악 신동이었던 모차르트처럼요. 모차르트는 5살

때 이미 작곡을 시작했고, 6살 때부터 아버지와 함께 유럽 각국을 여행하면서 왕족과 귀족들 앞에서 연주를 했다고도 하죠. 영화 〈아마데우스〉를 보면 망나니처럼 생활하면서도 타고난 재능으로 감동적인 음악을 아주 손쉽게 만들어 내는 모차르트의 모습을 볼 수 있습니다.

하지만 〈1만 시간의 재발견〉이라는 책에서는 이와 같은 모차르트에 대한 신동 신화를 깨부수고 있습니다. 모차르트가 타고난 천재가 아니라 아버지의 엄격한 지도와 훈련 덕에 그 음악적 재능을 키울 수 있었다는 이야기를 하는데요. 모차르트가 4살이 되던 해에 그의 아버지 레오폴트는 그에게 바이올린과 건반 악기들을 가르치기 시작하면서 다른 일은 접고 아들의 음악 교육에만 전념하기 시작했다고 합니다. 5살 때 작곡을 했다는 믿기 힘든 일화에도 아버지가 작곡한 것을 모차르트가 따라 쓴 것이라는 가설을 제기하기도 합니다. 실제로 모차르트가 자신이 죽기 3년 전에 남긴 편지에는 아래와 같은 내용이 있습니다.

"사람들은 나를 천재 작곡가라고 부르며 그저 타고난 재능이 전부인 것처럼 말하지만, 나처럼 작곡에 오랜 시간과 엄청난 사고를 기울이던 사람은 없을 것이다. 작곡가는 엄청난 시간과 노력을 필요로 하는 직업이다."

영화 〈아마데우스〉에 그려진 것처럼 영감을 받아 머릿속에서 음악을 완성한 다음 한 번도 고치지 않고 써내려가는 모습과는 영 다른 이미지입니다. 우리가 보기에 타고난 천재 같았던 모차르트의 일화도 사실은 아버지의 헌신적인 지도와 모차르트 본인의 보이지 않는 노력을 통해 만들어진 것일지도 모릅니다.

전 세계적으로 큰 개발 콘퍼런스의 강단에서 자신감 있게 자신의 코드를 꺼내어 놓는 개발자들도 그 이면에는 보이지 않지만 상당한 양의 훈련과 성장의 시간을 양분삼아 현재의 자신에 이르게 되었을 것입니다. 실제로 많은 선배 개발자도 "개발자의 기본기가 무엇이냐?"라는 물음에 문제 해결 능력이라든지, 기술에 대한 열망 같은 답을 하는 분은 많지만 '타고난 코딩 능력'이라고 답하는 분은 아직까지 본 적이 없습니다.

좋은 개발자의 모습

모두가 좋은 개발자가 되고 싶어 합니다. 여러분이 하고자 하는 성장이라는 길 끝에 있는 목적지도 아마 좋은 개발자일 것입니다. 하지만 좋은 개발자라는 표현은 아무래도 다소 뜬 구름 잡는 느낌이 있습니다. 구체적으로 어떤 개발자가 좋은 개발자일까요? 좋은 개발자라는 느낌을 주는 지표는 여러 가지가 있지만 구체적으로 좋은 개발자를 정의하기란 쉽지 않습니다. 좋은 개발자의 구체적인 이미지에 대한 상(像)을 마음속에 새기면 성장의 방향성을 잡고 집중력과 동기를 유지하는 데 도움이 될 수 있을 것 같네요.

일단 좋은 개발자의 첫 번째 조건이라면 역시 본업인 개발 역량이 뛰어나야 할 것입니다. 본인이 다루고 있는 기술 영역에 대한 지식도 풍부해야겠죠. 하지만 이 부분도 좀 더 구체화할 필요가 있는데요. 대개 기술력이 뛰어난 개발자라고 하면 두 가지 타입이 있습니다. 첫 번째 타입은 다양한 기술에 대해서 잘 알고, 최신 기술 스택에도 능숙한 타입입니다. 그리고 두 번째 타입은 특정한 기술을 깊이 이해하고 있는 타입입니다. 최신 유행하는 기술에 대해서는 다소 까막눈일 수 있지만 본인의 주 전공 분야에 대해서는 역량이 뛰어난 개발자입니다.

이 두 가지 타입을 짧게 정리하면 첫 번째는 '넓게 잘 아는 사람', 두 번째는 '깊게 잘 아는 사람'이라고 할 수 있겠네요. 물론, 역량이 훌륭한 개발자 가운데는 이 두 가지 특성을 모두 지니고 있는 괴물같은 분도 많지만 대개는 둘 중 하나의 측면을 강하게 가지고 있습니다. 둘 중 어느 타입이 상대적으로 더 좋은 개발자의 상이라고 단정 지어 말할 수는 없습니다. 하지만 두 타입의 공통점은 찾을 수 있을 것 같네요. 바로 '기술에 대해 끊임없이 공부하는 개발자'라는 것입니다.

또 다른 좋은 개발자의 특징은 자기 주도적이라는 점입니다. 관리자가 일일이 할 일을 만들어주지 않아도 본인이 맡은 분야에서 우선순위에 따라 해야 할 일을 잘 찾아내고 그것을 주도적으로 추진하는 특징이 있습니다. 또한 누가 시키거나 요청하지 않아도 스스로 현재 코드 베이스나 조직에서 문제를 찾아내어 고민하고 그 해결책을 제안합니다. 이러한 자기 주도적 고민의 태도는 주니어 시절부터 습관이 되면 좋은데요. 누가 시켜서 하는 일보다 주도적으로 자신이 끌고 나가는 일에서 더 많은 것을 배울 수 있기 때문입니다. 이러한 밀도 높은 경험의 시간은 마치 복리 이자와도 같아서 더 좋은 개발자가 되기 위한 역량을 더욱 단단히 만들어 줍니다.

　주변에 긍정적인 영향을 미치는 것도 좋은 개발자의 중요한 특징 중 하나입니다. 누구도 대단한 일을 혼자 해낼 수는 없습니다. 어느 정도 규모가 있는 일은 대부분 혼자서 해내기보다는 팀으로써 모두가 협력해야 하는 일입니다. 따라서 혼자서 100을 해낼 수 있는 개발자보다는 80밖에 해내지 못하지만 주변 팀원들의 생산성을 20만큼 더 끌어내줄 수 있는 개발자는 팀 전체의 생산성에 큰 플러스 요소가 됩니다. 그런 개발자들은 대개 팀 내에 새로운 문화를 만드는 데에 앞장서고 주변의 동료들을 지원하기를 꺼리지 않습니다. 본인이 가지고 있는 지식과 경험을 널리 공유하고 모두의 역량을 함께 끌어올립니다. 이를 통해 주변으로부터 '함께 일하고 싶은 동료'로 뽑히곤 합니다.

문제 해결 능력이 뛰어난 개발자도 중요한 특징 중 하나입니다. 여기서 말하는 문제란 버그나 장애 처리와 같은 기술적인 내용만을 이야기하는 것이 아닙니다. 사실 개발자들이 하는 코드 작성은 문제를 해결하고 비즈니스를 만들어내기 위한 수단일 뿐입니다. 따라서 문제에 따라서는 코드 한 줄 작성하지 않고도 해결할 수 있는 문제도 있습니다. 좋은 개발자는 이런 상황에서도 본인이 만들고 있는 결과물에 대한 깊은 이해도와 기술적인 역량을 바탕으로 비즈니스에 도움이 되는 방안을 제시하는 역할을 합니다.

실제로 이전에 어느 개발 콘퍼런스에서 들은 내용인데, 온라인 게임을 라이브로 서비스 중인 개발팀이 있었다고 합니다. 그 팀이 서비스하고 있는 게임에는 원인을 알 수 없는 고질적인 버그가 하나 있었는데, 문제는 그 버그가 자주 발생하는 게 아니라 한두 달에 한 번 꼴로 아주 간헐적으로 발생하는 버그였다는 점이었습니다. 더군다나 개발팀에서는 그 버그의 원인을 모를뿐더러 버그의 재현조차 못하고 있는 상황이었고요. 앞선 장에서도 이야기했지만 재현은 버그 해결에 중요한 역할을 합니다. 하지만 개발팀 내에서 재현도 어렵고 너무 간헐적으로 발생하기 때문에 버그의 단서를 획득하기도 어려운 상황인 셈이죠.

개발팀에서 문제의 버그를 해결하기 위해서는 고참급 개발자를 비롯한 상당한 리소스를 꽤 오랜 시간동안 투입해야 하는 상황이었습니다. 하지만 개발팀은 여기서 전혀 개발자스럽지 않은 선택을 합니다. 상당한 공수가 들 것으로 예상되는 버그 해결에 리소스를 투입하는 대신, 그 버그가 재현되었을 때 피해를 입은 사용자에게 피해의 규모를 상회하는 게임 내 보상을 주기로 하고 다른 우선순위가 높은 개발 이슈에 리소스를 투입하기로 한 것입니다. 물론, 이 버그가 게임 플레이에 치명적이지 않았다는 점도 이러한 의사결정을 할 수 있게 된 이유 중 하나였을 겁니다. 이 이야기가 개인적으로 상당히 인상적이었던 이유는 이러한 우선순위에 따른 의사결정이 비즈니스 관점에서는 자명한 결정이었지만 기술자의 관점에서는 상당히 생소하게 느꼈기 때문입니다. 기술적 문제의 해결책은 당연히 기술이라고 생각했지만 상황에 따라서는 그게 아닐 수도 있겠다는 생각이 들었습니다.

이 정도가 제가 생각하는 좋은 개발자의 면모였습니다. 물론, 이것만이 정답은 아닙니다. 여러분이 생각하는 좋은 개발자의 상을 직접 만들어보는 것도 좋습니다. 주변이나 외부에서 닮고 싶은 개발자들을 찾아내고 그들이 가진 특징들을 관찰하여 구체화된 목표로 삼는다면 여러분의 성장 방향성을 설정하는 데에 큰 도움이 될 것입니다.

끊임없는 학습

성장을 위한 의욕은 있지만 방법을 몰라 고민 중이라면 일단 남들이 하고 있는 방법을 따라해 보면서 자신만의 성장 루틴을 만드는 것이 좋습니다. 다른 사람은 어떻게 자신의 역량을 키우고 있을까요?

끊임없는 학습은 좋은 개발자가 가지고 있는 필수 자질 중 하나입니다. 하지만 이제 막 개발에 입문했다면 학습방법에 대한 감도 못 잡는 경우가 많습니다. 개발자로서 지식을 확장시키는 일은 그동안 해왔던 시험에서 좋은 점수를 얻기 위한 공부와는 다소 결이 다르기 때문입니다. 그동안 좋은 개발자가 되기 위해 해왔던, 그리고 남들도 많이 하는 방법을 정리해 보니 4가지 정도가 나오네요.

첫 번째는 '정보 파이프라인 만들기'입니다. 이 방법은 특별히 시간을 내어 자리를 잡고 하는 공부가 아니라 일상 속에 자연스레 스며들게끔 만드는 일입니다. 즉, 구태여 노력해서 찾아가지 않아도 내 주변으로 개발과 관련된 정보가 흐르도록 하여 일상적으로 그것을 접할 수 있는 루틴을 구성하는 것입니다.

예를 들어, 마음에 드는 국내외의 개발 관련 뉴스레터를 구독하여 메일로 받아보고, 좋은 글이 많은 블로그를 RSS로 등록하여 모아보는 것도 좋습니다. 페이스북, 트위터, 유튜브 등에서 개발과 관련된 그룹이나 계정에 알림을 걸어놓고 지속적으로 정보를 받아보는 방법도 있습니다. 보통은 출퇴근 시간이나 자투리 시간을 이용해 이런 정보를 가볍게 훑어보곤 합니다. 물론, 제한된 시간 내에 모두 파악하기 어려울 만큼 많은 정보가 흘러들어오기 때문에 이때는 가볍게 훑으면서 관심이 가는 내용들만 따로 모아놓습니다.

이런 식으로 내게 유의미하거나 관심이 가는 것을 한번 추려내고 이렇게 걸러진 정보는 상대적으로 여유가 더 있을 때 따로 시간을 내어 좀 더 깊게 파고들어 봅니다. 이런 식으로 정보 파이프라인이 구성되면 자신의 주 관심 분야 외의 정보도 쉽게 접할 수 있어 지식 범위를 넓히는 데 도움이 많이 됩니다.

두 번째는 '책과 공식 문서를 통해 학습하기'입니다. 내가 관심을 두는 분야가 너무 규모가 작거나 범위가 좁지 않다면 대부분 관련된 책이나 공식 문서가 존재할 것입니다. 책과 공식 문서는 블로그나 SNS의 글보다 정제되고 검증된 정보임과 동시에 더 심도 깊은 내용을 다루는 경우가 많습니다. 따라서 깊이 있는 학습을 위한 좋은 수단이 될 수 있습니다.

세 번째는 '정리 및 기록하기'입니다. 사람의 기억력에는 한계가 있습니다. 자주 사용되는 지식이야 옆에서 툭 치면 바로 튀어나올 수 있겠지만, 그렇지 못한 종류의 지식은 머릿속에서 휘발되는 데 그렇게 오랜 시간이 걸리지 않습니다. 그러므로 기록이 중요합니다. 책이나 글을 통해서 일방적으로 학습하는 것보다 전체를 파악하고 내 문장으로 다시금 정리한 내용은 그 기억이 더 오래갈 뿐만 아니라 기억이 사라진다고 하더라도 기록을 통해 다시 찾아볼 수 있습니다. 이렇게 다시 찾아볼 때에도 남이 쓴 글이 아니라 내 문장으로 구성된 글이라면 기억을 되살리는 데 훨씬 쉽습니다. 이러한 기록의 수단으로 예전에는 위키를 많이 사용했는데 요즘에는 블로그를 통해 많이 남기는 것 같습니다.

네 번째는 '적용해보기'입니다. 정보는 단순히 소비하는 것만으로는 완전히 내 것이 되지 않습니다. 실제로 튜토리얼을 돌려보고, 코드를 수정해보고, 실무에 접목하거나 관련된 토이 프로젝트를 진행해 본다면 새롭게 배운 정보가 더욱 완벽하게 내 지식과 역량으로 남을 것입니다.

안전지대 벗어나기

'안전지대(Comfort Zone)'라는 말을 들어봤나요? 안전지대는 '자신이 편안하고 안전하게 능력을 발휘할 수 있는 환경이나 상황'를 지칭하는 말입니다. 예를 들어, 어떤 개발자가 자바 언어만 10년을 넘게 다뤄 왔다면 그에게 자바는 '안전지대'일 것입니다. 자바가 객체 지향 언어의 대표격이니만큼 객체 지향의 패러다임도 능수능란하게 사용할 수 있을 것입니다. 그에게 자바는 자신이 편안하게 본인의 능력을 온전히 발휘할 수 있는 영역이기 때문에 그에 따른 큰 스트레스를 받을 일도 별로 없습니다. 하지만 익숙함 속에 계속 머무는 것보다는 익숙하지 않은 것을 시도하고, 더 어렵지만 더 많은 것을 배울 수 있는 기회를 잡는 편이 개발자의 성장 관점에서 유리합니다. 안전하고 포근한 이불을 걷어차고 과감히 안전지대 바깥으로 새로운 도전을 찾아 나가야 하는 것입니다.

기왕 프로그래밍 언어 이야기가 나왔으니 이야기를 이어가겠습니다. 모든 개발자는 개발을 처음 시작하게 되면서 배우게 되는 첫 언어가 있을 것입니다. 많은 개발자가 그 첫 언어의 울타리 안에서 꽤 오랜 시간을 보내곤 합니다. 하지만 처음으로 이 울타리를 벗어나 다른 언어와 패러다임을 접하게 되는 순간, 본인의 사고 영역이 넓어지는 경험을 할 수 있습니다. 예를 들어, 앞서 이야기했던 객체 지향 언어로만 코드를 작성하던 개발자가 처음으로 순수 함수형 언어를 접하게 되면 새롭게 배우게 되는 개념이 상당히 많습니다. 이러한 개념은 이 개발자가 다시 객체 지향 언어로 돌아간다고 하더라도 더 나은 코드를 작성하기 위한 좋은 밑바탕이 되어 줄 수 있습니다.

사실 개발자 입장에서 프로그래밍 언어는 작업을 하기 위한 일종의 공구와 같습니다. 공구에는 여러 종류가 있어서 못을 박을 때에는 망치, 나사못을 박을 때에는 드라이버, 전선을 자를 때에는 니퍼가 필요할 것입니다. 이처럼 특정 작업에서 다른 언어보다 유리한 언어만 있을지언정, 모든 상황과 모든 작업에서 유용한 만능 언어는 없습니다. 따라서 다른 언어나 플랫폼에서 새로운 경험을 쌓는 것은 어떤 종류의 문제나 상황에 어떤 도구가 더 적합한지를 판단할 수 있는 능력을 길러줄 것입니다. 심지어 두 번째 언어를 배우는 일은 첫 번째 언어를 배울 때보다 훨씬 쉬울 것입니다. 대부분의 언어는 프로그래밍의 기본적인 개념을 공통적으로 공유하기 때문입니다.

비단 프로그래밍 언어가 아니더라도 성장 관점에서는 언제라도 안전지대를 벗어날 준비를 하는 편이 좋습니다. 앞서 이야기한 것처럼 개발자들이 다루는 기술은 대개 변화가 빠른 경향이 있습니다. 상황에 따라서는 전혀 새로운 기술을 가지고 결과를 만들어내야 하는 경우도 충분히 겪을 수 있습니다. 이를 두려워하고 피하기보다는 적극적으로 덤벼들어 도전과 변화의 계기로 삼는 개발자가 더 나은 결과를 만들어낼 수 있을 것입니다. 이런 도전에 지레 겁먹지 않기 위해서는 평소에도 안전지대 바깥으로 벗어나는 연습이 필요합니다. 새로운 세계를 발견하기 위해 선원들이 안전한 항구를 벗어날 생각을 하지 않았다면 신대륙은 발견되지 않았을 것입니다.

나보다 나은 개발자 만나기

　많은 회사에서 '우리의 최고 복지는 좋은 동료'임을 강조하곤 합니다. 실제로 훌륭한 동료들 곁에서 일하게 되면 자연스레 배우게 되는 것이 아주 많습니다. 그들의 업무 모습과 그들이 작성하는 코드를 바로 옆에서 직접 볼 수 있습니다. 또한 서로의 결과물에 대한 피드백을 주고받으면서 더 많은 것을 배울 수 있습니다. 훌륭한 동료들에게 자극을 받아 자신의 부족한 점을 더 가열하게 채워나가려는 동기를 얻는 것은 덤입니다. 반대로 동료들이 기술이나 성장에 무관심하고 태업을 일삼는 환경이라면 그런 분위기에 나도 모르게 휩쓸려 어느 순간 성장을 향한 동력을 잃게 될 수도 있습니다. 결국 '훌륭한 동료가 곧 복지'라는 말이 틀린 말은 아닌 셈이지요. 이에 대해 누군가는 "자신이 일하는 사무실에서 가장 멍청한 사람이 되어야 한다"라고까지 이야기합니다.

　보고 배울 수 있는 동료는 꼭 회사 안에서만 찾을 수 있는 것은 아닙니다. 회사 바깥으로 나가 커뮤니티로 가면 더 많은 개발자를 만날 수 있는 기회가 많습니다. 다른 개발자들과 기술적인 대화와 경험을 나누는 것은 자신의 기술적 통찰과 지식의 범위를 확장하는 데 큰 도움이 됩니다. 기술 분야의 최신 동향을 파악하는 데에도 유용합니다.

운이 좋다면 이런 자리에서 자신의 롤 모델이나 멘토로 삼을 만한 사람을 만날 수도 있습니다. 멘토나 롤 모델을 찾는 것은 특히 주니어 개발자에게는 매우 유리한 일인데요. 내가 가고자 하는 길, 되고자 하는 모습에 대한 구체적인 이정표가 없다면 중간에 길을 잃어버리기 십상입니다. 그 길을 미리 가본 이들의 조언과 지원을 받는다면 길을 잃어버릴 염려를 조금은 덜 수 있겠지요.

보통 개발자라는 직군에 대해 사교적이지 않다는 선입견이 있습니다만, 이는 사실과 다릅니다. 많은 개발자가 자신의 기술과 관심사를 공유하고 싶어 하며, 다양한 커뮤니티 활동을 통해 서로 활발히 소통하고 있습니다. 온라인뿐만 아니라 밋업Meet Up이나 세미나, 콘퍼런스 등을 통해 오프라인에서 서로의 경험을 적극적으로 나누는 문화가 있습니다. 따라서 본인의 의지만 있다면 외부에서 좋은 개발자를 만나 보는 일은 그리 어렵지 않습니다.

기술 블로그 만들기

개발자라면 기술 블로그 하나쯤은 있어야 한다는 인식이 어느 샌가 퍼져있습니다. 예전보다 많은 개발자 분들이 기술 블로그를 통해 자신의 경험을 공유하고 있습니다. 단순히 지식 공유를 떠나서 개발자 본인의 브랜딩이나 구직을 할 경우에 본인을 더 어필하기 위한 수단으로써도 기술 블로그가 많이 활용되고 있는 것 같습니다. 하지만 기본적으로 기술 블로그의 기본 목적은 '지식의 공유'입니다. 자신의 경험과 노하우를 '블로그'라는 온라인 플랫폼을 통해 공유하면서 다른 개발자와 소통하고, 피드백을 받는 등의 활동을 할 수 있습니다.

하지만 기술 블로그는 학습의 수단으로도 유효합니다. 정보로써의 지식을 한 번 이해하고 마는 것과 그것을 다시 자신의 문장으로 작성하는 것은 큰 차이가 있기 때문입니다. 새롭게 습득한 지식을 블로그에서 글로 정리할 때에는 생각보다 깊은 세부사항까지의 이해가 필요합니다. 그래서 무언가를 학습했다고 하더라도 그 내용을 블로그에 작성하기 위해서는 다시 내용을 파악해야 하는 경우가 많습니다. 이 과정에서 배운 것을 다시 복습하고, 새롭게 정리하고, 레퍼런스를 찾아보고, 예제를 만들어보는 등의 작업을 하게 되는데요. 이를 통해 자신의 지식을 더 확장하고 대상 지식을 깊이 있게 이해할 수 있도록 도와줍니다.

그외에도 블로그는 일종의 이력서 역할도 해줄 수가 있는데요. 여러분이 가지고 있는 생각과 지금껏 해온 작업들, 학습한 내용들과 여러분이 가지고 있는 역량 등을 블로그에 오롯이 담을 수 있습니다. 즉, 개발자로서 개인이 가지고 있는 지식과 전문성을 가감 없이 보여줄 수 있는 장(場)인 것입니다. 이런 내용들은 구직을 할 때 채용 담당자가 여러분과의 면접을 앞두고 가장 궁금해 하고 있는 내용일 것입니다.

토이 프로젝트 및 스터디

개발자가 다른 엔지니어와 다른 점 중 하나는 머릿속에 떠오른 아이디어를 실체화시키는 것이 비교적 매우 쉽다는 것입니다. 예를 들어, 자동차 엔지니어에게 엔진의 열효율 문제를 획기적으로 개선할 수 있는 아이디어가 떠올랐다고 하더라도 이를 실제로 실현하고 증명하는 일은 쉽지 않습니다. 상당한 비용을 필요로 할 뿐만 아니라, 혼자만의 힘으로는 불가능한 경우가 많습니다. 하지만 개발자들은 키보드 앞에 앉아 자신의 아이디어를 코드로 마음껏 풀어낼 수 있습니다.

토이 프로젝트는 이러한 장점을 충분하게 활용할 수 있는 활동입니다. 회사에서 주어진 업무를 위한 코드가 아니라 새로운 언어, 새로운 도구, 새로운 결과물을 마음껏 만들어볼 수 있습니다. 본인이 관심 있는 주제나 기술도 자유롭게 적용해볼 수 있습니다. 더군다나 토이 프로젝트의 가장 큰 장점은 본업이 아니기 때문에 자유롭게 시도하고 실패하고 배울 수 있는 기회가 될 수 있다는 점입니다.

토이 프로젝트 역시 학습의 수단으로써 유효합니다. 새로운 기술을 새롭게 배우게 되었다고 하더라도 그것을 직접 사용해보면서 느끼는 것은 상당히 다릅니다. 단순히 새로운 기술에 대한 지식을 단방향으로 습득하는 데서 그치지 않고 실제로 그와 관련된 코드를 작성해보고 응용하는 과정을 거치면서 대상 지식을 더 심도 있게 이해할 수 있는 좋은 기회가 될 것입니다.

혼자 하는 것이 버겁다면 다른 동료를 구해서 팀 프로젝트로 진행해보는 것도 좋습니다. 기술적인 부분에서의 성장뿐만 아니라 팀워크나 협업 관점에서의 성장도 함께 경험할 수 있겠네요. 실제로 인터넷을 조금만 찾아보면 팀 프로젝트나 팀 스터디를 구하는 글을 쉽게 찾아볼 수 있습니다. 혼자 진행하는 것보다는 프로젝트나 스터디의 완주를 위한 동기를 유지하는 것도 쉽습니다. 다른 사람과 함께 계획을 세우고 진행 과정을 공유하기 때문에 책임감을 가지고 목표를 달성하는 데 더 도움이 되거든요. 또한 서로의 경험과 관점이 다른 구성원이 모여서 서로의 지식을 나누고 협업하는 과정을 거치다보면 더 넓은 지식을 접할 수 있습니다. 이 과정에서 얻어지는 것은 분명 혼자서 공부했을 때보다 더 많을 것입니다.

19장을 마치며

세계에서 가장 위대한 작가 중 한 명으로 꼽히는 톨스토이는 그의 책 〈인생의 길〉에서 이렇게 이야기했습니다.

"인생의 길에서 우리에게 기쁨을 주는 것은 진리 그 자체가 아니라 진리에 도달하기 위해 우리가 기울이는 노력이다."

개발자들의 성장 역시 여러 전문 지식을 획득하는 것 자체도 중요하겠습니다만, 그를 위해 도전을 즐기고 성장에 따르는 장애물을 극복해나갈 수 있는 사람이 될 수 있다는 것이 더 중요할 것입니다. 여러분도 성장의 과정에서 만나게 될 열정과 자부심을 충분히 즐기길 바랍니다.

20장

더 나은 팀 문화를 위하여

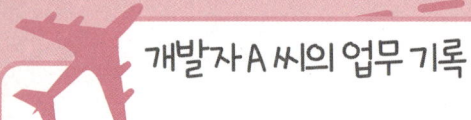
개발자 A 씨의 업무 기록

코드 리뷰 VS. 숙제 검사

오랜만에 동기 모임이 있었고 장소는 회사 앞 치킨 집이었다. 치킨 집 문을 열자마자 왁자지껄한 소음이 한꺼번에 쏟아져 나왔다. 북적거리는 사람들 사이를 지나 구석의 넓은 테이블에 자리를 잡았다. 원래도 인기가 있는 집이었지만 금요일 저녁 시간이라 더 붐볐다.

사람 수에 맞춰 맥주를 시키고 치킨도 몇 마리 시켰다. 술이 몇 순배 돌았을 즈음 모임의 대화 주제는 어느새 회사 업무 이야기로 넘어갔다. 달아오르는 취기 때문인지, 아니면 업무와 관련해서 하고 싶은 말이 많아서인지 다들 목소리 톤이 조금씩 높아지기 시작했다. 옆자리의 동기 하나가 볼멘소리로 불만을 늘어놓았다.

"너네 팀도 코드 리뷰 하냐?"

"어. 하지."

"난, 그거 정말 꼭 해야 되는 건지 잘 모르겠다. 꼭 숙제 검사 받는 기분이 들어."

나와 사수도 코드를 수정할 때마다 리뷰를 올리곤 하지만 딱히 숙제 검사라는 느낌은 받지 못했었다.

"그래도 서로 크로스 체크를 하니까 좋지 않아?"

"뭐, 그런 장점도 있겠지. 근데 그런 것보다도 매번 이상한 꼬투리를 잡으니까 정말 스트레스야. 리뷰를 올려놓으면 매번 달리는 코멘트가 변수 네이밍이나 컨벤션 같은 부분인데, 문제는 그 기준이 매번 달라. 팀 표준 컨벤션이 있으면 그걸 따라서 하면 될텐데, 그런 것도 없으니 환장할 노릇인 거지."

이야기를 들으니 '확실히 스트레스를 받기는 하겠다'라는 생각이 들었다.

"거기다가 코멘트 말투도 은근히 사람을 주눅 들게 만든다니까. 일부러 더 그렇게 말하는 건가 싶기도 하고. 솔직히 요즘에는 코드를 짜는 것보다 리뷰 올리는 게 더 스트레스 받아."

대화가 이쯤 흐르자 반대편에 앉은 다른 동기도 그의 불만에 동조하며 나섰다.

"나는 솔직히 코드 리뷰 올리는 것도 올리는 건데, 다른 선배들이 올린 코드 리뷰에 리뷰어로 지정되는 것도 은근히 부담스러워. 우리 같은 주니어 개발자가 알아봐야 뭘 얼마나 안다고 선배 코드에 코멘트를 다나 싶기도 하고…."

그가 안주로 나온 치킨 한 조각을 베어 물며 대화를 이어갔다.

"아니, 그렇다고 대충 훑어보고 그냥 승인하기도 뭐한 게, 내가 리뷰한 코드에서 버그가 나오면 공동 책임이 되는 거잖아. 내가 짠 코드도 아니니 눈에 잘 들어오지도 않는데 거기서 어떻게 결함을 찾아내라는 거야."

계속되는 동기의 불만을 듣다보니 나도 비슷한 고민을 했던 기억이 났다. 사수와 팀을 이뤄 작업을 하게 되면서 서로의 코드 수정에 대해 리뷰를 꼭 거치자고 프로세스를 정한 뒤였다. 당시만 하더라도 나도 불만을 토로한 동기처럼 코드 리뷰란 코드 작성자가 미처 알아채지 못한 코드의 결함을 찾아내는 절차라고 생각했다. 그 덕에 사수가 코드 리뷰를 올렸다는 알림을 받을 때마다 영 가슴 한 편이 무겁고 부담스러웠다. 당시만 하더라도 코드 베이스에 대한 이해도가 높지 않았기 때문에 주어진 코드만 보고 결함을 찾아내는 것은 불가능에 가까웠다. 그래서 매번 리뷰가 올라올 때마다 직접 빌드해서 손으로 테스트를 해보곤 했는데 그러다보니 시간이 너무 오래 걸리게 되는 것이었다.

한번은 이러한 부담감에 대해 사수인 조 대리에게 털어놓은 적이 있었는데 조 대리는 너털웃음을 터뜨리며 내 어깨의 짐을 내려주었다.

"아, 물론, A 씨가 코드 결함을 찾아주면 너무 좋죠. 근데 지금 우리가 진행하고 있는 코드 리뷰를 꼭 결함 찾기 퀴즈 같은 걸로 생각할 필요는 없어요. 그보다 제가 작업한 내용을 A 씨도 봐두라는 의미가 더 크거든요. 우리가 그래도 공동의 코드 베이스를 다루는데, 이 코드 덩어리들이 어떻게 변해가고 있는지는 알아야 하잖아요? 그래야 서로가 자리에 없을 때 백업도 더 잘 할 수 있는 거고요."

이야기를 들어보니 사수의 의도가 이해가 되기 시작했다. 그는 코드 리뷰를 굉장히 정성들여 세세히 작성하는 편이었다. 이 수정을 왜 하게 된 건지, 어떤 로직으로 수정을 한 것인지에 대해 항상 알기 쉽게 정리해서 올려두곤 했다. 심지어 리뷰의 크기가 조금 커질 때에는 커밋별로 설명을 달기도 했었다. 이전까지는 그저 사수가 문서화를 중요하게 생각하는 편이고, 코드 리뷰도 일종의 문서로써 남겨두려는 의도 정도로 생각했었다. 내심 그동안 코드 리뷰의 내용을 부실하게 적었던 기억이 떠올라 뜨끔하기도 했다.

개발팀의 문화

코드를 만지는 일은 꽤나 매력적인 일입니다. 코드를 한 줄 한 줄 작성하고 실행해보며 자신이 개발한 프로그램이 동작하는 모습을 보는 일은 누군가에게는 분명히 기분 좋은 경험입니다. 그 덕에 예전부터 많은 사람이 소프트웨어 개발과는 전혀 무관한 전공 분야를 공부하다가 코드의 매력에 눈을 떠 직업 개발자로서 커리어를 시작하는 경우도 어렵지 않게 보입니다.

하지만 홀로 코드를 만지다가 직업 개발자로서 일을 시작하게 되면 새로운 도전에 부딪히게 됩니다. 대부분의 개발자는 팀을 이뤄서 작업을 합니다. 즉, 다수의 사람이 팀이라는 울타리, 혹은 작은 사회 안에서 공통된 목표를 위해 일하게 됩니다. 그리고 사회는 모두 고유한 문화를 가지고 있습니다. 그 사회를 구성하고 있는 구성원의 생각과 취향, 가치관, 행동 양식 같은 것이 한데 버무려지며 특유의 문화가 만들어지기 시작합니다. 그리고 팀이 목표를 향해 전진하면서 만들어지는 프로세스는 모두 그러한 문화를 기반으로 만들어지게 마련입니다.

지난 수십 년간 세계 각지의 개발자들은 각자의 팀에 소속되어 이러한 팀 문화에 대한 고민을 오랫동안 해 왔습니다. 가령 이런 식입니다. 어떤 팀은 도제식으로 부사수가 사수의 업무를 백업하면서 업무 역량을 쌓아가는 방식을 선택합니다. 반대로 어떤 팀은 각자의 역할을 명확하게 분담하고, 역할에 따른 권한과 책임을 분명하게 정의하는 것을 선호하기도 합니다. 팀의 모든 구성원이 하나의 유기체처럼 함께 업무를 헤쳐 나가는 방식으로 일을 하는 팀도 있는 반면, 어떤 팀은 구성원 각각의 자율성을 중시하며 자유로운 일처리 방식으로 진행하기도 합니다. 중간 관리자에 의해서 업무 일정과 우선순위가 엄격하게 관리되는 팀도 있는 반면에, 그러한 권한을 실무자에게 최대한 위임하는 조직도 있습니다. 이처럼 팀 문화는 각각의 팀의 성격과 상황에 따라 다양한 형태로 만들어지곤 합니다.

재미있는 점은, 이러한 문화들은 대부분 팀 내에서 자연스럽게 만들어진다는 것입니다. 반대로 외부에 괜찮은 문화가 있다고 해서 그대로 가져다 쓰려는 시도는 대부분 실패할 가능성이 높습니다. 문화는 구성원들과 '핏fit'이 맞아야 그 뿌리를 제대로 내리고 성장해나갈 수 있습니다. 따라서 구성원들과 어울리지 않는 문화는 애써 가져와서 도입한다고 한들 구성원의 피로도만 높일 뿐입니다.

예를 들어, 팀장이 외부에서 '페어 프로그래밍Pair Programming'이 코드 품질을 높이는 데 도움이 된다는 이야기를 듣고 와서 팀에 도입한다고 가정해봅시다. 페어 프로그래밍이란 두 명의 개발자가 하나의 컴퓨터를 앞에 놓고 함께 코드를 작성하는 방법인데요. 함께 코드를 작성하고, 디버깅을 하고, 코드 리뷰도 하면서 서로의 능력을 상호 보완함으로써 코드의 품질을 높이는 프로세스입니다. 하지만 이렇게 겉으로 보이는 페어 프로그래밍의 프로세스만을 그대로 따라했다가는 안 하니만 못한 결과를 마주하게 될 수 있습니다.

먼저 페어 프로그래밍에서 가장 중요한 원칙 중 하나는 개발자 간의 경험이나 능력 차이가 크지 않아야 한다는 점입니다. 만약, 이 차이가 크게 벌어진다면 페어 프로그래밍의 효용이 크게 떨어지게 됩니다. 만약, 역량이 크게 차이나는 고참급 개발자와 신입 개발자가 함께 페어 프로그래밍을 한다면 고참급 개발자의 업무 효율이 떨어질 뿐더러 신입 개발자 역시 페어 프로그래밍 시간이 겁나고 혼란스러운 시간이 될 것입니다.

또한 페어 프로그래밍을 할 때에는 개발자들이 서로 다른 역할을 맡게 되는데요. 한 명은 드라이버로서 실제 코드를 작성하고, 다른 한 명은 네비게이터로서 코드를 분석하고 논리적인 결정을 내리는 역할을 하게 됩니다. 이러한 점을 간과한다면 서로 키를 잡으려 다투거나 반대로 서로에게 어려운 부분을 미루기만 하는 결과를 초래할 수도 있습니다.

물론, 팀의 개발자 문화에 있어서 특정 프로세스를 도입하는 것은 꼭 필요한 일입니다. 하지만 종종 프로세스의 도입 자체에만 집중하고 그보다 더 중요한 문화를 만들어 나가는 과정 자체를 경시하는 경우가 있습니다. 프로세스는 문화의 결과물입니다. 때문에 단순히 결과물을 그대로 도입한다고 문화는 바뀌지 않습니다. 더욱 중요한 것은 팀의 문화를 구축하는 과정에서 여러 프로세스의 본질을 깊이 이해하고, 이를 도입한 뒤 겪는 시행착오 안에서 발전적인 방향으로 나아가는 과정이라고 할 수 있겠습니다. 문화를 함께 만들어나가야 하는 구성원에 대한 존중을 바탕으로 팀의 상황과 구성원들의 특성에 맞춰 프로세스를 유연하게 도입해 나가야 합니다.

업무 환경의 변화

지난 코로나19의 대유행으로 인해 우리의 생활 방식은 많은 면에서 변화를 겪었습니다. 그중 개발자로서 가장 눈에 띄는 변화 중 하나는 아무래도 원격 근무의 활성화인데요. 코로나19 이전에도 원격 근무는 있었지만 일부 기업에서만 적용되는 특수한 근무 방식이었습니다. 하지만 코로나19의 대유행을 기점으로 사회적 거리두기의 필요성이 대두되었고, 여러 기업에서는 직원들의 안전을 위해 원격 근무를 적극적으로 도입하기 시작했습니다. 더불어 원활한 원격 근무를 위한 온라인 협업 도구도 빠르게 발전하기 시작했고요.

사실 이는 모두에게 적용되는 이야기는 아닌지라 원격 근무 자체가 생소한 분도 많을 텐데요. 이런 분을 위해 원격 근무 형태로 일하고 있는 아무개 씨의 일상을 들여다보겠습니다.

원격 근무 도입 이전의 아무개 씨의 아침 일상은 전쟁터와 같았습니다. 늦잠 자려는 아이를 제 시간에 깨워서 등교시키고 아무개 씨도 출근을 하려면 정말 바쁘게 움직여야 했거든요. 하지만 원격 근무 도입 덕분에 이들의 아침 풍경은 조금 달라졌습니다. 더 이상 회사에 출근하기 위해 교통 체증에 한 시간씩 시달리지 않아도 되거든요. 이전보다 좀 더 여유롭게 아이들의 등교 준비를 마친 뒤에 그는 거실에서 서재로 출근합니다. 사람들로 꽉 찬 만원 버스 대신 거실에서 다섯 걸음 정도만 걸으면 그곳이 바로 아무개 씨의 일터였습니다. 복장도 평상복 차림 그대로요.

아무개 씨의 업무 공간은 더 이상 틀에 박힌 사무실 풍경이 아닙니다. 그는 그에게 가장 잘 맞는 방식으로 자신의 홈 오피스를 꾸몄는데요. 자연광을 좋아하는 그의 취향을 반영해 채광이 잘 되는 창문 옆에 책상을 배치했습니다. 업무 시간 동안에 그의 집중을 도울 수 있도록 아무개 씨의 홈 오피스는 조용함을 유지합니다. 잡다한 생활 소음이 발생하는 사무실과는 조금 다른 풍경입니다. 주변 사람들의 대화나 전화 소리에 방해받지 않고 온전히 업무에 집중할 수 있습니다.

온라인 협업 도구의 발달로 아무개 씨는 집에서도 모든 업무를 원활히 진행할 수 있습니다. 대부분의 의사소통은 메일이나 메신저 등의 비동기 방식으로 이루어지고, 필요한 경우에는 온라인 화상 회의를 통해 빠른 의사소통이 가능합니다.

아무개 씨의 근무 풍경이 어떤가요? 사실 코로나19 이전에 이런 얘기를 들었다면 꽤나 비현실적이었을 원격 근무 형태를 이미 예전부터 시행하고 있는 회사가 있습니다. 깃랩GitLab은 이러한 원격 근무 제도로 유명한데요. 전 세계 65개 이상의 국가에 걸쳐 1,500명 이상의 구성원을 둔 이 글로벌 기업에서는 다양한 지역의 구성원들이 원격 근무를 통해 하나로 연결되어 유연하게 일하고 있습니다. 이러한 원격 근무 제도는 구성원들이 일과 생활의 균형을 유지하는 데 큰 도움을 주고 있으며, 일하는 시간과 장소를 자유롭게 선택할 수 있는 유연성도 제공하고 있습니다.

깃랩 같은 경우는 정해진 근무 시간이 없는 유연 근무 제도로도 유명합니다. 이를 통해 자신의 스케줄과 생산성에 맞게 근무함으로써 더 나은 결과물을 만들어냄과 동시에 직장 때문에 생활의 질을 희생하는 일도 일어나지 않도록 돕습니다. 이러한 제도는 작업에 투입한 시간보다 작업의 결과물을 더 중시하는 성과지향적인 문화 덕분에 만들어지고 유지될 수 있는 제도인데요. 이를 통해 구성원은 높은 자유도와 책임감을 가지고 일하고 있다고 합니다.

직원 입장에서 원격 근무는 장점이 많습니다. 그중에서 가장 좋은 점은 아무래도 일상 속의 다양한 상황이나 일정에 대처할 수 있다는 유연성일 것입니다. 아이를 돌보거나 부모님과 함께 시간을 보내는 일, 친구를 만나는 일, 장보기, 운동, 취미 생활 등 개인적인 일정을 더욱 효율적으로 관리할 수 있습니다. 통근 시간에 낭비되는 스트레스와 비용 역시 줄일 수 있습니다. 이전처럼 만원 버스에 치인 채로 장시간을 버텨야 하는 스트레스와 피로감이 사라집니다.

사무실보다 더 집중해서 업무를 할 수 있는 환경을 자율적으로 만들 수 있다는 점도 원격 근무의 장점 중 하나입니다. 다른 동료와 함께 사용하는 사무실에서는 어쩔 수 없이 집중력을 흐트러뜨리는 요소가 있을 수밖에 없습니다. 동료나 상사가 지나가면서 말을 걸기도 하고, 다른 직원의 대화 소리가 의도치 않게 귀를 타고 들어오기도 합니다. 하지만 집이나 다른 공간에서 직원들은 더욱 조용하고 평온한 업무 공간을 유지할 수 있습니다. 이 공간 안에서 직원들은 방해를 최소화함으로써 더욱 집중력 있게 업무에 몰입할 수 있고, 그로 인한 생산성 향상도 기대할 수 있습니다.

그외에도 여러 장점이 있는데요. 예를 들면, 굳이 휴가를 사용하지 않고도 다른 곳으로 여행을 해볼 수도 있을 것입니다. 여행지 주변에서 공유 오피스와 같은 업무 공간만 확보할 수 있다면 낮에는 평소처럼 일하고, 퇴근과 동시에 여행지에서의 낯설지만 설레는 일상을 만끽할 수 있습니다.

2020년 울랩Owllab에서 시행한 원격 근무와 관련된 설문 조사에서는 이러한 직원들의 만족도를 엿볼 수 있는데요. 원격 근무를 경험한 두 명 중 한 명은 원격 근무를 제공하지 않는 직업으로는 돌아가지 않을 것이라고 응답했고, 응답자 중 31%는 심지어 원격 근무를 위해 급여를 일정 부분 삭감할 의향도 있다고 응답했습니다.

지금까지는 원격 근무에 대한 장밋빛 이야기만 나열했지만 당연히 단점도 있습니다.

무엇보다 의식적으로 노력하지 않으면 일과 일상생활의 분리가 어려울 수 있습니다. 원격 근무를 하다보면 대부분의 경우 집에서 근무를 하게 될 텐데요. 이런 환경은 생산성을 높일 수 있는 환경이기도 하지만 업무환경과 생활환경의 경계가 명확히 분리되지 않는다는 문제가 있습니다. 이 때문에 일과 삶이 제대로 분리되지 못해 필요 이상의 스트레스를 받으면서 번아웃을 겪게 되는 경우도 종종 보입니다. 이런 경우에는 집 내부에 명확히 분리된 업무 공간을 마련하고, 스스로 규칙적인 일정을 유지하는 것이 중요합니다. 때로는 집 근처의 공유 오피스를 이용하는 것도 방법이 될 수 있습니다.

동료와의 소통 및 협업도 이전보다 어렵게 느낄 수 있습니다. 실제로 원격 근무를 하다 보면 서로 얼굴도 모르는 채로 소통하게 되는 경우가 많은데요. 이 때문에 동료와의 정서적 거리감을 줄이기가 어렵습니다. 이전과 같은 사무실 환경이라면 어렵지 않게 거리감을 줄이고 친해지면서 가볍게 질문할 수 있는 것도 원격 근무 환경 중이라면 어려운 경우가 많습니다. 또한 모두에게 가장 자연스러운 의사소통 수단인 대면 대화라는 수단이 배제된 채로 협업을 해야 합니다. 따라서 어떤 도구를 사용해서 어떻게 의사소통을 할지에 대해 신중하게 결정해야 합니다. 또한 업무 외적으로도 동료들과 자연스럽게 소통하고 팀 빌딩을 할 수 있는 활동을 계획하는 것도 좋은 방법입니다.

이러한 단점은 사실 기존 직원보다도 신규 직원에게 더욱 크게 다가올 수 있습니다. 신규 직원은 아직 회사에서 자신의 위치와 역할을 정확히 파악하지 못한 상태로 원격 근무에 들어가게 될 텐데요. 이전이라면 쉽게 접할 수 있었던 업무 과정 및 동료와의 의사소통 과정에서 얻을 수 있는 정보가 부족하게 됩니다. 특히 회사 내 문화나 가치관을 파악하기가 매우 어렵기 때문에 적절한 의사 결정을 내리지 못하고 업무에 대한 이해도가 떨어지거나 업무 성과에 부정적인 영향을 미칠 수 있습니다. 따라서 원격 근무를 도입하는 회사나 조직에서는 신규 직원들을 위한 세심한 온보딩On-boarding[01] 절차가 필요할 것입니다.

---

01 배에 올라탄다는 뜻으로 기업 및 조직에 잘 정착함을 의미합니다. 새로운 직원이 기업에 입사한다면 잘 적응할 수 있도록 지식이나 교육을 할 수 있도록 온보딩 교육을 실시합니다.

비동기 의사소통

　제가 원격 근무를 처음 경험하게 되면서 가장 먼저 접한 어려움은 의사소통에 관한 것이었습니다. 그동안 같은 사무실에서 일하면서 옆자리에서 자연스럽게 이야기하거나 티타임을 통해 하는 이야기들은 원격 근무 체제에서는 원천적으로 봉쇄됩니다. 서로 물리적으로 떨어진 곳에서 일하게 되면서 모든 의사소통은 온라인으로만 이루어질 수밖에 없는데, 이는 생각보다 많이 불편했습니다. 생각해보면 이상하기도 하죠. 이전에도 온라인으로 의사소통을 하지 않은 것은 아닌 데 말입니다.

　하지만 이는 업무를 하면서 생각보다 많은 부분을 대면 상황에서의 '동기 의사소통'에 기대고 있다는 것을 반증합니다. 동기 의사소통에서는 대화를 하면서 실시간으로 상대방의 표정을 살필 수 있습니다. 즉, 내용만 전하는 것이 아니라 말과 행동, 감정을 동시에 함께 전달하며 복합적으로 상호작용이 이루어집니다. 더 가볍고 일상적인 내용을 이야기하기도 쉽죠. 회의실에 모여서 회의를 할 때에도 당연하지만 서로 지연 없이 실시간으로 의견을 나눌 수 있습니다. 하지만 같은 내용을 온라인을 통해 소통하다 보면 느낌이 많이 다릅니다. 전하고자 하는 내용을 글로 표현하다 보니 대면 의사소통과는 다르게 의도나 감정이 잘 전달되도록 신경써야 합니다. 말을 통해 전달할 수 있는 많은 정보가 텍스트에서는 누락될 수 있거든요. 게다가 대화를 하면서 상대방을 관찰할 수도 없으니 상대방의 의도를 더 정확히 파악하기 위한 추가적인 노력도 필요합니다.

하지만 이렇게 불편한데도 비동기 의사소통은 계속해서 확대되고 있습니다. 비단 원격 근무 상황이 아니더라도 말입니다. '동기 의사소통'의 가장 큰 문제점은 상대방의 집중을 어쩔 수 없이 깨뜨려야 한다는 점입니다. 여러분이 한창 집중해서 코딩을 하고 있다고 가정해볼까요. 기술 문서를 보면서 머릿속으로 낯설고 복잡한 개념을 이리 저리 정리해보고 있습니다. 그리고 그것을 코드에 어떤 식으로 녹일지 시뮬레이션도 해보고 있습니다. 실제로 손가락을 움직여 코드를 작성하면서 머릿속 복잡한 개념을 옮기고 있습니다. 그러다가 옆자리 동료가 불쑥 어깨를 툭툭 치면서 말을 걸어온다면 어떨까요? 혹은 책상 위 전화기가 울리기 시작한다면요?

분명 동료는 여러분의 집중을 깨뜨리고자 하는 고의적 행동은 아닐 것입니다. 하지만 그들과의 의사소통을 위해서 여러분의 머릿속에서는 문맥 전환이 이루어집니다. 지금까지 열심히 만들어 놓은 머릿속 복잡한 개념도는 잠깐 한편으로 밀어놓고 당장의 실시간 대화를 위해 신경을 기울이기 시작합니다. 그 대화가 짧게 끝난다면 그나마 다행이겠지만 더 깊은 이야기로 빠지기 시작한다면 지금껏 상당한 정신력을 소모해가면서 만들어놓은 복잡한 개념도는 금세 온데간데없이 사라지고 말 것입니다. 대화가 끝난 후 여러분은 이전의 업무를 계속하기 위해 문맥 전환을 하고 처음부터 다시 처음부터 더듬거려야 합니다. "이걸 어떻게 하려고 했더라?" 하면서 말입니다.

반면에 '비동기 의사소통'은 여러분의 집중을 깨뜨리지 않습니다. 가장 일반적인 비동기 의사소통의 수단인 채팅이나 메일은 여러분의 즉각적인 문맥 전환을 필요로 하지 않습니다. 그저 집중을 요구하는 일이 있을 때에는 충분히 몰입을 하고, 하나의 일이 어느 정도 마무리되고 난 뒤에 밀린 채팅 메시지나 메일 목록을 확인해도 사실 늦지 않습니다.

비동기 의사소통의 장점은 이외에도 여러 가지가 있는데요. 일단 시간과 장소의 제약을 받지 않습니다. 또한 즉각적인 답을 요구하지 않기 때문에 충분히 심사숙고하거나 필요하다면 다른 자료를 살펴본 뒤에 답변을 할 수도 있습니다. 그리고 모든 의사소통 내역은 기록으로 남기 때문에 이후에 업무 상황을 다시 파악하는 데도 상당히 유용합니다. 당시 의사소통에 참여하지 않은 동료에게도 전달할 수 있죠.

그래서 사실 우리는 이미 사무실에서도 여러 비동기 의사소통 수단을 사용하고 있습니다. 문제는 오히려 너무 많은 수단이 존재하다 보니, 같은 내용이라 하더라도 사람에 따라 다른 수단을 택하게 된다는 것입니다. 예를 들어, 기록으로 남겨야 할 법한 내용도 구두로 이야기한다든지, 즉각적인 답이 필요한 상황에서 메일 같은 수단을 선택한다면 효율적인 의사소통이 어려울 것입니다. 이러한 문제를 방지하기 위해 팀 단위에서 구조화된 소통 규범을 정리하는 것도 좋은 방법이 될 수 있습니다. 이를 통해 팀의 의사소통의 질서를 가져오고 자신의 상황에 맞는 의사소통 방법에 대한 선택을 더욱 쉽게 만들어줄 수 있습니다.

이를 테면 아래 같은 표를 통해 각 의사소통별 기준을 정해볼 수 있습니다.

▼ 표 20-1 의사소통 수단별 기준

수단	내용의 길이	응답의 필요성	기대 응답 시간	근무 시간 이후에도 응답 필요
전화	짧음	필요	즉시	필요
채팅	짧음	일반적으로 필요	몇 시간 내	불필요
화상 채팅	중간	필요	즉시	불필요
메일	중간	내용에 따라 다름	며칠 내	불필요
문서	김	불필요	해당 없음	해당 없음

[표 20-1]의 내용은 제가 개인적으로 생각하는 기준으로 채워봤는데요. 아마도 사람에 따라서 다른 기준이 있을 겁니다. 따라서 이를 미리 규범화한다면 좀 더 효율적인 의사소통이 이루어질 수 있으리라 생각합니다.

이런 규범을 정리하는 것의 또 다른 좋은 점은 근무 시간 외에도 메시지를 확인해야 한다는 부담을 줄일 수 있다는 점입니다. 예를 들어, 이 표에서 합의한 바에 의하면 근무 시간 외에 긴급한 일이 벌어지면 이를 위해 '전화'라는 수단을 택해야 합니다. 따라서 채팅 메시지나 메일에 대해서는 신경을 꺼놓고 일상생활을 위한 시간을 편하게 보낼 수 있습니다. 또한 집중을 요하는 업무를 할 때에도 도움이 되는데요. 이 표에서는 전화를 제외하고는 최소 몇 시간 정도의 지연은 허용됩니다. 따라서 집중을 요구하는 작업에 들어설 때에는 잠시 메신저나 메일을 닫아놓고 충분히 깊게 집중해 업무를 할 수 있습니다.

문서화의 중요성

인류는 아주 오래전부터 밤하늘에 떠있는 달을 관찰하며 궁금증을 키워갔습니다. 하지만 그 궁금증을 해결하기 위한 수단은 오로지 망원경뿐이었습니다. 멀리 떨어진 이곳 지구에서 망원경을 통해 달을 관찰하는 방법 외에는 할 수 있는 일이 없었습니다. 실제로 달에 첫 발을 디딘 것은 아주 오랜 시간이 지난 뒤인 1969년 아폴로 11호였습니다. 처음으로 지구를 떠나 미지의 별에 발을 디딘 역사적인 사건이었습니다.

그 후로 한동안 인류는 꽤 자주 달로 향했습니다. 사진을 찍고, 달의 광물을 채취하면서 한동안 지속되었던 달 탐사는 1972년 아폴로 17호 이후로는 뜸해졌습니다. 주된 이유는 바로 천문학적인 비용 때문이었습니다. 이후로 약 50여 년간 달에는 사람의 발자국이 남겨지지 않은 채 고요하게 지내왔습니다. 하지만 2022년 아르테미스 프로그램Artemis Program[02]이 새로 발표되며 다시금 달에 인류의 발자국을 남기려는 계획이 세워지고 있습니다.

아폴로 17호의 착륙으로부터 무려 50여 년의 공백이 있습니다. 당시 프로젝트를 진행했던 인원들은 이미 백발의 노인이 되어있을 것입니다. 하지만 그럼에도 우리 모두는 다시 달에 발을 디딜 수 있을 것이라 생각하고 있습니다. 이는 당시보다 진일보한 과학기술 덕도 있겠지만 아폴로 프로그램 당시의 기록이 체계적으로 정리되어 있고, 새로운 아르테미스 프로그램에서 이 기록을 참고할 수 있기 때문입니다.

개발자들도 프로젝트를 수행하면서 수많은 기록을 문서의 형태로 남기곤 합니다. 그 기록들은 새로운 구성원이 합류할 때에는 업무 파악에 도움을 주고 타 팀원과의 협업에서는 윤활제 역할을 하기도 합니다. 그렇기 때문에 시간과 비용이 많이 소요되는 프로세스이지만 문서화가 조직의 문화로 자리 잡는 것은 중요합니다.

---

[02] 아르테미스는 그리스 신화에 나오는 달과 사냥, 야생동물, 처녀성의 여신입니다.

강력한 문서화는 그 자체로 개발자들의 생산성 향상에 큰 영향을 미칩니다. 남겨진 문서가 없고 지식이 담당자들의 머릿속에만 존재한다면 정보를 얻기 위해 사람들 사이로 한참을 수소문해야 할지도 모릅니다. 어떤 정보를 누가 가지고 있을지를 찾는 데만 어쩌면 며칠이 걸릴 지도 모르는 일입니다. 하지만 제대로 된 문서가 있고 손쉽게 접근 가능한 형태라면 몇 번의 클릭만으로 그 정보에 도달할 수 있습니다.

잘 정리된 문서가 있다면 바퀴를 재발명하는 일도 많이 줄어듭니다. 누군가의 성공 혹은 실패에 대한 기록은 그대로 조직의 지식으로 남아 훗날 비슷한 문제를 마주친 이들에게 큰 도움이 될 것입니다.

조직에 신규 구성원이 합류한 경우에도 문서화는 큰 도움이 됩니다. 물론, 멘토가 붙어서 맨투맨으로 온보딩을 돕는 절차도 좋겠지만 좋은 문서가 있다면 신규 구성원 입장에서 자신의 속도에 맞춰 새로운 조직에 대한 방대한 지식을 흡수할 수 있습니다. 이는 새로운 구성원이 프로젝트에 즉시 참여하고 조직의 목표를 명확하게 이해할 수 있는 좋은 기회가 될 것입니다.

이렇듯 조직에 제대로 된 문서화 문화가 자리 잡는다면 그 조직은 중앙화된 지식의 저장소를 하나 얻을 수 있는 셈입니다. 조직 내의 지식이 중앙화되고, 모든 구성원이 접근할 수 있게 함으로써 지식의 손실을 방지합니다. 이렇게 남겨진 지식은 구성원 사이에서 공유되며 조직이 효율적으로 협업할 수 있도록 도울 것입니다.

모두의 코드를 위한 리뷰

내가 작성한 코드는 누구의 소유일까요? 회사에서 팀으로 일하다 보면 보통 같은 코드 베이스를 두고 여러 개발자가 함께 작업을 하곤 합니다. 하지만 같은 코드 베이스를 공유함에도 보통 각 개발자별 담당 영역이 암묵적으로 만들어지는 경우가 많습니다. 예를 들어, 결제와 관련된 기능은 A 개발자가 대부분 작성했고, 회원과 관련된 기능은 B 개발자가 대부분 작성했다는 식입니다. 그러다보면 해당 영역의 코드는 담당 개발자의 관리와 소유 아래에 있다는 착각을 종종 하게 됩니다. 그러나 생각해보면, 코드는 개인의 것이 아닌 팀의 소유와 책임 아래에 있습니다. 내가 전체를 작성했다고 하더라도 다른 개발자가 작성한 모듈과 상호작용하면서 내 코드가 발생시킨 오류가 다른 모듈로 전파되기도 하고, 반대로 다른 모듈의 오류가 내 코드에 영향을 미치기도 합니다. 만약, 특정 모듈을 담당하는 개발자가 휴가라도 가면 다른 동료가 해당 영역의 코드를 대신 작업해야 하는 경우도 있습니다. 결국 모두 팀 단위에서 관리되어야 한다는 것입니다.

그렇다면 팀의 공동 소유물이자 공동 관리 책임이 있는 코드 베이스에 수정을 가할 때에는 관련된 동료들의 동의를 얻는 것이 자연스러운 절차가 될 것입니다. 개발자들 사이에는 이미 이러한 절차가 오래 전부터 존재해 왔습니다. '코드 리뷰'라는 프로세스로요.

코드 리뷰의 역사를 탐구하다 보면, 1970년대까지 거슬러 올라가게 됩니다. IBM 엔지니어였던 마이클 페이건 Michael E. Fagan 은 〈Design and Code Inspection to Reduce Errors in Program Development〉라는 논문을 발표했는데요. 여기서 처음으로 '페이건 검사'라는 개념이 등장합니다. 이는 서로 다른 역할을 가진 참가자들이 한곳에 모여서, 소스코드나 문서의 결함을 찾는 일종의 검증 절차입니다. 이를 통해 오류를 조기에 방지하고 결과물의 품질을 높이는 것이 목적이었는데요. 효과는 있었지만 지금 생각해보면 다소 부담스러운 절차라는 느낌이 듭니다. 오늘날의 코드 리뷰처럼 온라인을 기반으로 비동기적으로 이루어지는 형태는 아니었거든요.

2000년대 초반으로 넘어가면서 비로소 온라인 기반의 코드 리뷰 도구가 탄생하게 됩니다. 파이썬의 창시자로 유명한 귀도 반 로섬 Guido van Rossum 은 구글에서 일하면서 몬드리안 Mondrian 이라는 웹 기반의 코드 리뷰 시스템을 만들어냅니다. 당시만 하더라도 제대로 된 코드 리뷰 도구가 거의 없다시피 했습니다. 오픈소스 뿐만 아니라 구글 내부에서도요. 당시의 코드 리뷰는 일반적으로 메일을 통해 모두 진행되었습니다. 개발자는 일단 코드의 변경사항을 만들고 나면 리뷰어에게 이를 메일로 보내면서 리뷰를 요청하는 식이었습니다. 메일에는 코드의 변경 내역(diff)을 직접 첨부하였고, 리뷰어는 그 파일을 다운로드한 후 로컬에서 수정된 내용을 확인했습니다. 만약, 변경 내역에 대한 코멘트가 있다면 이 역시 메일의 답신을 통해 전달되었고, 이렇게 모든 의사소통은 메일 스레드를 통해 이루어졌습니다. 현재의 자동화된 코드 리뷰 도구와는 비할 수 없이 불편한 절차였죠.

하지만 이런 번거로움이 있었지만 코드 리뷰는 당시 개발자에게도 꼭 필요한 것으로 인식되었습니다. 2006년 구글 내부에서 공유된 귀도 반 로섬의 몬드리안 소개 발표(Mondrian Code Review On The Web)에 보면 코드 리뷰에 대한 당시의 인식을 엿볼 수 있는데요. 코드 리뷰의 이점으로 아래와 같은 내용이 소개되었습니다.

- 여럿이 함께 확인함으로써 더 많은 버그 포착: 조기에 발견하여 디버깅 시간을 절약할 수 있다.
- 코딩 표준과 스타일 가이드 적용: 코드에 대한 전반적인 가독성과 코드 품질을 높게 유지할 수 있다.
- 신입 개발자 멘토링: 무언가를 망가뜨리지 않고 실수로부터 배울 수 있다.
- 신뢰 관계 구축: 더 많은 위임을 위한 준비를 할 수 있다.
- 페어 프로그래밍의 좋은 대안: 협업을 통해 더 나은 결과물을 만들 수 있다.

위 발표 내용처럼 코드 리뷰는 여러 이점이 있습니다. 일단 코드 작성자뿐만 아니라 리뷰어도 함께 코드를 검토함으로써 혹시 모를 코드의 결함이나 버그를 찾아내기가 쉽습니다. 이를 통해 코드는 더 안정적이고 견고해질 수 있습니다. 뿐만 아니라 리뷰어 입장에서도 다른 사람이 수정한 코드를 검토하면서 코드의 변경 내역을 트래킹할 수 있기 때문에 코드 베이스 전체에 대한 이해도를 유지하는 데 도움이 됩니다. 이 점이 상당히 중요한데, 코드 리뷰는 그 성격상 "내 코드의 결함을 찾아줘"이기도 하지만 더 중요한 것은 "(우리가 함께 다루고 있는 코드를) 내가 이렇게 수정했으니 너도 알아둬"의 성격도 강하다는 것입니다. 즉, 한 명이 변경한 코드를 다른 사람도 이해할 수 있도록 하는 데 목적이 있습니다. 서비스 중인 코드는 시간이 지남에 따라 계속 변화할 수밖에 없고 그 코드를 베이스로 작업하고 있는 개발자는 다른 사람이 가한 변경사항도 계속 따라잡는 것이 중요합니다.

이렇게 여러 이점이 있는 코드 리뷰이지만 팀에 도입하려고 하면 여러 잡음이 생겨나는 경우가 많습니다. 가장 많이 발생하는 잡음은 바로 자신의 코드가 비판받는 것을 민감하게 받아들이는 경우입니다. 코드 리뷰 문화가 잘못 자리 잡으면 이처럼 내 작업물이 다른 사람으로부터 평가를 받는다는 느낌을 받을 수 있고, 이를 통해 실력이 부족하다는 평가를 받을까봐, 코드 리뷰를 두려워하는 분위기가 생겨날 수 있습니다. 내 코드가 지적 받으면 내가 공격당한다고 오해하게 되는 것입니다.

반대로 타인의 코드를 비판하는 것에 불편함을 느끼는 경우도 생겨날 수 있습니다. 다른 사람의 코드를 이해하기 어렵거나 마음에 들지 않더라도 이를 표현하는 과정에서 함께 일하는 동료와 충돌을 야기하게 될 수 있기 때문에 심리적 부담감이 생기기도 합니다. 그 외에도 급박한 일정으로 인해 모든 코드를 리뷰할 시간이 부족하다든지, 코딩 표준이 정해지지 않은 상태에서의 다툼 역시 코드 리뷰를 어렵게 하는 요소 중 하나입니다.

이런 어려움을 헤쳐내고 코드 리뷰라는 좋은 프로세스를 팀에 잘 녹여내기 위해 지켜야 하는 몇 가지 규범을 살펴볼까요.

무엇보다 가장 유념해야 할 것은 "코드는 개인의 소유가 아니라 팀의 소유이며, 코드의 품질 역시 팀의 책임이다"라는 부분을 인지하는 것입니다. 앞서도 언급했지만 코드의 소유권이 개인에게 종속되지 않는다는, 아주 당연한 원칙만 제대로 인지하더라도 코드 리뷰는 아주 자연스러운 절차로 느껴집니다.

더불어 팀이 작업하는 모든 코드는 한 사람이 작업한 것과 같은 일관성을 지켜야 합니다. 코딩 스타일이 모듈마다 다르다면 코드 전체에 대한 가독성이 상당히 떨어지게 됩니다. 코딩이라는 작업은 사실 실제로 코드를 작성하거나 수정하는 과정보다 기존 코드를 읽는 과정이 훨씬 긴 시간을 차지합니다. 따라서 코드의 가독성을 유지하는 것은 팀 전체의 생산성을 위해서 꼭 필요한 부분이며, 이를 위해서는 팀의 공통된 코딩 표준이 있어야 합니다. 누가 작성했느냐와 상관없이 코드가 균일하게 유지됨으로써 다른 모듈의 코드도 술술 읽힐 수 있도록 만들어야 합니다. 이러한 팀의 코딩 표준이 사전에 미리 정의된다면 코드 리뷰 시에 발생할 수 있는 불필요한 논쟁을 상당 부분 걷어낼 수 있습니다.

또한 코드 리뷰의 크기는 작으면 작을수록 좋으며, 리뷰에 필요한 사전 정보는 충분히 상세하게 제공해야 합니다. 예를 들어, 한 달을 꼬박 작업한 내용을 통째로 리뷰 요청을 한다면 리뷰어는 전체 변경 내역을 따라잡기가 사실상 불가능에 가깝습니다. 따라서 가능하면 30분 정도 이내에 리뷰가 가능한 크기로 잘라서 요청하는 것이 좋습니다. 더불어 변경된 코드의 문맥 정보를 미리 제공한다면 리뷰어는 왜 이 코드가 이렇게 변경되었는지에 대한 맥락을 쉽게 이해할 수 있을 것입니다. 이러한 정보가 누락된다면 리뷰어는 "왜 이걸 이렇게 수정한거죠?"라는 질문으로 리뷰를 시작할 수밖에 없습니다. 코드 리뷰는 "왜"를 물어보는 자리가 되어서는 안 됩니다.

리뷰어 입장에서는 자신에게 요청된 리뷰를 가능한 빠르게 처리해주는 것도 중요합니다. 코드 리뷰는 실제 코드 작성 작업과 마찬가지로 프로젝트 진행을 위한 필수적인 작업 중 하나가 되어야 합니다. 따라서 리뷰어는 코드 리뷰 역시 본인의 업무 중 일부로 인지하고 가능한 빠르고 적극적으로 처리해줘야 합니다. 코드 리뷰는 기본적으로 반복적인 과정입니다. 코드의 변경 내역에 대해 피드백을 빠르게 해야 그에 따른 코드 수정 및 대응도 바로 대응할 수 있고, 결과적으로 팀의 시간과 노력을 절약하는 데 큰 도움이 될 것입니다.

코드 리뷰 프로세스 중에는 상대방에 대한 존중과 예의를 지키는 것에 대해 특히 더 신경을 써야 합니다. 코드 리뷰는 보통 온라인에서 텍스트를 통해 의견이 전달되기 때문에 서로의 감정이나 의도가 불분명하게 표현될 수 있거든요. 따라서 같은 내용을 전달하더라도 오프라인에서 대면으로 하는 대화보다 더 냉소적이고 공격적으로 들릴 수 있습니다. 이와 같은 문제를 방지하기 위해서는 "이 부분의 코드는 가독성이 떨어지네요"와 같은 지적보다는 "이 부분을 이렇게 고쳐본다면 가독성이 향상될 것 같습니다"와 같은 제안의 화법을 사용하는 편이 좋습니다. 불분명한 용어, 애매한 표현, 개인적인 감정이 섞인 표현 역시 자제하는 편이 좋습니다. 대신 명확하고 객관적인 표현을 사용하는 편이 서로 건설적인 의견을 나누는 데 도움이 됩니다.

마지막으로 칭찬과 감사를 충분히 전하는 것이 좋습니다. 물론, 코드 리뷰에서는 기본적으로 문제점을 발견하고 개선점을 제안하는 자리가 될 수도 있지만, 그와 동시에 동료의 노력과 인정하고 칭찬을 선물할 수 있는 자리가 되기도 하니까요. 칭찬은 고래뿐만 아니라 동료도 춤추게 합니다.

20장을 마치며

혼자서는 할 수 없는 일이 많습니다. 개발자 한 사람이 할 수 있는 것에는 한계가 있기 때문에 우리는 팀으로 작업을 합니다. 공동의 목표를 위해 모여 각자의 역할을 수행하며 시너지를 만들어내어 성과를 이뤄냅니다. 마치 여러 톱니바퀴가 서로 정확하게 맞물리면서 시계 바늘을 돌리는 것처럼요. 이 과정에서 좋은 팀 문화는 톱니바퀴들이 원활히 돌아갈 수 있도록 하는 윤활유 역할을 해줄 것입니다. 여러분이 속한 조직에도 고유의 팀 문화가 자리 잡고 있다면 그 의미와 역할에 대해 생각해보는 기회가 되었으면 합니다.

21장

오픈소스, 세상을 집어삼키다

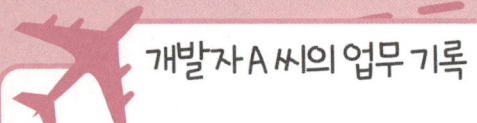 개발자 A 씨의 업무 기록

오픈소스에 기여했다는 뿌듯함

꽤 큰 규모의 코드 수정을 거친 뒤에는 꼼꼼한 모니터링이 필수다. 수정된 코드로 인해 언제 어디서 예상치 못한 부작용이 나올지 알 수 없기 때문이다. 이를 위해서 항상 그라파나 모니터링 대시보드를 통해 리소스 사용량을 비롯한 여러 지표를 꼼꼼히 확인하곤 했다.

오늘도 평소처럼 미들웨어 코드에 대한 지표를 확인하고 창을 닫으려던 때였다. 이상하게 서버 대수를 표시하는 숫자가 눈에 띄었는데, 문득 원래 있어야 하는 수보다 숫자가 모자라 보인다는 생각이 들었다. 찜찜한 기분을 그대로 둘 수 없어 팀 내 테스트 서버 현황을 기록해놓은 문서와 대조해보았다. 아니나 다를까 한 대가 비었다. 보통 이런 경우는 새롭게 설정된 테스트 서버에 모니터링 설정이 되지 않아 대시보드에서 누락되어 보이는 경우가 많았다. 손수 한 대씩 헤아려본 결과 최근에 입고된 윈도우즈 서버의 모니터링 설정이 누락된 것을 확인할 수 있었다.

누락된 서버에 대해 직접 모니터링 설정을 해볼까 싶어서 관련 문서를 찾아봤다. 다행히 에이전트 파트 김 대리가 자세히 작성해놓은 설정 문서를 찾을 수 있었다. 이를 읽어보니 크게 어려운 점은 없었다. 모니터링 에이전트를 설치하고 대시보드에서 관련된 차트를 몇 개만 수정해주면 되는 작업이었다.

모니터링 에이전트는 오픈소스인 Telegraf를 사용하고 있었다. Telegraf 코드 저장소에서 직접 실행파일을 다운로드해서 테스트 서버에 설치했다. 다만 리눅

스와 윈도우즈는 모니터링 데이터를 수집하는 방법에 다소 차이가 있기 때문에 기존의 Telegraf 설정 파일 대신 윈도우즈용 설정 파일을 사용했다.

Telegraf를 실행해 놓고는 모니터링 대시보드에서 '새로고침'을 하면서 테스트 서버의 데이터가 들어오기를 기다렸다. 하지만 이상하게도 꽤 오랜 시간이 지나도 데이터가 들어올 생각을 안 했다. 무슨 문제가 생겼나 싶어서 테스트 서버를 확인했다. 분명 제대로 실행을 했는데 Telegraf 프로세스가 종료되어 있었다. 로그 파일을 확인해보니 설정 파일을 읽어 들이다가 문제가 발생하면서 제대로 기동되지 못한 현상이 보였다.

앞서 윈도우즈용 설정 파일을 수정하면서 뭔가 실수를 한 것 같아 설정 파일을 열어보았다. 설정 파일 자체의 분량이 꽤 길었기 때문에 여러 번 스크롤을 내리면서 살펴보아야 했다. 한참을 내려 보다보니 이상한 부분이 눈에 띄었다. 네트워크와 관련된 지표를 수집하는 설정이 파일의 상단부에 이미 정의가 되어있는데, 중간쯤에 다시 끼워진 것이다. 중복된 설정으로 인해 Telegraf가 플러그인을 로드하는 과정에서 문제가 생긴 것이다.

처음에는 Telegraf 코드 저장소에서 제공하는 윈도우즈용 설정 파일을 복사하고 붙여 넣는 과정에서 실수를 했다고 생각했다. 하지만 새롭게 받은 설정 파일에서도 네트워크 지표 수집 항목은 중복되어 설정되어 있었다. 즉, Telegraf 코드 저장소에서 제공하는 윈도우즈용 설정 파일 자체에 문제가 있었던 셈이다.

문제의 중복된 네트워크 설정 항목을 제거하고 나니 Telegraf 프로세스가 정상적으로 뜨는 것을 확인할 수 있었다. 모니터링 대시보드 설정까지 모두 완료한 뒤에 김 대리가 작성한 모니터링 설정 문서에 해당 내용을 기록해놓기로 했다. 그래야 나중에 다른 사람이 똑같은 문제를 겪는 것을 피할 수 있기 때문이다.

문서를 수정한 뒤에 김 대리에게 메신저로 해당 내용을 전했다.

"안녕하세요. 김 대리님. 대리님이 작성한 문서를 참고하면서 지난 번에 입고된 윈도우즈 서버 모니터링 설정을 했는데요. Telegraf에서 제공하는 윈도우즈용 기본 설정 파일에 문제가 있더라고요. 그래서 해당 내용을 문서에 반영해 놓았습니다."

"아, 그래요? 고마워요. 기본 설정 파일에 문제가 있었구나. 그럼 Telegraf 저장소 쪽에도 PR(Pull Request)을 한 번 날려보는 건 어때요? 이런 이슈라면 별 문제 없이 바로 병합(Merge)될 것 같은데요."

PR이라…. 생각지도 못하고 있었다. 생각해보니 크게 시간이 걸리지도 않을 것 같아서 바로 수정된 설정 파일을 기반으로 PR을 올렸다. 김 대리의 말대로 명백한 설정 오류였기 때문에 금새 병합이 되었다. 그리고 Telegraf 메인테이너로부터 "Thanks!"라는 코멘트도 받았다.

메인테이너의 코멘트를 보면서 괜스레 기분이 좋았다. 그동안 개발을 하면서 오픈소스의 도움을 많이 받아왔지만 반대로 오픈소스에 기여를 해본 적은 단 한 번도 없었다. 간단한 설정 파일 수정이지만 그동안 잘 사용해오던 Telegraf 오픈소스에 작게나마 기여를 했다는 고양감이 들었다. 내친김에 좀 더 본격적으로 오픈소스에 기여할 수 있는 방법을 찾아보고 싶다는 생각이 들었다.

변화의 물결

2017년에 개발자 행사 중 하나인 〈데뷰Deview〉에서는 "오픈소스 데이터베이스, 은행 서비스에 첫 발을 내밀다"라는 이름의 세션이 발표되었습니다. 이는 카카오뱅크에서 오픈소스 데이터베이스인 MySQL을 도입한 이야기였는데요. 사실 금융권은 시스템 안정성을 최우선으로 생각하는 분야입니다. 따라서 자연히 기술 변화에는 다소 보수적이라는 평가를 받을 수밖에 없는데요. 그런 금융권에서 오픈소스 데이터베이스를 도입했다는 것만으로 많은 이의 관심이 쏠렸습니다.

사실 이전에는 오픈소스 데이터베이스로 금융권에서 요구하는 성능과 안정성을 보장하기가 어려웠습니다. 따라서 금융권에서는 주로 오라클과 같은 검증된 상용 제품을 선호했습니다. 하지만 시간이 지남에 따라 오픈소스 제품들의 기술 수준도 크게 향상되었고, 카카오뱅크에서도 오픈소스 제품인 MySQL이 비용 대비 효율 관점에서 충분한 성능과 안정성을 보장한다고 판단하여 이와 같은 이례적인 시도를 할 수 있게 되었습니다.

보수적인 금융권과 같은 특수한 사례를 제외하면 오픈소스 바람은 이미 IT 환경 구석구석까지 미치고 있습니다. 오픈소스의 메카로 불리는 깃허브에서 발표한 〈2022 오프소스 사용 현황 보고서〉에 따르면 포춘 100대 기업 중 깃허브를 사용하는 비율이 약 90% 이상이라고 합니다. 뿐만 아니라 깃허브를 사용하는 개발자 수가 무려 9,400만여 명, 2022년에 만들어진 오픈소스 기여 건수만 약 4억 건에 달한다고 합니다.

바야흐로 어느새 우리를 둘러싸고 있는 IT 환경은 오픈소스를 중심으로 완전히 재편되었습니다. 사실 이러한 바람이 불기 전까지는 마이크로소프트와 같은 회사에서 상용 소프트웨어를 만들고, 리눅스 등의 오픈소스 소프트웨어가 그와 대립하는 구도였습니다. 하지만 그와 같은 구도가 종료되었음을 알리는 신호탄이 2014년에 쏘아졌습니다.

바로 마이크로소프트 CEO인 사티아 나델라Satya Nadella의 "마이크로소프트는 리눅스를 사랑합니다"라는 발언을 시작으로 오픈소스에 애정 넘치는 행보를 보이기 시작한 것인데요. 자신들이 가지고 있던 닷넷 기술을 오픈소스로 공개하고, 리눅스에서도 닷넷 코드를 실행할 수 있게끔 닷넷 코어를 내놓기도 했습니다. 이어서 차기 윈도우즈 서버 버전에서는 도커 리눅스 컨테이너를 지원하는 등 오픈소스와의 협력을 강화하는 모양새를 보이기 시작했습니다. 뿐만 아니라 깃허브를 인수하고 Node.js 재단과 쿠버네티스 재단의 여러 오픈소스 프로젝트에도 적극적으로 기여하고 있습니다. 아직 오픈소스와의 전쟁을 벌이던 2001년 당시 마이크로소프트 CEO였던 스티브 발머Steven Ballmer의 "리눅스는 암적인 존재다"라는 발언과는 상당히 대비되는 상황입니다.

이전까지 오픈소스 기반의 소프트웨어는 상용 소프트웨어에 비해서 품질이 떨어진다는 인식이 존재했습니다. 하지만 그것도 어느새 옛말이 되어버렸습니다. 레드햇RedHat에서 기업의 오픈소스 활용 현황을 조사한 〈2021 엔터프라이즈 오픈소스 현황 보고서〉에 의하면 오픈소스 소프트웨어를 사용하는 이유에 대한 질문에 35%의 응답자가 '높은 품질'이라고 답했습니다. 또한 응답자의 87%는 오픈소스가 상용 소프트웨어와 비교하여 보안이 비슷하거나 더 안전하다고 답하기도 했습니다.

어떤 오픈소스는 우주로 향하기도 했습니다. 나사NASA와의 협력을 통해 개발된 스페이스XSpaceX의 크루 드래곤Crew Dragon 우주선은 지난 2020년 5월 성공적으로 우주로 발사되었는데요. 이후에 레딧Reddit을 통해 여러 질문에 대한 답을 공개하면서 알려지지 않은 정보가 공개되었습니다. 이중 가장 흥미로운 부분은 우주선의 UI와 관련된 부분이었습니다. 해당 UI는 [그림 21-1]과 같이 세 개의 터치스크린 패널을 사용하고 있는데요. 놀랍게도 이 터치스크린의 인터페이스가 크롬의 오픈소스 버전인 크로미움Chromium에서 실행되었다고 합니다. 애플리케이션은 자바스크립트로 작성되었고요. 만약, 여러분 중 누군가가 크로미움 오픈소스 프로젝트에 코드를 기여한 적이 있다면 여러분의 코드가 여러분보다 먼저 우주 공간을 여행하고 왔을지도 모르는 일입니다.

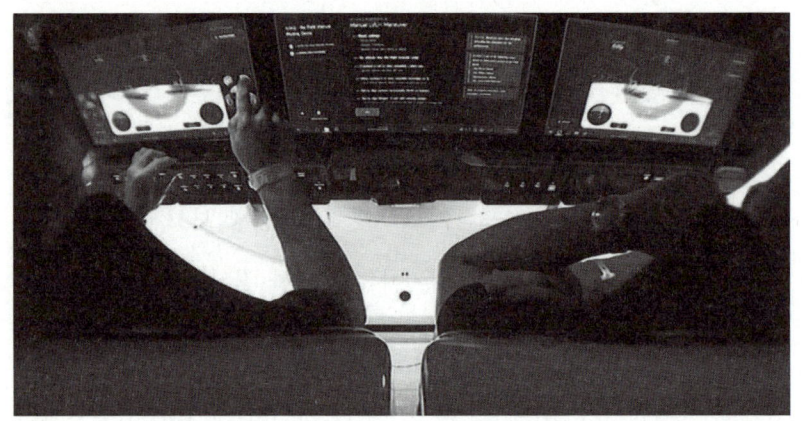

▲ 그림 21-1 크루 드래곤 우주선의 UI

오픈소스란

"내가 다른 사람보다 더 멀리 내다볼 수 있다면, 그것은 거인의 어깨 위에 서 있었기 때문이다."

역사적인 과학자인 아이작 뉴턴 Isaac Newton이 남긴 문장입니다. 이 문장에서 '거인'이란 이전의 과학자들을 이야기하는데요. 즉, 이전의 과학자들이 이미 세워놓은 이론과 연구를 기반으로 하여 자신의 연구를 진행할 수 있었기 때문에 자신이 더 멀리 내다볼 수 있었다는 것을 의미합니다.

선조들의 지식과 경험을 후대로 전하는 일은 우리 인류가 잘 하는 일 중 하나입니다. 그게 아니었다면 우리는 아직도 동굴 속에서 동물 가죽으로 만든 옷을 입고 추위에 떨고 있었을 테니까요. 고대 그리스 시대부터 전해 내려온 철학이나 수학 등의 이론은 오늘날까지도 우리 삶에 큰 영향을 끼치고 있습니다. 우리의 건강한 삶을 지속케 해주는 의학지식 역시 선조들의 수많은 연구와 고민이 켜켜이 쌓여온 결과입니다. 어쩌면 이러한 인류의 지속적인 생존 자체가 집단 지성의 대표적인 일례가 아닌가 싶기도 합니다.

이처럼 뉴턴이 아니더라도 우리는 누구나 거인의 어깨 위에 살고 있습니다. 그 덕분에 우리는 지식과 경험을 공유하는 일이 집단 전체에게 더 나은 결과를 가져올 수 있는 일임을 알고 있습니다. 이러한 공유 정신은 IT 업계에서 특히 중요한 역할을 하는데요. 이를 강조하는 것이 바로 '오픈소스' 입니다.

오픈소스는 소프트웨어의 코드를 공개함으로써 누구나 이를 사용하고 수정하여 배포할 수 있도록 하는 체계를 의미합니다. 기존의 상용 소프트웨어가 제품을 보호하기 위해 코드를 비공개로 유지하고 특정 개발자들만 접근할 수 있도록 하는 반면, 오픈소스 소프트웨어는 누구나 공개된 코드에 접근하여 기여할 수 있습니다. 이러한 오픈소스 덕분에 우리는 매번 바퀴를 재발명하지 않고 잘 만들어진 코드를 대가없이 우리의 소프트웨어를 위해 가져다 쓸 수 있습니다. 만약, 가져온 코드에 문제가 있다면 코드가 공개되어 있으니 이를 수정하여 원저작자, 즉 메인테이너에게 전해줄 수도 있습니다. 혹은 기존의 오픈소스 코드를 기반으로 내가 필요로 하는 기능을 추가해볼 수도 있겠죠. 이러한 개발 모델을 일컬어 개방형 협업을 장려하는 '탈중앙식 소프트웨어 개발 모델'이라고 부릅니다.

인터넷이 급속도로 활성화된 1990년대 이후로 수많은 오픈소스 프로젝트가 만들어지고 유지되고 있으며, 현재는 소프트웨어가 필요한 거의 모든 분야에 포진해 있습니다. 예를 들어, 다음과 같습니다.

▼ 표 21-1 오픈소스 프로젝트의 예

구분	오픈소스
웹 서버	아파치(Apache), 엔진엑스(Nginx)
웹 프레임워크	스프링(Spring), 장고(Django), 루비 온 레일즈(Ruby on Rails),
데이터베이스	MySQL, 포스트그레SQL(PostgreSQL), 몽고DB(MongoDB), 레디스(Redis), 카우치베이스(Couchbase),
인공지능 및 머신러닝	텐서플로우(TensorFlow), 파이토치(PyTorch), 사이킷런(Scikit-learn), 테아노(Theano), 케라스(Keras)
가상화 및 클라우드 컴퓨팅	도커(Docker), 쿠버네티스(Kubernetes), 오픈스택(OpenStack)

이 외에도 셀 수도 없이 많은 오픈소스 프로젝트가 존재하고 있습니다.

초기 역사

사실 오픈소스라는 말이 만들어지기 전에도 오픈소스는 존재했습니다. 말로만 오픈소스라 불리지 않았을 뿐, 대학이나 연구소 등지에서 코드란 제약 없이 공유되고 누구나 수정할 수 있으며 개선된 코드를 다시 모두에게 배포할 수 있는 존재였습니다. 1950년대부터 1970년대까지의 개발자들은 소프트웨어와 코드를 적극적으로 서로에게 공유하는 경향이 있었습니다. 심지어 이때에는 하드웨어 제조사들 역시 하드웨어를 팔면서 소프트웨어를 끼워넣는 형태로 판매하곤 했습니다. 당시만 하더라도 소프트웨어는 하드웨어를 사용하기 위해 필요한 것이지 별개로 판매될 수 있는 무언가로 여겨지지 않았거든요. 덕분에 코드는 자연스럽게 오픈되어 있었고 필요에 따라 누구나 수정할 수 있는 것으로 생각되었습니다.

추후 자유 소프트웨어 운동의 창시자가 될 리처드 스톨만 Richard Stallman 역시 이런 분위기 속에서 코드를 작성해 왔습니다. 1970년대 그가 일하던 MIT 대학의 인공지능 연구소는 소프트웨어와 코드를 공유하는 일종의 공동체가 있었습니다. 일명 ITS 공동체라고 불리기도 했는데요. 그 이유는 당시 연구소에서는 DEC이 만든 PDP-10이라는 컴퓨터를 사용하고 있었는데, 그 위에 DEC에서 기본으로 제공한 운영체제 대신 ITS라고 이름 붙여진 운영체제를 자체 개발하여 운영하고 있었기 때문입니다. 사용자들은 이 운영체제에 대한 도움말과 소스코드를 포함해서 모든 파일을 손쉽게 열람하고 또 수정할 수 있었습니다. 오늘날의 오픈소스처럼 자연스럽게 누구나 필요한 기능이 있다면 직접 만들고, 또 다른 누군가가 그 기능을 개선하는 새로운 코드를 붙여 넣는 일이 일상이었습니다. 당시 그들에게 코드란 누군가의 사유물이 아닌, 필요하다면 누구나 접근해서 사용할 수 있는 공공재와 같았거든요.

하지만 평화로운 연구소 내 공동체의 분위기와는 다르게 바깥세상은 이전과는 다른 변화의 바람을 맞이하고 있었습니다. 미국에서는 1976년 컴퓨터 소프트웨어 저작권법이 제정되면서 소프트웨어를 저작물로 분류하게 되었는데요. 소프트웨어 코드의 저작권 보호와 상업적 이용을 위한 법적 근거가 마련된 것입니다.

그러던 어느날, 연구소에 제록스 레이저 프린터가 한 대 들어오게 됩니다. 이 프린터는 성능이 뛰어났지만 문제가 하나 있었습니다. 툭하면 종이가 걸려서 고장이 나는 겁니다. 프린터가 한 번 멈춰서기 시작하면 누군가가 가서 걸린 종이를 빼내기 전까지는 모든 사람이 프린터를 사용할 수 없었습니다. 이런 상황에 답답해하던 리처드 스톨만은 우연한 기회에 제록스 프린터의 제어 프로그램 소스코드를 가지고 있던 담당자를 알게 됩니다. 그는 코드를 직접 들여다볼 수 있다면 프린터의 문제를 해결할 수 있을 것이라고 생각했고 자연스럽게 프린터 제어 프로그램의 소스코드를 공유해달라고 요청했습니다. 하지만 여기서 그는 생각지도 못한 퇴짜를 맞게 됩니다. 담당자는 제록스와 소스코드에 대한 기밀 유지 협약서에 서명을 했기 때문에 소스코드에 대한 정보를 공유할 수 없다고 못을 박았거든요.

평화롭던 ITS 공동체 안에서 모두의 이익을 위해 코드를 기꺼이 공유해오던 리처드 스톨만에게는 다소 충격적인 사건이었습니다. 소스코드만 있으면 모두가 겪고 있는 불편을 해결할 수 있을 텐데, 그것에 제약을 두는 것은 다소 불합리하다고 생각했습니다. 결국 리처드 스톨만은 아쉬운 발걸음을 돌릴 수밖에 없었는데요. 이 사건은 훗날 그가 자유 소프트웨어 운동을 시작하게 되는 계기가 되기도 합니다.

그렇게 시간은 흘러갔고 좋은 시절도 끝이 보이기 시작했습니다. 그 발단은 PDP-10의 단종이었습니다. 당시 ITS 운영체제는 어셈블리어로 개발되어 있었고, 그 특성상 타 시스템과의 호환이 쉽지 않았습니다. 다른 시스템에서 이 운영체제를 돌리려면 코드를 대폭 수정해야 했는데요. 문제는 ITS 공동체를 이루며 운영체제를 함께 개발해왔던 개발자 중 대다수가 다른 회사로 이직하게 된 것입니다. 그러면서 자연스럽게 ITS 공동체도 암묵적으로 해체를 맞이했고요. 그들이 직접 개발해오던 ITS 운영체제 역시 더 이상 운영이 어려워졌고, 그 대신 DEC의 VAX라는 운영체제를 새로 도입하게 됩니다. 문제는 VAX가 제록스의 프린터처럼 기밀 유지 협약서에 묶인 독점 소프트웨어였다는 사실입니다. 당시 프린터 사건으로 인해 그는 이 비공개 협약이 어떤 결과를 가져올 지 예상할 수 있었고, 그 결과는 그의 신념에 반하는 종류의 것이었습니다. 그는 결국 독점 소프트웨어 체제로 합류하느냐, 마느냐 하는 일종의 도덕적 선택의 기로에 서게 되는데요. 그는 기밀 유지 협약서에 사인하지 않고 공동체를 다시 부활시켜 보기로 합니다. 이렇게 리처드 스톨만에 의해서 GNU 프로젝트가 만들어지고 그 역사적인 항해가 시작되었습니다.

GNU 프로젝트의 목적은 유닉스 운영체제와 호환되는 자유 소프트웨어를 개발하는 것이었습니다. GNU라는 이름 역시 "GNU is Not Unix"의 약자로 유닉스와 호환되긴 하지만 다른 운영체제라는 의미를 내포하고 있었습니다. 당시 유닉스 운영체제는 상용 소프트웨어로 판매되는 제품으로서, 이에 대한 소스코드는 역시 공개되지 않았습니다. 리처드 스톨만은 이것이 개발자 간의 협업과 자유로운 소프트웨어 개발을 방해한다고 여겼습니다. GNU 프로젝트와 이를 추진하는 조직인 자유 소프트웨어 재단(Free Software Foundation, FSF)에서는 기본적으로 소스코드란 컴퓨터 과학을 발전시키는 기본이며, 이를 바탕으로 소프트웨어가 자유롭게 사용, 복제, 배포, 공유되어야 한다고 믿었습니다.

재미있는 점은 GNU 프로젝트가 시작되기 몇 년 전 빌 게이츠Bill Gates가 컴퓨터 애호가들을 대상으로 공개서한을 보낸 적이 있는데요. 이 서한에서 그는 컴퓨터 애호가들의 소프트웨어 복제 및 공유에 대한 불만을 표출했습니다. 이러한 복제는 소프트웨어 개발에 시간과 돈을 들인 소프트웨어 개발자들에게 공정하지 않은 결과를 가져오고 있으며, 개발자들이 새로운 소프트웨어를 개발하는 것을 방해한다고 주장했습니다.

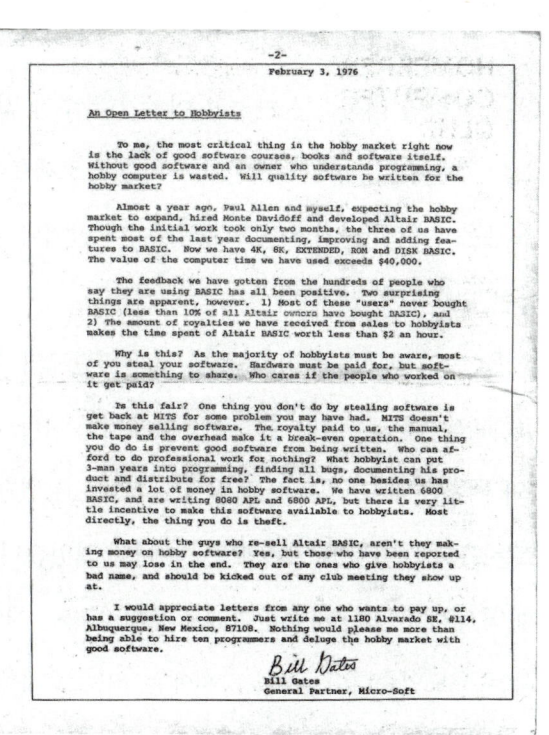

▲ 그림 21-2 빌 게이츠의 공개 서한

리처드 스톨만은 소스코드를 감추고 자유로운 공유를 막는 것이 소프트웨어의 발전을 막는다고 주장했고, 빌 게이츠는 반대로 광범위한 복제가 소프트웨어의 발전을 막는다고 주장한 셈입니다. 서로 대척점에 서 있는 의견이지만 두 주장 모두 일견 설득력이 있어 보입니다. 여러분의 의견은 어떤가요?

리눅스의 성공, 그리고 성당과 시장

사실 '오픈소스'하면 리눅스를 빼놓고 이야기할 수가 없습니다. 최초의 오픈소스 프로젝트는 아니었지만 역사적인 프로젝트이자 오픈소스의 개발 모델을 완전히 바꿔버린 프로젝트이니 말입니다. 리눅스의 탄생부터 한번 따라가 보겠습니다.

시계 바늘을 1991년으로 돌려봅시다. 당시 핀란드의 헬싱키 대학교 컴퓨터공학과의 한 대학생이 취미로 운영체제를 하나 만들기 시작합니다. 그의 이름은 바로 리누스 토발즈 Linus Torvalds였습니다. 당시 그 프로젝트는 그의 개인적인 프로젝트에 지나지 않았습니다. 초기 리눅스의 형태 역시 매우 간단한 수준이었고 서버가 아닌 개인용 컴퓨터에서 동작하는 용도였습니다. 사실 당시에는 리눅스 외에도 여러 유닉스 계열의 다른 운영체제가 많았습니다. 하지만 다른 모든 운영체제와 리눅스가 달랐던 것은 프로젝트 공개와 동시에 모든 소스코드를 comp.os.minix라는 유즈넷 뉴스 그룹에 공유했다는 것이었습니다.

리누스 토발즈가 처음으로 공개한 리눅스의 초기 버전은 0.02였습니다. 0.01은 애초에 커널의 가장 기초적인 부분만 포함되어 있는 정도였고, 실행 가능한 형태도 아니었거든요. 그에 비해서 0.02 버전은 배시bash 셸과 gcc 컴파일러 등 기본적인 유틸리티가 탑재되어 실행 가능한 정도까지 완성되었습니다. 이 시점에서 리누스 토발즈는 리눅스의 소스코드 전부를 공개해버립니다. 그때부터 분위기는 1970년대 리처드 스톨만이 있던 ITS 공동체처럼 바뀌기 시작했습니다. 리눅스를 사용해본 여러 개발자가 공개된 코드를 기반으로 자진해서 부족한 부분을 채워기 시작했고 리눅스의 버전 번호는 빠르게 올라가기 시작했습니다. 1992년에는 버전이 0.95까지 올라가기에 이르렀고, 약 2년 뒤인 1994년 3월에 드디어 1.0 버전이 공개되었습니다. 참고로 소프트웨어의 버전은 초기 개발 단계인 경우 0.x와 같이 0으로 시작하는 번호가 주로 사용되며, 1.0은 내부적으로 어느 정도 안정화가 되었음을 의미합니다.

당시 익명의 개발자들이 모여 공개된 코드를 기반으로 쌓아올려진 리눅스의 방식은 매우 혁신적이었습니다. 덕분에 누군가는 비판의 목소리를 내기도 했습니다. 그중에는 유명한 컴퓨터 과학자이자 운영체제 개발자이기도 한 앤드류 타넨바움Andrew Tanenbaum도 속해 있었습니다. 그는 리눅스의 커널 구조가 구식이고 이식성이 부족하다고 공개적으로 비판했는데요. 그의 비판에는 개인이 소스코드를 엄격하게 통제하지 않는 것이 문제라는 주장도 포함되어 있었습니다. 아래는 그가 유즈넷 뉴스 그룹에 게재한 리눅스에 대한 비판의 일부입니다.

"… 1970년대 구조화된 프로그래밍이 도입되었을 때 할런 밀스는 프로그래밍 팀이 어떤 모습을 해야 하는지 이야기한 바 있습니다. 팀은 모두가 각자 도끼를 들고 휘두르는 돼지 도살 팀이 아니라 외과 의사 한 명과 여러 명의 조수로 구성된 외과 수술 팀과 같이 구성되어야 한다고 지적했습니다. 광범위하게 분산된 개인들이 복잡한 코드를 개발하고 관리하면서 무정부 상태를 피할 수 있다고 말하는 사람은 소프트웨어 프로젝트를 관리해본 적 없는 사람입니다. …"

타넨바움의 주장대로 당시 리눅스는 광범위하게 분산된 개인에 의해서 개발되고 있었습니다. 개발자들은 전 세계에 흩어져 있었으며, 코드를 수정하고 개발하는 것 역시 제약이 없었습니다. 엄격한 표준이나 관리는 이루어지지 않았고 '주 단위'라는 매주 잦은 단위로 릴리즈되곤 했습니다.

이러한 개발 모델에 대해 타넨바움 외에도 많은 개발자가 비판의 눈초리로 보곤 했습니다. 당시에는 운영체제처럼 복잡한 소프트웨어는 비교적 작고 잘 구성된 전문가 모임에 의해 주의 깊게 개발되어야만 최소한의 일관성과 안정성이 보장될 수 있었다고 믿었거든요. 이러한 일종의 닫힌 개발 모델은 당시 상용 소프트웨어는 물론, 오픈소스의 전신이었던 자유 소프트웨어 재단 내에서도 주로 사용되던 방식이었습니다.

하지만 그들의 비판이 무색하게도 리눅스는 폭발적인 성장을 이어 갔습니다. 그 비결은 바로 인터넷이었습니다. 1990년대 초반, 저렴한 요금으로도 개인에게 인터넷 연결을 제공하는 인터넷 서비스 제공 산업이 번성하기 시작했거든요. 리눅스는 인터넷이라는 성장의 파도를 타고 승승가도를 달려 나갔습니다. 몇 년 지나지 않아 당시 데이터베이스 시장의 선도 업체였던 오라클도 리눅스를 지원하기 시작했을 만큼 당당히 주류 운영체제로 자리매김을 했습니다.

이러한 리눅스의 성공을 옆에서 조용히 지켜보면서 감탄하던 사람이 한 명 있었습니다. 바로 미국의 소프트웨어 개발자인 에릭 레이몬드Eric Raymond였는데요. 그는 리눅스의 성공 이유가 기술적인 것이 아닌 사회적인 것에 기인했다고 생각했습니다. 그는 이를 주제로 〈성당과 시장〉이라는 에세이를 썼고, 오늘날 책으로 출판될 만큼 유명한 글이 되었습니다.

▲ 그림 21-3 성당과 시장

〈성당과 시장〉은 오픈소스 소프트웨어의 개발 모델을 대조하는 내용을 담고 있습니다. 이 글에서 '성당' 모델은 소수의 전문가들이 모여서 엄격한 계획과 조직적인 방식으로 소프트웨어를 만들어나가는 모델을 의미합니다. 대개 이 모델 내에서는 소수의 개발자가 큰 규모의 코드를 작성하고, 다른 개발자가 이 코드들을 검토하거나 버그를 수정하는 역할을 맡습니다. 소프트웨어의 품질을 보장하기 위해 엄격한 표준과 규칙을 강조했으며, 철저한 검토와 테스트가 이루어진 후에만 릴리즈를 하는 방식이었습니다.

반면 '시장' 모델은 누구나 자유롭게 협력하여 코드를 수정하고 소프트웨어를 개발하는 방식입니다. 바로 리눅스의 개발 모델이었죠. 이 모델에서 개발자들은 각자가 본인의 임무와 역할을 가지고 개발을 진행하며, 필요에 따라 다른 개발자들과 상호작용하면서 소프트웨어를 개선해 나갑니다. '성당' 모델보다 더 잦은 주기로 릴리즈되곤 하는데요. 릴리즈가 잦은 만큼 새로운 버전에는 버그도 많지만 이렇게 발견된 버그도 프로젝트에 참여 중인 각 개발자들에 의해 금세 다음 버전에서 패치되곤 합니다.

이 에세이를 작성한 레이몬드 역시 리눅스의 등장 이전까지는 '성당' 모델이 옳은 방식이라고 믿고 있었습니다. 그만큼 리눅스의 성공을 바라보면서 느꼈던 충격도 클 수밖에 없었을 텐데요. 그는 〈성당과 시장〉에서 리눅스에 대해 아래와 같이 언급했습니다.

"… 리눅스는 내가 알고 있다고 생각한 모든 것을 뒤집어 버렸다. 나는 예전부터 작은 도구, 빠른 프로토타입 제작, 진화적인 프로그래밍을 여러 해 동안 유닉스의 가치로 생각하고 이야기해왔다. 내가 다루는 문제들은 굉장히 복잡하기 때문에 집중적이고 선험적인 접근 방식이 필요하다고 믿었다. 예를 들어, 운영체제나 이맥스(Emacs)와 같이 규모가 크고 복잡한 소프트웨어는 성당을 건축하듯이 몇 명의 전문 개발자에 의해서 조심스럽게 만들어지고, 적절한 때가 되기 전에 미리 발표하는 베타판 같은 것도 없어야 한다고 생각한 것이다.

그래서 리눅스의 창시자는 리누스 토발즈의 개발 방식은 내게 더욱 충격이었다. 그는 다른 사람에게 위임할 수 있는 것은 모두 위임해버리고, 뒤범벅이 된 부분을 포함하여 자주 릴리즈했다. 고요하고 신성한 성당의 건축 방식은 여기에서 찾아볼 수 없었다. 리눅스 공동체는 서로 다른 의견과 접근 방식이 난무하는 소란스러운 시장 같았다. 이런 시장 바닥에서 안정적인 소프트웨어가 나온다는 것은 연속되는 기적에 의해서만 가능한 것처럼 보였다. …"

리눅스의 성공가도를 바라보며 레이몬드는 '성당' 모델과 '시장' 모델의 차이점을 분석하기 시작했습니다. 그가 생각하는 가장 핵심적인 차이점은 문제를 해결하는 과정을 바라보는 관점이었습니다. '성당' 모델의 개발자 관점에서 버그나 새로운 기능을 개발하는 일은 매우 어렵고 까다롭고 심오한 과정으로 여겨졌습니다. 따라서 문제를 해결하려면 헌신적인 소수의 사람이 길게는 몇 달 동안 시간을 쏟아 부어야 한다고 생각했습니다. 그러다보니 릴리즈는 자연히 늦어질 수밖에 없고, 그렇게 오랫동안 기다려서 나온 릴리즈에 또 다른 문제가 있을 때에는 큰 실망이 뒤따를 수밖에 없었습니다.

하지만 '시장' 모델의 개발자 관점에서 버그는 간단히 해결될 수 있는 무언가였습니다. 더 정확히 표현하자면 '누군가에게는' 간단한 문제였습니다. 이러한 관점에 대해 그는 "보는 눈이 충분히 많으면 찾지 못할 버그는 없다"라고 정리하며 이를 '리누스의 법칙'이라고 부르기까지 했습니다. '시장' 모델에서 사람들이 버그를 발견하게 되면 일단은 혼자 코드를 뒤져보면서 원인을 파악하려 애를 씁니다. 하지만 그렇게 원인을 파악하지 못한 버그는 커뮤니티에 보고됩니다. 그리고 그 커뮤니티의 누군가는 버그의 원인을 어렵지 않게 파악할 수 있는 사람이 있습니다. 그리고 그들이 이 버그를 해결하는 패치를 다시 공유하게 됩니다. 여기서 중요한 점은, 사람이 충분히 많은 경우 이 과정이 매우 빠르게 반복되는 경향이 있다는 점입니다. 이를 가속화하기 위해서는 소프트웨어는 더 자주 릴리즈되어야 합니다. 비록 릴리즈에 알려진 버그가 있다고 하더라도 말입니다. 실제로 리눅스의 개발 초기인 1991년경에는 하루에 한 번 이상 새로운 커널이 릴리즈되었다고 합니다.

어쩌면 리누스 토발즈란 사람이 정말 위대한 이유 중 하나는 단순히 리눅스 커널을 개발했다는 점이 아니라 이러한 개발 모델을 구축한 것이라고 할 수 있습니다. 인터넷을 이용해 전 세계에 걸친 개발자 풀을 영리하게 활용했고, 그들이 리눅스 개발에 흥미를 가지고 기꺼이 개인 시간을 투자할 수 있게끔 환경을 만들어준 것이 바로 리누스 토발즈의 역량인 셈입니다.

오픈소스 참여 동기

사실 생각해 보면 오픈소스가 돌아가는 방식이란 게 믿기 어려운 이야기처럼 들리기도 합니다. 리누스 토발즈는 뭘 어떻게 했길래 매년 수천 명의 개발자가 리눅스 커널 코드로 달려들어서 어떠한 보상도 받지 않고 자신들의 시간과 노력을 기여하도록 만들 수 있던 걸까요? 이렇게 돌아가고 있는 오픈소스 프로젝트가 리눅스뿐만 아니라 셀 수도 없이 많습니다. 이게 어떻게 가능한 일인 걸까요?

2012년 스위스 연방 공과 대학교에서 발표된 〈Carrots and Rainbows: Motivation and Social Practive in Open Source Software Development〉라는 연구에서 그 이유를 찾아볼 수 있습니다. 이 연구에서는 오픈소스 소프트웨어에 기여하는 개발자들의 동기가 '개인적 동기'와 '사회적 관행'으로 이루어진다고 이야기하고 있는데요. 이를 좀 더 자세히 살펴보겠습니다.

이 연구에서 말하는 '개인적 동기'는 다시 '외재적 동기' '내재적 동기' '내재화된 외재적 동기'로 분류됩니다.

첫 번째, '외재적 동기'는 오픈소스 작업을 통해 외적 보상을 받을 수 있는 경우로 설명할 수 있습니다. 사실 따지고 보면 모든 오픈소스가 100% 순수 자원 봉사자로만 이루어지지는 않습니다. 많은 기업에서 자신들이 가지고 있는 소스코드를 공개하여 오픈소스 프로젝트로 운영하고 있습니다. 예를 들어, 구글의 안드로이드 운영체제나 마이크로소프트의 닷넷 코어.NET Core, 비주얼 스튜디오 코드, 메타의 리액트 등이 기업에서 운영하고 있는 오픈소스 프로젝트입니다. 만약, 이런 회사에 소속되어 해당 프로젝트를 담당하게 된다면 회사로부터 급여를 받으면서 오픈소스 프로젝트에 참여할 수 있겠죠.

두 번째, '내재적 동기'는 개인이 자신의 관심사나 취미 등에 따라 오픈소스 프로젝트에 참여함으로써 유지되는 동기입니다. 이 경우에는 오픈소스 활동 과정에서의 즐거움과 성장을 중요하게 생각하는데요. 오픈소스 프로젝트는 여러 개발자와 협업하면서 자신의 역량과 문제 해결 능력을 향상시킬 수 있고 새로운 기술에 대한 학습을 할 수도 있는 좋은 기회입니다. 예를 들어, 리눅스 커널 개발에 참여하는 개발자들은 운영체제 내부의 동작 원리에 대해 빠삭하게 알 수 있게 됩니다. 자신의 기여가 다른 사용자에게 유용하게 사용될 수 있다는 성취감은 덤으로 주어집니다.

세 번째, '내재화된 외재적 동기'는 내재적 동기와 외재적 동기를 모두 만족시키는 종류의 동기입니다. 자신이 진정으로 관심을 가지고 열정을 느끼는 것과 동시에 외부적인 보상까지 기대할 수 있는 종류의 동기입니다. 사용자층이 넓고 규모가 큰 오픈소스 프로젝트일수록 요구되는 코드의 품질 역시 상당히 높은 경우가 많은데요. 이런 환경에서의 경험은 자신의 역량을 크게 향상시킴과 동시에 추후 이력의 강점으로 활용될 수 있는 기회가 되기도 합니다. 오픈소스는 어찌보면 개발자에게 있어 귀중한 역량 훈련의 장이자 자신의 전문성을 증명하기에 더 없이 좋은 증거가 되거든요.

하지만 지금까지 언급된 개인적 동기만 살펴보면 뭔가 중요한 것이 빠진 느낌이 듭니다. 이 정도의 동기만으로 정말 높은 품질의 오픈소스 프로젝트가 유지되고 있다는 것이 잘 납득이 안 되는 느낌입니다. 오늘날의 많은 오픈소스 소프트웨어는 안정성과 신뢰성, 성능 등이 매우 중요시되는 미션 크리티컬Mission Critical한 영역에서도 빈번히 사용될 만큼 품질이 높은 것이 많습니다. 여기서 자주 등장하는 리눅스 역시 여러 인터넷 서비스, 핀 테크, 클라우드, 과학 연구 등의 분야뿐만 아니라 슈퍼컴퓨터 등 고성능 컴퓨팅 분야에서도 자주 사용되고 있습니다. 전 세계적으로 많이 사용되고 있는 웹 서버인 Nginx와 아파치 모두 오픈소스이며, 인터넷 보안에서 아주 중요한 역할을 하고 있는 OpenSSL 역시 전 세계 수많은 오픈소스 개발자의 기여로 개발 및 유지보수되고 있습니다. 앞서 말한 개인적 동기만으로 이러한 높은 품질의 프로젝트가 유지되는 것이 정말 가능한 걸까요?

오픈소스의 뿌리격인 자유 소프트웨어 운동을 시작한 리처드 스톨만의 경우를 떠올려 봐도 의문입니다. 소프트웨어는 자유롭게 공유되어야 한다는 믿음을 전제로 만들어진 GNU 프로젝트는 앞선 개인적 동기만으로는 설명하기 어려운 부분이 많습니다. 그는 외재적 동기로

써 외부에서 보상을 받지도 않았으며, 그렇다고 단순히 코딩의 즐거움을 위시한 내재적 동기만으로 GNU 프로젝트를 만들었다고도 보기 어렵습니다. 그는 단지 개발자들이 소스코드에 자유로이 접근할 수 없는 것, 그리고 소프트웨어를 라이선스를 통해 판매하려는 변화가 옳지 않다고 여겼습니다. 이러한 변화는 개발자들이 자유롭게 배우고 창작할 수 있는 권리에 대한 '도덕적으로 잘못된' 침해로 간주했습니다. 그의 말에 따르면 그는 공동체의 사회적 관행의 붕괴에 직면하여 '엄격한 도덕적 선택'을 해야 했다고 했는데요. 그러한 그의 심정을 아래에 있는 그의 글에서 느낄 수 있습니다.

"… 커뮤니티가 사라진 상황에서 이전처럼 계속하는 것은 불가능했습니다. 쉬운 선택은 기밀 유지 계약에 서명하고 동료 해커들을 돕지 않겠다고 약속하면서 독점 소프트웨어 세계로 합류하는 것이었습니다. 저도 기밀 유지 계약에 따라 공개되는 소프트웨어를 개발할 가능성이 높기 때문에 다른 사람들도 동료를 배신해야 한다는 압박이 가중될 것입니다. 이런 식으로 돈을 벌수도 있었고 코드를 작성하는 것이 즐거웠을 수도 있습니다. 하지만 경력이 끝날 때쯤이면 사람들을 분열시키기 위해 벽을 쌓았던 지난 세월을 돌아보게 될 것이고, 세상을 더 나쁜 곳으로 만드는 데 평생을 보냈다는 생각이 들 것 같았습니다. 그래서 저는 개발자가 좋은 일을 할 수 있는 방법을 찾았습니다. 커뮤니티가 다시금 동작하게 만들기 위해서 내가 짤 수 있는 코드가 있을까? …"

앞선 〈Carrots and Rainbows〉 연구에서 리처드 스톨만이 이러한 결정을 내리게 된 이유는 사회적 관행을 지키기 위함이었다고 이야기합니다. 그의 가치관에 따르면 코드를 비롯한 기술적 결과물들은 공유되어야 하며, 이는 개발자들의 권리와 기술의 발전을 가속화할 수 있는 사회적 관행이었습니다. MIT 인공지능 연구소에서 시작된 이러한 사회적 관행의 멸종을 막기 위해 그가 선봉에 섰고, 그의 가치관을 공유하는 개발자가 하나둘씩 모이기 시작하면서 오늘날 오픈소스 세계의 엔진을 열심히 돌리고 있는 것입니다. 단순히 개인적 동기가 아닌 이러한 사회적 관행, 즉 모두의 발전을 위해 코드가 공유되어야 한다는 의식을 공유함에 따라 자연히 이 안에서 생산되는 코드의 품질 기준은 높게 유지됩니다. 그 기준에 맞춰 생산된 코드들이 높은 품질의 오픈소스 소프트웨어를 만드는 셈이고요. 따라서 오늘날의 오픈소스 소프트웨어들이 가지는 높은 품질의 미스터리는 이러한 사회적 관행의 기원으로 설명될 수 있습니다.

이러한 사회적 관행에 대한 주장을 뒷받침하는 사건이 또 하나 있습니다. 바로 마리아DB_{MariaDB}의 분기인데요. 마리아DB는 MySQL로부터 분기된 오픈소스 프로젝트입니다. 오픈소스는 그 특성상 해당 프로젝트가 가지고 있는 라이선스가 허용하는 범위 내에서 코드를 자유롭게 수정하고 배포할 수 있습니다. 예를 들어, 지금 당장이라도 리눅스의 원본 프로젝트를 포크_{fork}하여 여러분의 이름을 붙인 새로운 프로젝트로 분기할 수 있습니다. 하지만 새로운 프로젝트의 이름만으로는 원본 프로젝트에 기여하고 있는 수많은 개발자를 끌어들일 수 없겠죠. 따라서 오픈소스 프로젝트의 분기는 사실 자주 일어나지 않습니다. 하지만 그 흔치 않은 분기가 바로 가장 인기 있는 오픈소스 데이터베이스인 MySQL에서 발생했습니다.

MySQL은 본래 MySQL AB라는 회사가 관리하고 있던 오픈소스 프로젝트였습니다. 그러다 2008년 MySQL AB가 썬 마이크로시스템즈로 인수되면서 MySQL의 저작권과 상표권 역시 함께 넘어갔는데요. 문제는 1년 뒤인 2009년, 오라클이 썬 마이크로시스템즈를 인수하면서 MySQL 데이터베이스가 오라클의 손아귀에 들어가게 된 것입니다. 오라클은 MySQL과 경쟁 관계에 있던 상용 데이터베이스인 오라클 데이터베이스를 소유하고 있었는데요. 이로 인해서 해당 프로젝트에 기여하고 있던 개발자들은 혹여 MySQL에 부정적인 방향으로 의사 결정이 내려지지 않을까 우려하기 시작합니다. 가령 MySQL의 오픈소스 라이선스 정책이 변경된다거나 개발 방향을 일방적으로 바꿔서 기술적 발전에 부정적인 영향을 끼치는 식으로 말입니다.

이에 MySQL의 최초 개발자 중 한 명인 몬티는 MySQL로부터 분기한 마리아DB 프로젝트를 시작했습니다. 이 프로젝트는 MySQL과 호환되는 기능을 유지하면서도 오라클의 통제를 벗어나기 위한 목적이었습니다. 그를 비롯하여 비슷한 우려를 하고 있던 개발자들이 마리아DB 프로젝트에 참여하기 시작했고, 마리아DB는 오늘날 MySQL과 마찬가지로 가장 인기 있는 오픈소스 데이터베이스 중 하나가 되었습니다. 이들의 모습은 흡사 개발자 공동체의 사회적 관행이 없어지는 것을 막기 위해 GNU 프로젝트를 시작했던 리처드 스톨만과 비슷해 보입니다.

커져가는 오픈소스 생태계

IT 업계에서 오픈소스는 그 영토를 계속해서 넓혀가고 있습니다. 이미 현재에도 매우 중요한 역할을 하고 있고, 앞으로도 더욱 큰 역할을 할 것으로 예상되는데요. 세계적인 IT 공룡 기업들도 오픈소스의 중요성을 일찍 깨닫고 자신들의 깃발을 꽂기 위해 많은 노력을 하고 있습니다.

이와 관련해서 재미있는 일화가 하나 있는데요. 2000년대 중반, 빅데이터라는 키워드가 IT 업계를 달구기 시작했을 때 항상 함께 이야기되던 오픈소스 프로젝트가 하나 있습니다. 바로 하둡Hadoop인데요. 하둡은 분산 환경에서 대용량의 데이터를 안정적으로 처리하기 위한 프레임워크로써 본격적인 빅데이터 시대를 열었다는 평을 듣고 있는 프로젝트입니다. 재미있는 점은 이 하둡이 바로 구글의 내부 기술로부터 유래했다는 점입니다.

구글은 내부의 대용량 처리를 위해 분산 처리 모델인 맵리듀스 MapReduce와 대용량 파일 시스템인 GFS(Google File System)을 만들어서 사용하다가 이를 2000년대 초반에 외부로 발표하게 됩니다. 다만 아이디어만을 논문으로 발표하고 실제 코드는 공개하지 않았는데요. 하지만 당시 오픈소스 웹 검색엔진을 개발하던 더그 커팅 Doug Cutting 과 마이크 캐퍼렐라 Mike Cafarella가 구글에서 공개한 논문을 기반으로 하둡의 근간을 이루는 맵리듀스 모델과 HDFS(Hadoop Distributed File System)을 구현해버립니다. 그리고 이를 오픈소스 프로젝트로 공개하는데요. 하둡이 발표된 이후 다양한 기업과 연구 기관에서 이를 활용하여 빅 데이터 기술을 발전시키기 시작합니다. 하둡을 근간으로 하는 여러 기술이 나오기 시작하면서 점차 오픈소스 내에서 하둡 생태계가 만들어지기 시작하고 점차 빅데이터의 사실상 표준으로 자리 잡게 되었습니다.

사실상 구글 내부에서 만들어진 아이디어가 회사 외부에서 재구현되어 별도의 오픈소스 프로젝트가 되고 그대로 빅 데이터 생태계를 장악한 셈이 되어 버렸는데요. 사실 당시 구글에서 이러한 현상에 대해 실제로 어떻게 생각했는지는 알 수 없습니다만, 이후로 구글의 오픈소스 정책이 바뀌기 시작했습니다. 내부 기술을 적극적으로 오픈소스화하기 시작한 것인데요. 2008년 웹 브라우저인 크롬의 오픈소스 버전인 크로미엄을 오픈소스로 발표한 것을 시작으로, 같은 해 데이터

직렬화 기술인 프로토콜버퍼(Protobuf), 2010년 프런트엔드 웹 프레임워크 앵귤러JS AngularJS, 2014년 컨테이너 오케스트레이션 플랫폼인 쿠버네티스 Kubernetes, 2015년 머신러닝 라이브러리인 텐서플로우 TensorFlow까지 쉬지 않고 내부의 기술들을 바깥으로 꺼내놓기 시작했습니다.

이렇게 내부의 기술을 오픈소스화하는 것은 사실 생각보다 품이 많이 드는 일입니다. 단순히 코드만 공개하는 것으로 끝나는 것이 아니거든요. 사내 코드 저장소와 지속적으로 동기화시켜야 함은 물론이고, 코드의 문서화, 오픈소스에서 발생하는 이슈 관리, 커뮤니티 관리 등 여러모로 관리가 필요한 일입니다. 그런데도 구글을 비롯한 여러 기업에서 적극적으로 내부 기술을 오픈소스화하는 데에는 그만한 이점이 있기 때문입니다. 잘만 자리 잡으면 자사의 기술을 중심으로 한 오픈소스 생태계를 꾸릴 수 있습니다. 전 세계의 개발자들이 이를 활용하고 발전시킴으로써 생태계는 확장되고, 이는 해당 기술이 더 널리 사용되고 발전할 수 있는 환경이 만들어지는 것을 의미합니다. 그만큼 기술이 가지는 시장에서의 점유율도 올라갈 테고요.

이렇듯 IT 공룡 기업들을 비롯해 전 세계의 개발자들이 오픈소스와 연관되어 있습니다. 매해 더 많은 코드가 오픈소스로 공개되고, 그렇게 공개된 기술이 다시 다른 코드의 기반이 되면서 선순환이 이루어지고 있는데요. 그러다보니 오픈소스와 관련된 잡음도 잊을만하면 한 번씩 들려옵니다. 가장 대표적으로 악성 코드 삽입 사고가 종종 발생하곤 하는데요. 기본적으로 오픈소스를 활용한다는 것은 내가 작성하지 않은 코드가 내 소프트웨어 내부에 포함된다는 것을 의미합니다. 따라서 만약, 누군가가 악의적인 목적으로 악성 코드를 포함한 오픈소스를 사용하게 되면 큰 피해를 입을 수 있습니다.

2018년에 발생한 event-stream 라이브러리의 악성 코드 삽입 사건이 바로 그런 경우입니다. event-stream은 node.js 생태계에서 꽤 인기가 있던 라이브러리 중 하나였습니다. 하지만 기존 메인테이너가 더 이상 해당 프로젝트를 유지보수를 할 수 없게 되자 이를 이어받을 다른 개발자를 구했는데요. 문제는 새롭게 프로젝트를 이어받은 개발자가 슬며시 악성 코드를 끼워넣었다는 것입니다. 이 악성 코드는 사용자의 비트코인 지갑에 접근하여 코인을 외부로 전송하는 로직을 담고 있었는데요. 복잡하게 난독화되어 있었던 탓에 코드가 삽입되고도 약 3개월 동안 누구도 알아채지 못했다고 합니다.

오픈소스에 직접 참여하기

개발자로서 오픈소스 프로젝트에 참여하는 일은 멋진 경험이 될 수 있습니다. 무엇보다 신입 개발자나 개발자를 준비하고 있는 분들은 실전 경험을 미리 해볼 수 있는 기회가 될 수 있습니다. 현업에서 이미 사용하고 있는 기술과 도구들을 직접 경험해보면서 이론적으로만 알고 있던 지식을 실제로 활용해볼 수 있습니다. 경력이 있는 개발자의 경우에도 현업에서 다뤄보지 못한 기술들을 깊이 있게 다뤄보면서 본인의 기술적 역량을 향상할 수 있는 기회가 되기도 합니다.

더 나아가 다양한 경험을 가진 개발자와 함께 작업하면서 소프트웨어 개발에서의 베스트 프랙티스 Best Practice를 배우는 기회가 되기도 합니다. 많은 오픈소스 프로젝트가 엄격한 코드 기준을 가지고 있는데요. 이런 환경에서의 경험은 혼자서 진행하는 토이 프로젝트보다 더 많은 걸 배울 수 있는 환경이 될 것입니다.

하지만 무엇보다 가장 큰 이점은 성취감과 만족감일 것입니다. 이미 여러분을 비롯하여 많은 개발자가 오픈소스 프로젝트의 도움을 받아 코드를 작성하고 있습니다. 이렇게 여러 도움을 받은 프로젝트로 우리의 시간과 노력을 다시 기여함으로써 다른 사람들의 삶을 개선하는 데 도움을 보탤 수 있습니다.

물론, 오픈소스 프로젝트 경험은 그 자체로 개발자 포트폴리오에도 도움이 될 것입니다. 여러분의 이력서를 읽을 면접관 입장에서 오픈소스 프로젝트 경험은 다른 경험들보다 더 눈에 띄는 항목일 테니 말입니다.

본격적으로 오픈소스의 맛을 보고 싶은 마음이 들었다면 어디서부터 시작해볼 수 있을까요? 가장 쉽고 간단한 방법은 현재 여러분이 이미 사용하고 있는 소프트웨어나 라이브러리 중 하나를 선택하는 것입니다. 이미 기능과 사용법에 대해 알고 있으니 말입니다. 새로운 프로젝트의 코드를 뜯어보고 기여하기 위해서는 기본적으로 해당 프로젝트의 기능과 사용법을 익혀야 하는데, 그 단계를 건너뛸 수 있습니다. 더군다나 내 기여로 인해 더 나아진 프로젝트를 내가 직접 사용할 수 있으니 동기와 열정을 유지하기도 좋습니다.

사용 중인 라이브러리나 소프트웨어 중에서 참여해보고 싶은 걸 못 찾았다고 하더라도 괜찮습니다. 이때는 깃허브의 Explore 페이지(https://github.com/explore)를 둘러보기를 권하고 싶습니다. 여러분의 흥미와 관심사에 맞는 여러 프로젝트를 추천받을 수 있습니다. 뿐만 아니라 각 언어별로 인기 있는 오픈소스 프로젝트의 순위도 볼 수 있으며, 특정 주제와 관련 있는 프로젝트의 목록도 확인할 수 있습니다.

기여해보고 싶은 프로젝트를 찾았다면 가장 먼저 할 일은 해당 프로젝트에 대한 문서를 가능한 많이 읽는 것입니다. 코드 저장소 내에

markdown으로 되어 있는 간단한 문서가 포함되어 있을 수도 있고, 규모가 어느 정도 있는 프로젝트라면 별도의 사이트에서 기술 문서를 제공하고 있을 것입니다. 문서를 통한 기반 지식의 습득 절차를 생략하고 바로 코드부터 읽기 시작한다면 프로젝트를 제대로 파악하기가 정말 어렵습니다. 아, 코드 저장소의 루트에 'CONTRIBUTING.md'와 같은 파일이 있다면 이것도 꼭 읽어두기를 권합니다. 해당 프로젝트에 기여하기 위한 가이드 역할의 문서입니다.

이제 준비가 되었다면 프로젝트의 Issue 페이지로 들어가 봅시다. 다른 사용자가 올린 이슈가 많이 있을 텐데요. 버그 제보부터 기능 요청까지 이 프로젝트에 어떤 기여들이 필요한지에 대한 목록입니다. 이슈들을 잘 찾아보면서 여러분이 기여할 수 있는, 또 기여해보고 싶은 걸 찾아보세요.

하지만 마음에 드는 이슈를 찾았다고 해서 냅다 코드부터 수정한다면 낭패를 보기 십상입니다. 그보다는 코드를 고치기 전에 메인테이너와 수정 방향에 대해 논의해보는 것이 좋습니다. 내가 떠올린 방향과 메인테이너가 생각하고 있는 방향이 다를 수도 있거든요. 혹은 누군가가 이미 작업 중인 이슈일 수도 있고요. 사실 저도 처음에는 이런 절차 없이 냅다 코드부터 수정하고 풀 리퀘스트를 제출했는데 나중에 알고 보니 메인테이너가 생각한 방향과 달라서 코드를 처음부터 다시 수정해야 했던 뼈아픈 경험이 있습니다. 이런 목적이 아니더라도 좀 더 완성도 있는 패치를 위해서 충분한 소통은 필수입니다.

이렇게 말로는 쉽게 풀어놨지만 사실 직접 부딪혀보면 쉽지 않을 수 있습니다. 일단 코드를 이해하는 일조차 벅찰 수 있고, 이를 어떻게 수정해야 할지 막막한 경우도 많습니다. 너무 낙담할 필요는 없습니다. 당연하고 자연스러운 일이니까요. 그럴 때는 당황하지 말고 편하게 질문을 해보세요. 사람들은 생각보다 질문에 친절하게 답해줄 것입니다. 누구나 처음에는 초보자였거든요. 개인 시간을 내어 기여를 하려는 여러분의 노력을 존중하고 필요한 조언을 아끼지 않을 것입니다.

코드까지 수정이 완료됐다면 풀 리퀘스트를 제출하여 병합을 요청할 수 있습니다. 하지만 이때에도 인내심은 필요합니다. 풀 리퀘스트가 곧바로 별 문제없이 병합되면 더 없이 좋겠지만 코드에 대한 수정이나 다른 부분을 추가해달라는 피드백을 받을 수도 있습니다. 원래 오픈소스 기여라는 게 생각보다 일사천리로 되기보다는 시간이 좀 필요한 일입니다. 그래도 계속해서 시간을 투자하고 노력하다보면 어느새 목적지에 다다른 여러분의 모습을 볼 수 있을 것입니다.

21장을 마치며

오픈소스 생태계는 참으로 흥미롭습니다. 이제 막 개발을 시작한 초심자의 서투른 코드부터, 일평생에 걸쳐 코드를 작성해온 베테랑 개발자의 정교한 코드까지 무수히 많은 코드가 어우러져 있습니다. 익명의 개발자들이 한데 모여서 가치 있는 무언가를 만들어내고 있습니다. 이렇게 만들어진 결과물들은 소프트웨어가 사용되는 거의 모든 분야에 깊숙이 파고들어 있습니다. 우리는 오픈소스 생태계의 도움을 받아 더 나은 결과물들을 만들어낼 수도 있고, 반대로 우리의 노력을 기여함으로써 오픈소스 생태계를 더욱 건강하게 만들 수도 있습니다. 개발자로서 이 거대한 파도에 올라타는 일은 분명 흥미롭고 보람찬 여정이 될 것입니다.

22장

경력직으로 이직하기

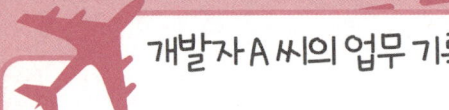 개발자 A 씨의 업무 기록

이직을 고민하다

고향에 계신 아버지와 통화를 하다가 우연히 직장에 대한 이야기가 나오게 되었다. 아버지는 어렵게 들어간 회사이니만큼 뼈를 묻는다는 마음가짐을 가지고 충실하게 일하고, 상사와 선배들을 잘 따르라는 조언을 하셨다.

전화를 끊은 후에도 아버지의 마지막 말이 머릿속을 맴돌았다. 특히 "뼈를 묻는다"라는 표현이 그랬다. 아버지 세대에는 "뼈를 묻는다"는 '평생직장'이라는 단어가 자연스러운 시대였지만, 요즘 시대에는 좀 어색하지 않나 하는 생각이 들었다.

회사 동료들을 하나씩 떠올려 봤다. 다른 회사에서 경력직으로 입사한 사람도 있었고, 반대로 다른 회사로 이직한 사람도 꽤 있었다. 가끔 10년 넘게 근속했다는 사람도 있지만 정말 '가뭄에 콩 나듯'이 보일 뿐이었다.

그런 생각을 하다 보니 어느새 의식의 흐름은 이직으로 옮겨가기 시작했다. 나도 언젠가는 '이직'이라는 것을 하게 될까? 아직 신입사원 딱지도 제대로 떼지 못한 터라 멀게만 느껴졌다. 하지만 주변 이야기를 들어보면 IT 업계는 다른 업계보다 이직이 잦기도 하고, 그만큼 이직이 열려 있다는 이야기를 들은 기억이 났다.

다음 날, 여러 동기와 커피를 마시다가 이직에 대해 물어보기로 했다.

"너도 이직할 생각이 있어?"

그 친구는 무심하게 "언젠가는 하겠지?"라며 말을 이어나갔다.

"뭐, 언제 하겠다는 구체적인 계획은 없지만 그래도 준비는 조금씩 하고 있어."

"준비? 벌써부터 준비가 필요해?"

"그럼. 선배들말로는 닥쳐서 준비하면 힘드니까 미리 해놓으라고 하더라고. 주기적으로 이력서도 업데이트하고, 포트폴리오도 정리해놓고…. 왜? 이직하려고?"

"아니, 이직은 무슨."

나는 급히 손사래를 치고는 급하게 다른 화제로 대화를 돌렸다. 하지만 벌써부터 이직을 염두에 두고 있다는 동기의 말이 머릿속에 계속 맴돈다. '나도 미리 준비를 해야 할까?' 지금 팀이나 직무에 불만은 없다. 하지만 언젠가 이직 기회가 왔을 때 더 좋은 직무나 조건의 회사로 이직하기 위해서는 미리부터 준비를 해놓아야 한다는 동기의 말에도 일리는 있어 보였다.

아버지의 말처럼 이 회사에 평생 뼈를 묻을 각오를 하고 입사한 것은 아니다. '평생직장'이라는 단어가 사라지고 있는 추세이니만큼 나 역시도 언젠가는 이직을 고려하게 될지도 모르겠다. 하지만 아직까지는 '언젠가 나중의 일'이라고만 생각해 깊게 생각하지 않고 있었다.

내가 이직을 하게 된다면 과연 어느 회사에서 어떤 일을 하게 될까? 유명한 대기업의 이름이 하나 둘 차례로 떠올랐지만 딱히 현실감 있게 느껴지지는 않았다. 다른 회사에서의 생활은 지금과 얼마나 다를까?

지금 회사에서도 이제 막 1인분을 겨우 해내고 있는 입장이라 회사 생활을 처음부터 다시 시작해야 한다는 것이 꽤 부담스럽게 느껴졌다. 특히 부담스러운 부분은 역시 신입 때 지겹도록 했던 구직 준비를 다시 시작해야 한다는 것이었다.

워낙에 채용 시장 분위기가 좋지 않을 때 학교를 졸업하는 바람에 구직 준비가 더욱 힘들었고, 그 시기를 다시 겪어야 한다는 생각만으로도 가슴이 무겁고 아찔했다. 그런 생각을 하다 보니, 현재 회사에서 계속 하던 일을 하면서 안정적으로 회사 생활을 하는 것도 괜찮지 않나 하는 생각이 들었다. 아무래도 아직까지는 영 엄두가 나질 않는다.

이직, 지금인가?

'평생직장'이라는 개념이 사라지고 있습니다. 특히나 IT 업계, 개발 직군에서는 거의 사라졌다고 봐도 무방할 듯합니다. 그리고 그 빈자리에 이제 평생 직업이라는 개념이 새롭게 자리 잡고 있습니다. 사실 우리 부모님 세대만 하더라도 한 회사에 들어가 정년까지 일하는 것을 성공적인 직장인의 삶이라고 생각했습니다. 회사 역시 이러한 직장인의 열정과 충성심을 높게 평가하곤 했고요. 이때까지만 하더라도 이직이라는 개념은 다소 어색했고, 심지어는 배신자라고 하며 색안경을 끼고 보는 분위기도 있었습니다.

하지만 IMF와 뒤이은 디지털 혁명을 기반으로 사회에 급속한 변화가 몰아닥치면서 평생직장이라는 개념은 그 존재감을 잃어가기 시작했습니다. 실제로 고용노동부 통계 자료에 따르면 2019년의 평균 근속 연수는 6.7년이었고 계속해서 감소하는 추세에 있습니다. '평생'이라고 하기에는 좀 부족해 보이는 기간이죠. 덕분에 공무원이나 공기업 같은 경우를 제외하면 대부분의 직군에서 이직은 자연스러운 일이 되어가고 있습니다. 사회와 기업의 환경이 더 이상 평생직장을 제공하기 어려운 분위기가 되었고, 그러한 변화 아래 자연스레 더 나은 환경으로의 이직이 활발해지기 시작한 것입니다.

그렇다면 개발자들은 언제 이직이라는 키워드를 고려하게 될까요? 회사의 경영 악화 등의 특이 케이스를 제외한다면 대부분 두 가지 이유로 수렴하게 됩니다. 바로 '자신의 전문성과 미래에 대한 의문'이 생기기 시작할 때, 그리고 '현 직장에서의 트러블'을 경험하게 될 때입니다.

오랜 기간 한 회사에서 같은 일을 하다보면 업무는 익숙해지겠지만 그와 동시에 자신의 전문성에 대한 고민이 시작되기도 합니다. 개발자로서의 중요한 역량은 대부분 학교나 학원이 아닌 현업에서 직접 몸으로 부딪혀가면서 배우게 되는 경우가 많습니다. 현업에서의 다양한 문제에 대한 해결 경험을 경험치 삼아 역량이라는 정성적인 가치를 쌓아가는 것입니다. 하지만 매번 비슷비슷한 문제만 경험하게 되는 환경이라면 어느 순간부터 제대로 된 경험치가 쌓이지 않게 됩니다. 그리고 그 순간부터 불안감이 싹트기 시작합니다. '연차는 쌓여가고 직급은 올라가는데, 내가 계속 이 일을 할 수 있을까?' '미래에도 나의 전문성을 계속 확보할 수 있을까?' 하는 고민이 시작됩니다. 같은 일을 10년 동안 반복해온 개발자와 10년 동안 매번 새로운 문제를 풀어온 개발자는 같은 10년을 보냈어도 그 전문성에 차이가 날 수 밖에 없거든요. 개발자 개인의 역량 발전을 위해서는 적절한 시기에 새로운 분야에 도전하는 등의 전문성을 높이기 위한 꾸준한 노력이 필요합니다.

현 직장에서의 문화 및 구성원 간의 트러블도 이직을 생각하게 되는 원인 중 하나입니다. 가령 회사가 군대식 문화를 가지고 있고, 불필요한 야근이 강요되며, 피곤한 사내 정치가 횡횡하고 있는 풍경을 보고 있노라면 회사를 옮기고 싶다는 마음이 스멀스멀 피어오르는 것은 당연한 일일 것입니다. 함께 협업해야 하는 구성원 간의 갈등이 극심해지는 경우도 마찬가지입니다.

하지만 이직이라는 카드를 꺼내어 만지작거리면서도 고민은 계속됩니다. 생각보다 이직이라는 결정이 쉽지만은 않거든요. 특히나 아직 이직 경험이 없는 첫 회사에서는 더욱 그럴 것입니다. 내가 겪고 있는 어려움이 이직을 결정하는 데 충분한 이유인지, 이직한다면 어떤 회사를 선택해야 하는지, 지금까지의 경력을 계속해서 활용할 수 있는 분야가 좋을지, 아니면 전혀 새로운 분야에 도전해보는 것이 나을지 등의 고민은 끊임없이 이어집니다. 나름대로 인맥을 동원해 다른 회사의 분위기를 수소문해보고 커리어 상담을 해보지만 뚜렷한 해답을 얻기는 어렵습니다. 이직은 기본적으로 완전한 불확실성의 세계거든요. 윷놀이를 할 때에도 나름대로 윷을 어떻게 잡고 던질지, 힘은 얼마나 줄지 나름대로 전략을 세우고 도전해보지만 결과는 매번 다르게 나오는 것처럼 말입니다. 개인이 결과를 통제하기에는 변수가 너무 많고 정보는 부족합니다. 그저 윷가락을 던지지 않으면 말이 나아갈 수 없으니 최선을 다해 던져볼 뿐입니다.

그래서 이직을 고민하면서도 결정적인 결심을 하지 못하고 어영부영 현재의 경력을 이어나가는 경우도 심심치 않게 자주 볼 수 있습니다. 말로는 "이놈의 회사 당장 때려치운다"라며 호기롭게 외치지만 실제로 이직을 하면서 잃게 되는 것들을 생각해 보면 덜컥 겁부터 납니다. 몇 년 동안 익숙해진 출근길, 익숙한 사무실과 동료들, 회사 프로세스에 대한 경험, 어렵게 구축해놓은 다른 조직의 동료들 간의 관계 등을 버리고 새로운 회사에서 다시 시작한다는 것은 쉽지 않은 결정입니다.

불만에 쫓기지 말고 희망을 좇기

이직은 개인의 삶과 커리어에 큰 영향을 미치는 사건입니다. 하루 중 가장 긴 시간을 보내는 일터, 베테랑이 되어 손에 익은 업무, 몇 년을 함께 해온 동료들이 모두 바뀌는 일이거든요. 뿐만 아니라 이직을 언제 어떻게 하느냐에 따라서 10년 후, 20년 후의 모습은 완전히 달라져 있을 것입니다. 그래서 이직은 장기적이고 전략적으로 접근해야 합니다.

가장 경계해야 하는 상황은 현재의 불만에 쫓겨 욱하는 마음으로 이직을 결정하는 것입니다. 직장인에게 일터에서 여러 문제를 마주치는 것은 어쩔 수 없는 일이고, 그중 일부는 이직을 진지하게 고려하게 만들 정도로 치명적인 문제일 수도 있습니다. 하지만 잠시 동요된 감정을 가라앉히고, 이 문제가 현재의 조직 내에서 풀어낼 수 있는 일시적인 문제인지, 아니면 이직을 통해 풀어내야만 문제인지를 판단해야 합니다. 여러 갈등 상황으로부터 사각에 몰리고 나면 주변의 모든 문제가 이직을 해야 하는 이유로 보이기 마련입니다. 이럴 때일수록 한 박자 쉬면서 합리적인 사고를 통해 문제를 잘 구별해야 합니다.

이직 면접에서 항상 나오는 단골 질문이 하나 있습니다. 바로 "왜 이직을 결심하게 되셨나요?"라는 질문입니다. 지원자 입장에서는 내가 처한 환경이 얼마나 성장하기 어려우며 현재 회사에서 얼마나 불합리한 처사를 겪었는지를 잘 설명하면 될 것이라고 생각하기 쉽습니다. 하지만 사실 문제없는 회사는 없습니다. 즉, 이직하려는 회사에서도 얼마든지 비슷한 문제를 겪을 수 있다는 것입니다. 면접관 입장에서는 '이 지원자는 이직을 하더라도 비슷한 상황이 발생한다면 그 문제를 해결하려 하기보다는 결국 다시 회피하려고 하겠구나'라는 판단을 할 수 있습니다.

따라서 아무 문제도 없는 유토피아 같은 회사는 없음을 인정하고, 먼저 현재 겪고 있는 어려움을 풀어보려는 노력을 해보는 것이 중요합니다. 노력을 통해 문제를 해결하고 성공한 경험을 얻은 뒤에 이직을 선택해도 늦지 않습니다. 설령 문제를 해결하지 못했다 하더라도 그 노력들을 면접 자리에서 잘 설명한다면 면접관에게 더 좋은 점수를 얻을 수도 있습니다.

가장 이상적인 이직 사유는 현재의 불만에 기반 한 게 아니라 미래의 희망을 향한 것입니다. 단순히 동료, 업무, 연봉, 복지 등의 부분 요인에 대한 불만으로 이직을 하는 것이 아니라 더 멀리 바라보고 자신을 키워나가기 위한 수단 중 하나로 이직을 활용해야 합니다. 그래서 내 성장과 커리어 발전을 위해 어떤 직무 경험이 필요할지, 어떤 회사에서 그 경험을 쌓을 수 있을지를 심도 있게 고민해야 합니다. 예를 들어, 누군가는 이커머스 분야의 도메인 경험이 필요하다고 판단할 수도 있습니다. 혹은 대용량 트래픽 경험과 도전적인 환경을 필요로 할 수도 있고, 대기업에서의 규모 있는 조직의 경험이나, 반대로 스타트업에서의 애자일한 경험을 필요로 할 수도 있습니다. 이런 고민이 우선되어야 어떤 회사의 어떤 직무로 지원할지에 대한 답을 찾을 수 있습니다.

본격적인 이직 준비

앞서 이직이라는 결정은 장기적이고 전략적으로 접근해야 한다고 했는데요. 이를 준비하는 과정 역시 마찬가지입니다. 당장에 이직 계획이 없다 하더라도 미리 필요한 준비를 해놓는다면 중요한 순간에 큰 도움이 될 것입니다.

그렇다면 성공적인 이직을 위해서는 어떤 준비가 필요할까요?

제일 먼저 필요한 준비는 현 회사에서 성과를 내는 것입니다. 이상하게 들릴 수 있겠지만 이는 중요한 준비사항 중 하나입니다. 사실 대부분의 사람들이 이직을 고민하게 되는 순간은 현 회사에서 어려움을 겪을 때입니다. 하지만 안타깝게도 이는 좋은 이직 시점이 아닙니다. 가장 좋은 이직 시점은 현 회사에서 성과를 내고 인정받고 있을 때, 즉 박수칠 때 떠나는 시점입니다. 이직을 할 회사 입장에서는 현 직장에서 제대로 된 성과를 내고 있는 사람을 선호하지, 어려움을 겪고 있거나 적응을 못하고 있는 사람을 뽑고 싶어 하지는 않습니다. 따라서 이직 면접 자리에서 자신의 가치를 입증할 수 있는 성과를 미리 만들어 놓아야 합니다.

다음으로 필요한 준비는 현재 진행 중인 업무를 잘 정리해놓는 것입니다. 사람의 기억력은 유한하고, 일상의 기억들은 자연스럽게 휘발되기 마련입니다. 한 회사에서 재직하는 기간은 일반적으로 짧아도 년 단위, 길게는 10년이 넘어가게 될 텐데요. 그래서 정작 나중에 나의 이력과 성과를 정리하려고 해봤자 기억에만 의존한다면 중요한 항목을 빠뜨리거나 디테일이 약해질 수 밖에 없습니다. 내 커리어에서의 중요한 성과이자 효과적으로 나를 어필할 수 있는 포인트들을 이런 이유로 빠뜨린다면 너무 억울하지 않을까요?

업무를 잘 정리하는 방법에 딱히 정해진 답은 없습니다. 다만 중요한 것은 나중에 찾아보기 쉬운 형태여야 한다는 것입니다. 누구에게 보여줄 목적이 아니기 때문에 거창하게 문서화를 할 필요도 없습니다. 카테고리를 잘 구성하고 가능한 업무의 디테일까지 기록하면서, 내가 어떤 결정을 내렸고, 그로 인해 어떤 결과가 나왔는지를 명확하게 포함해야 합니다. 옛 조선의 방대하고도 상세한 역사를 기록한 〈조선왕조실록〉을 기록한다는 마음으로 여러분만의 업무 역사서를 만들어보세요. 이 기록이 충분히 쌓인다면 개발자로서 여러분만의 고유한 스토리가 만들어질 것입니다. 이 기록은 이직 준비뿐만 아니라 개인적인 성장을 위해서도 좋은 오답노트가 될 수 있습니다. 이 기록을 바탕으로 한 번씩 회고를 하면서 '이 업무를 더 잘 해내기 위해 어떻게 해야 했을까?'와 같은 개선 방안을 고민해보고 이를 실천하기 위한 실행 계획을 세워볼 수 있습니다.

마지막으로 필요한 준비는 원하는 회사와 직군을 명확하게 정하는 것입니다. 구체적인 목표를 세우는 것은 준비 과정을 보다 효율적으로 만들어줍니다. 분명한 목표가 있다면 그 목표를 달성하기 위해 필요한 능력과 지식을 파악하여 미리 훈련할 수 있습니다. 따라서 당장에 이직할 계획이 아니라 하더라도 주기적으로 가고 싶은 회사와 직군에 대한 채용 공고를 찾아보는 것이 좋습니다.

가끔 인터넷이나 SNS를 보면 "×× 회사에 입사하려며 어떤 준비를 해야 하나요?"와 같은 개발자 진로 관련 질문을 볼 수 있습니다. 개발자 채용이란 게 "A라는 자격증을 취득하고, 영어 점수 N점 이상이면 합격이다"와 같은 정량적 평가로 이루어지는 게 아니다보니 많은 사람이 막막해하곤 합니다. 더군다나 경력직의 이직은 철저하게 개발자 개인의 경험과 역량에 초점을 맞춰 진행되는 평가다보니 더욱 혼란스럽게 느낄 수 있습니다.

사실 이에 대한 정답은 없지만 일종의 가이드라인은 존재합니다. 심지어 그 가이드라인은 상당히 자세하고 구체적인데요. 이 가이드라인이란 바로 채용 공고입니다. 채용 공고는 사실 채용을 위해 선 공개된 일종의 '정답지'라고 볼 수 있습니다. "우리는 이런 개발자를 뽑겠습니다"라고 미리 답을 제시해놓은 셈이니 말입니다. 따라서 당장 이직을 고려하고 있지 않더라도 가고 싶은 회사와 직군의 채용 공고를 미리 파악해놓고, 그 '정답지'에 본인이 매칭될 수 있도록 경험과 역량을 다져놓는 작업이 필요합니다.

이력서 준비하기

본격적으로 이직을 하기로 결정했다면 가장 먼저 부딪히게 되는 장벽은 바로 이력서 작성입니다. 대부분의 채용 프로세스는 서류 전형으로 시작하며, 이력서는 이 서류 전형의 당락을 가르는 중요한 역할을 합니다. 뿐만 아니라 다음으로 이어지는 면접 전형에서의 질문도 대부분 이력서를 기반으로 하기 때문에 이력서의 중요성은 두말할 필요도 없겠지요. 그런 의미에서 이력서는 단지 형식적으로 제출해야 하는 서류가 아니라, 개발자로서 여러분의 커리어를 표현하는 주요 수단이며, 면접관에게 여러분이 어떤 개발자인지 알려주시는 핵심적인 자료입니다.

이력서를 작성할 때 중요한 점은 여러분을 효과적으로 포장하되 과장하지 않아야 한다는 것입니다.

그렇다면 어떻게 해야 이력서에서 자신을 효과적으로 포장할 수 있을까요? 먼저 이력서의 '자기소개' 부분을 통해 여러분의 캐릭터를 각인시킬 수 있습니다. 여기서 여러분을 어떻게 표현하느냐에 따라서 이력서가 상당히 다르게 인식될 수 있는데요. 이 부분에서 여러분이 어떤 경험이 있고, 무엇을 중요하게 생각하며, 남들에 비해 어떤 장점이 있는지를 효과적으로 전달해야 합니다.

이때 유의해야 할 점은, 면접관은 채용을 진행하면서 수백 건의 비슷비슷한 이력서를 검토하게 될 것이라는 점입니다. 따라서 그중 여러분의 이력서가 면접관의 눈길을 사로잡기 위해서는 독창성과 개성, 특별함을 충분히 드러내야 합니다. 자기소개 부분은 대체로 한두 문단 정도의 길이이므로 전달하고자 하는 정보를 간결하게 요약하고, 면접관이 더 자세한 내용을 알고 싶어 하도록 유도하는 것이 중요합니다. 더불어 주장을 뒷받침하는 구체적인 사례와 경험도 함께 덧붙인다면 더욱 설득력을 가질 수 있을 것 입니다.

'경력' 세션의 포장도 중요한데요. 단순히 경험한 프로젝트의 목록을 나열하는 것은 피해야 합니다. 대신 그 경력 내에서 드러내고자 하는 성과를 충분히 강조해야 합니다. 개발자라는 직업의 본질은 '기술을 활용하여 비즈니스 문제를 해결'하는 것입니다. 이 관점에서, 프로젝트에서 어떤 문제를 인식했고, 이를 어떤 관점에서 어떤 기술을 이용해 풀어냈으며, 그로 인해 어떤 성과를 얻었는지에 대한 이야기가 여실히 담겨야 합니다. 이를 통해 면접관으로 하여금 '이 사람은 우리 팀에 와서도 훌륭한 문제 해결사 역할을 할 수 있겠구나'라는 인식을 주는 것이 자기소개의 목표입니다.

예를 들어, 여러분이 기술을 빠르게 배우는 타입이라면 경력 세션에서 "새로운 기술을 빠르게 습득한 뒤 팀에 도입하여 ×라는 성과를 얻었다"와 같은 내용이 포함되는 것이 좋습니다. 성능 향상에 자신이 있는 타입이라면 "코드 개선과 쿼리 튜닝을 통해 ×만큼의 처리 성능을 향상시켰다"와 같은 이야기가 나와야 하고요. 아키텍처에 관심이 있다면 "×라는 문제를 해결하기 위해 ×라는 아키텍처를 도입하여 ×와 같은 성과를 얻었다"와 같은 이야기가 포함되는 것이 좋습니다.

이때 주의해야 할 점은, 성과를 가능한 수치화된 형태로 제시해야 하며, 그 수치가 객관적이어야 한다는 점입니다. 예를 들어, 아래와 같이 구체적인 숫자를 제시하여 주장의 설득력에 힘을 실을 수 있습니다.

- 프런트엔드 개선을 통해 페이지 로딩 속도를 개선했습니다.
    - → 프런트엔드 개선을 통해 페이지 로딩 속도를 40%로 줄였습니다.
- 백엔드의 데이터 조회 성능을 향상시켰습니다
    - → 데이터베이스 인덱싱 및 쿼리 최적화를 통해 데이터 조회 성능을 1.5배 향상시켰습니다.
- 클라우드 기반의 인프라를 비용 효율적으로 개선하였습니다.
    - → 클라우드 기반의 인프라를 개선하여 기존 구성 대비 운용 비용을 20% 절감하였습니다.

이렇게 이력서를 작성하다보면 자기도 모르게 진실을 과장하고 싶은 유혹이 들기도 합니다. 이를 통해 면접관에게 더 좋은 점수를 얻고자 하는 심산이겠지만 실제로는 역효과가 내기 쉽습니다. 과장된 이력서는 기본적으로 면접관의 기대치를 한껏 높여버리기 때문입니다.

가장 대표적인 이력서 과장의 예로는 가볍게 경험해본 기술이나 개념적으로만 이해하고 있는 기술들을 모두 본인의 기술 스택에 포함하는 것입니다. 면접관은 이력서를 보고 지원자가 그 모든 기술들을 충분히 이해하고 있다고 생각하고, 이를 기반으로 질문을 할 것입니다. 하지만 실제 면접에서 그 질문에 대해 제대로 된 답을 내어놓지 못한다면 면접관 실망을 초래할 것입니다. 면접관이 잘못된 기대치를 가지고 높은 수준의 질문을 던지는 것은 면접관의 잘못이 아닙니다. 그들은 지원자가 제공한 이력서를 기반으로 평가하고 있을 뿐입니다.

따라서 이해도가 얕은 기술이라면 이력서에 굳이 명시하지 않는 것이 좋습니다. 관련된 문서를 읽어보기만 했거나 한두 번 사용해본 경험으로는 그 기술에 대해 충분히 이해하고 있다고 할 수 없습니다. 충분히 설명할 수 없다면 과감하게 이력서에서 제외하는 것이 바람직합니다. 이력서는 양보다는 질입니다.

더불어 이력서에 포함할 기술 스택들에 대해 단순히 이름만 나열하는 것이 아니라, 각 기술에 대한 이해도와 경험에 대한 설명을 함께 제시한다면 면접관의 기대치를 적절하게 조절하는 데 도움이 됩니다. 예를 들어, 아래와 같이 작성해볼 수 있습니다.

- 스프링 부트: RESTful API 서버 구축에 스프링 부트를 활용한 경험이 있으며, JPA를 이용하여 데이터베이스 연동, 스프링 시큐리티를 이용하여 인증/인가를 구현한 경험이 있습니다.
- Node.js: Express.js를 활용한 백엔드 개발 경험이 있으며, 비동기 프로그래밍에 대한 기본적인 이해가 있습니다.
- 카프카: 실시간 데이터 처리 및 메시징 시스템을 구축하기 위해 사용해본 경험이 있습니다. Producer, Consumer, Topic 등 카프카의 주요 구성요소에 대한 기본 이해가 있습니다.
- AWS: A 프로젝트의 인프라 구축을 위해 AWS를 사용했으며, 이 과정에서 EC2, S3, RDS, 람다 등의 서비스를 활용했습니다.

경력 부분에서도 역시 과장을 피하는 것은 중요한데요. 이를 위해 여러 동료와 함께 수행한 프로젝트의 경우 자신의 역할과 기여 정도를 명확하게 명시하는 것이 중요합니다. 자신이 팀의 일원으로서 어떤 역할을 했으며, 이를 통해 프로젝트에 어떤 기여를 했는지를 명확하게 설명해야 합니다.

지금까지 이력서 작성에 관한 다양한 조언을 이야기했는데요. 막상 이력서를 본격적으로 써보기도 전에 여러 가지 주의사항에 압도되어 어떻게 시작해야 할지 모르겠다는 생각을 할 수도 있습니다. 그럴 때에는 '프리라이팅' 기법을 활용해 자신의 이야기를 일단 자유롭게 확장해보는 것도 좋습니다.

프리라이팅 기법은 이름 그대로 '자유롭게 쓰기'를 의미합니다. 규칙이나 문법, 맞춤법, 타인의 평가 등에 신경 쓰지 않고, 의식의 흐름대로 생각을 글로 풀어내는 것입니다. 여기서 중요한 것은 글을 중간에 검열하지 않고 자연스럽게 흘러가도록 하여 빠르게 머릿속의 생각을 적어내는 것입니다.

프랑스의 소설가 베르나르 베르베르Bernard Werber도 이 기법에 대해 '판단 중지 연습'이라 부르며 글쓰기 연습 방법의 하나로 추천하기도 했습니다. '이 문장이 좀 이상하지 않나? 좀 더 포멀하게 표현해야 하지 않을까?' 하는 자기 검열의 목소리를 의식적으로 누르고, 생각이 흘러가는 대로 적어보세요. 생각들을 글로 모두 표현해낸 뒤에 그것을 기반으로 명확한 구조를 만들고, 글의 완성도를 높여갈 수 있습니다.

면접 준비하기

멋진 이력서를 바탕으로 서류 전형을 성공적으로 통과했다면 보통은 면접 전형으로 이어집니다. 면접 전형은 이직 과정에 있어 가장 중요한 단계 중 하나인데요. 한두 시간이라는 짧은 시간 안에 여러분은 면접관을 어떻게든 설득하고, 여러분의 가치를 적극적으로 표현해야 합니다. 생전 처음 보는 낯선 사람이 이직의 성공 여부를 손에 쥐고 있는 상황에서 이를 설득하는 일은 분명 쉽지 않습니다.

더욱이 면접에 대한 경험이 많지 않으면 모든 것이 낯설게 느낄 수 있습니다. 면접장에 들어서는 순간부터 나가는 순간까지 긴장감에 휩싸여 정신을 차릴 수 없을 수 있습니다. 간단한 질문에도 대답을 버벅대고, 충분히 익숙한 기술에 대해 설명하는 데도 어려움을 겪을 수 있습니다.

면접을 진행하면서 가장 큰 적이 바로 이러한 긴장감입니다. 필요 이상의 긴장감은 면접 자리에서 나의 가치를 돋보이게는 만들지 못 할망정, 반대로 부족해 보이는 사람으로 만들 수 있습니다. 따라서 성공적인 면접을 위해서는 이 긴장감이라는 문제 요소를 최소화하는 것이 중요합니다.

그렇다면 면접에서 긴장감을 최소화하려면 어떻게 해야 할까요? 사실 긴장감의 주요 원인은 바로 '불안'입니다. 가령 결과를 알 수 없는 면접에 대한 불안, 자신감 부족으로 인한 불안, 부정적인 평가에 대한 걱정에서 오는 불안 같은 것이 쌓여 긴장감을 만들어내곤 합니다. 그리고 이 불안을 해결하는 가장 효과적인 방법은 완벽한 준비입니다. 물론, 중요한 이직을 준비하는 과정에서 준비를 완벽하게 하지 않으려는 사람은 없습니다. 하지만 면접에서의 불안을 줄이기 위한 준비는 조금 다릅니다.

면접을 보다 보면 갑자기 긴장감이 급상승하는 순간이 있습니다. 대부분은 '엇, 내가 지금 대답을 잘못 했나?'라는 생각이 드는 순간이었습니다. 이러한 순간적인 생각은 '면접관들이 보기에 내가 어떻게 보이고 있을까?'라는 걱정으로 이어지며 그와 함께 긴장 수치는 빠르게 치솟기 시작합니다. 안타까운 점은, 이러한 순간에도 '내가 지금 긴장을 했구나'라는 메타인지를 하게 되고, 이를 통해 긴장 수치가 더욱 치고 올라간다는 사실입니다. 이때부터는 악순환의 시작입니다. 긴장이 증폭되면 면접관의 질문에 제대로 된 답을 내어놓지 못하고, 머릿속이 백지가 되어버리는 동시에 다시금 '지금 내 머릿속이 백지가 되었구나'라는 메타 인지를 통해 더욱 긴장하게 되면서 면접이 꼬이게 됩니다. 이러한 불의의 사고를 겪은 면접은 대부분 망하는 수순으로 흘러가게 됩니다.

이러한 문제는 기본적으로 면접의 본질에 기인합니다. 면접은 글자 그대로 '면'을 '접'한다는 의미를 가지고 있는데, 문제는 사람이란 본질적으로 다면적이라는 점입니다. 누구나가 모두 때로는 분위기에 따라 쾌활하고 낙천적일 때도 있지만 뜬금없이 불안에 빠져있을 수도 있습니다. 지적이면서도 감성적이기도 합니다. 친구들 앞에서는 외향적이고 사교적이지만 낯선 사람들 앞에서는 내성적이고 조용한 면이 있을 수도 있습니다.

앞서 문제의 시작이었던 "엇, 내가 지금 대답을 잘못 했나?"라는 말은 관점을 달리 보면 "내가 지금 굳이 보이지 않아도 될 면을 보였나?"와 같습니다. 따라서 면접을 성공적으로 이끌기 위해서는 내가 가진 다양한 면 중 어떤 면을 강조하고, 이를 어떤 페르소나_{Persona}로 나타낼지를 미리 결정하고 준비하는 과정이 필요합니다.

페르소나란 사회적 상호작용 속에서 자신을 어떻게 표현하는지를 나타내는 방법입니다. 면접 상황에서도 페르소나는 중요한 역할을 하는데요. 효과적으로 자신을 어필하기 위해 자신의 특정 역량, 경험, 특성 등을 통해 유리한 페르소나를 설정해야 합니다. 물론, 이 페르소나는 당연히 진정성을 가지고 있어야 합니다. 자신이 가지고 있지도 않은 면을 꾸며서 만들어낸다면 결국에는 들통이 나고 면접관에게 신뢰를 잃게 될 것입니다.

사실 여러분의 특성에 대해서는 이력서를 통해 먼저 표현했기 때문에 이 단계에서 이미 페르소나는 결정되어 있습니다. 중요한 것은 이렇게 설정된 페르소나 이외의 드러내고 싶지 않은 면이 무심코 튀어나오지 않도록 몰입하는 것입니다.

페르소나에 몰입하는 방법은 여러 가지가 있겠지만 제가 유용하다고 느낀 방법은 바로 예상 질문지를 활용하는 방법입니다. 일단 작성한 이력서나 포트폴리오를 살펴보면서 예상 질문지를 만들어봅니다. 책이나 인터넷을 참고하여 예상 질문지를 보완하는 것도 좋습니다.

이렇게 충분히 상세한 예상 질문지가 완성되었다면, 내가 설정한 페르소나를 구체적으로 머릿속에 떠올린 뒤에 그에 몰입하여 예상 질문지의 답을 채워나갑니다. 면접처럼 제한된 시간 내에 즉각적으로 답을 해야 하는 상황이 아니기 때문에 비교적 여유 있게 몰입할 수 있습니다.

이렇게 예상 질문지가 완성되었다면, 면접 당일에 페르소나에 몰입하기 위한 효과적인 재료로 이를 활용할 수 있습니다. 일단 면접 시간보다 한두 시간 정도 미리 도착한 뒤, 예상 질문지를 꼼꼼히 읽으면서 설정한 페르소나를 상기합니다. 필요하다면 직접 소리 내어 읽어보면서 페르소나에 완전히 몰입하기 위한 예열 작업을 합니다. 그렇게 예열이 된 상태로 면접장에 들어서게 되면, 설령 예상치 못한 질문이 나오더라도 머릿속에 있는 페르소나가 자연스럽게 답변을 만들어내는 것을 볼 수 있습니다.

치열하게 준비한 면접을 모두 마치고 나오면, 이제 할 수 있는 일은 다 한 것이므로 마음을 편안하게 먹는 것이 중요합니다. 여러분의 역량과 경험이 면접관의 마음에 들었다면 좋은 결과를 얻을 수 있을 것입니다. 하지만 설령 좋지 않은 결과가 나오더라도 좌절할 필요는 없습니다. 사실 면접은 생각보다 운이 크게 작용하는 과정이거든요. 어느 시기에 지원하느냐, 어떤 면접관을 만나느냐, 그 면접관이 어떤 부분을 중요하게 생각하느냐 등에 따라서 같은 역량을 지닌 지원자라도 결과가 달라질 수 있습니다. 물론, 면접관들은 가능한 객관적이고 공정하게 평가하려고 하지만 어쨌든 사람이 하는 일이니만큼 완벽할 수 없습니다. 사실 한 사람의 역량을 한두 시간의 면접만으로 판단한다는 것 자체가 쉽지 않은 일입니다.

따라서 면접에서 탈락했다고 해서 지원자의 경험과 역량이 부족하다고 단정 지을 수는 없습니다. 단순하게 생각해서 지원자의 역량 자체는 뛰어나지만 단지 회사가 찾고 있는 역량과 결이 조금 달랐을 수 있거든요. 면접의 결과는 지원자의 가치를 나타내는 척도가 될 수 없으며, 그저 인생에 있을 수많은 유무형의 면접 중 하나일 뿐입니다.

그리고 관점을 달리해보면 면접만큼 성장을 위한 동기 부여가 되는 것도 없습니다. 면접 과정 동안 여러분은 전문가들로부터 여러 프로그래밍 기초 지식, 경력 관련 내용, 문제 해결 능력 등에 대한 다양한 질문을 받게 됩니다. 이를 통해 여러분이 가진 역량을 폭넓게 검증받고 부족한 부분을 찾아낼 수 있습니다. 따라서 이를 바탕으로 더 나은 역량과 커리어를 위해 어떤 부분을 보완해야 할지 구체적으로 파악할 수 있습니다.

새로운 회사에서 소프트랜딩하기

험난한 서류 전형과 면접 전형을 통과하여 무사히 최종 합격 통보를 받았다면 먼저 축하드립니다. 이제 꿈꾸던 회사에서 새로운 생활을 시작하게 됩니다.

첫 출근날, 설레는 마음으로 고층 빌딩 사이를 걸으며 신입사원 시절을 떠올릴지도 모르겠습니다. 이번에는 경력직으로의 이직이니만큼 빠르게 적응하고 뛰어난 성과를 만들어 내리라 기대하며 포부도 당당하게 회사 문을 열고 들어갑니다.

하지만 직장생활을 새로 시작하는 것이 쉽지만은 않습니다. 일단 회의에 들어갔는데 팀원들이 하는 말을 반도 알아들을 수가 없습니다. 설상가상으로 옆에 있는 주니어 개발자마저 알아듣기 힘든 전문 용어를 쏟아 부으며 논의하는 모습을 보며 당혹스러움을 느낍니다. 아직 사람들의 얼굴과 이름을 다 외우지도 못했는데 모르는 사람들이 지나가면서 인사를 건네는 상황에 허둥댈 수도 있습니다. 업무라도 빨리 익혀보자 싶어 모니터 앞에 앉았지만 이전 회사와는 모든 게 다른 덕분에 진도는 당최 나가질 않습니다. 이쯤되면 '이직을 한 게 잘한 일인가' 하는 의문마저 들지 모릅니다.

흔히들 경력직이라면 새로운 직장에서도 빠르게 적응하여 즉시 전력감이 되어야 한다고 생각할 수 있지만, 사실 경력직에게도 적응의 시간은 필요합니다. 새로운 직장에서는 업무 환경, 기술, 프로세스, 조직 문화, 각종 사내 제도, 프로젝트 등 모든 것이 달라집니다. 이런 변화에 대처하기 위해서는 신입직원과 마찬가지로 경력직에게도 시간이 필요합니다.

새로운 직장에서의 첫날을 정신없이 보내고 난 후, 퇴근길에 드는 생각은 대개 초조함입니다. 내가 빨리 적응할 수 있을까? 이전 회사처럼 팀에 섞여서 좋은 성과를 만들어낼 수 있을까? 하는 걱정입니다. 초조한 마음에 빨리 적응하고 내 역량을 증명해내고 싶은 생각이 들지만 아이러니하게도 이런 생각이 여러분을 더욱 허우적거리게 만들 수 있습니다.

새로 합류한 신규 구성원은 경력과 경험의 깊이를 떠나서 한동안은 정보를 소비하는 역할일 수밖에 없습니다. 이때 회사와 조직, 진행 중인 프로젝트, 동료들의 역량과 특성 등을 충분히 이해하고 학습해야 합니다. 이것들이 충분히 쌓였을 때에서야 비로소 정보의 소비자에서 벗어나 기여자가 될 수 있습니다. 하지만 이 시기를 무리하게 앞당기려 하다가는 오히려 헛발질이 나가게 되고, 초기에 부정적인 인상을 남길 수 있습니다.

새로운 직장에서 초조함을 건강하게 극복하고 성공적으로 적응하기 위해서는 우선 인내심과 자신감을 가져야 합니다. 험난한 채용 과정을 통과했다는 것은 이미 여러분이 그 일을 잘할 수 있는 자질과 경험이 있다는 것을 검증받은 것입니다. 새로운 환경에 적응하기 위해서는 시간이 필요하다는 것을 인정하고, 그 시간 동안 새로운 환경에 대해 끈기 있게 학습해 나가야 합니다.

혼자서 파악하기 어려운 부분에 대해서는 동료들에게 주저 말고 질문하세요. 동료들은 기꺼이 여러분을 돕고 빨리 적응할 수 있도록 도움을 줄 것입니다. 여러분이 팀에 적응하여 성과를 내야 하는 것처럼, 동료들도 여러분이 소프트랜딩을 할 수 있도록 도와야 할 의무가 있습니다.

동료들과의 관계를 구축하는 데에도 충분한 시간과 노력을 할애해야 합니다. 이와 관련해 리더십 분야의 세계적인 베스트셀러인 〈90일 안에 정복하라〉에서는 아래와 같은 멋진 비유를 듭니다.

> "여러분의 집에 불이 났는데 이제야 이웃과 처음으로 인사하는 상황이 되어서는 안 된다."

초조한 마음에 동료들과의 관계 구축에 대한 우선순위를 낮게 생각하고 업무 적응을 우선하는 오판을 할 수도 있습니다. 하지만 관계 구축 역시 초반에 진행해야 하는 우선순위가 높은 문제입니다.

새로운 직장에서의 첫날, 여러분의 눈에는 모든 사람이 낯설게 보이겠지만, 그들에게는 오히려 반대입니다. 그들에게 서로는 오랫동안 업무를 함께 하면서 관계가 다져진 익숙한 사람이지만 여러분은 완전히 뉴페이스이기 때문에 뭘 하든지 간에 눈에 띌 수밖에 없거든요. 의도하지 않아도 이 시기에 여러분에 대한 첫 인상이 만들어질 수밖에 없습니다. 그리고 이 첫인상은 생각보다 아주 오랫동안 영향을 미치게 됩니다. 따라서 새로운 환경에서의 적응을 앞두고 동료들과 긍정적인 관계를 구축한다면 적응 과정이 훨씬 수월해질 것입니다.

22장을 마치며

직장인이 이직을 준비하면서 겪는 스트레스가 이혼의 그것에 버금간다는 이야기가 있습니다. 약간의 과장이 느껴지긴 하지만 그만큼 이직 준비 과정에서의 심리적 부담감과 압박이 상당하다는 점에서는 공감을 하게 됩니다. 하지만 이 과정에서 배우게 되는 것도 많습니다. 기술적인 측면에서의 성장을 위한 동기부여가 될 수 있을뿐만 아니라 나 자신에 대해 더 깊게 이해하고 탐색할 수 있는 기회가 될 수 있습니다.

순자의 〈권학〉에는 '봉생마중 불부자직(蓬生麻中 不扶自直)'이라는 말이 있습니다. 굽어지기 쉬운 쑥대도 곧은 삼베나무들 가운데서 자라면 옆에서 돕지 않아도 스스로 곧게 자란다는 뜻으로, 주변 환경의 중요성을 강조하고 있습니다. 여러분도 만약 이직을 결심하게 되었다면 여러분의 역량과 업무, 장기적인 커리어 목표, 회사의 비전, 발전 기회 등을 균형 있게 고려하여 여러분의 쑥대를 곧게 세울 수 있는 삼베나무와 같은 회사를 선택하기 바랍니다.

찾아보기

A
Ajax 289
Ansible 249

C~G
CDN 363
Communicating Sequential Process 223
CSP 223
Design Pattern 105
GitOps 411
Go 211

H~J
HTTP 캐시 359
IaaS 269
IaC 276
jQuery 296
JVM 165

N~T
NoSQL 334
PaaS 269
SaaS 269
SRE 438
Twelve Factor 272

ㄱ
객체 지향 패러다임 174
고루틴 226
고무 오리 디버깅 96
관계형 데이터베이스 325
관심사의 분리 37
관용구 패턴 108

ㄷ
동시성 프로그래밍 217
동적 링크 244
디버깅 88
디자인 패턴 105

ㄹ~ㅂ
로컬형 VCS 135
리눅스 556
마이크로서비스 426
무중단 배포 413
버전 관리 시스템 133
분산형 VCS 136

ㅇ
아키텍처 패턴 108
앤서블 249
오픈소스 548
웹 284
이상치 탐지 389

ㅈ
자바 161
자바스크립트 289
정적 링크 244
중앙 집중형 VCS 135

ㅋ
캐시 357
컨테이너 253
쿠버네티스 257
클라우드 267
클라우드 네이티브 272

ㅌ
테스트 자동화 50
테스트 환경 58

ㅍ
파이썬 187
패키지 관리자 246
펄 193
포스트 모텀 63